2022年1月17日，全国文物局长会议以电视电话会形式在京召开

国家文物局举办党史学习教育专题读书班

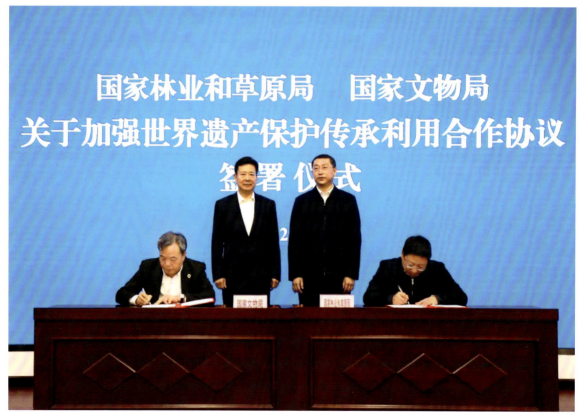

国家文物局与国家林业和草原局签署战略合作协议

国家文物局与北京市人民政府共同主办亚洲文化遗产保护对话会

国家文物局与清华大学签署战略合作协议

2021年"打击非法贩运文化财产国际日"中国主场论坛在线上举行

"考古中国"重大项目重要进展工作会在北京召开

湖北省博物馆新馆开馆

仰韶村国家考古遗址公园开园

大型考古题材纪录片《何以中国》正式启动

中国国际进口博览会首设文物艺术品板块

天龙山石窟佛首回归

"平行时空：在希腊遇见兵马俑"数字展览上线

中国文物年鉴

CHINA CULTURAL HERITAGE YEARBOOK

2022

国家文物局　编

文物出版社

编辑委员会

编辑说明

　　《中国文物年鉴》由国家文物局主编，综合记述我国文物事业年度发展情况。

　　《中国文物年鉴·2022》反映我国文物事业2021年的发展情况，分为图片、特辑、综述篇、分述篇、纪事篇和附录等部分，主要根据国家文物局机关各司室、各直属单位和省级文物行政部门以及国内相关文博机构2021年工作资料进行摘编，不包含香港、澳门特别行政区和台湾省的资料。由于编辑水平所限，《中国文物年鉴·2022》编校工作难免存在不足，希望广大读者提出宝贵意见和建议。

编者

2023年6月

综述篇

分述篇

国家文物局直属单位

各省、自治区、直辖市

其他

纪事篇

附录

特辑

文化和旅游部党组书记、部长胡和平 在全国革命文物工作会议上的总结讲话

（2021年3月30日）

在大家的共同努力下，全国革命文物工作会议顺利完成各项议程，就要圆满结束了。受孙春兰、黄坤明同志委托，我对会议作一个总结。

这次会议是在庆祝建党百年关键节点召开的一次重要会议。会前，习近平总书记专门对革命文物工作作出重要指示，孙春兰同志在会上进行了传达，充分体现了以习近平同志为核心的党中央对革命文物工作的高度重视和关心关怀。今天上午，黄坤明同志作了重要讲话，对革命文物工作进行了全面部署。三个部委局的负责同志、三个省的党委宣传部长分别介绍了革命文物工作情况。下午，大家围绕学习贯彻习近平总书记重要指示精神、黄坤明同志重要讲话精神进行了分组讨论，刚才五位会议代表作了交流发言。

大家认为，这是一次统一思想、凝聚共识的学习会。习近平总书记重要指示高瞻远瞩、立意深邃、内涵丰富，充分肯定了革命文物的重要价值，将革命文物视作"党和国家的宝贵财富"；深刻阐明了革命文物工作的使命任务，为革命文物工作指明了方向；鲜明提出了保护好管理好运用好革命文物的根本要求，明确这是"全党全社会的共同责任"。黄坤明同志在重要讲话中对习近平总书记重要指示进行了深入解读，对总书记关于革命文物工作重要论述进行了系统梳理，对学习贯彻进行了全面部署。大家表示，会后将深入学习领会习近平总书记关于革命文物工作重要论述精神，在学懂弄通做实上下苦功夫、硬功夫，真正学深悟透，用以武装头脑、指导实践、推动工作。

大家认为，这是一次鼓舞干劲、汇聚力量的动员会。这次会议是近年来中央首次就革命文物工作召开专门会议，规格之高、力度之大前所未有。广大文化文物工作者备受鼓舞、倍感振奋。大家表示，近年来，在党中央、国务院坚强领导下，各部门、各地方履职尽责、开拓进取，扎实推进革命文物工作，取得了显著成效，革命文物家底基本摸清，保护状况得到持续改善，展示利用水平不断提高，在弘扬革命文化、传承红色基因、激发爱国热情、振奋民族精神等方面发挥了重要作用。大家表示，有中央的高度重视，有各部门、各地方的大力支持，有全社会的广泛参与，有同志们的持续努力，革命文物工作一定能够百尺竿头、更进一步，取得新的更大成绩。

大家认为，这是一次明确任务、压实责任的部署会。黄坤明同志在重要讲话中，对深入学习领会习近平总书记关于革命文物工作重要论述、增强做好新时代革命文物工作的责任感使命感、全面提升新时代革命文物工作质量和水平、切实加强对新时代革命文物工作的组织领导作出了全面安排部署。大家表示，黄坤明同志重要讲话既有政治高度、理论深度，又有务实态度、实践力度，任务明确、措施务实，指导性、针对性、操作性都很强，为做好新时代革命文物工作提供了工作指南。大家表示，会后将认真组织本部门、本地方

进行学习传达，紧密联系本部门、本地方实际抓好贯彻落实，切实将会议精神转化为推动工作的具体成果。

大家在讨论中对做好新时代革命文物工作提出了一些很好的意见建议，我们将认真梳理、深入研究，吸收到有关政策举措中、体现到今后的工作安排里。下面，我就落实会议精神，讲四个方面意见。

一、要在深入学习贯彻习近平总书记重要指示和重要论述精神上下功夫

党的十八大以来，习近平总书记高度重视革命文物工作，考察革命纪念设施和革命旧址60余处，作出重要指示批示20余次，内容涵盖工作的方方面面，特别是这次就革命文物工作作出重要指示，今天上午孙春兰同志作了传达。习近平总书记指出，革命文物承载党和人民英勇奋斗的光荣历史，记载中国革命的伟大历程和感人事迹，是党和国家的宝贵财富，是弘扬革命传统和革命文化、加强社会主义精神文明建设、激发爱国热情、振奋民族精神的生动教材。加强革命文物保护利用，弘扬革命文化，传承红色基因，是全党全社会的共同责任。各级党委和政府要把革命文物保护利用工作列入重要议事日程，加大工作力度，切实把革命文物保护好、管理好、运用好，发挥好革命文物在党史学习教育、革命传统教育、爱国主义教育等方面的重要作用，激发广大干部群众的精神力量，信心百倍为全面建设社会主义现代化国家、实现中华民族伟大复兴中国梦而奋斗。黄坤明同志在重要讲话中，从六个方面系统阐述了习近平总书记重要指示和重要论述精神。习近平总书记强调中国革命历史是最好的教科书、清醒剂、营养剂，革命精神是党和国家的宝贵精神财富，跨越时空、永不过时；强调革命文物承载党和人民英勇奋斗的光荣历史，记载着中国革命的伟大历程和感人事迹，是弘扬革命传统和革命文化、加强社会主义精神文明建设、激发爱国热情、振奋民族精神的生动教材；强调要坚持保护第一、传承优先，革命文物应当受到严格保护，修旧如旧，保留原貌；强调讲好党的故事、革命的故事、英雄的故事，发挥好革命文物在党史学习教育、革命传统教育、爱国主义教育等方面的重要作用，把红色资源利用好、把红色传统发扬好、把红色基因传承好；强调建设革命纪念设施要恰当、接地气，体现应有功能和内在精神，保持艰苦奋斗的象征；发展红色旅游要把准方向，核心是进行红色教育、传承红色基因、接受红色精神洗礼；强调加强革命文物保护利用，弘扬革命文化，传承红色基因，是全党全社会的共同责任。这些重要论述深刻回答了革命文物工作的一系列方向性、战略性重大问题，为新时代革命文物工作提供了根本遵循。我们要认真学习领会，反复学、经常学，抓好贯彻落实、切实见到实效。

要深刻把握革命文物工作的重大意义。我们要充分认识革命文物所承载的光荣历史、记录的伟大历程，从保存革命历史、铭记伟大历程的高度认识做好革命文物工作的重要性。要充分认识革命文物所蕴含的伟大精神、传承的红色基因，从弘扬革命精神、提供立党兴党强党丰厚滋养的高度认识做好革命文物工作的深远影响。要充分认识革命文物所发挥的鼓舞人民奋斗精神、增强人民精神力量重要阵地作用，从鼓舞奋斗精神、凝聚前行力量的高度认识做好革命文物工作的特殊作用。

要深刻把握革命文物工作的使命任务。我们要从党和国家工作大局出发，深入挖掘中国共产党历经百年而风华正茂、饱经磨难而生生不息所依靠的伟大精神，生动展现中国共产党带领全国人民进行革命、建设和改革取得伟大胜利的光辉历程，发挥好革命文物在党史学习教育、革命传统教育、爱国主义教育等方面的重要作用，自觉承担起弘扬革命传统、传承红色基因、激发奋进力量的历史使命。

要深刻把握革命文物工作的根本要求。我们要从讲政治的高度落实总书记重要指示和重要论述精神、落实革命文物保护利用责任，坚持守正创新、坚持保护第一，切实把革命文物资源保护好，在此基础上加强管理、加强研究、加强利用，发挥好公共服务和社会教育功能，做到"见人、见物、见精神"，为传承红色基因提供载体、为赓续精神谱系提供支撑。

要增强做好革命文物工作的责任感使命感。我们要切实提高政治站位，从巩固中国共产党的执政地位、筑牢意识形态阵地的战略高度，从坚定"四个自信"的战略高度，切实做好新时代革命文物工作。要深入学习贯彻习近平总书记关于革命文物工作的重要指示和重要论述精神，坚持党对革命文物工作的全面领导，充分发挥制度优势，构建革命文物保护利用新格局，扎实推动新时代革命文物工作取得新进展、开创新局面。

二、要在全面提高革命文物保护质量和水平上下功夫

我们党在百年奋斗历程中，留下了大量的革命旧址、遗迹遗存和实物资料。把这些珍贵的革命文物资源保护好、传下去，是革命文物工作的根本任务。我们要坚持保护第一，突出"一条主线""两个见证"。"一条主线"就是以实现中华民族伟大复兴中国梦的奋斗历程为主线；"两个见证"就是见证近代以来中国人民争取民族独立和人民解放的伟大斗争、见证中国共产党领导中国人民救国兴国强国的伟大贡献。要全面加强革命文物保护，让人们通过革命文物承载的信息，记得住党和人民英勇奋斗的光荣历史，记得住中国革命的伟大历程和感人事迹。

要强化系统观念，推动革命文物整体保护。对标到2035年建成文化强国的宏伟目标，系统谋划、抓紧编制"十四五"时期革命文物工作有关规划，明确发展目标、整体布局、重大项目、主要举措。全面排查革命文物资源，以革命文物定期排查制度为抓手，摸清底数和保存现状，及时抢救修复濒危珍贵革命文物。要夯实基础工作，建设革命文物大数据库平台，分批公布各级革命文物名录，将重要革命旧址依法核定公布为文物保护单位。积极探索革命文物保护的特点和规律，实现从抢救性保护向预防性保护转变，从文物本体保护向本体与周边环境一体保护转变，从单体文物点状保护向线性遗产、片区文物整体保护转变，提升保护的系统性、整体性和协同性。

要坚持改革创新，完善革命文物保护制度。以第一批、第二批37个革命文物保护利用片区为抓手，探索实施一批片区整体陈列展示项目，推动革命文物整体规划、连片保护、统筹展示。以国家文物保护利用示范区创建为引领，探索革命文物富集区整体保护模式，提供更多制度供给和资源要素支持，逐步形成示范效应。积极探索各类型革命文物保护的有效途径，充分调动社会力量参与，形成政府支持、社会参与、齐抓共管的工作格局。创新思路举措，加大民间可移动革命文物征集工作力度，充实革命文物资源库。

要加强统筹谋划，发挥重点项目示范作用。以庆祝建党百年为契机，组织实施一批具有引领性、影响力的革命文物保护展示工程，全面提升反映百年党史的重大事件遗迹、重要会议遗址、重要机构旧址、重要人物旧居保护展示水平。全面推进长征国家文化公园建设，编制实施长征文物和文化资源保护传承专项规划，建设长征文化线路保护利用示范段，推动大型革命文化线路保护取得新突破。以馆藏革命文物丰富的纪念馆博物馆为重点，组织实施一批馆藏革命文物本体保护、预防性保护、数字化保护示范项目，编制相关标准规范，积累可复制、可推广的好案例、好做法、好经验。

三、要在切实提高革命文物利用质量和水平上下功夫

革命文物见证着我们党领导人民救国、兴国、强国的光辉历程，彰显着伟大民族精神、革命精神、奋斗精神，一看到它们就会想到艰苦斗争、想到光荣岁月，这是我们弥足珍贵的精神财富。保护好革命文物极其重要，弘扬好革命文化、传承好红色基因不可或缺。我们要在保护好革命文物基础上，加大革命文物展示力度，特别是要发挥好在党史学习教育、革命传统教育、爱国主义教育上的重要作用。

要加强研究阐释，挖掘思想内涵。依托文化文物系统专家和各级党校、马克思主义学院等单位研究力量，加强革命文物研究工作，既要研究文物本体、文物保护，又要讲好与之关联的革命故事、奋斗故事、英雄故事，挖掘背后蕴含的革命精神、思想内涵、时代价值。将继承革命传统与弘扬时代精神相结合，注重对中国共产党精神谱系的阐释和弘扬，突出新时代特点，强调新时代辉煌成就。加强对口述史的搜集、整理，转化为开展公共教育的生动教材。

要突出价值引领，强化教育功能。革命纪念馆、博物馆等单位在进行陈列布展、教育活动、讲解宣传等工作中，要严格落实意识形态工作责任制，严把政治关、价值关、导向关，坚决防范历史虚无主义、诋毁英雄、解构经典等错误观点。涉及重大历史事实的展陈内容要严格落实中央精神，使用中央有关文件表述，不能自行其是。讲解要尊重历史，不能罔顾史实、任意杜撰、戏说演绎甚至是歪曲解构。新建改扩建革命纪念设施，必须依法依规进行，要以简洁朴素大方为主调，体现艰苦奋斗、艰苦朴素的精神，坚决杜绝贪大求洋、追求高大全等形式主义倾向。

要创新展陈方式，提升展陈水平。要以群众喜闻乐见的方式讲好革命文物故事，讲好中国故事、中国共产党故事、新时代中国特色社会主义故事，发挥好革命文物"为党育人"的独特作用。聚焦建党百年主题，策划、打造、推介一批主题突出、内涵丰富、形式新颖的革命文物陈列展览精品，以小切口展现大主题，多角度立体阐释我们党的伟大贡献。要运用好现代科技手段，丰富展示展览手段，做到展示方式和展陈内容相得益彰，增强观众的代入感、沉浸感和体验感。也要反对另一种倾向，不能过度使用声光电，要把握好度。支持中国共产党党史展览馆、国家功勋馆、深圳改革开放展览馆等重要场馆建设。发挥重要场馆的引领带动作用，推动市县革命博物馆纪念馆展陈水平提升。

要紧扣党史学习教育，发挥重要阵地作用。今年是建党100周年，全党正在深入开展党史学习教育，全社会也在开展党史、新中国史、改革开放史、社会主义发展史教育，要用好革命文物资源和烈士纪念设施，服务好建党百年和"四史"活动，特别是党史学习教育。近期，国家文物局和退役军人事务部专门就此出台文件，要抓好贯彻落实。建立健全共建共享机制，推动革命旧址、革命博物馆纪念馆与周边学校、党政机关、企事业单位、社区、驻地部队结对合作，扩大革命文物主题教育的覆盖面。组织实施好革命文物宣传传播工程，充分利用互联网传播优势，提升参与度和影响力，重点抓好百集革命文物故事微视频、百集革命旧址短片、百集革命人物纪录片制作等工作，打造成内容鲜活、形式新颖、群众喜爱的精品节目。注重加强对青少年的政治引导和价值观塑造，常态化组织开展以青少年为对象的教育活动，大力培养青少年爱党爱国之情。

四、要在更好服务经济社会发展上下功夫

大量革命文物分布于偏远山区、革命老区等欠发达地区，利用革命文物资源发展产业、促进就业，在促进脱贫攻坚、乡村振兴中发挥了积极作用。我们要进一步激活、用好

革命文物资源，把革命文物保护利用与完善公共服务、发展相关产业结合起来，推动革命老区经济发展、促进群众就业增收。

要助力老区发展，服务乡村振兴。在决战脱贫攻坚、决胜全面建成小康社会中，不少革命文物资源富集区，如赣南原中央苏区积极探索实施"革命文物+"精准扶贫工作模式，把革命文物保护利用传承融入城镇建设、乡村振兴、文明创建、产业开发等领域，为推进革命老区脱贫提供了"革命文物力量"。要继续整合老区革命文物资源，以革命文物保护利用为抓手，积极发挥革命文物促进经济社会发展作用，更好地为巩固脱贫攻坚成果、全面推进乡村振兴作出新贡献。

要发展红色旅游，发挥综合效应。红色旅游是在革命文物资源基础上发展起来的一种新的旅游业态，也是具有中国特色的旅游业态。近年来，随着人们学习革命历史、感受革命文化的愿望日益强烈，参观革命旧址、纪念馆、博物馆蔚然成风，红色旅游逐渐发展起来。要依托革命文物资源，推出更多革命文化主题的研学旅行、体验旅游、休闲旅游项目和精品旅游线路，更好满足群众红色旅游需求。抓住旅游业综合性强、带动性强的特征，推动红色旅游与生态农业、红色培训相结合，延展红色旅游产业辐射宽度和资源聚集深度。改善革命旧址服务设施和景观环境。加强规范管理，严格遵守文物保护规定，努力做到寓教于游，让游客在游览中领略革命精神、感受革命文化、接受革命传统教育。

要注重民生改善，惠及百姓生活。根据实际情况，探索不同产权归属革命文物修缮、使用的新路径，鼓励在符合保护要求前提下，进一步发挥其综合服务功能，充分考虑群众生活便利性，把革命文物保护利用与民生改善结合起来，统筹考虑旧址展示、周边环境改造，改善交通、市政等基础设施、流通条件、商业环境，增加就业机会，使当地独特的革命文物资源更好转化为经济发展优势，促进经济社会发展、民生福祉改善，增强人民群众的获得感、幸福感。

革命文物保护利用是一项系统性工程，需要加大组织保障力度，形成合力、共同推进。要落实主体责任，加强组织领导，做到守土有责、守土负责、守土尽责。要加强机构建设，保证机构编制、增强管理力量。各级文物部门要主动作为，积极向各级党委和政府汇报革命文物工作，加强与党史文献、发展改革、教育、退役军人事务等部门沟通与联系，形成齐抓共管格局。要强化队伍建设，培养一支政治强、业务精、作风正的干部队伍。加强志愿者队伍建设，为他们搭建好发挥作用、施展才华的平台。

做好革命文物工作使命光荣、责任重大。让我们更加紧密地团结在以习近平同志为核心的党中央周围，把握机遇、乘势而上、履职尽责、奋发有为，努力开创新时代革命文物工作新局面，为建设社会主义文化强国、凝聚起奋进新时代的磅礴力量作出新的更大贡献！

文化和旅游部党组书记、部长胡和平
在全国博物馆改革发展工作会上的讲话

（2021年7月23日）

今天，我们在山东济南召开全国博物馆改革发展工作会，主要任务是认真学习贯彻习近平总书记"七一"重要讲话精神、关于博物馆工作重要论述精神，落实九部门《关于推进博物馆改革发展的指导意见》，总结回顾近年来博物馆改革发展成效，部署安排下一阶段工作任务。

"孔孟之乡"，蜚声中外；"好客山东"，远近闻名！这次会议在国家历史文化名城山东济南召开，得到山东省委、省政府的大力支持。山东是我国人口大省、经济大省、文化大省，也是资源大省、旅游大省，在全国发展大局中具有重要地位。党的十八大以来，在以习近平同志为核心的党中央坚强领导下，山东省委、省政府深入贯彻落实党中央、国务院决策部署，全面贯彻落实新发展理念，大力建设"新旧动能转换综合试验区""山东自贸区""上合示范区"，统筹推进疫情防控和经济社会发展，各方面工作取得令人瞩目的突出成效。在省委、省政府的高度重视和大力支持下，山东文化建设和旅游发展呈现蓬勃发展态势，为满足人民美好生活需要、服务经济社会发展注入了强大力量。山东博物馆总量、一级博物馆数量、二三级博物馆数量、非国有博物馆数量、新晋级革命类博物馆数量均居全国第一，精品展览展陈、精彩文化活动、精美文创产品层出不穷，充分彰显了孔孟之乡的深厚底蕴、现代山东的蓬勃气象。山东省委、省政府高度重视这次会议，刚才，家义书记在讲话中对推动山东博物馆改革发展提出明确要求，对全国博物馆工作也有重要借鉴意义，要认真学习领会、抓好贯彻落实。

党的十八大以来，我国博物馆事业持续健康快速发展。博物馆数量从2012年的3866家增长到2020年的5788家，年参观人次从2012年的5.6亿人次增长到2019年的12亿人次，2020年受新冠肺炎疫情影响，仍有5.4亿人次。与此同时，博物馆藏品种类不断丰富、数量不断增加，免费开放深入推进，服务效能显著提升，国际交流合作持续加强，社会影响力日益彰显，"到博物馆看展览"逐步成为新的生活方式、新的社会风尚。这些成就的取得，关键在于以习近平同志为核心的党中央的坚强领导、在于习近平新时代中国特色社会主义思想的科学指引，离不开地方各级党委、政府和相关部门的关心支持，也离不开广大博物馆工作者的辛勤付出。在此，我谨代表文化和旅游部，向全国博物馆工作者表示诚挚问候！向山东省委、省政府和山东省文化和旅游厅表示衷心感谢！

下面，我就推动新时代博物馆改革发展讲三个方面意见。

一、认真学习领会习近平总书记"七一"重要讲话精神、关于博物馆工作重要论述精神，切实增强工作责任感使命感

7月1日，习近平总书记在建党百年重大历史时刻发表重要讲话，立足党和国家事业发展全局，系统回顾百年来我们党的光辉历程、伟大成就，鲜明提出伟大建党精神，深刻阐明以史为鉴、开创未来的目标要求，对广大青年提出寄语、向全体共产党员发出号召，是习近平新时代中国特色社会主义思想的新发展，是一篇光辉的马克思主义纲领性文献，为我们党在百年历史节点上凝心聚力再出发提供了根本遵循。习近平总书记在建党百年重大历史时刻发表重要讲话，是对我们党百年来成就伟大功业、作出伟大贡献最深刻的历史总结，是我们党矢志践行初心使命、不负人民不负江山的政治宣言，是对我们党的执政规律、社会主义建设规律、人类社会发展规律的深刻揭示，是激励全党奋勇前行、争取更大光荣的行动纲领。学习好宣传好贯彻好习近平总书记"七一"重要讲话精神是当前和今后一个时期的重要政治任务，我们要立足文化和旅游工作、博物馆工作特点，以群众看得懂、喜欢看的方式，宣传好、阐释好重要讲话精神，使我们党的理论创新成果更加可感可亲；同时，要结合实际，把重要讲话精神切实贯彻落实到具体工作中。

党的十八大以来，以习近平同志为核心的党中央高度重视中华优秀传统文化保护弘扬，推动创造性转化、创新性发展，为我们党治国理政提供了宝贵资源、丰厚滋养。习近平总书记十分关心重视博物馆发展，在各地调研考察时，将参观博物馆、纪念馆作为一项重要行程，在考察参观同时，作出一系列重要指示，为做好新时代博物馆工作指明了前进方向。我们要认真学习领会、深刻学思践悟，做到反复学、经常学、贯通学，抓好贯彻落实、切实见到实效。

一是要深刻把握博物馆的地位作用。习近平总书记指出，"我到地方考察，都会抽时间到博物馆走一走、看一看，目的是更好了解一个地方的历史文化沿革"。强调博物馆是保护和传承人类文明的重要殿堂，是连接过去、现在、未来的桥梁，在促进世界文明交流互鉴方面具有特殊作用。强调中国各类博物馆不仅是中国历史的保存者和记录者，也是当代中国人民为实现中华民族伟大复兴的中国梦而奋斗的见证者和参与者。习近平总书记重要论述深刻阐明了博物馆作为文化殿堂、文明桥梁的重要地位，明确提出了博物馆作为"保存者""记录者""见证者""参与者"的基本定位。我们要切实提高站位，从党和国家事业全局的高度认识博物馆事业发展的重要意义，把博物馆建设好、管理好、使用好，让"文化殿堂"遍地生花、让"文明桥梁"四通八达。

二是要深刻把握博物馆工作的使命任务。2012年11月，党的十八大闭幕不久，习近平总书记带领中央政治局常委参观国家博物馆"复兴之路"基本陈列，强调"复兴之路"这个展览，回顾了中华民族的昨天，展示了中华民族的今天，宣示了中华民族的明天，给人以深刻教育和启示。强调实现中华民族伟大复兴，就是中华民族近代以来最伟大的梦想。今年"七一"前夕，习近平总书记带领中央政治局同志参观北大红楼、瞻仰毛泽东同志旧居丰泽园，在主持中央政治局第三十一次集体学习时指出，"党的十八大以来，我到地方考察，都要瞻仰对我们党具有重大历史意义的革命圣地、红色旧址、革命历史纪念场所，主要的基本上都走到了。每次都是怀着崇敬之心去，带着许多感悟回"。习近平总书记还强调，搞历史博物展览，为的是见证历史、以史鉴今、启迪后人。强调要在展览的同时高度重视修史修志，让文物说话、把历史智慧告诉人们，激发我们的民族自豪感和自信心，坚定全体人民振兴中华、实现中国梦的信心和决心。习近平总书记的谆谆教诲，深刻阐明了博物馆工作所担负的重要使命任务，把新时代博物馆事业重要性提升到前所未有的新高度。我们要自觉承担光荣使命，完成好满足人民文化需求、增强人民精神力量的重要任务，为坚定文化自信、建设社会主义文化强国作出应有贡献。

三是要深刻把握博物馆工作的基本要求。习近平总书记指出，中华民族历史悠久，中华文明源远流长，中华文化博大精深，一个博物馆就是一所大学校。强调要把凝结着中华民族传统文化的文物保护好、管理好，同时加强研究和利用，让历史说话，让文物说话。强调要通过举办文化展等活动，让收藏在博物馆里的文物、陈列在广阔大地上的遗产、书写在古籍里的文字都活起来。强调博物馆建设不要"千馆一面"，不要追求形式上的大而全，展出的内容要突出特色。习近平总书记在与外国元首政要会晤时，多次强调要加强博物馆和文化遗产保护领域合作，促进文明交流互鉴。习近平总书记重要论述涉及博物馆建设、文物保护利用、展览展示、教育传播和国际交流等方方面面，为我们做好工作提供了行动指南。我们要将总书记重要指示精神铭记于心、落实于行，扎实推动新时代博物馆工作取得新进展、开创新局面。

四是要深刻把握博物馆在党史学习教育中的重要价值。习近平总书记指出，革命博物馆、纪念馆、党史馆、烈士陵园等是党和国家红色基因库，要讲好党的故事、革命的故事、根据地的故事、英雄和烈士的故事，加强革命传统教育、爱国主义教育、青少年思想道德教育，把红色基因传承好，确保红色江山永不变色。强调在党史学习教育中做到学史崇德，就是要引导广大党员、干部传承红色基因，涵养高尚的道德品质。习近平总书记重要论述明确指出革命博物馆、纪念馆等设施在讲好红色故事、传承红色基因、服务党史学习教育中的重要价值。我们要用好博物馆、纪念馆等文博场馆，用好革命文物、纪念设施等红色资源，策划好组织好展览展示活动，为党史学习教育提供好去处，让旧址遗迹成为"党史教室"、文物史料成为"党史教材"、英烈模范成为"党史教师"。

二、扎实做好新时代博物馆改革发展重点工作

当前，我们正处在"十四五"规划开局、全面建设社会主义现代化国家新征程开启的关键历史节点。党的十九届五中全会明确提出到2035年建成文化强国的宏伟目标，对"十四五"时期文化建设和旅游发展作出全面部署。对照中央部署要求，文化和旅游部编制了系列"十四五"规划，有总体规划，也有专项规划。近期，中央宣传部、文化和旅游部、国家文物局等九部门印发《关于推进博物馆改革发展的指导意见》，对博物馆改革发展工作作出全面部署。落实文件精神，是这次会议的重要任务。做好当前和今后一个时期博物馆工作，总的思路是：坚持以习近平新时代中国特色社会主义思想为指导，坚定文化自信、坚持守正创新，以社会主义核心价值观为引领，以保护传承弘扬中国特色社会主义文化为支撑，以满足人民文化需求、增强人民精神力量为着力点，扎实做好博物馆文物征藏、保护、研究、展示等工作，努力走出一条符合中国实际的博物馆改革发展之路，为实现到2035年建成文化强国的宏伟目标不懈奋斗。

一是要优化博物馆结构布局。做好博物馆发展顶层设计、总体规划，是事关博物馆事业发展全局的一项基础工作。要树立系统观念，加强前瞻性思考、全局性谋划、战略性布局，构建类型丰富、主体多元、普惠均等的博物馆体系，形成布局合理、结构优化、特色鲜明、体制完善、功能完备的博物馆发展格局。要强化跨部门、跨地区沟通协作，统筹推进不同地域、不同层级、不同属性、不同类型博物馆发展。实施好中国特色世界一流博物馆创建、卓越博物馆发展、中小博物馆提升、类博物馆培育等计划。依托重大工程、重大项目、重要事件，建设一批反映党和国家建设成就的当代主题博物馆。配合国家重大战略和国家文化公园建设等国家重大文化工程，建设一批专题博物馆纪念馆。丰富自然科学、现当代艺术等博物馆品类，鼓励军队博物馆面向社会开放，倡导社区、生态、乡情村史博物馆等建设。鼓励、规范非国有博物馆发展，充分释放社会力量参与文物保护利用的热情。

二是要完善博物馆征藏体系。五千年中华文明绵延至今，留下了浩如烟海的文物遗迹；我们党在百年奋斗历程中，留下了数量众多的革命文物，除了部分收藏在博物馆、纪念馆中，还有许多流散在民间、收藏于个人。要加大文物藏品征集力度，把更多具有历史、文化、艺术、科学等价值的文物藏品收进博物馆，使其得到更加专业、安全的保存。强化"为明天收藏今天"的收藏理念，加强"四史"相关藏品的征集，注重旧城改造、城乡建设等反映经济社会发展变迁物证的征藏，丰富科技、现当代艺术等专题收藏，鼓励反映世界多元文化收藏新方向，不断扩大征藏范围。健全考古出土文物、执法部门罚没文物移交工作机制，完善捐赠免税政策，进一步拓展征藏渠道。坚守法律和道德底线，不收藏来源不明和来源不合法的文物。

三是要提升文物藏品保护能力。博物馆作为重要的文化殿堂，承担着保存文物藏品、传承历史文化的重要职责，确保文物藏品安全是底线、生命线。要高度重视文物藏品安全管理，坚持保护第一，做好安全这篇大文章。牢固树立"隐患即事故"的安全理念，时刻紧绷安全生产这根弦，健全安全工作机制、完善安全防护体系，确保文物藏品安全、做到"万无一失"。健全博物馆藏品登录机制，推进藏品档案信息化标准化建设，切实做到摸清家底、有据可查。要加快推进藏品数字化，完善藏品数据库，加大基础信息开放力度。不断改善文物藏品保管、修缮条件，加强濒危馆藏珍贵文物、材质脆弱文物保护修复工作，推动馆藏文物保存环境达标建设，推进博物馆环境监测、检测、评估、调控等技术研究与应用。

四是要提高博物馆展陈质量。策划、举办精品展览，把珍贵文物藏品完美呈现给观众，更好满足人民群众日益增长的精神文化需求，是博物馆的天职。要把办好展览作为立身之本，充分利用各类文物藏品资源，策划推出更多观众看得懂、看得上、看得美的精品展览，打造一批立得住、树得起、叫得响的展览品牌。要贴近实际、贴近生活、贴近群众，鼓励公开征集选题、建立群众需求反馈机制，推广"以需定供"的菜单式展览服务，让展览更接地气、更有人气。树立"策展能力是核心竞争力"的理念，探索独立策展人制度，优化展览策划制作流程，推出更多原创性主题展览。支持联合办展、巡回展览、流动展览、网上展示，推动优质博物馆资源向基层延伸、向网络空间延伸，不断扩大展览覆盖面、努力实现效益最大化。

五是要彰显博物馆教育功能。博物馆收集着人类记忆、保存着文明印记、记录着时代变迁，是人们终身学习的好场所，一个博物馆就是一所大学校。强化大众传播和公共教育功能，实现更高水平的文物"活起来"，是新时代博物馆发展的迫切要求。要加强文物藏品研究阐释，深入挖掘蕴涵其中的思想理念、人文精神、价值观念、道德规范，将研究成果及时转化为展览展示、转化为坚定文化自信的宝贵资源。要将社会主义核心价值观贯穿于博物馆展览展示全过程，以价值阐释为导向、讲好文物藏品故事，让观众不仅能"看热闹"，更能"看门道"，从中受启迪、受教育，使博物馆成为提高人民文化素养、凝聚人民精神力量的重要场所。要胸怀"国之大者"，紧密围绕党和国家工作大局、重要时间节点，精心策划主题展览，为群众直观了解"四史"提供文化空间。利用好博物馆资源和空间，广泛深入开展博物馆里过传统节日、纪念日等活动，加强历史知识、艺术审美和科普教育，构筑终身教育体系。加强博物馆青少年教育工作，建立馆校合作长效机制，推动博物馆进校园进课堂进教材，鼓励和规范研学活动，把"殿堂"变"课堂"，让更多学生走进博物馆，接受文明教育、文化教育，这是功在当代、利在千秋的大事情。

六是要强化博物馆国际交流合作。博物馆是文明交流的重要载体、文化传播的前沿阵地，是"此时无声胜有声"的文明使者。要从讲好中国故事、展示好国家形象高度，推进博物馆间国际交流合作，鼓励高水平"走出去""引进来"，深化文物保护、展览展示、学术研究、公众传播等方面交流。积极服务国家外交大局，在对外文化和旅游交流合作总体框架下，有计划、有针对性地组织博物馆交流活动。加大文物藏品出入境展览力度，探索中国故事、国际表达的有效途径，打造一批出境展览精品，切实增强中华文明传播力和影响力；加强域外文明在我国的展示传播，共享人类文明发展成果。发挥好丝绸之路国际博物馆联盟作用，加强与联合国教科文组织、国际博物馆协会等国际组织合作，深度参与博物馆国际治理，提升话语权，展现负责任大国形象。

三、切实加强组织保障、抓好任务落实

博物馆工作一头连着文物藏品，一头连着人民群众，是文化文物工作的重要组成部分。各级文化和旅游部门、文物部门要履职尽责、锐意进取，推动新时代博物馆工作再上新台阶。

一是要落实责任。要主动作为、奋发有为，坚决落实中央决策部署、全力完成各项任务。积极推动各级党委和政府树立保护文物也是政绩理念，切实落实文物保护主体责任，将文物保护工作、博物馆工作列入重要议事日程，争取将博物馆建设和发展纳入经济社会发展规划；争取有关部门协同支持，加大政策保障和经费投入力度，把博物馆事业变成全社会的事业。

二是要深化改革。按照中央关于事业单位改革的整体部署，深入推进博物馆管理体制改革、人事制度改革、分配与薪酬制度改革，推动完善以理事会为主要形式的博物馆法人治理结构，增强博物馆干事创业的积极性主动性。推动博物馆与教育、旅游、商业、设计等行业跨界融合，积极探索博物馆与旅游融合发展有效路径。落实好《博物馆条例》，完善相关配套措施，提高博物馆工作法治化水平。

三是要创新发展。把握国家实施创新驱动战略机遇，争取加大科技投入力度，组织开展博物馆安全防护、文物保存修缮和展示传播等环节的重大技术、关键技术攻关。用好新材料、新工艺、新装备，提高博物馆工作科技含量。适应信息化发展趋势，创新数字博物馆产品和服务，推广博物馆云展览、云教育，构建线上线下相融合的博物馆传播体系。大力发展智慧博物馆，逐步实现智慧服务、智慧保护、智慧管理。

四是要建强队伍。加强博物馆管理人才、专业人才、研究人才、创新型人才培育。加大青年人才培养力度，造就一支政治过硬、功底扎实、具有国际视野的博物馆青年人才队伍，为博物馆事业未来发展注入新活力。要拓宽人才汇集机制，探索设立流动岗，吸引相关专业技术人员兼职。科学评价人才，坚持以品德、能力、业绩为导向，不唯学历、不唯资历、不唯论文、不唯奖项，让博物馆工作者有充分发挥作用的舞台。

五是要开门办馆。加大博物馆资源开放力度，建立信息公开和年报制度，推进馆藏资源著作权、商标权和品牌授权，盘活用好馆藏资源。深化与高等院校、科研院所合作，提升博物馆专业化水平。支持多元主体参与博物馆运营管理，探索博物馆托管代管、连锁运营等管理体制创新。在不改变藏品权属、确保安全前提下，探索国有博物馆资产所有权、藏品归属权、开放运营权分置改革，提升博物馆公共服务效能。

做好新时代博物馆工作，责任重大、意义深远。让我们更加紧密地团结在以习近平同志为核心的党中央周围，坚定信仰信念信心、努力奋斗奋进奋发，在建设社会主义文化强国、实现中华民族伟大复兴中国梦的伟大征程中争取新的更大光荣！

文化和旅游部党组书记、部长胡和平在仰韶文化发现暨中国现代考古学诞生100周年纪念大会上的讲话

（2021年10月17日）

金秋十月，天朗气清。我们在仰韶文化发现地河南省三门峡市，举办仰韶文化发现暨中国现代考古学诞生100周年纪念大会，学习贯彻习近平总书记贺信精神和关于考古工作重要论述精神，研究探讨推进新时代考古工作，恰逢其时、意义重大。

刚才，我受黄坤明同志委托，宣读了习近平总书记贺信。习近平总书记在百忙之中向大会发来贺信，充分肯定100年来我国考古工作取得的重大成就、发挥的重要作用，对新时代做好考古工作、发展考古事业提出明确要求。总书记贺信立意高远、思想深邃、饱含深情，充分体现了以习近平同志为核心的党中央对做好考古工作、弘扬中华优秀传统文化的高度重视和关心关怀，为考古工作定方向、明思路、提要求，让广大考古工作者备受鼓舞、倍感振奋、倍增干劲。下面，我讲四个方面意见。

一、深入学习贯彻习近平总书记贺信和关于考古工作重要论述精神

党的十八大以来，习近平总书记高度重视考古工作，发表一系列重要论述，特别是向本次纪念大会发来贺信，以我国考古最新发现及其意义为题、主持中央政治局第二十三次集体学习并发表重要讲话，多次就良渚古城遗址、二里头遗址与夏文化研究、尧舜禹古史研究等作出重要指示批示，为我们做好工作提供了根本遵循。必须认真学习领会、深入贯彻落实。

要增强工作责任感使命感。习近平总书记在贺信中指出，希望广大考古工作者增强历史使命感和责任感，发扬严谨求实、艰苦奋斗、敬业奉献的优良传统，对广大考古工作者提出殷切期望、寄予殷殷嘱托。总书记还强调，考古工作是展示和构建中华民族历史、中华文明瑰宝的重要工作。强调考古工作是一项重要文化事业，也是一项具有重大社会政治意义的工作。强调我们必须高度重视考古工作，用考古事实证实中华民族光辉灿烂的发展历史，为弘扬中华优秀传统文化、增强文化自信提供坚强支撑。总书记重要论述从构建中华民族历史和传承中华文脉、坚定文化自信高度，充分肯定考古工作的重大意义。我们要提高站位，增强工作责任感使命感，以科学可信的考古成果，塑造全民族正确历史认知、构建各民族共有精神家园，为中华民族伟大复兴提供深厚滋养。

要加强考古学学科建设。习近平总书记在贺信中强调，继续探索未知、揭示本源，努力建设中国特色、中国风格、中国气派的考古学，为我国考古学发展指明方向。总书记还强调，要运用科学技术提供的新手段新工具，提高考古工作发现和分析能力。强调要积极培养壮大考古队伍，让更多年轻人热爱、投身考古事业，让考古事业后继有人、人才辈

13

出。强调要关心爱护考古工作者，积极提供人力、物力、财力等方面的支持。总书记重要论述对加强考古能力建设、学科建设、队伍建设提出明确要求。我们要牢固树立保护历史文化遗产责任重大的观念，积极动员凝聚各方面力量，建强考古学科、考古队伍，为新时代考古事业健康可持续发展创造良好条件。

要推动考古成果利用。习近平总书记在贺信中强调，要更好展示中华文明风采、弘扬中华优秀传统文化，深刻阐明了我国考古工作的目标任务。总书记还强调，考古遗迹和历史文物是历史的见证，必须保护好、利用好。强调加强考古成果和历史研究成果的传播，教育引导广大干部群众特别是青少年认识中华文明起源和发展的历史脉络，认识中华文明取得的灿烂成就，认识中华文明对人类文明的重大贡献。强调运用我国考古成果和历史研究成果，向国际社会展示博大精深的中华文明，讲清楚中华文明的灿烂成就和对人类文明的重大贡献。总书记重要论述明确提出加强考古成果研究阐释利用的具体要求，我们要铭记于心、落实于行，转变为推动工作的思路举措，将考古成果更加系统、更加生动地转化为坚定文化自信的宝贵资源，更好发挥以史育人、以文化人作用。

二、充分认识我国考古工作百年来的巨大成就

100年前，以仰韶文化发现为标志，中国现代考古学诞生。100年来，几代考古人筚路蓝缕、栉风沐雨，接续奋斗、不懈努力，推动我国考古事业取得重大成就。

考古发现展现了中华文明的发展脉络。100年来，我国考古工作者用无数次考古发现，以无可辩驳的事实证明了中国百万年的人类史、一万年的文化史、五千多年的文明史：元谋人遗址、蓝田人遗址、周口店遗址等考古发现，实证了中华大地上古人类进化演进历程；仰韶村遗址、良渚遗址、河姆渡遗址、石峁遗址、陶寺遗址等考古发现，实证了中华文明源远流长；二里头遗址、殷墟遗址、周原遗址等考古发现，实证了夏商周王朝真实存在；汉代疏勒城、唐代北庭故城、高句丽渤海遗址等考古发现，实证了中华民族和中华文明多元一体的发展格局。这些重大考古发现，为我们更好梳理中华文明脉络、构建中华民族历史提供了珍贵一手资料、实物证据。

考古发现展现了中华文明的灿烂成就。100年来，我国考古工作者将无数文物遗迹拼合连缀，描绘出一幅幅气势恢宏、波澜壮阔的宏伟历史画卷，揭示了古代中国社会点点滴滴、悠久中华文明方方面面：汉唐长安城洛阳城、明清北京城等遗迹遗存，揭示了古代都城大邑"建中立极"的营造理念和"以中为尊"的价值观念；甲骨文、金文、简牍文字、金石碑刻等文物古迹，展示了中国古代文字一脉相承、发展演变过程，保存了丰富的历史史料；仰韶彩陶、良渚玉琮、红山女神像、二里头绿松石龙、三星堆神树、秦始皇陵兵马俑、石窟造像等艺术形象，反映了中国古人沟通天地、和合众生的精神世界。这些文物遗迹是蕴涵着丰富知识、智慧、艺术的无尽宝藏，是坚定文化自信的重要源泉。

考古发现展现了中华文明的世界贡献。100年来，我国考古工作者立足中国、放眼世界，在与国际考古界开展广泛合作、与世界其他古代文明进行比较研究中，深化对中华文明的认识、展示中华文明对世界的贡献：发达的青铜器、钢铁冶炼制作技艺和大量制成品，精美的丝绸、瓷器、漆器等手工艺产品，在世界文明史上具有鲜明独创性；"四大发明"和水稻栽培、大豆栽培、制茶用茶、育蚕治丝等古代农业技术，向世界贡献了丰富科技成果；郡县制、科举制和儒、释、道等制度、文化，对周边国家产生深刻影响。这些重大成就，展示了古代中国为人类文明进步作出的突出贡献，实证了中华文明同世界其他文明互通有无、交流借鉴的优良传统。

特别是党的十八大以来，我们深入推进"中华文明起源与早期发展综合研究""考古中国"等重大项目，加大基本建设考古工作力度，积极开辟科技考古、水下考古、实验室考古等新领域，广泛开展国际考古交流合作，取得累累硕果。比如，"十三五"期间，实施主动性考古发掘项目1127项、发掘面积88.2万平方米；实施基本建设考古发掘项目3945项、发掘面积325.6万平方米；实施南海海域深海考古、南海Ⅰ号整体打捞保护、甲午三舰（致远、经远、定远舰）水下考古等重大水下考古项目。2016—2019年，32家机构赴海外开展联合考古项目36项，涉及21个国家和地区。这些成就的取得，根本在于习近平新时代中国特色社会主义思想科学指引、以习近平同志为核心的党中央坚强领导，离不开各级党委政府、社会各界的大力支持，离不开广大考古工作者的辛勤耕耘、无私奉献。

三、扎实推进新时代考古工作

贯彻落实习近平总书记贺信精神，我们要将考古工作放在更加重要的位置，作为文物保护利用一项管根本、夯基石的重要工作，花更多精力、下更大功夫，把工作做实、把基础打牢。

要加大考古发掘工作力度。深入开展考古调查，持续实施好"中华文明起源与早期发展综合研究""考古中国"等重大工程项目。深入推进"中华文化资源普查工程"，探索建设国家文物资源大数据库。提高考古工作规划水平，加强古代遗址有效保护，有重点地进行系统考古发掘。落实基本建设考古前置制度，将考古和文物保护纳入国土空间规划，对可能存在历史文化遗存的土地坚持"先考古、后出让"。

要强化考古成果研究阐释。加强出土文物和遗址等考古成果的挖掘、整理、阐释，讲精、讲透其中蕴涵的中国文化基因、呈现的中华文明脉络、反映的中华文明成就。发挥国家自然科学基金、国家社会科学基金、国家艺术基金等的引领作用，设立一批重大课题、项目，围绕史前文明、中国文化基因、夏代历史研究等重大问题开展专项攻关，形成一批跟得紧、做得实、用得上的优秀成果。

要推动考古成果利用。始终坚持把文物安全放在第一位，健全文物安全长效机制，坚决防止出土文物或遗址遗迹发生盗窃、火灾、破坏等问题。全方位加强宣传推介，让考古新发现、研究新成果走出库房、走出实验室，走进博物馆、走近群众。深化考古领域国际交流合作，加强中外联合考古、推动成果互展，积极参与国际组织工作和规则制定，向国际社会展示中国考古事业发展成就、讲好中国历史故事。

四、努力营造考古事业发展良好环境

贯彻落实习近平总书记贺信精神，我们要在提供坚强有力的政策保障和学科、人才、科技等支撑上下功夫，切实为考古事业发展"保驾护航"。

要完善政策法规体系。加快推进《文物保护法》修订，丰富支持考古事业发展相关内容，完善相关配套政策法规。健全考古工作管理规范、标准体系。加强顶层设计，谋划好"十四五"时期考古工作总体思路、目标任务、工程项目、政策举措。建立健全考古工作机制，协调各方面资源、调动各方面力量，形成工作合力。推进考古工作机构改革发展，完善管理运行机制，释放发展活力。

要加强考古学科建设。坚持以马克思主义立场观点方法研究考古和历史问题。继承发展中国考古学传统，提出解读人类文明史的中国视角、理解世界历史演进规律的中国标准、认识当今人类社会发展趋势的中国思路，建设中国特色、中国风格、中国气派的考古学。开展跨学科、多领域协同研究，努力打造一批考古学研究高地，增强学科影响力吸引力。

要建好用好人才队伍。加强考古工作机构建设、落实人员编制，保持队伍稳定、不断扩大队伍。建立涵盖人文、社科、自然科学等学科的跨学科人才队伍，重点培养高水平考古研究领军人才、科技人才、职业技能人才。继承发扬严谨求实、艰苦奋斗、敬业奉献的优良传统，打造具有深厚爱国情怀、坚定学术志向、顽强工作作风的考古队伍。关心爱护考古工作者，吸引更多人才特别是年轻人加入考古工作队伍。

要提升科技创新能力。加强考古领域科技研发与应用，依托考古机构建设国家级实验室和科研基地。加强文博单位与高校、科研机构合作，构建产学研用深度融合的文物科技创新体系。提升全行业科技应用水平，用好新材料、新工艺、新技术，用好5G、大数据、AR、VR等信息化手段，推动考古发掘、出土文物保护修缮和展示传播等环节关键技术突破。

做好新时代考古工作任务艰巨、责任重大。让我们更加紧密地团结在以习近平同志为核心的党中央周围，不忘初心、锐意进取，推动新时代考古工作再上新台阶，为弘扬中华优秀传统文化、实现中华民族伟大复兴中国梦作出新的更大贡献！

文化和旅游部党组书记、部长胡和平 在全国文物局长会议上的讲话

（2022年1月17日）

这次全国文物局长会议，是在全国文化文物系统深入学习贯彻党的十九届六中全会精神、学习贯彻全国宣传部长会议精神之际召开的。刚刚过去的2021年是党和国家历史上具有里程碑意义的一年，也必将是载入史册的一年。以习近平同志为核心的党中央团结带领全党全国各族人民，隆重庆祝中国共产党成立一百周年，胜利召开党的十九届六中全会，总结党的百年奋斗重大成就和历史经验，通过百年党史上的第三个历史决议，开展党史学习教育，如期打赢脱贫攻坚战、全面建成小康社会，开启全面建设社会主义现代化国家新征程。沉着应对百年变局和世纪疫情，奋力完成改革发展稳定艰巨任务，党和国家各项事业取得新的重大成就，实现"十四五"良好开局。

一年来，以习近平同志为核心的党中央高度重视文物工作，首次把文物工作写入党的历史决议。习近平总书记对革命文物工作作出重要指示；就"用好红色资源、赓续红色血脉"主持中共中央政治局第三十一次集体学习，带领中央政治局同志来到北大红楼参观、瞻仰毛泽东同志故居丰泽园，在主持学习时发表重要讲话；向第44届世界遗产大会、仰韶文化发现和中国现代考古学诞生100周年致贺信；主持召开中央深改委第二十二次会议，审议通过《关于让文物活起来 扩大中华文化国际影响力的实施意见》；考察福建、广西、河南、北京、西藏、河北、陕西等地多处文博单位；就保障文物安全、加强文物科技创新、增强机构队伍力量、强化文物资源保护利用等作出重要批示29次。这些都充分体现了习近平总书记对文物工作的亲切关怀、彰显了文物工作在党和国家事业全局中的重要地位，有力激发了广大文物工作者的自信心、自豪感。

一年来，全国文物系统坚持以习近平新时代中国特色社会主义思想为指导，深入贯彻党的十九大和十九届历次全会精神，把握正确方向、履行使命担当，各项工作取得显著成效、交出了一份亮丽的成绩单。一是考古工作实现重大突破。举办中国现代考古学诞生100周年纪念活动，推动中国特色、中国风格、中国气派考古学建设迈出坚实步伐。"考古中国"重要成果发布，三星堆遗址考古新发现再一次震惊世界。文物保护管理纳入国土空间规划，"先考古、后出让"制度进一步落实。二是革命文物保护利用切实加强。我们召开全国革命文物工作会议。围绕庆祝建党百年，完成北大红楼等重点保护展示工程，组织推介109个主题精品展览，为中国共产党历史展览馆主题展览提供支持，举办"文物映耀百年征程"文化和自然遗产日主题活动，革命文物成为阐释百年党史的生动教材。三是文物保护状况持续向好。国务院办公厅印发《"十四五"文物保护和科技创新规划》，文物规划第一次上升为国家级专项规划。大遗址、石窟寺、黄河文物等专项保护规划发布实施。文物安全责任进一步夯实，全年共侦破各类文物犯罪案件2704起，检查整治火灾隐患10万

余处。河南、山西等地汛期受灾文物抢险与灾后修缮得到及时妥善处理。四是文物展示利用亮点纷呈。泉州申遗获得成功。推进博物馆改革发展，加强民间收藏文物管理、促进文物市场有序发展等文件印发实施。亚洲文化遗产保护行动积极推进。文物追索返还成果喜人，天龙山佛首上春晚、办展览、回归原属地。《中国考古大会》《中国国宝大会》等节目深受观众欢迎，人民群众对文物考古的关注度越来越高。五是文物工作者精神面貌昂扬向上。在习近平总书记亲切关怀、党中央高度重视下，在中央编办和地方党委、政府及有关部门大力支持下，从国家文物局到各地文物部门、文博单位，机构编制和队伍建设大幅增强。文物系统涌现出一批"扎根基层一线　传承文明薪火"的基层党员代表，广大干部职工展现出团结奋进的精神风貌。

这些成绩的取得，根本在于习近平总书记作为党中央的核心、全党的核心掌舵领航，在于习近平新时代中国特色社会主义思想科学指引，在于以习近平同志为核心的党中央坚强领导。这些成绩的取得，是广大文物工作者团结奋斗、辛勤付出的结果。我代表文化和旅游部党组，向文物系统广大干部职工表示衷心感谢！

2022年是进入全面建设社会主义现代化国家新征程、向第二个百年奋斗目标进军的重要一年，我们党将召开第二十次全国代表大会。做好今年的文物工作，总体要求是：坚持以习近平新时代中国特色社会主义思想为指导，深入贯彻党的十九大和十九届历次全会精神，贯彻落实习近平总书记关于文物工作重要论述和重要指示批示精神，弘扬伟大建党精神，拥护"两个确立"、做到"两个维护"，坚持稳中求进，坚持守正创新，以迎接宣传贯彻党的二十大为主线，以社会主义核心价值观为引领，以满足人民文化需求和增强人民精神力量为着力点，深化文物保护利用改革，守牢文物安全底线，推动文物资源活起来，为建设社会主义文化强国努力奋斗，以优异成绩迎接党的二十大胜利召开。重点把握好以下几个方面。

一、深入学习贯彻习近平总书记关于文物工作重要论述精神，增强工作责任感使命感

党的十八大以来，习近平总书记高度重视文物工作，发表一系列重要论述、作出一系列重要指示批示，为我们做好工作提供了根本遵循。2021年，习近平总书记就文物工作提出一系列新思想新理念新论断，深化了我们对文物工作的规律性认识。

关于阐释好利用好中华优秀传统文化。习近平总书记强调，社会主义核心价值观、中华优秀传统文化是凝聚人心、汇聚民力的强大力量。强调要保护好、传承好、利用好中华优秀传统文化，挖掘其丰富内涵，以利于更好坚定文化自信、凝聚民族精神。强调要推动中华优秀传统文化创造性转化、创新性发展，以时代精神激活中华优秀传统文化的生命力。强调坚持把马克思主义基本原理同中国具体实践相结合、同中华优秀传统文化相结合，用马克思主义观察时代、把握时代、引领时代，继续发展当代中国马克思主义、21世纪马克思主义。

关于革命文物和红色资源保护利用。习近平总书记强调，革命文物承载党和人民英勇奋斗的光荣历史，记载中国革命的伟大历程和感人事迹，是党和国家的宝贵财富，是弘扬革命传统和革命文化、加强社会主义精神文明建设、激发爱国热情、振奋民族精神的生动教材。强调每一个历史事件、每一位革命英雄、每一种革命精神、每一件革命文物，都代表着我们党走过的光辉历程、取得的重大成就，展现了我们党的梦想和追求、情怀和担当、牺牲和奉献，汇聚成我们党的红色血脉。强调加强革命文物保护利用，弘扬革命文化，传承红色基因，是全党全社会的共同责任。强调要用心用情用力保护好、管理好、运用好红色资源。强调加强红色遗址、革命文物保护工作，统筹好抢救性保护和预防性保护、本体保护和周边保护、单点保护和集群保护等。

关于考古工作和考古学科建设。习近平总书记强调，100年来，几代考古人筚路蓝缕、不懈努力，取得一系列重大考古发现，展现了中华文明起源、发展脉络、灿烂成就和对世界文明的重大贡献，为更好认识源远流长、博大精深的中华文明发挥了重要作用。强调努力建设中国特色、中国风格、中国气派的考古学，更好展示中华文明风采，弘扬中华优秀传统文化，为实现中华民族伟大复兴的中国梦作出新的更大贡献。

关于加强文物保护利用。习近平总书记指出，保护好传统街区，保护好古建筑，保护好文物，就是保存了城市的历史和文脉。对待古建筑、老宅子、老街区要有珍爱之心、尊崇之心。强调要加强文物保护利用和文化遗产保护传承，提高文物研究阐释和展示传播水平，让文物真正活起来，成为加强社会主义精神文明建设的深厚滋养，成为扩大中华文化国际影响力的重要名片。强调世界文化和自然遗产是人类文明发展和自然演进的重要成果，也是促进不同文明交流互鉴的重要载体。强调加强交流合作，推动文明对话，促进交流互鉴，支持世界遗产保护事业，共同守护好全人类的文化瑰宝和自然珍宝，推动构建人类命运共同体。

关于落实文物保护责任。习近平总书记指出，领导干部必须学习历史知识、厚植文化底蕴、强化生态观念；坚持正确政绩观，敬畏历史、敬畏文化、敬畏生态。强调各级党委和政府要把革命文物保护利用工作列入重要议事日程，加大工作力度，切实把革命文物保护好、管理好、运用好。强调广大考古工作者增强历史使命感和责任感，发扬严谨求实、艰苦奋斗、敬业奉献的优良传统。

习近平总书记重要论述高屋建瓴、内涵丰富，是立足党和国家工作全局，对文物工作作出的新部署、提出的新要求，是习近平新时代中国特色社会主义思想的重要组成部分。我们必须认真学习领会、把握核心要义、融会贯通、学以致用，更好运用这一强大思想武器和行动指南推动文物事业高质量发展。要狠抓习近平总书记重要论述和重要指示批示落实情况督查，强化重大事项协同推进和跟踪督办，落实到全局谋划中、落实到具体工作上、举一反三、全面推进。

二、突出迎接宣传贯彻党的二十大这条主线，谋划做好文物工作

召开党的二十大，是今年党和国家政治生活中的头等大事。迎接宣传贯彻党的二十大，是贯穿今年党和国家全局工作的主线。我在今年全国文化和旅游厅局长会议上强调，要聚焦这一头等大事、突出这一主线，统筹部署推进各项工作，努力营造平稳健康的经济环境、国泰民安的社会环境、风清气正的政治环境，为党的二十大胜利召开贡献力量。对于文物系统要求也是一样的，要突出这一主线，做好相关工作。

要用好革命文物、红色资源。组织开展一批高水平的主题性革命文物展览展示活动，推出革命文物"三个百集"微视频，发布革命文物保护利用白皮书，围绕革命、建设、改革、新时代各个历史时期的重大事件、重大节点，研究确定一批重要标识地，让广大干部群众从革命文物中了解党史故事、感悟革命精神、传承红色基因。

要组织好党的二十大精神学习宣传贯彻。把集中安排学习与激发内生动力结合起来，引导文物系统广大干部职工深刻领悟党的二十大的重要意义、深入学习贯彻会议精神。充分利用局属媒体、各级文博机构等宣传阵地，兴起学习贯彻高潮、展现学习贯彻成效，唱响主旋律、振奋精气神。

要深入落实意识形态工作责任制。筑牢意识形态安全防线，加强安全风险研判，守好各类意识形态阵地，防止出现重大舆情和意识形态事故，确保文物领域意识形态安全、国家文化安全。

三、要围绕高质量发展要求，推动文物工作再上新台阶

把握新发展阶段、贯彻新发展理念、构建新发展格局、推动高质量发展，是以习近平同志为核心的党中央统筹"两个大局"、着眼第二个百年奋斗目标，对当前和今后一个时期我国经济社会发展作出的科学论断，也是十分重要的政治要求。要胸怀"国之大者"、提高政治站位，切实将这一要求落实到文物工作中。

要善于谋划制定文物工作战略规划。加强对文物工作的前瞻性思考、战略性规划、系统性推进，准确研判问题、找准自身定位、谋定发展方向，着力解决根本性、全局性、长远性问题。去年以来，中央宣传部组织宣传思想文化各部门，编制了《文化强国建设规划纲要（2021—2035年）》，即将印发实施。为有序推动文化强国建设，中央宣传部即将出台《"十四五"文化发展规划》，文化和旅游部已出台《"十四五"文化和旅游发展规划》。这些重大规划中，涉及文物工作的内容，要抓好落实。同时，要落实好《"十四五"文物保护和科技创新规划》及考古、石窟寺、革命文物等分领域规划，列入年度重点、明确落实路径，确保取得预期成效。

要以深化改革解决发展中的问题。党的十八大以来，文物系统统筹保护与利用、传统与创新、资源与环境，开展积极探索，推出71条保护利用改革举措，推动文物事业发展向上向好、与经济社会发展大局同频共振，但也存在低等级文物保护不力、社会力量参与不足、文物安全责任落实不到位等问题。要增强改革意识、坚持问题导向，深化文物保护利用改革，落实好各项改革任务、解决好各类困难问题，更好激发文物事业发展活力。筹备好、召开好全国文物工作会议，以此为契机，推动完善与我国丰厚文物资源相匹配的文物工作体制机制和制度体系。持续贯彻落实全国革命文物工作会议精神。持续推动《关于加强文物保护利用改革的若干意见》贯彻落实，建立健全国有文物资源资产管理机制，推进文物领域"放管服"改革，拓展国家文物保护利用示范区创建成果。加强和优化民间收藏文物管理服务，探索建立国家文物鉴定评估管理体系。

要强化文物科技创新。适应数字化、网络化、智能化趋势，推动5G、大数据、人工智能、虚拟现实、增强现实等技术在文物防、保、研、管、用等各方面、各领域广泛应用。加快推进文物资源数字化建档、文物价值可视化解读、文物信息智能化分发、文物服务精准化供给，建设国家文物资源大数据库，推动文物信息高清数据采集和展示利用，健全数据管理和开放共享机制，逐步实现对文物本体及其历史、文化、科学信息的"永久保存"和"永续利用"。推动出台关于加强文物科技创新的意见，召开全国文物科技工作会议，依托国家重点科技研发计划等重大项目突破一批文物保护和考古关键技术，加快建设国家文化遗产科技创新中心。加大文物关键技术支撑力度，加快文物科技专有装备研制升级，在田野考古、文物保护修复、安全巡查等方面发展文物专有装备。强化文物科技科研人才力量。

要推动文物保护利用服务党和国家重大战略。积极对接共建"一带一路"倡议和乡村振兴、区域协调发展、扩大内需等国家重大战略，推动考古发掘、大遗址保护利用、历史文化名城名镇名村保护、博物馆改革发展等工作融入经济社会发展大局。积极履职尽责，配合推进长城、大运河、长征、黄河、长江国家文化公园建设。

四、要聚焦建设社会主义文化强国目标，提升文物保护利用水平

党的十九届五中全会明确提出到2035年建成社会主义文化强国的宏伟目标，为当前和今后一个时期文化工作、文物工作指明了前进方向。文物工作作为文化工作重要组成部分，也要聚焦这一目标任务，充分发挥自身优势，为建设社会主义文化强国贡献应有力量。

要保护好文物资源、守护好老祖宗留下来的珍贵遗产。牢固树立"保护文物也是政绩"理念，建立文物安全长效机制，推动全社会保护文物、热爱文化。要守牢文物安全底线，强化"万无一失""一失万无"的责任意识，对文物安全事故和违法案件"零容忍"，持续开展打击防范文物犯罪专项行动。实施好文物平安工程等重点项目。推动火灾整治行动取得实质性成果，组织好重大文物违法案件督察督办，在一些有条件的省份适时开展国家文物督察工作试点，解决监管缺位、不愿执法、不敢执法等突出问题。实施中华文化资源普查工程，完善文物登录制度，统筹做好各级各类文物资源管理。强化城乡文物系统性保护，完善"国土空间规划一张图"制度标准，会同有关部门严格保护历史文化遗产及其整体环境。加强分类施策，进一步完善尚未核定公布为文物保护单位的不可移动文物保护措施。健全长江、黄河文物保护利用和长城保护修缮、考古遗址公园、石窟寺保护等工作机制。加强世界文化遗产申报与管理。

要发挥好文物资源实证中华文明的重要作用。加强文物考古和历史研究，研究阐释中华文明起源与形成、统一多民族国家建立与发展、中华文明在世界文明史中的重要地位等关键问题，准确提炼展示中华优秀传统文化精神标识，展现中华文明的灿烂成就和对世界文明的重大贡献。持续开展"中华文明起源与早期发展综合研究""考古中国"等重大工程项目。提高考古工作规划水平，加强古代遗址有效保护，实施主动性考古发掘项目，有重点地进行系统考古发掘。落实基本建设考古前置制度，将考古和文物保护纳入国土空间规划，对可能存在历史文化遗存的土地"先考古、后出让"，推动相关要求深入人心、深入落实。加强出土文物和遗址等考古成果挖掘、整理、阐释，围绕史前文明、中国文化基因、夏代历史研究等重大问题开展专项攻关。加强重要考古成果研究阐释推广，让考古新发现、研究新成果走出库房、走出实验室，走进博物馆、走近人民群众。

要发挥文物对外交流合作优势，扩大中华文化国际影响力。《关于让文物活起来　扩大中华文化国际影响力的实施意见》印发后，要细化分工方案，切实抓好贯彻落实。积极拓展文物对外交流合作平台，落实好亚洲文化遗产保护对话会成果，深入开展中外联合考古、精品外展、文物追索返还等领域务实合作，坚定维护世界文明多样性，努力用文物讲好中国故事、传播中国声音，不断提升中华文化国际影响力。

要强化宏观管理，提升文物领域治理能力。推进《文物保护法》修订，加强沟通协作、解决关键问题，争取国务院完成立法审查、提交全国人大常委会初审。加强文物保护地方立法和长征文物、长城、大运河立法，不断完善文物法治体系。牢牢把握中央编办关于加强文物保护和考古工作机构编制保障的重要机遇，切实抓好有关重要文件的贯彻落实，尽快落实人员编制岗位。完善人才培养、选用、激励等机制，打造高素质专业化文物工作队伍。落实好文物保护财政支持政策。

五、要着眼更好满足人民日益增长的美好生活需要，推动文物资源活起来

随着社会主要矛盾发生变化，从"人民日益增长的物质文化需要"到"人民日益增长的美好生活需要"，体现出人民需要已经由保基本的"有没有""缺不缺"向"好不好""精不精"转变。我国文物资源丰富，到博物馆参观成为越来越多人的生活方式、学习方式。文物工作是满足人民文化需求、增强人民精神力量的重要途径，也关乎人民幸福感、获得感。

要提升文博单位公共服务水平。推动各地出台博物馆改革发展的实施意见。优化文博单位特别是博物馆、纪念馆布局，克服"千馆一面"弊端，改善大馆"人满为患"、小馆"门可罗雀"现象，推动博物馆、纪念馆内涵式发展。组织中国特色世界一流博物馆创建，开展行业博物馆联合认证、类博物馆培育试点。办好国际博物馆日中国主会场活动，推介"十大陈列展览精品"和"社会主义核心价值观主题展览"。不断提高展陈质量，推出展览精品、提供优秀文化产品和服务，为广大人民群众特别是青少年搭建感悟历史、丰富人文、提升智慧的"文化客厅"与"第二课堂"。继续抓好全国博物馆改革发展工作会部署要求的贯彻落实。

要加大社会力量参与力度。建立健全社会参与机制，鼓励社会资本投入，大力推广文明守望工程、拯救老屋行动、文物认养领养计划等项目。完善文物职业技能标准，"筑巢引凤"壮大文物保护志愿者、文物义务巡查员队伍。

要推动文物与旅游融合发展。在做好保护的基础上，推进文物资源合理利用，特别是用好世界文化遗产，努力建设一批富有文化底蕴的世界级旅游景区；用好革命文物、遗迹遗存，大力发展红色旅游。理顺文物保护单位与旅游景区关系，提升文化遗产类景区建设管理水平。鼓励文化文物单位依托自身资源，开发有特色、有内涵、制作精美的文化创意产品。

要统筹推进疫情防控与文物事业发展。紧绷疫情防控这根弦，科学精准扎实做好疫情防控工作，落实好博物馆、纪念馆等场所防控措施，动态调整开放政策、及时更新防疫指南，推动"限量、预约、错峰"常态化。同时，要适应常态化疫情防控新形势，引导文博单位开发针对性产品和服务，更好满足疫情期间群众精神文化需求。

2022年文物工作任务重要、责任重大。全国文物系统要提高政治站位，着眼"两个大局"、胸怀"国之大者"，拥护"两个确立"、做到"两个维护"，不断提高政治判断力、政治领悟力、政治执行力，自觉在思想上政治上行动上同以习近平同志为核心的党中央保持高度一致。要巩固拓展党史学习教育成果，以学习贯彻党的十九届六中全会精神为重点，推动学习教育常态化，进一步做到学史明理、学史增信、学史崇德、学史力行。要压紧压实责任。要注重增强才干，学习历史知识、厚植文化底蕴、强化生态观念、锻炼过硬本领。要持之以恒正风肃纪，深入落实中央八项规定及其实施细则精神，持续整治形式主义、官僚主义问题，更好展现文物系统新气象新作为。

让我们更加紧密地团结在以习近平同志为核心的党中央周围，不忘初心、牢记使命，埋头苦干、勇毅前行，努力谱写2022年文物工作新篇章，以实际行动迎接党的二十大胜利召开！

深化改革 激发活力
全面推进博物馆事业高质量发展

——文化和旅游部副部长、国家文物局局长李群
在全国博物馆改革发展工作会上的讲话

（2021年7月23日）

在举国隆重庆祝中国共产党成立100周年之际，我们在山东济南召开全国博物馆改革发展工作会，系统总结近年来我国博物馆事业发展成就，开启进一步深化改革、激发活力，全面推进博物馆事业高质量发展的新阶段，意义重大。

党中央历来高度重视中华优秀传统文化传承弘扬，关心支持博物馆事业发展。党的十八大以来，习近平总书记对博物馆事业的重视前所未有，多次在博物馆会见外国领导人，多次到博物馆调研考察，并作出系列重要指示批示，提出"博物馆是保护和传承人类文明的重要殿堂，是连接过去、现在、未来的桥梁""一个博物馆就是一所大学校""中国各类博物馆不仅是中国历史的保存者和记录者，也是当代中国人民为实现中华民族伟大复兴中国梦而奋斗的见证者和参与者""让收藏在博物馆里的文物、陈列在广阔大地上的遗产、书写在古籍里的文字都活起来"等重要论述。今年，国家文物局共收到习近平总书记、李克强总理，以及王沪宁、孙春兰、黄坤明等中央领导同志关于博物馆工作的重要批示14件。5月28日，汪洋同志主持召开十三届全国政协第50次双周协商座谈会，专题研究推进新时代博物馆事业高质量发展工作。这些充分体现了党和国家对博物馆事业发展的高度重视。习近平总书记的重要论述和指示批示，明确了新时代博物馆工作的重要意义、发展方向、功能定位和使命任务，是我们做好新时代博物馆工作的根本遵循。

下面，我就全面推进博物馆改革发展工作，讲几点意见。

一、"十三五"期间我国博物馆事业发展回顾

"十三五"以来，在习近平新时代中国特色社会主义思想指引下，在以习近平同志为核心的党中央正确领导下，在各级党委、政府的关心重视下，在社会各界的支持协作下，通过广大博物馆人的努力奋斗，我国博物馆事业得到蓬勃发展，全面融入党和国家事业发展大局，日益成为人民美好生活不可或缺的一部分。

一是博物馆数量持续增长。"十三五"期间，全国博物馆数量由4692家增长至5788家，平均每两天就有一家博物馆建成开放；免费开放博物馆由4013家增长至5214家，增长率达三成。截至2020年底，已备案文物系统国有博物馆3103家、其他行业国有博物馆825家、非国有博物馆1860家，类型丰富、主体多元的现代博物馆体系基本形成，以省级和重要地市级博物馆为龙头、基层中小博物馆为主体，均等化、广覆盖的博物馆布局初步构

建，如期实现平均每25万人拥有一座博物馆的发展目标，北京、内蒙古、陕西、甘肃、宁夏等省份已达到平均11万—13万人拥有1座博物馆。地方党委政府高度重视博物馆事业发展，在法规制定、规划编制、经费支持、部门协作等方面加大保障力度，大力支持博物馆事业，山东提出博物馆强省发展目标，北京、西安、南京、成都、广州、佛山、深圳、长沙、洛阳、郑州、大同等10余个城市致力于建设"博物馆之城"，西安、成都、青岛的博物馆数量已达到百家以上。在国家关于支持非国有博物馆持续健康发展的政策推动下，山东、北京、吉林、福建、江西、重庆等地陆续出台实施方案，通过以奖代补、购买服务、土地保障、税收减免等，鼓励社会力量参与博物馆建设运营，上海、太原、郑州、深圳、佛山等地设立专项奖励经费，对评定等级的非国有博物馆给予奖励。

二是办馆质量显著提升。"十三五"期间，国家一二三级博物馆由764家增长至1224家，成为中国博物馆事业的骨干力量；博物馆陈列展览数量保持在每年2万个以上；博物馆藏品由4139.2万件/套增至5813.9万件/套，增长了40%；馆藏文物保护条件全面升级，标准化库房建设工程基本完成，6.2万件/套馆藏珍贵文物和重要出土文物得到及时修复。全国博物馆场馆建筑总面积超过3929万平方米，馆均面积6788平方米；展厅总面积超过1727万平方米，馆均面积2984平方米。省级博物馆基本完成一轮新建或改扩建，馆舍现代化水平、参观舒适度显著提升，一些市县级博物馆馆舍建设也达到较高水平。国家文物局连续7年组织开展"弘扬中华优秀传统文化、培育社会主义核心价值观"主题展览项目征集推介工作，引导各地博物馆不断加强文物价值挖掘阐释，充分发挥优秀陈列展览的引领作用，涌现出数百个主题鲜明、形式新颖、叙事生动的精品力作。各地博物馆加强合作，通过联合办展、巡回展览、交流展览等方式，打造出"丝绸之路""融合之路""大河对话"等一批原创精品展览。围绕庆祝中国共产党成立100周年，策划推出一批线上线下主题展览和教育活动，传承红色基因，弘扬革命文化。国家文物局与教育部联合印发《关于利用博物馆资源开展中小学教育教学的意见》，推进博物馆资源有机融入中小学教育教学体系，馆校合作长效机制初步建立。博物馆进校园示范项目深入开展，首都博物馆"读城"、重庆中小学"红岩班"、西安曲江二小校园博物馆等博物馆教育品牌影响深远。同时通过流动博物馆、数字博物馆等形式，将展览和教育活动送到社区、学校、部队、乡村、边疆，普惠、均等日益成为新时代博物馆的显著特征。

三是发展活力不断释放。博物馆现代管理体系逐步形成，创新、协调、绿色、开放、共享的新发展理念深入人心，人事、职称、绩效改革逐步铺开，标准化、现代化、规范化管理成为常态。1051家博物馆建立理事会制度，超额完成公共文化服务机构法人治理结构改革任务。山西博物院、南京博物院、湖南省博物馆、敦煌研究院等单位通过纳入科研机构管理，在科研成果转化、人员绩效奖励、收入分配改革方面取得可喜突破。大同、南京、重庆等地通过总分馆制等体制机制创新，加强博物馆资源共享、业务协同、能力提升。北京市西城区、广州市、深圳市等地通过委托管理、购买服务等方式，引入社会力量参与博物馆运营，迈出了国有博物馆资产所有权、藏品归属权、开放运营权分置改革的第一步。故宫博物院、苏州博物馆、广东省博物馆、敦煌研究院等设立发展基金，开展文物收藏、陈列展示、业务帮扶，探索社会资本参与博物馆建设的新路径。大数据、云计算、人工智能等新技术、新方法在博物馆推广应用，智慧博物馆建设方兴未艾，文创产品引领"国潮"消费新时尚，《国家宝藏》《博物馆说》《如果国宝会说话》等节目热播，博物馆日益成为创造新时尚生活的多彩元素。据不完全统计，2020年度全国博物馆文化创意产品开发种类超过12.4万种，实际收入超过11亿元。各类市场主体与博物馆合作的深度与广度逐步增强，由最初的展陈设计施工扩展至博物馆规划运营、教育研学、媒体传播、文创开发、营销推广等各个领域，为满足公众多元化、高品质文化需求奠定了深厚基础。

四是辐射力和影响力大幅提升。对内，我国博物馆日益成为人民美好生活的一部分。2015—2019年，博物馆参观人数由7亿人次增长至12亿人次，平均每年增加1亿人次；未成年人观众数量由每年2.2亿人次增长至2.9亿人次，博物馆成为深受孩子们喜爱的"第二课堂"。云展览、云教育、云直播等线上传播方式，不断拓展博物馆文化服务辐射范围，使数以亿计的观众可以足不出户，共享博物馆发展成果。尽管2020年受疫情影响，博物馆采取暂时闭馆措施或限流开放，全国博物馆仍然推出了2000多个线上展览，春节期间单月浏览量超过50亿人次，实现闭馆不闭展、服务不缺位。据中国旅游研究院统计，60%以上的旅游者将博物馆作为旅游目的地，博物馆已成为公众文化休闲的重要空间。2020年1月至2021年5月，某网络平台上博物馆相关短视频累计播放量高达723亿次，点赞21亿次，"博物馆热"成为文化现象，"到博物馆去"成为生活风尚。

同时，博物馆服务国家经济社会发展大局的作用也日益显现。京津冀、长三角、黄河流域、大运河等博物馆联盟先后成立，打破区划阻隔，连成文化一脉，积极服务区域协同发展战略。山东、吉林、江苏、浙江、四川、陕西等地大力推进乡村博物馆、生态博物馆、社区博物馆建设，收集和展览富有地域特色、活态群体记忆的文化遗产，让记住乡愁有载体、传承民俗有去处，为城镇化进程中历史文化遗产的保护利用打造重要平台。据第三方机构调查，2018年南京博物院为南京市带动了约16.2亿元的旅游收入，带动了6000多个就业岗位，对南京旅游知名度的贡献率为9.7%，在全市24家主要景区中排名第一。

对外，我国博物馆总量已跃居全球第四位（美、德、日、中），中国博物馆国际地位大幅提升。"十三五"期间，全国共举办近300个文物进出境展览，"汉风""秦汉文明""华夏瑰宝""大美亚细亚"等展览引发国际社会热议，成为我国文化外交的"金色名片"。我国与23个国家签署文化遗产领域合作协定，在文物保护、人才培养、信息交流、文物返还等方面取得了大量实质性成果，中国博物馆的国际地位不断提高，先后举办国际博物馆协会第22届大会、国际博物馆高级别论坛、国际博物馆青年论坛等一系列重要活动，依托丝绸之路国际博物馆联盟、"丝绸之路周"活动等平台，持续提高国际博物馆界交流合作水平。时任国际博物馆协会主席苏埃·阿克索伊在致2020年"国际博物馆日"中国主会场活动的贺信中指出，中国已经成为世界博物馆发展的中心与热点。国际博协亚太地区联盟主席裴基同在参加第八届中国博物馆及相关产品与技术博览会时表示，希望能多参与中国博物馆界的活动，分享中国博物馆发展的成功经验。今年5月，国家文物局和北京市人民政府成功举办国际博物馆协会藏品保护委员会第19届大会，67个国家的1527名文物保护工作者参加会议，并配套举办"万年永宝——中国馆藏文物保护成果展"，充分展现中国馆藏文物保护的理念、技术、方法和成就，国际博物馆协会藏品保护委员会主席凯特·西蒙称此次大会获得巨大成功，将载入史册。

二、制约博物馆事业高质量发展的主要问题

在肯定成绩的同时，我们也应该清醒地认识到，我国博物馆总体发展水平与人民日益增长的美好生活需要相比，还有很长的路要走；与世界博物馆强国相比，无论是人均占有量还是服务质量，都有很大的距离。这些问题，既有长期以来未能解决的老问题，如博物馆按系统管理，条块分割、分灶吃饭、缺乏统筹等体制因素；也有发展中出现的新问题，如事业单位分类改革过程中的不适应、一刀切、机制僵化等问题，以及新形势、新需求下保障措施不足、引导激励不够等新情况，需要深入分析研判、统筹谋划、分类推进解决。

一是体系布局尚不均衡。不同地域、层级、类型、属性的博物馆发展仍有明显差异。在地域分布上，东部经济发达地区和中西部文物富集省份博物馆发展速度和质量明显优于中西部经济欠发达地区。从机构总量看，东部地区博物馆2468家，占比42.6%，是中部地区（1656家）、西部地区（1664家）的近1.5倍。在国家一级博物馆中，东部地区99家，约为中部地区（56家）、西部地区（49家）的2倍。从覆盖率看，全国县级行政区划中博物馆覆盖率为77%，北京、上海、广东、海南、甘肃五省（市）已实现区县博物馆全覆盖，而西部地区覆盖率最低的省份仅为8.1%。从发展速度看，2016—2020年，全国博物馆增加1096家，增量排名前十的省份中，有5个位于东部地区（山东、浙江、广东、河北、江苏），共增加529家，是中西部地区增量之和的1.6倍。从藏品资源拥有量看，东部地区博物馆的藏品数量（3240.8万件／套）、珍贵文物数量（243.8万件／套）分别是中部地区藏品数量（1020.8万件／套）的2倍、珍贵文物数量（74.2万件／套）的3倍；是西部地区藏品（1552.3万件／套）的2倍、珍贵文物数量（56万件／套）的4倍。从服务效能看，东部地区博物馆2020年度举办展览14529个，约为中、西部地区之和；举办教育活动16万场次，占比62%。博物馆资源地域分布上的不均衡，与地方经济社会发展水平及对博物馆事业的重视程度有密切关系。此次全国博物馆免费开放经费管理办法调整，充分考虑地域因素，按照东、中、西部分级分档设定中央与地方财政经费分担比例，重点向西部地区、边疆民族地区倾斜，旨在更好地发挥中央财政资金的引导性作用，推动构建更加均等化、广覆盖的博物馆公共文化服务体系。

在行政层级上，无论是资源禀赋还是服务效能，地市级以上博物馆明显优于基层中小博物馆。截至2020年底，地市级以上国有博物馆1418家（省级及以上441家、地市级977家）、县级及以下国有博物馆2510家。地市级以上国有博物馆以25%的机构数量，收藏了全国67%的藏品、85%的珍贵文物，举办了33%的展览、55%的教育活动，接待了46%的观众，远高于基层中小博物馆。此外，还有665个县级行政区尚无博物馆分布，占全国县级行政区划总数的23%。由此可见，提升基层博物馆公共服务能力是新时期提升博物馆事业整体发展水平的重要着力点和努力方向。中央宣传部、国家文物局等九部门《关于推进博物馆改革发展的指导意见》中明确提出，要实施中小博物馆提升计划，加强机制创新，有效盘活基层博物馆资源。

在题材类别上，综合类、历史类等传统博物馆数量较多，反映行业特征、地域特色、时代特点的专题性博物馆发展不足。全国现有综合类、历史类博物馆4049家，占比70%，艺术类、自然科技类博物馆数量571家、214家，仅分别占比9.8%、3.7%。在美国、日本等一些博物馆事业发达的国家，"博物馆"是一个更宽泛的概念，涵盖了博物馆、美术馆、科技馆，乃至天文馆、水族馆、动植物园、科普中心等具有科普、艺术属性的机构。面向未来，不断拓展题材类型，使之更"博"而包罗万象，是博物馆事业的重要发展方向。

在隶属关系上，文物系统所属国有博物馆在资源禀赋、业务能力、政策保障等方面，优于其他行业所属国有博物馆和非国有博物馆。目前1224家国家一、二、三级博物馆中，属于文物系统的1000家，占比82%。在藏品方面，文物系统博物馆藏品总量2884.3万件／套，占比50%，珍贵文物356.4万件／套，占比95%，是其他行业博物馆藏品数量（1894.8万件／套）的1.5倍、珍贵文物数量（7.9万件／套）的45倍，非国有博物馆藏品数量（1034.8万件／套）的2.8倍、珍贵文物数量（9.7万件／套）的37倍。在展览方面，文物系统博物馆年度举办展览1.77万个，占比60%，是其他行业博物馆的5倍、非国有博物馆的2倍；在教育活动方面，文物系统博物馆年度举办教育活动11.6万场次，占比51.6%，是其他行业博物馆的1.5倍、非国有博物馆的3.7倍。下一步，国家文物局将加强部门协作，通过联合认证、共建共管等方式，坚持规范与扶持并举，推动其他行业博物馆、非国有博物馆高质量发展。

二是功能发挥仍待加强。随着"博物馆热"的持续升温，大馆一票难求、好展览供不应求等供需不平衡的矛盾日益凸显，博物馆的科研能力、服务能力尚不能有效满足人民多样化、差异化的美好生活需要。在保护管理方面，存在职能弱化的倾向。近年来，随着社会需求日益高涨，博物馆的运营理念从"以物为本"向"以人为本"转变，在公共文化服务机构属性不断彰显的同时，博物馆作为文化遗产保存机构的属性一定程度上被削弱。2020年度全国博物馆新征集藏品126万件，馆均新增藏品218件，但有3997家博物馆的年度新征集藏品数量为0。相比展览和传播，很多博物馆对馆藏文物保护修复等基础性工作重视不够，连一些省级博物馆都没有自己的文物修复专业队伍。同时，重不可移动文物保护、轻可移动文物保护的情况比较突出。以2020年度国家文物保护专项经费安排为例，一些省份对可移动文物保护项目的经费投入占比甚至达不到5%、总投入不足100万元。藏品是博物馆的核心竞争力，是立馆之本，博物馆事业的高质量发展，一定是"人""物"并重、收藏保护和研究展示并举的全面提升。我们一定要警惕这些苗头，切不可顾此失彼。在展示教育方面，存在供给不足的情况。一些知名度较高的博物馆人满为患，严重超出承载能力，在春节、国庆等节假日、寒暑假等参观高峰期尤为明显。2019年度，全国42家博物馆观众接待量在300万人次以上，故宫博物院"一票难求"的情况更是引发社会关注。而与此同时，大型博物馆和基层中小博物馆之间的馆际差距逐渐拉大，存在"大馆一票难求、小馆无人问津""大馆无处可展、小馆无物可展"等不均衡情况，不同地方公众不能平等享受博物馆"红利"。在业务层面，一些博物馆出现了展览、社教等核心业务"空心化"的倾向，有的甚至将展览项目全盘外包给社会公司，造成展览缺乏学术创新，存在同质化问题。部分展览策划与观众需求结合不够紧密，对文物价值挖掘和知识传播重视不足，不能有效满足人民群众对高品质文化服务的需求。

三是体制机制有待完善。博物馆在人事、财务、业务等方面改革力度不够，发展活力受到制约，人才流失情况严重。对此，我们要高度重视、对症施策，在今后工作中予以重点关注解决。比如动力不足问题。多地文物部门、博物馆反映国务院办公厅转发的《关于推动文化文物单位文化创意产品开发若干意见的通知》难落地问题。一些博物馆因开展文化创意产品开发经营而被审计、纪检部门定性为违规，要求整改；受事业单位工资总量控制，博物馆文创开发收益按照收支两条线要求全部上缴财政，丝毫不能用于员工奖励。近期，在国务院办公厅支持下，由文化和旅游部、国家文物局牵头，联合宣传、编制、发展改革、财政、人力资源社会保障、审计、知识产权等部门起草了《关于推进文化文物单位文化创意产品开发的若干措施》，将进一步细化相关考核、激励政策。各地要主动担当作为，加强与相关部门沟通，争取政策支持，切实解决激励机制"最后一公里"的问题。还有人才队伍建设问题。博物馆选人多通过事业单位统一考试方式招录，用人单位自主性较弱，人才选拔的针对性较差。从业人员的学历结构、知识结构和职称结构与博物馆的专业化要求还有相当差距。与高校相比，博物馆在体制机制、薪金待遇、职称评聘、科研环境等方面缺乏吸引力，难以留住高水平领军人才，近年来多名省级博物馆业务骨干跳槽至高校。为破解上述难题，2019年以来，国家文物局会同人力资源社会保障部出台了两个政策性文件，指导和支持各地文博单位深化人事制度改革，创新选人用人和人才评价机制，积极推进新时期文博人才队伍建设。近期，国家文物局正在与教育部沟通，积极推动在交叉学科门类下增设文物科学与工程一级学科，旨在将有关文物保护、管理和利用的科学与工程学科从考古学中独立出来，使该学科的体系更加完备，如果能够成功，将更有利于文物保护、管理和利用高层次专门人才的培养。也希望各地高度重视博物馆人才队伍建设，积极落实国家政策，出台配套措施，为人才培养和队伍建设营造良好环境。

三、全面推进"十四五"博物馆事业高质量发展

国家文物局会同中央宣传部、发展改革委、教育部、科技部、民政部、财政部、人力资源社会保障部、文化和旅游部等部门，历时近3年，制定出台了《关于推进博物馆改革发展的指导意见》，立足新时期社会主义文化强国建设的总体要求，直面博物馆事业发展面临的关键问题，对症下药、分类施策，旨在激发博物馆内生动力，全面推动博物馆高质量发展，更好满足人民美好生活需要。接下来，我想结合《关于推进博物馆改革发展的指导意见》精神，谈一谈对"十四五"期间博物馆事业改革发展的总体要求。

一是要坚持党的全面领导，牢牢把握博物馆高质量发展的正确方向。习近平总书记指出"以史为鉴、开创未来，必须坚持中国共产党坚强领导"。在推进博物馆事业改革发展过程中，我们必须始终坚持党的全面领导，增强"四个意识"、坚定"四个自信"、做到"两个维护"，牢记"国之大者"，以习近平新时代中国特色社会主义思想为指导，以社会主义核心价值观为引领，以推动高质量发展为主题，以深化供给侧结构性改革为主线，以改革创新为动力，以满足人民美好生活为目的，牢牢把握意识形态工作主导权，突出博物馆的公益属性和社会效益。

博物馆要致力于全面展示中华文明起源和发展的历史脉络、取得的灿烂成就和对人类文明的重大贡献，讲清楚中华优秀传统文化的历史渊源、发展脉络、基本走向，讲清楚中华文明的独特创造、价值理念、鲜明特色，为中国特色社会主义道路自信溯到源、找到根、寻到魂。要充分发挥博物馆在理解过去、映照当下、启迪未来中的作用，用心用情用力保护好、管理好、运用好藏品资源，加强科学保护，开展系统研究，打造精品展陈，坚持政治性、思想性、艺术性相统一，用史实说话，增强表现力、传播力、影响力，生动传播中华优秀传统文化、革命文化、社会主义先进文化，真正实现让文物"活"起来，讲好中国故事，让社会主义核心价值观深入人心，让中华文明彰显磅礴气象。

二是要坚持以人民为中心，努力满足人民美好生活向往。习近平总书记指出"江山就是人民、人民就是江山，打江山、守江山，守的是人民的心""着力解决发展不平衡不充分问题和人民群众急难愁盼问题，推动人的全面发展、全体人民共同富裕取得更为明显的实质性进展！"一个好的博物馆，首先是人民满意的博物馆。博物馆必须牢固树立以人民为中心的发展思想，始终坚持发展为了人民、发展依靠人民、发展成果由人民共享，着力解决博物馆事业发展不平衡、不充分与人民日益增长的美好生活需要之间的矛盾，积极推动从"缺不缺、够不够"向"好不好、精不精"的转变。

不断健全普惠均等的博物馆公共文化服务体系。通过实施中国特色世界一流博物馆创建计划、卓越博物馆发展计划、中小博物馆提升计划、类博物馆培育计划等"四个计划",并加强对行业博物馆、非国有博物馆的规范与扶持,不断优化博物馆体系布局,推动博物馆内涵式发展。各地要制定相应规划,积极完善博物馆发展布局,在专、精、特上下功夫,克服低水平、同质化、"千馆一面"等现象。

不断丰富高品质、差异化、个性化的博物馆文化产品和服务。智能感知、精准对接人民群众文化需求,公开征集选题,推广以需定供的菜单式展览服务;统筹做好老年人、残疾人等特殊群体的公共文化服务供给;深化博物馆与社会、社群、社区合作,推动博物馆虚拟展览进入城市公共空间,鼓励有条件的博物馆错峰延时开放,服务十五分钟城市生活圈,打造公众"身边博物馆";优化博物馆传播服务,加强与融媒体、数字文化企业合作,创新数字文化产品,大力发展博物馆云展览、云教育,构建线上线下相融合的博物馆传播体系。

始终坚持满足人民文化需求和增强人民精神力量相统一。结合重要传统节日、纪念日,广泛深入开展博物馆宣传教育活动,强化对中华文明的研究阐发、教育普及和传承弘扬,加强新时期中央关于党史、新中国史、改革开放史、社会主义发展史"四史"教育,以优秀的博物馆展览和教育精品,给人以思想上的启迪、精神上的熏陶、道德上的感召,为提高广大人民尤其是青少年的思想道德素质、科学文化素质和身心健康素质,培育人民文化生活新风尚,促进社会文明进步发挥积极作用。深入贯彻落实《关于利用博物馆资源开展中小学教育教学的意见》要求,健全馆校合作长效机制,推进博物馆资源与大中小学教育相结合,丰富博物馆教育资源库和课程体系,让博物馆成为青少年喜欢去、长知识、育品德的重要场所,让历史文化资源进校园、进教材、进课堂。

三是要坚持新发展理念,主动服务经济社会发展大局。习近平总书记强调,加快构建新发展格局,是我们把握未来发展主动权的战略举措,要自觉把本地区本部门工作纳入构建新发展格局中统筹考虑和谋划,以更加坚定的思想自觉、精准务实的举措、真抓实干的劲头,推动构建新发展格局取得扎扎实实成效。我们要按照党和国家总体部署,秉承创新、协调、绿色、开放、共享的新发展理念,切实转变发展方式,特别是要加强前瞻性思考、全局性谋划、战略性布局、整体性推进,做好博物馆事业发展的顶层设计和总体规划,强化跨部门的沟通合作,统筹不同地域、层级、属性、类型博物馆发展,切实发挥好博物馆在围绕中心、服务大局的作用。

当前,正值"两个一百年"奋斗目标的历史交汇点、"十四五"规划开局之年,各地要按照"国民经济和社会发展第十四个五年规划和2035年远景目标"要求,统筹规划博物馆建设布局和区域资源整合,积极服务于"一带一路"倡议、京津冀协同发展、长江经济带发展、粤港澳大湾区建设、长三角一体化发展、推进海南全面深化改革开放、黄河流域生态保护和高质量发展等国家重大战略,以及长城、大运河、长征、黄河国家文化公园建设等国家重大文化工程。鼓励在文化资源丰厚地区建设"博物馆之城""博物馆小镇"等集群聚落,发挥集聚效应,推动博物馆成为赋能城市经济发展、彰显城市文化形象的金色名片。要结合"四史"教育有关要求,充分利用文物遗址、历史建筑、工业遗产、农业遗产、文化景观和非物质文化遗产等资源,建设一批反映党和国家建设成就、特别是社会主义建设重大工程、重大项目、重要事件的当代主题博物馆。要坚持以文塑旅、以旅彰文，持续推进文旅融合，因地制宜推进乡村博物馆、社区博物馆、生态博物馆建设，激发乡村文化遗产活力，助力国家乡村振兴战略。要实施"博物馆+"战略，促进博物馆于教育、科技、旅游、商业、传媒、设计等跨界融合，使博物馆成为赋能经济发展、助推产业升级的新动能。

四是要坚持文明交流互鉴，充分发挥博物馆在提升中华文明影响力方面的作用。习近平总书记指出，长期以来，中华文明同世界其他文明互通有无、交流借鉴，向世界贡献了深刻的思想体系、丰富的科学文化艺术成果、独特的制度创造，深刻影响了世界文明进程。当前，世界面临百年未有之大变局，单边主义、民族主义等极端情绪抬头，多元文化、多边秩序受到猛烈冲击，博物馆保护文化多样性、促进文明交流互鉴的独特作用更加凸显。博物馆人要切实增强使命意识，不断深化博物馆领域的国际交流与合作，推动不同文明相互尊重、和谐共处，为国家发展营造良好的外部环境，为构建人类命运共同体提供强大的文化支撑。

要善于"走出去"，实施中华文明展示工程，严格按照《国家文物局关于进一步加强文物出境展览意识形态阵地管理工作的意见》要求，强化意识形态领域安全风险防控，旗帜鲜明反对历史虚无主义，深入挖掘中华优秀传统文化精髓，弘扬中华文化蕴含的人类共同价值，造就一批政治过硬、功底扎实、国际接轨的博物馆策展人队伍，打造一批中国故事、国际表达的文物外展品牌，让博物馆成为展示真实立体全面中国形象的"舞台"，彰显中国风貌、中国声音的"窗口"。创建世界一流博物馆，要通过对国际博物馆先进经验的引进、消化、吸收、再创新，凝铸形成具有中国特色的博物馆发展理念，向世界展示中国博物馆管理运营、文保科技、展陈策划、文创经营、传播服务等成果经验，向世界博物馆领域贡献中国智慧、中国方案。

要长于"引进来"，实施世界文明展示工程，通过长期借展、互换展览、多地巡展等方式，共享人类文明发展成果，使中国博物馆成为世界文明交融对话的"大平台"。紧密结合共建"一带一路"倡议，加强与丝绸之路沿线国家在博物馆藏品保护、展览教育、科学研究、人才培养等方面的交流合作，共同提升博物馆专业化水平，共同保护传承人类文化遗产。

五是要坚持改革创新，加快构建现代化的博物馆治理体系。习近平总书记指出，改革由问题倒逼而产生，又在不断解决问题中深化。改革开放是党和人民大踏步赶上时代的重要法宝，是决定当代中国命运的关键一招，也是决定实现"两个一百年"奋斗目标，实现中华民族伟大复兴中国梦的关键一招。改革，不仅需要自上而下的政策传导，更需要自下而上的实践探索。当前，以《关于推进博物馆改革发展的指导意见》为核心，以博物馆机构评估、藏品征集保护、展陈教育、文创开发、人事制度改革、非国有博物馆发展、双随机一公开检查等专项领域政策文件为主干的博物馆宏观管理政策体系的"四梁八柱"已初步构建。各级文物部门要认真学习、深入领会相关文件精神，积极会同有关部门，制定本地区博物馆改革发展实施方案，落实任务分工，细化工作责任，明确时间表、路线图，切实打通政策落实的"最后一公里"。

博物馆的改革是一项系统工程，不可能一蹴而就。在改革实施中，各地要站在党和政府事业发展全局的角度思考，多请示、多汇报，积极争取支持，把博物馆改革的任务变成党委和政府的责任，化被动工作为主动工作。要按照中央改革精神，立足各地不同的省情、市情、县情和乡情，制定不同的任务目标和改革路径，并完善相关政策、制度、资金、人才保障。鼓励条件成熟的省、区、市率先改革试点，大胆探索、创新实践，允许保留一定的弹性和试错空间，在总结试点经验的基础上，积极稳妥地推进博物馆改革工作，进一步激发博物馆发展活力。

在庆祝中国共产党成立100周年大会上，习近平总书记代表党和人民庄严宣告，经过全党全国各族人民持续奋斗，我们实现了第一个百年奋斗目标，在中华大地上全面建成了小康社会，历史性地解决了绝对贫困问题，正在意气风发向着全面建成社会主义现代化强国的第二个百年奋斗目标迈进。中国博物馆事业也走过了百年历史。百年恰是风华正茂！我们要更加紧密地团结在以习近平同志为核心的党中央周围，以习近平新时代中国特色社会主义思想为指导，立足百年大党新起点、置身百年未有大变局、接力百年奋斗新征程，增强使命感和紧迫感，勇于担当、苦干实干、开拓创新，全力推动博物馆事业改革发展，为全面建成社会主义现代化强国、实现中华民族伟大复兴中国梦作出更大贡献！

文化和旅游部副部长、国家文物局局长李群在全国革命文物与新时代高校思想政治工作融合发展论坛上的讲话

（2021年10月14日）

今年是中国共产党成立100周年。非常高兴在金秋十月，回到红色热土、齐鲁大地，共同探讨革命文物与新时代高校思想政治工作融合发展之路。在此，我谨代表文化和旅游部、国家文物局向长期以来给予文旅事业、文物事业巨大支持帮助的教育部，表示由衷的感谢！向关心支持文旅、文物工作的山东省委和省政府，表示真诚的谢意！向与会专家、嘉宾的到来，表示衷心的问候！向山东大学120周年校庆，致以最诚挚的祝福！

习近平总书记对用好革命文物资源服务高校思想政治工作高度重视。总书记指出，革命文物承载党和人民英勇奋斗的光荣历史，记载中国革命的伟大历程和感人事迹，是党和国家的宝贵财富。要切实把革命文物保护好、管理好、运用好，发挥好革命文物在党史学习教育、革命传统教育、爱国主义教育、思想政治教育等方面的重要作用。总书记要求，要用好红色资源，赓续红色血脉，设计符合青少年认知特点的教育活动，建设富有特色的革命传统教育、爱国主义教育、青少年思想道德教育基地，引导他们从小在心里树立红色理想。总书记强调，要把先辈们的英雄故事讲给大家听，讲给年青一代听，激励人们坚定不移跟党走，为实现美好生活而奋斗。总书记的重要指示，为用好革命文物资源、培养担当民族复兴大任的时代新人，指明了前进方向、提供了根本遵循。

革命文物是弘扬革命传统和革命文化、加强社会主义精神文明建设、振奋民族精神的生动教材，教育和激励一代又一代人为崇高理想信念、为建设社会主义现代化国家而砥砺拼搏。我国现有不可移动革命文物3.6万多处，革命博物馆、纪念馆超过1600家，国有馆藏革命文物超过100万件／套。革命文物所蕴含的深刻思想内涵和时代价值，能够让当代中国青年获得启发、汲取力量，坚定"四个自信"，增强做中国人的志气、骨气、底气，树立为祖国为人民永久奋斗、赤诚奉献的坚定理想。

国家文物局牢记总书记的殷殷嘱托，全面理解和深刻把握革命文物工作的使命任务，牢固树立阵地意识、大局意识和服务意识，深化拓展革命文物教育功能，着力推进革命文物资源创造性转化、创新性发展，坚持把立德树人、协同育人作为文物工作的重要担当责任。在顶层设计方面，国家文物局贯彻落实中共中央关于新时代加强和改进思想政治工作的战略部署，聚焦高校师生，联合教育部共同出台《关于充分运用革命文物资源加强新时代高校思想政治工作的意见》，明确了目标、路径和举措。在合作研究方面，国家文物局支持众多革命博物馆纪念馆与高校深化合作，协同开展革命文物研究，在善用"大思政课"上下功夫，不断推出有深度、有分量的研究成果，主动融入高校思政课和日常教学工作，在协同育人、传史育人上取得了不少成绩，积累了一定的经验。在探索创新方面，全

国红色文化战略联盟、全国馆校合作联盟相继成立，馆校合作编写读本读物，研发基于革命文物资源的思政教学资源包，通过讲、诵、唱、展、演等艺术形式，打造深刻、生动、具体的党史学习教育课和思政大课。

回顾百年党史，一代代青年在党的旗帜引领下，前赴后继，把青春奋斗融入党和人民事业之中。青年兴则国家兴，青年强则国家强。青年一代有理想、有本领、有担当，国家就有前途，民族就有希望。与总书记的期望、党中央的要求、青年的现实需求相比，我们的工作还有不少需要继续加强和改进的地方。下一步，我们将在三个方面继续努力。

一是坚持正确导向，加强政治引领。以习近平新时代中国特色社会主义思想为指导，认真贯彻落实总书记对革命文物工作、高校思想政治工作的重要指示精神，坚持正确历史观、党史观，旗帜鲜明反对和抵制历史虚无主义，以准确的史实和科学的结论教育人、引导人、激励人，教育引导广大青年发扬革命传统、传承红色基因，赓续共产党人精神血脉，将爱国之情、强国之志融入报国之行的伟大实践，深刻理解把握时代潮流和国家需要，昂扬奋进走好新时代的长征路。

二是加强部门协作，发挥融合优势。我们将继续会同教育部，发挥好文物系统、教育系统在资源、人才、研究等各方面优势，依托革命博物馆、纪念馆和高校，共同建设若干革命文物协同研究中心，聚焦一批重大课题开展联合攻关，继续推出有深度、有分量的研究成果、理论成果和教学实践成果；指导支持革命博物馆、纪念馆，建设全国实践育人创新创业基地、高校思政队伍培训研修中心、高校思想政治工作研修基地，为馆校融合搭建平台、拓展渠道。国家文物局鼓励和支持博物馆、纪念馆探索推出更多原创性、差异化、有特色的改革创新，在博物馆定级和运行评估评价体系中将适度增加宣传教育工作的权重比，对高校开展的革命旧址保护展示工作、馆藏珍贵文物预防性保护和数字化保护等工作，继续加大支持、指导力度。

三是强化创新意识，激发资源活力。我们将鼓励和支持革命博物馆、纪念馆，多去高校"对话"、去"谋事"、去"成事"，根据高校师生的思想特点、思想政治工作的发展需求，策划推出一批革命文物主题展览、革命文物数字资源包、红色研学研修线路等精品项目，精心组织具有庄重感、仪式感、参与感的主题活动；开展好大学生志愿服务活动，创造更多条件为大学生提供学习实习岗位。我们欢迎高校教师特别是思想政治教师走进革命场馆联合科研，参与主题展览和教育实践活动的策划实施，共同研发"纪念馆里的思政课"，全面推动革命文物资源与高校思想政治工作深度融合。

立足新时代，面向新征程，统筹推进革命文物与新时代高校思想政治工作融合发展，使命光荣、大有可为。我们将以饱满的精神状态、强烈的责任担当，与教育部门、社会各界奋发有为、协同作战，为激励当代青年继承革命传统，昂扬奋进全面建设社会主义现代化国家新征程作出我们文物系统应有的贡献，在实现中华民族伟大复兴中国梦的伟大征程中书写新的荣光！

最后，衷心希望各位专家、各位学者积极建言献策，预祝论坛取得圆满成功！

文化和旅游部副部长、国家文物局局长李群在仰韶文化发现暨中国现代考古学诞生100周年纪念大会上的讲话

（2021年10月17日）

今天，我们在仰韶遗址召开专题会议，隆重纪念仰韶考古百年的历史时刻，深入学习领会习近平总书记关于考古工作的重要论述和指示批示精神，共同谋划如何建设中国特色、中国风格、中国气派的考古学这一重大命题。

习近平总书记十分重视考古工作，专为我们今天的会议发来了贺信。习近平总书记的贺信，站在坚定历史自信、文化自信的高度，充分体现了总书记弘扬传承中华优秀传统文化、实现中华民族伟大复兴的历史站位，体现了总书记对广大考古工作者的关心关爱，体现了对考古学科和考古事业发展的殷切希望。我们要认真学习领会习近平总书记的重要贺信，准确把握习近平总书记关于考古和文物工作的新理念、新战略、新要求，坚守初心、主动作为，努力作出更大成绩。

仰韶文化研究，具有重要的学术意义和历史意义。今天，我们召开仰韶文化发现暨中国现代考古学诞生100周年纪念大会，就是要深入学习领会习近平总书记关于文物工作、考古工作重要指示批示精神，总结经验、把握形势，谋划部署落实好今后各项工作。

国家文物局将深入贯彻落实习近平总书记关于文物工作重要讲话和指示批示精神，重点做好以下工作：

第一，深入学习领悟。习近平总书记高度重视考古和文物工作，对良渚申遗、石窟寺保护、夏文化研究、中华文明研究、考古队伍建设等工作作了重要指示批示。2020年9月28日中共中央政治局第二十三次集体学习时，习近平总书记深刻阐释了考古工作的重大成就、重要意义，提出了工作要求。今天，总书记又为大会召开发来贺信，这充分体现了总书记、党中央对考古工作的深切关怀和殷切期望，也是对全国文博系统的巨大鼓舞和鞭策。

全国文物系统要及时传达和部署学习习近平总书记的贺信，深入学习领悟习近平总书记关于考古和文物工作的重要指示批示、重要讲话和重要论述，作为当前最重要的政治任务，作为不断增强"四个意识"、坚定"四个自信"、做到"两个维护"的具体实践。要增强历史责任感和使命感，谋划好、实施好重大政策、重大工程、重大项目，将总书记的重要指示批示精神落实落细。

第二，加强研究。国家文物局将继续推进中华文明探源工程和"考古中国"重大项目，以重大项目为依托，持续支持良渚、石峁、二里头、殷墟、三星堆等遗址考古工作，力争取得考古成果新突破。支持多学科、跨学科合作，支持交叉学科、前沿学科发展，不断拓展考古学研究的广度和深度，继续探索未知、揭示本源。

第三，加强能力建设。国家文物局将做好政策保障，推进文物保护利用改革，提升行业服务大局能力、科技创新能力、考古管理能力、文化传播能力，促进行业高质量发展。同时，积极落实中央人才工作会议精神和中央编办文件要求，支持国家级科研机构和文物大省考古机构建设发展，为行业树立标杆和样板。我们还将支持北京大学、吉林大学、西北大学、山东大学等更多高校创建世界一流考古学科，为行业持续输送优秀人才，使考古事业后继有人、人才辈出。

全国文物系统广大干部职工将坚守初心使命、不负国家人民重托，以团结向上、勇立潮头的精神，开拓创新、奋发有为，迎接中国考古事业繁荣发展的新百年。

文化和旅游部副部长、国家文物局局长李群在"十四五"石窟寺保护与考古工作会议上的讲话

（2021年12月24日）

在年终收尾之际，我们召开"十四五"石窟寺保护与考古工作会议，主要任务是深入贯彻习近平总书记关于石窟寺的重要论述和重要指示批示精神，总结工作成绩，部署"十四五"重点任务。

一、石窟寺保护利用工作意义重大

党的十八大以来，以习近平同志为核心的党中央高度重视文物工作，习近平总书记多次作出重要论述和重要指示批示，为做好新时代文物工作提供了根本遵循。今年11月，党的十九届六中全会上，文物工作首次写入党的历史决议。中央深改委审议通过《关于让文物活起来 扩大中华文化国际影响力的实施意见》。国务院办公厅印发《"十四五"文物保护和科技创新规划》，文物事业发展规划首次上升为国家专项规划。在党和国家的高度重视下，文物事业迎来前所未有的重要机遇期。

石窟寺是我国文物资源的重要构成。我国石窟寺分布广泛、规模宏大、体系完整，蕴含深厚的历史文化价值，体现了中华文化源远流长的特色，见证了中外文化交流的历史。习近平总书记高度重视石窟寺保护利用工作。2019年总书记在敦煌研究院座谈时强调，要深入挖掘敦煌文化和历史遗存背后蕴含的哲学思想、人文精神、价值理念、道德规范等，推动中华优秀传统文化创造性转化、创新性发展。要揭示蕴含其中的中华民族的文化精神、文化胸怀和文化自信，为新时代坚持和发展中国特色社会主义提供精神支撑。2020年总书记考察云冈石窟时强调，云冈石窟体现了中华文化的特色和中外文化交流的历史，是人类文明的瑰宝，要坚持保护第一，在保护的基础上研究利用好。2020年6月，总书记对石窟寺保护利用工作作出重要批示。总书记关于石窟寺的重要论述和重要批示，深刻阐明了石窟寺的重要价值和做好石窟寺工作的重大意义，为我们推进新时代石窟寺保护利用工作指明了前进方向。

二、石窟寺各项工作开展情况

一年多以来，我们将贯彻落实习近平总书记关于石窟寺的重要论述和重要批示作为当前重要任务，作为不断增强"四个意识"、坚定"四个自信"、做到"两个维护"的具体实践。在各级党委和政府正确领导和相关部门的大力支持下，在各级文物部门、石窟寺保护管理机构、考古机构、科研院所以及高校文物工作者的共同努力下，石窟寺各项工作取得明显进展。

一是做好顶层设计，加强机构建设。国务院办公厅印发《关于加强石窟寺保护利用工

作的指导意见》，就加强新时代石窟寺保护利用作出统筹安排。各地高度重视石窟寺保护工作，14个省（自治区、直辖市）以省级人民政府办公厅名义印发石窟寺保护利用工作方案。云冈研究院、龙门石窟研究院升格为副厅级事业单位。乐山大佛石窟研究院、安岳石窟研究院、陕西省石窟寺保护研究中心等一批石窟寺保护研究机构相继挂牌成立，机构和人员力量得到增强。

二是完成专项调查，编制专门规划。摸清全国石窟寺资源底数和基本情况是做好石窟寺各项工作的重要基础。2020年9月起，国家文物局组织开展全国石窟寺专项调查，全国28个省（自治区、直辖市）组建320余支调查队伍、2400余名专业人员参与调查，历时10个月顺利完成，全面摸清了全国石窟寺及摩崖造像的资源分布、保护管理等状况。根据调查结果，全国共有石窟寺2155处，摩崖造像3831处，共计5986处，其中本次调查新发现635处。从级别看，全国重点文物保护单位288处，省级文物保护单位417处，市县级文物保护单位1285处，尚未核定公布为文物保护单位的不可移动文物3361处。在专项调查基础上，结合石窟寺保护工作实际需求，国家文物局编制印发《"十四五"石窟寺保护利用专项规划》，首次针对石窟寺领域编制五年规划，为"十四五"时期开展石窟寺保护利用各项工作提供了行动指南。

三是重点工作全向发力、全面推进。指导实施云冈石窟、龙门石窟等一批重点文物保护工程，推进中小石窟寺抢救性保护。出台文件落实石窟寺安全管理责任，会同公安部持续部署打击文物犯罪专项行动。制定石窟寺考古中长期计划，印发《石窟寺考古报告编写体例指南》，克孜尔石窟、须弥山石窟等一批考古报告正式出版。会同科技部组织实施石窟寺渗水治理等国家重点研发计划。举办莫高窟、大足石刻等一批精品展览。成功追索天龙山石窟佛首，回归原属地。与阿富汗、巴基斯坦、伊朗文化遗产保护部门签署联合声明，举办亚洲文化遗产保护对话会，推动石窟寺国际交流合作。

过去一年多以来，石窟寺各项工作推进有力，成效显著。这些成绩的取得，根本在于习近平新时代中国特色社会主义思想的正确指引，在于习近平总书记的高度重视，在于党中央国务院的坚强领导。这些成绩的取得，离不开各级党委和政府的关心重视，离不开各级文物部门的积极努力，更离不开广大文物工作者的拼搏奋斗！在此，我代表国家文物局，对各位代表，对长期辛勤工作在石窟寺保护一线的广大文物工作者，表示崇高的敬意和深切的问候！

三、"十四五"石窟寺保护利用重点任务

"十四五"时期是我国开启全面建设社会主义现代化国家新征程的第一个五年，也是推进社会主义文化强国建设、推动实现从文物资源大国向文物保护利用强国跨越的关键时期。各地要以习近平新时代中国特色社会主义思想为指导，深入学习贯彻习近平总书记关于石窟寺的重要论述和重要批示精神，按照《关于加强石窟寺保护利用工作的指导意见》《"十四五"文物保护和科技创新规划》部署，全面推进石窟寺保护利用工作，重点把握以下几点要求。

一是要提高认识，统一思想。党的十九届六中全会《中共中央关于党的百年奋斗重大成就和历史经验的决议》强调，中华优秀传统文化是中华民族的突出优势，是我们在世界文化激荡中站稳脚跟的根基，必须结合新的时代条件传承和弘扬好。各地文物部门要提高政治站位，从传承弘扬中华优秀传统文化、推进社会主义文化强国建设、实现中华民族伟大复兴的战略高度，深刻认识石窟寺工作的重要性和政治意义，高度重视这项工作。要统

一思想、明确目标，切实增强历史责任感和使命感，将石窟寺工作摆在重要位置。在全国石窟寺专项规划框架下，聚焦问题、合理谋划、系统推进、全面提升，走出一条具有示范意义的中国石窟寺保护利用之路。

二是要立足价值发掘，做好大研究。基于石窟寺专项调查成果，分类开展课题研究，做好成果分析应用。深化多学科合作研究模式，推动考古、艺术、历史、地质、材料、建筑等多学科合作研究，做好石窟寺价值阐释、艺术研究和成果普及。推进重点区域重点石窟寺考古，建立中国石窟寺考古研究体系，讲清楚中华文明的特质，讲清楚中华文明对人类文明的贡献。抓好敦煌石窟、云冈石窟、龙门石窟、麦积山石窟考古报告出版任务，推动重点石窟寺考古资料发表和成果转化。

三是要坚守石窟安全，抓好大保护。加强石窟寺的综合保护。建设国家石窟寺资源数据平台，推动重要石窟寺编制保护规划，与国土空间规划"一张图"相衔接。分级分类开展中小石窟寺抢救性保护、重要石窟寺综合性保护、石窟寺安全防护项目，兼顾中小石窟寺本体安全和重要石窟寺引领示范。推动石窟寺预防性保护和防灾减灾。加强石窟寺安全防范。打造石窟寺安全创新体系，落实石窟寺安全责任，持续部署打击文物犯罪专项行动，加强石窟寺安全基础信息管理和防护设施建设。坚持常态监管与专项行动相结合、长效机制与重点督办相结合，守护石窟寺本体安全。提升石窟寺科技支撑能力。加大要素投入、优化资源配置，搭建石窟寺保护多学科交叉研究平台。在国家重点研发计划中部署实施石窟寺基础研究和病害治理关键技术攻关任务，争取实现新突破。开展科技成果示范应用，实现石窟寺保护、研究、科技互联互通。

四是要融入社会发展，做好大利用。推动重要石窟寺展示提质，完善石窟寺服务设施，创新拓展展示途径，生动阐释石窟寺内涵价值，促进石窟寺更好融入生活、服务人民，成为加强社会主义精神文明建设的深厚滋养。将石窟寺保护利用纳入黄河流域生态保护和高质量发展、长江经济带建设、乡村振兴等国家战略和规划。融合整合石窟寺资源，建设河西走廊国家文化遗产线路、川渝石窟寺遗址公园，构建中华文明地标。加强与丝绸之路沿线国家文化遗产保护合作，推动建立中外石窟寺结好关系，促进民心相通。拓展石窟寺国际交流合作平台，促进流失石窟寺文物追索返还。讲好石窟故事、传播中国声音，让石窟寺成为扩大中华文化国际影响力的重要名片。

五是要培养专业队伍，建设大平台。持续加强石窟寺人才培养，创新培育机制，建设培养基地，有效扩大石窟寺领军人才、研究人才、技能人才、管理人才规模，打造高素质专业化队伍。落实中央编办加强文物保护和考古工作机构编制保障通知要求，加强机构建设。健全国家和区域两级石窟寺协调保护研究机制，国家层面依托国家文化遗产科技创新中心、国家文物局考古研究中心加强总体研究和统筹指导，区域层面依托各大石窟寺管理机构发挥辐射引领作用，两级机构加强交流合作、协调互动，打造石窟寺保护研究大平台。

石窟寺保护利用工作责任重大，使命光荣。让我们更加紧密地团结在以习近平同志为核心的党中央周围，坚持以习近平新时代中国特色社会主义思想为指导，牢记初心使命，弘扬"莫高精神"，接续奋斗，砥砺前行，全力推动石窟寺事业高质量发展，为全面建成社会主义现代化强国、实现中华民族伟大复兴中国梦作出应有贡献！

文化和旅游部副部长、国家文物局局长李群
在全国文物局长会议上的工作报告

(2022年1月17日)

今天，我们召开全国文物局长会议，深入学习贯彻党的十九届六中全会精神和习近平总书记关于文物工作重要论述和重要指示批示精神，总结2021年文物工作，安排2022年重点任务，推进新时代文物事业高质量发展。

刚才，胡和平部长的讲话非常重要，我们要认真学习领会，抓好贯彻落实。国家文物局相关司室和中国文化遗产研究院4位同志作了重点发言。下面，我代表国家文物局党组，讲三方面意见。

一、深入学习领会习近平总书记关于文物工作重要论述和重要指示批示精神

习近平总书记高度珍视历史文化、珍视文化遗产，对实证历史发展、赓续民族文脉的文物事业始终寄予厚望、充满感情，无论在地方工作期间还是到中央后都对文物工作深入思考、身体力行。特别是党的十八大以来，以习近平同志为核心的党中央对文物工作的重视前所未有。习近平总书记作出130多次重要指示批示，部署加强文物保护利用，赴各地考察时经常到文物保护单位、博物馆、纪念馆调研。2021年，习近平总书记对文物工作的高度重视一以贯之，作出29次重要批示，考察7个省区市的近20处文博单位，为我们加强文物工作、守护文化遗产树立了光辉典范、指明了前进方向。

——关于传承发展中华优秀传统文化。习近平总书记在承德避暑山庄调研时强调，文化遗产蕴含中华优秀传统文化基因，要保护好并挖掘其精神内涵，以利于更好坚定文化自信、凝聚民族精神；在武夷山朱熹园调研时强调，"如果没有中华五千年文明，哪里有什么中国特色？如果不是中国特色，哪有我们今天这么成功的中国特色社会主义道路？"从庆祝中国共产党成立95周年大会上强调"文化自信，是更基础、更广泛、更深厚的自信"，到庆祝中国共产党成立100周年大会上提出"推进马克思主义中国化，必须坚持把马克思主义基本原理同中国具体实际相结合、同中华优秀传统文化相结合"。习近平总书记以强烈的历史自信、文化自信，从中华五千年璀璨文明中汲取理论创新的精神滋养，以时代精神激活中华优秀传统文化的生命力，不断推动中华优秀传统文化创造性转化、创新性发展。正如《中共中央关于党的百年奋斗重大成就和历史经验的决议》指出，习近平新时代中国特色社会主义思想"是中华文化和中国精神的时代精华，实现了马克思主义中国化新的飞跃"，"中华优秀传统文化是中华民族的突出优势"；"增强全社会文物保护意识，加大文化遗产保护力度"已然成为新时代文化领域重要历史性成就。

——关于加强文物保护和安全。习近平总书记高度重视文物安全工作，就有关案件作出重要批示，要求筑牢文物安全底线；高度重视在城乡建设中加强文物保护，对历史文化名城保护、长江文物保护作出重要批示，考察福州三坊七巷、拉萨八廓街等历史文化街

区，强调保护好文物就是保存了城市的历史和文脉，对待古建筑、老宅子、老街区要有珍爱之心、尊崇之心。

——关于考古和历史研究。习近平总书记致信祝贺仰韶文化发现和中国现代考古学诞生100周年，对有关考古研究作出重要批示，再次强调要探索未知、揭示本源，努力建设中国特色、中国风格、中国气派的考古学；在中央经济工作会议、中央政治局专题民主生活会发表重要讲话，强调抓经济工作不仅要掌握经济学知识，还必须学习历史知识，敬畏历史、敬畏文化、敬畏生态，强调历史认知是历史自信的重要基础。

——关于革命文物工作。习近平总书记就革命文物工作专门作出重要指示，在主持中央政治局第三十一次集体学习时就用好红色资源、赓续红色血脉发表重要讲话，参观中国共产党历史展览馆、中国共产党早期北京革命活动纪念馆、红军长征湘江战役纪念馆，考察北大红楼、丰泽园毛主席故居、杨家沟革命旧址、中共绥德地委旧址，要求切实把革命文物保护好、管理好、运用好，加强科学保护、开展系统研究、打造精品展陈、强化教育功能，对革命历史、文物价值评价要实事求是、恰如其分。

——关于发挥文物作用。习近平总书记向第44届世界遗产大会致贺信，指出世界文化和自然遗产是人类文明发展和自然演进的重要成果，也是促进不同文明交流互鉴的重要载体，保护好、传承好、利用好这些宝贵财富，是我们的共同责任；主持召开中央全面深化改革委员会第二十二次会议，审议通过《关于让文物活起来　扩大中华文化影响力的实施意见》，要求提高文物研究阐释和展示传播水平，让文物真正活起来，成为加强社会主义精神文明建设的深厚滋养，成为扩大中华文化国际影响力的重要名片；要开展创新服务，使文物更好融入生活、服务人民，积极拓展文物对外交流平台，多渠道提升中华文化国际传播能力。

——关于文物科技创新与人才队伍建设。习近平总书记高度重视文物科技创新、文物保护利用学科建设，高度重视文物保护和考古人员编制待遇，作出重要指示批示，要求提升文物科技创新能力和各项工作保障水平，创新转化手段、强化平台建设，要求研究解决文物机构队伍问题，夯实人才基础、完善体制机制，加强基层文物保护和研究力量、保持队伍稳定。

以上是对2021年习近平总书记关于文物工作重要论述和重要指示批示的简要梳理。回顾党的十八大以来近十年岁月，习近平总书记立足中华民族伟大复兴战略全局，以深厚文化自觉、卓越政治智慧、强烈使命担当，就新时代为什么要保护文物、为了谁保护文物、怎样走出一条符合中国国情的文物保护利用之路等理论和实践问题，发表一系列原创性重要论述，一脉相承、与时俱进，彰显出强大的真理力量、思想魅力和实践伟力，是习近平新时代中国特色社会主义思想的重要内容，为新时代文物事业发展提供了根本遵循。我们从事文物工作，要不断提高政治站位，深刻认识"两个确立"的决定性意义，从进一步增强"四个意识"、坚定"四个自信"、做到"两个维护"的高度，深入全面学习领会，坚定不移贯彻落实。要深刻把握文物保护和考古工作的使命任务。进一步实证我国百万年人类史、一万年文化史、五千多年文明史，揭示文物蕴含的中华民族文化精神、文化胸怀和文化自信，塑造全民族历史认知，为走中国特色社会主义道路提供历史底气、精神支撑。要牢牢把握文物事业发展的根本立场。把不断满足人民对美好生活的向往，作为开展工作的根本出发点和落脚点，积极引导社会力量参与文物保护利用，更好发挥文物在爱国主义教育、革命传统教育、青少年思想政治教育、民族团结教育等方面的独特作用。要准确把握新时代文物工作的根本要求。坚持把保护放在第一位，树牢保护文物也是政绩的理念，推动全社会各方面都树立起保护文物责任重大的观念，统筹文物保护与经济发展、城乡建设、旅游开发，坚持守正创新，在保护好的基础上研究好、阐释好、利用好，让博物馆里的文物、广阔大地上的遗产、古籍里的文字真正活起来。要深刻把握文物工作的国际意义。发挥文物资源在国际交往中的独特优势，"走出去"和"引进来"相结合，用文物资源向世界阐释好中国特色、中国精神、中国智慧，积极同各国开展文化遗产保护行动，促进文明交流互鉴，增进民心相通，为构建人类命运共同体贡献力量。

中央领导同志高度重视文物工作。2021年，李克强总理专程考察三星堆遗址考古现场，在中央经济工作会议期间重视关心文物工作。王沪宁同志多次作出重要批示，部署制定"十四五"文物保护和科技创新规划。孙春兰、黄坤明等同志分别出席有关重要会议、发表重要讲话、作出重要批示。全国人大监督检查文物工作和《文物保护法》实施情况。全国政协围绕博物馆工作、考古学发展举行协商座谈。中央文明办文明城市测评、国务院安全生产考核进一步加大文物权重。

二、2021年工作情况

2021年在党和国家历史上具有里程碑意义，在文物事业发展历程上书写了浓墨重彩的篇章，文物工作首次写入党的历史决议，文物事业五年规划首次上升为国家级专项规划，文物事业在党和国家事业大局中的地位和作用显著提升。

这一年，部门协作、央地联动、全民关注渐成大势，全社会文物保护意识与日俱增。相关部门加大支持力度、积极履行文物保护职责。《"十四五"文物保护和科技创新规划》任务分工涉及50多个中央国家机关单位，文物保护利用真正成为全党全社会的共同事业。国家文物局与18个部门联合出台18份政策文件，包括中央宣传部、发展改革委、教育部、科技部、工业和信息化部、公安部、民政部、财政部、人力资源社会保障部、自然资源部、住房城乡建设部、商务部、文化和旅游部、退役军人事务部、应急部、国资委、市场监管总局、知识产权局，涉及文物资源管理、文物安全、革命文物、博物馆改革发展、社会文物管理等工作；中央组织部、中央编办、中央网信办、外交部、司法部等大力支持文物人才队伍建设、网络传播、国际合作、法治建设。与中科院、社科院以及有关高校密切合作。地方各级党委政府高度重视文物工作。山东省、福建省召开文物工作会议、革命文物工作会议，省委书记到场讲话，会议以电视电话会形式直接开到乡镇，具有开创意义；北京、上海、重庆、江西、湖北、四川等地的省委书记、市委书记具体调研文物工作；全国26个省级政府将文物安全纳入年度考核评价体系，越来越多地方更加重视文物在当地经济社会发展中的重要作用。人民群众关注文物考古、参观文博场馆的热情持续高涨。国家文物局在国务院新闻办4次专题发布、介绍最新文物工作情况，均获得高度关注，5位文物领域共产党员代表出席中央宣传部举行的中外记者见面会，文物新闻多次成为人民日报、新华社、中央广电总台等中央主要媒体头版头条、重磅报道，国家文物局官方微信粉丝增长40%，天龙山佛首回归、国际博物馆日中国主会场活动、重大考古发现影响力彰显，《中国考古大会》前7集电视观众和网络点击超65亿人次、创央视文化综艺类节目收视新高，文化和自然遗产日活动各地推出4900多项惠民举措。

这一年，全国文物工作者紧密团结在以习近平同志为核心的党中央周围，紧紧围绕贯彻落实党中央、国务院决策部署，担当作为、开拓创新，推动文物工作与党和国家全局工作同步同向、向上向好，各项重点任务取得新成效，实现"十四五"良好开局。

一是深入学习贯彻习近平新时代中国特色主义思想，深入扎实贯彻落实习近平总书记重要指示批示。我们狠抓政治理论武装和政治职责担当。国家文物局党组及时传达学习，对习近平总书记29件重要批示逐一研究部署、深入整改落实，认真办理中央领导同志235件重要批示，取得阶段性成效；开展批示办理情况"回头看"，举一反三、健全机制。我们第一时间贯彻落实习近平总书记重要指示和两封重要贺信精神。革命文物方面，中央宣传部、文化和旅游部、国家文物局时隔24年共同召开全国革命文物工作会议，22个省份召开本省革命文物工作会议、18个省份出台贯彻落实文件，23个省级文物部门设立革命文物处。世界遗产方面，"泉州：宋元中国的世界海洋商贸中心"申遗成功，中国世界遗产总数达到56项，长城、大运河保护管理得到国际社会认可，普洱景迈山古茶林文化景观、北京中轴线申遗稳步推进，与国家林草局深化战略合作、共同推进文化和自然双遗产申报和保护管理。考古工作方面，举办百年考古纪念大会、推介百年百大考古发现，各地开展主动考古发掘241项，"考古中国"启动6项课题、发布18项重要成果，社会效应日益彰显，三星堆、汉文帝霸陵、皮洛遗址等重要考古发现备受瞩目。我们扎实开展党史学习教育活动。国家文物局党组理论学习中心组学习研讨6次，系统总结党领导文物事业发展的重大成就和历史经验，机关和直属单位各级党组织集中学习367次。各地开展内容丰富、特色鲜明的学习活动，全国文物系统持续掀起学习贯彻习近平总书记"七一"重要讲话、党的十九届六中全会精神热潮，不断用党的创新理论武装思想、指导实践。我们纵深推进全面从严治党。中央巡视整改114项年度任务基本完成、63项长期任务取得阶段性成效，文博领域意识形态工作责任制深化落实，文物保护项目和资金审批等廉政风险防控有力。

二是充分发挥文物资源独特优势，服务党和国家工作大局、经济社会发展全局。我们精心组织庆祝建党百年系列工作。实施百年党史文物保护展示工程，完成北大红楼旧址修缮和展览开放，组织排查革命旧址险情隐患；协调各地文博单位向中国共产党历史展览馆依法调拨、借用、复制文物5600多件，划拨从英国追索的68件流失文物进行专柜展示；与中央宣传部推介109个庆祝建党百年精品展览；举办以"文物映耀百年征程"为主题的文化和自然遗产日重庆主场城市活动、以"展示百年风华　传承红色基因"为主题的革命文物保护利用宣传活动月，与广电总局联合出品系列专题节目，广泛弘扬伟大建党精神。我们主动服务党史学习教育。与退役军人事务部、教育部建立常态化协作机制，各地革命旧址、博物馆、纪念馆等为党史学习教育和高校思想政治工作提供优质资源、开展特色服务；联合有关部门，遴选推介革命文物百佳讲述人，开展"党的故事我来讲——争做红领巾讲解员"活动；深入开展"我为群众办实事"实践活动，国家级、省级和重要地市级博物馆全面实现网上预约、增设特殊群体爱心通道，故宫、八达岭长城、天坛、圆明园等对未成年人免费开放，新疆组织3000余场文物流动展览、四川"大篷车"巡展116站，多地文博机构开展社会文物公益鉴定，累计超过400场。我们积极服务国家重大战略。出台文物领域绿色低碳发展举措，开展全国博物馆节能减排专项调查；组织实施92个长城、大运河、长征文物保护重点项目，出台黄河文物保护利用规划，启动长江经济带11省市和三峡库区文物调查，推进长城、大运河、长征、黄河、长江国家文化公园建设；召开文物援疆、援藏工作会议，制定专项规划和实施意见，将从美国追索回国的12件文物艺术品整体划拨西藏博物馆，支持边疆民族地区考古研究、博物馆建设；支持首都功能核心区文物腾退、雄安新区和冬奥场馆建设工程考古，成立长江流域、粤港澳大湾区博物馆联盟，推出系列冬奥文化主题展览，出台特别举措支持海南自由贸易港建设。我们严把疫情防控关。坚持常态化精准化防控，压紧压实各级责任，全国文物系统没有造成聚集性疫情传播和重大安全事故，疫情防控、安全管理、开放服务各项工作稳妥有序。

三是加大保护力度，文物保护管理的系统性持续提升。我们夯实文物资源管理基础。完成全国石窟寺专项调查，摸清2155处石窟寺、3831处摩崖造像分布和保存管理状况，具有重要意义；31个省区市和新疆生产建设兵团公布首批革命文物名录，出版《中国革命纪念馆概览》；出台全国重点文物保护单位申报遴选规定、国有博物馆藏品征集规程，完成2.8万件／套馆藏一级文物备案复核。我们完善文物安全长效机制。会同公安部开展打击防范文物犯罪专项行动，加强文博单位治安防范；深入推进全国文物火灾隐患整治和消防能力提升三年行动，联合应急部出台风险防范"四项指南"；出台文物行政执法"三项制度"，发布第四批文物行政执法指导性案例，通报表扬5省全国文物行政执法督察优秀单位，全年各级文物部门办理法人违法案件约500起；全国25万余处文博单位开展安全直接责任人公告公示，内蒙古103个旗县实现无人机巡查全覆盖。我们健全文物古迹保护机制。出台未定级不可移动文物管理、桥梁文物防灾减灾等政策文件，推进落实相关举措；深化文物保护工程资质管理改革，强化进度监督；积极应对河南、山西等地洪涝灾害，当地文物工作者表现出极高责任感使命感，有序推进受损文物抢险处置、调查评估、保护修缮；推动文物保护纳入国家防灾减灾体系。我们更好统筹文物保护与城乡发展。会同有关部门，不断健全历史文化名城名镇名村保护管理制度，开展国家历史文化名城保护专项评估，在国土空间规划编制实施中加强文物保护管理，推进"先考古、后出让"制度落实，全年实施1388个基本建设考古项目，抢救保护历史文化遗产。

四是推进博物馆和社会文物改革发展，拓展交流合作。我们激发博物馆创新活力。九部门印发《关于推进博物馆改革发展的指导意见》，八部门出台《关于进一步推动文化文物单位文化创意产品开发的若干措施》，召开全国博物馆改革发展工作会，20个省份出台利用博物馆资源开展中小学教育教学措施，扬州中国大运河博物馆、湖北省博物馆新馆、郑州博物馆新馆、苏州博物馆西馆等正式开放，"万年永宝""敦行故远""华夏之华"等精品展览异彩纷呈、反响热烈。我们优化社会文物管理服务。六部门出台《关于加强民间收藏文物管理　促进文物市场有序发展的意见》，探索解决瓶颈问题，回应民众关切，获得广泛关注和积极评价；上海社会文物管理综合改革试点向纵深推进，拍卖审核、进境登记、税收减免等措施集成实施；中国国际进口博览会首设文物艺术品板块，免税进境展销吸引文物回流，文物临时进境复出境延期措施进一步优化；涉案文物鉴定评估制度研究完善，完成27万件／套涉案物品鉴定工作。我们努力讲好中国故事。成功举办第44届世界遗产大会、国际博物馆协会藏品保护委员会第19届大会、亚洲文化遗产保护对话会，与阿富汗、巴基斯坦、伊朗文化遗产主管部门签署协同开展亚洲文化遗产保护行动联合声明，在联合国教科文组织第2届国际博物馆高级别论坛、第5届文明古国论坛发出中国倡议；在全球率先主办"打击非法贩运文化财产国际日"国家主场活动，与10个国家和地区开展17项文物返还合作；唐代壁画展走进港澳校园，海峡两岸学者共商南岛语族文化遗产保护。

五是强化"双轮驱动"，文物科技创新和文物人才队伍建设取得重大突破。我们全面推进文物科技创新。商24个部门起草政策文件，完善创新布局、强化基础条件、夯实人才根基、优化科研管理，推进文物保护利用学科体系建设；61项文物科技创新任务列入"十四五"国家重点研发计划，13项"十三五"国家重点研发计划项目通过中期评估；环境考古、分子古生物学、年代学与动植物考古等联合实验室部署建设，专有装备研制应用持续推进；发布17项行业标准；在重庆举办文物科技创新论坛；国家文物局考古研究中心南海基地即将建成，国家文化遗产科技创新中心建设明确用地意向、开展方案编制。我们在解决"小马拉大车"难题上有重大突破。在习近平总书记亲切关怀下，在中央有关部门有力指导下，国家文物局内设机构和人员编制大幅增加，职能配置得到全面加强；落实中央编办关于加强文物保护和考古工作机构编制的有关要求，国家文物局考古研究中心、中国文化遗产研究院、社科院考古研究所事业编制分别增长110%、72%、100%，多地省级考古机构大幅增编。我们着力扩大人才培养渠道。与人力资源社会保障部联合发布文物行业首个职业技能标准《文物修复师国家职业技能标准》，引发社会广泛关注；19个省区市152名选手踊跃参加全国文物职业技能竞赛。

六是推动治理体系和治理能力现代化，文物事业发展根基更加坚实。我们加强法治政府建设。《文物保护法》修订加快推进，新修订《水下文物保护管理条例》出台在即，河北、上海、安徽、江西、湖南、四川、甘肃等地出台文物保护利用地方性法规；持续深化"放管服"改革，按照中央部署，文物领域26项行政许可事项纳入清单管理。我们突出规划引领。从国家"十四五"规划《纲要》加大文物工作内容权重，到文物领域"十四五"规划由国办印发，再到分领域规划、省级文物事业规划陆续出台，文物工作全面融入国家规划体系。我们夯实资金保障。2021年落实国家文物保护专项资金64亿元，博物馆、纪念馆免费开放资金30亿元，财政资金规模有所增加，管理使用效益不断提高；会同发展改革委实施"十四五"文化保护传承利用工程，储备612个项目。我们持续深化改革。成立国家文物局全面深化改革领导小组，压茬推进中央深改委、中央文改办部署的各项任务；会同财政部出台《国有文物资源资产管理暂行办法》；第一批国家文物保护利用示范区创建全面铺开，北京海淀、辽宁旅顺口、上海杨浦、江苏苏州、四川广汉、陕西延安积极探索文物系统保护、体制创新、社会参与等改革路径；31个省区市和新疆生产建设兵团出台加强文物保护利用改革的落实举措，创新实践不断涌现。

上述工作成绩的取得，是以习近平同志为核心的党中央高度重视、坚强领导的结果，是中央宣传部、文化和旅游部领导指导的结果，是中央相关部门、各地党委政府大力支持、协同推进的结果，是广大人民群众关心关注、热情参与的结果，更是全国文物工作者团结协作、奋力拼搏的结果。在此，我谨代表国家文物局，向参会各位并通过你们向全国文物战线的同志们表示衷心感谢！

在肯定成绩的同时，我们也要清醒看到，对标习近平总书记重要指示批示精神，对标党中央、国务院决策部署，对标人民群众所求所盼，对标文物事业高质量发展要求，当前文物工作仍然存在一些问题短板：全社会文物保护意识有待进一步加强，文物安全形势依然严峻，尽管发案率呈下降趋势，但重大违法犯罪案件总量仍然不少，重大事故隐患仍有存在；应对重大自然灾害等文物防灾减灾措施亟待完善、能力建设亟待加强，低级别文物特别是田野文物保护监管水平亟待提高；尽管编制得到大幅增加，但相较于事业发展要求，省级、地市级文物保护机构力量依然不足，文物管理体制不健全，特别是市县基层文物保护管理力量依然薄弱，一些地方文物管理所、博物馆被撤并，专业人才流失现象依然存在；文物价值研究阐释不充分，让文物活起来不平衡，文物传播力影响力有待进一步提升；文物科技创新体系不完善，科研成果在保护一线的应用转化亟待加强，等等。对此，我们要高度重视，认真加以解决。

三、2022年文物工作

2022年文物工作总体要求是：坚持以习近平新时代中国特色社会主义思想为指导，增强"四个意识"、坚定"四个自信"、做到"两个维护"，全面贯彻落实党的十九大和十九届历次全会精神，深入贯彻落实习近平总书记重要论述和重要指示批示精神，完整准确全面贯彻落实新发展理念、推进高质量发展，坚持稳中求进工作总基调，不折不扣落实党中央、国务院决策部署，讲政治、强担当，聚合力、抓落实，为建设社会主义文化强国作出应有贡献，以优异成绩迎接党的二十大胜利召开。

做好今年文物工作，总体思路是重点把握好三点要求。一是切实提高政治站位。要深刻领会习近平新时代中国特色社会主义思想的精髓要义，深刻认识"两个确立"的决定性意义，切实转化为坚决做到"两个维护"的思想自觉、政治自觉、行动自觉，更加紧密团结在以习近平同志为核心的党中央周围，无条件执行党中央作出的战略决策，确保各项任务高效完成。二是树牢新发展理念。坚持创新发展，大力推进文物科技创新、制度创新、理念创新，不断激发发展活力；坚持协调发展，统筹各方力量，加强文物保护研究和管理利用，解决发展不平衡问题；坚持绿色发展，积极参与城乡建设绿色转型，做好博物馆等文博场所节能减碳；坚持开放发展，盘活用好文物资源，积极拓展文物交流合作；坚持共享发展，提高文博单位公共服务水平，不断满足人民对美好生活的需要。国家文物局将持续开展新发展理念调研，各地也要加强调研，适时出台相关政策举措。三是突出一条主线、落实重大政治任务。召开党的二十大是2022年党和国家政治生活的头等大事，全国文物系统要聚焦聚力，扎实做好迎接宣传贯彻各项工作。要紧跟学习贯彻、提前部署、周密安排，及时传达学习、深入研讨领会、广泛宣传宣讲，系统部署贯彻落实的具体举措。要紧扣重点任务，发挥文物资源特别是革命文物的独特优势，按照党中央统一部署，精心组织开展相应主题活动，比如推出革命文物"三个百集"微视频、举办新时代文物成就展等。要紧盯风险隐患，针对文物安全"三大风险"、意识形态风险，强化责任落实，做好隐患排查、日常监管、应急处置。要紧抓重大任务，认真筹备召开全国文物工作会议，回顾总结、守正创新、统一思想、凝聚力量，开创新时代文物事业高质量发展新局面；全力以赴推进修改《文物保护法》，及早将修订草案报送中央审议。

2022年，要重点做好以下几方面工作。

第一，狠抓贯彻落实习近平总书记关于文物工作重要指示批示。要进一步健全学习贯彻落实长效机制，压紧压实各方责任，一把手亲自抓、分管领导负责抓、责任部门具体抓，加强精准施策，强化融会贯通，定期对贯彻落实情况进行检查督查。要聚焦中华文化和中国精神研究阐释、中华文明史研究，紧抓文物安全文化安全、文物资源保护利用、文物科技创新和人才队伍建设等重点，不断完善工作方案，采取更加有力举措，提高贯彻落实的系统性创造性带动性，常抓不懈、务求实效，以实际行动做到"两个维护"。

第二，抓好规划实施和中央文件落实。"十四五"文物事业发展规划体系进一步健全，各领域发展目标、重要任务和重大工程项目已经明确。"一分规划、九分落实。"2022年是"十四五"规划落实的重要之年，要明晰思路、锚定目标，以国家"十四五"规划《纲要》为牵引，以即将出台的《"十四五"文化发展规划》《文化强国建设规划纲要（2021—2035年）》两部国家级规划为指导，以《"十四五"文物保护和科技创新规划》为具体主线，以国家文物局多个分领域规划为支撑，统筹考虑其他相关规划，明确任务分工，细化实施方案，强化年度滚动落实，狠抓重点任务突破，夯实资金要素保障。国家文物局各司室各直属单位、各省级文物部门是第一责任人，每位同志都应当心中有数、明确责任、紧盯不放，确保各项任务有安排、有预算、建台账、见实效。尚未出台省级文物事业发展规划的地方，要加快进度，争取提升规划发布级别。

习近平总书记审议通过的《关于让文物活起来 扩大中华文化国际影响力的实施意见》，中央即将正式印发，系统部署了今后一个时期文物合理利用和对外交流合作的主要任务和重大项目。文件出台后，国家文物局将会同有关方面进行政策解读和具体部署，建立健全长效机制，不断加强文物价值挖掘阐释、创新考古和历史研究成果转化、提升文物国际传播能力。我们要认真贯彻落实这一重要文件。

第三，抓好考古、文物保护和安全。要着力提高考古工作规划水平，站在落实习近平总书记重要指示要求、开创中国考古学第二个百年辉煌的高度，做好中华文明发展阐释的顶层设计，出台实施国家考古工作"十四五"规划，系统布局"考古中国"重大项目，进一步健全大遗址保护管理制度、建设工程考古制度。要组织建设国家重点区域考古标本库房，有关部门有关地方要高度重视，做好统筹布局和项目建设。要拓展全国石窟寺专项调查成果，加强宣传传播、策划主题活动、采取有力措施，进一步提高石窟寺保护研究利用水平。要着力加强保护，统筹抢救性和预防性保护、本体保护和周边保护、单点保护和集群保护，持续推进各级文物保护单位"四有"工作，试点将全国重点文物保护单位空间信息纳入国土空间规划。要开展文物防灾减灾总体规划前期研究，加强文物保护工程事中事后监管，启动文物建筑保护研究示范项目。要持续推进普洱景迈山古茶林文化景观、北京中轴线、海上丝绸之路等申遗工作。特别要时刻绷紧文物安全这根弦，压实各方责任，持续加大对法人违法案件的督察督办，狠抓火灾隐患问题整改，从严从实守护文物博物馆安全、意识形态安全。

第四，抓好革命文物保护管理利用。要开创新局，按照习近平总书记重要指示要求，在革命文物专项调查、连片保护、整体展示、融合发展方面创新举措、重点突破。要务求实效，完成第二批革命文物名录的核定公布，推动一批革命博物馆、纪念馆免费开放；推进革命文物保护利用片区建设和省级以下革命文物保护工程；围绕迎接宣传贯彻党的二十大，依托革命文物更好展现党的百年奋斗重大成就和历史经验，特别是中国特色社会主义新时代党在文化建设上的重大成就，传播弘扬红色文化。要加强对接，革命文物首先是文物，革命文物工作与其他文物工作遵循共同规律，要做好与其他类型文物资源保护利用政策、标准的对接，不能"另起一套"。要做好收官，对标革命文物保护利用工程（2018—2022年）目标任务，强化评估、查找短板、推进落实，确保向党中央、向人民交上一份满意答卷。

第五，抓好博物馆和社会文物工作。要深入落实《关于推进博物馆改革发展的指导意见》。抓基础，加快推进馆藏一级文物备案复核，完善馆藏资源管理制度，推进党史、新中国史、改革开放史、社会主义发展史相关藏品征集。抓亮点，持续推介"弘扬中华优秀传统文化、培育社会主义核心价值观"主题展览，开展中国特色世界一流博物馆创建工作，推动构建博物馆教育资源地图。抓难点，实施行业博物馆联合认证、类博物馆培育试点，支持各地创新社会力量参与博物馆建设、文创产品开放，加强知识产权保护。要贯彻落实《关于加强民间收藏文物管理 促进文物市场有序发展的意见》，深入调研国家文物鉴定管理体系建设，推动建立文物公益鉴定服务常态机制，完善文物进出境审核标准体系，出台文物市场行政执法政策文件。特别要抓好上海社会文物综合管理改革试点，宣传推广相关经验，继续为进博会提供政策支持和服务保障；争取有关部门支持，积极研究制定利用好政策，引导鼓励海外文物回流，进一步激发民间收藏文物的公共服务效益。文化强国必然同时是民间收藏大国，做好社会文物工作是满足人民美好生活向往、实施扩大内需战略的现实需求、必然要求，各级文物部门责无旁贷，要深入调查研究，稳中求进、攻坚克难，不断提高社会文物管理服务水平。特别是要积极引导民间收藏成为学习历史、学习文化、学习艺术的过程，成为端正历史认知、增加历史自信、坚定文化自信、践行社会主义核心价值观的过程。

第六，抓好科技创新与人才队伍建设。科技创新重在效能，关键在于提高全行业科学意识和科学化水平，突破传统惯性思维。要抓顶层设计，推动关于加强文物科技创新的意见尽快出台，组织各地贯彻落实。要抓资源配置，加快建设国家文物资源大数据库，理顺各级各类数据管理机制，整合资源、打通平台、初见成效，各地文物部门要全力配合、共同完成好这项国家任务；加快推进国家文化遗产科技创新中心建设，做好可研编制及申报；建设国家文物局重点科研基地，"十四五"期间要拓展规模、争取达到40家以上，完善研究方向布局、提升科研能力，特别是要补齐基础研究短板、加强交叉学科建设，同时充分发挥其他重点实验室、科研机构作用，建成文物领域科技考古和保护等方向国家重点实验室。机构队伍重在基层，关键在于把中央重大利好传导至市县基层。省级文物部门要主动与当地编制、组织部门加强沟通，参照国家文物局新"三定"规定，根据各地实际，加强职能配置和机构设置。特别是，各地要继续按中央编办要求，充实市县文物保护管理力量，确保队伍稳定并得到加强，不断提高人员素质能力。已经增编的国家级、省级考古文博机构，要真正把编制用好，打造文物保护研究和传承利用高地，充分发挥"头雁"作用。人才培养重在实效，关键在于完善人才激励机制。要尽快推动落实考古野外工作津贴，推动更多文博单位享受科研院所政策待遇，各地要在符合规定的前提下，积极研究调整绩效工资、中高级职称比例等相关标准，不断提高优秀专业人才待遇和发展空间。要实施新时代文物人才建设工程，与教育部联合启动"考古学国家急需高层次人才培养专项"，积极构建线上线下融合、重点面向基层的文博人才培养模式；加强文物职业管理制度建设，继续举办全国文物职业技能竞赛。

第七，抓好对外和对港澳台交流合作。要以持续实施亚洲文化遗产保护行动为中心，全面推进双边协定、多边联盟、基金项目等落实。以共建"一带一路"国家为重点，实施好缅甸他冰瑜佛塔整体保护修复，持续推进柬埔寨吴哥古迹、尼泊尔九层神庙等重点援外项目，适时开展中外联合考古行动，有条件的考古院所也要积极开展相关工作；实施文明互鉴展示工程，打造更多文物出境精品展览。以多方合作、扩大影响为目标，加大文物追索返还工作力度，积极参与文化遗产领域全球治理和国际规则制定。以落实机制性合作为主导，加强与港澳台文化遗产保护利用交流，策划办好庆祝香港回归祖国25周年系列活动。

第八，要抓好各项保障。一是加强全面从严治党。以党的政治建设为统领，全面落实管党治党主体责任和监督责任，加强对"一把手"和领导班子监督，充分发挥基层党组织战斗堡垒作用。要巩固拓展党史学习教育成果，持续开展"我为群众办实事"实践活动，形成常态化、长效化机制。要持之以恒加强作风建设，严格遵守党章党规党纪，深化落实中央八项规定精神，从小事抓起、从每次会议会风抓起，坚决力戒形式主义、官僚主义，加大监督执纪力度，推进国家文物局党组巡视全覆盖，营造风清气正的良好政治生态，切实对文物事业负责、对干部负责。二是加强法治建设。要结合"八五"普法宣传，做好新修订《水下文物保护管理条例》释法普法，有序开展水下文物考古、文物保护区划定公布、水下文物执法巡查等工作。要统筹推进《长城保护条例》修订和大运河保护、长征文物保护等法规研究。鼓励各地制修订文物保护地方性法规。三是坚持改革创新。要持续推进中共中央办公厅、国务院办公厅《关于加强文物保护利用改革的若干意见》落实落地，锚定16个方面71项重点改革任务，强化对标对表：进展缓慢的，要想方设法、尽快破题、迎头赶上；进展较好、取得阶段性成果的，要总结推广经验、推动系统集成。今年，要公布10—15处第二批国家文物保护利用示范区创建名单，鼓励改革创新实践；深化实施中华文物全媒体传播计划；争取联合财政部出台《文物领域政府购买服务指导性目录》。四是加强经费保障。中央财政投入稳中有增，要抓好预算工作，严格执行有关规定，强化项目管理和绩效监督，一定要把中央财政每一分钱负责任地用好，充分发挥引领示范效应。五是毫不放松抓好疫情防控。2022年全年，特别是春节前后、北京冬奥会和冬残奥会期间、全国两会期间，要坚决贯彻落实习近平总书记重要指示精神和党中央、国务院有关要求，按照当地党委政府具体部署，压实常态化防控责任，严格落实各类设施、场所、活动等防控措施，进一步健全应急机制，确保安全稳定、不出问题。

做好2022年文物工作，责任重大、任务繁重。让我们更加紧密团结在以习近平同志为核心的党中央周围，干事担当、狠抓落实，埋头苦干、勇毅前行，共同把既定蓝图绘就为现实图景，奋力谱写新时代文物事业高质量发展新篇章！

国家文物局 退役军人事务部
关于充分用好革命文物资源及烈士纪念设施
服务党史学习教育的通知

文物革发〔2021〕10号

各省（自治区、直辖市）文物局（文化和旅游厅／局）、退役军人事务厅／局，新疆生产建设兵团文物局、退役军人事务局，各有关单位：

2021年是中国共产党成立100周年。在这一重大历史时刻，组织开展党史学习教育具有重大而深远的意义。革命文物资源及烈士纪念设施是中国共产党非凡奋斗历程和中国共产党人精神谱系的历史见证，是党员干部和人民群众学习党的历史、发扬红色传统、传承红色基因的生动教材。为充分用好革命文物资源及烈士纪念设施，高质量服务党史学习教育，现通知如下。

一、聚焦服务党史学习教育的主题

各级文物行政部门、退役军人工作主管部门要以中国共产党领导中国人民进行革命、建设和改革的100年奋斗历程为主线，聚焦党的光辉历程、党的伟大贡献、党的初心宗旨、党的理论成果、党的伟大精神、党的宝贵经验，深入挖掘和系统阐发革命文物、烈士纪念设施所蕴含的革命精神和时代价值，生动鲜活讲好中国共产党牺牲奋斗、为民造福的故事，发挥革命文物资源及烈士纪念设施在学史明理、学史增信、学史崇德、学史力行中的独特作用，引导党员干部树立正确党史观，不断增强"四个意识"、坚定"四个自信"、做到"两个维护"。

二、提升服务党史学习教育的水平

各级文物行政部门、退役军人工作主管部门要围绕党史学习教育，指导革命博物馆、纪念馆、革命旧址、烈士陵园加强对革命文物、英雄烈士遗物、革命文献档案史料、口述资料的调查征集工作，深化研究、及时补充体现时代精神的展陈内容，策划推出一批主题突出、导向鲜明、内涵丰富的陈列展览精品，多角度生动展示百年党史。要结合疫情防控要求，做好参观陈列展览、瞻仰革命旧址、祭扫烈士墓等党史学习教育活动的服务保障，提升讲解服务水平，注重讲授式、研讨式、互动式等多种方式相结合，增强党史学习教育的沉浸感、代入感、体验感，不得庸俗化、娱乐化。要突出青少年群体、贴近青少年需求，探索符合青少年特点的党史宣传教育方式，引导他们听党话、跟党走。

三、拓展服务党史学习教育的方式

各级文物行政部门、退役军人工作主管部门要指导革命博物馆、纪念馆、革命旧址、烈士陵园与党政机关、企事业单位、驻地部队、城乡社区建立共建共享机制，通过联合办展、巡展等多种方式提高服务党史学习教育的覆盖面。鼓励有条件的单位结合各地资源禀赋，编写适合干部群众、学生等不同对象的相关读本读物。拓宽线上传播渠道，鼓励通过"云展览"、短视频、在线直播、H5、全景VR等形式，让正能量产生大流量、好声音成为最强音。

各级文物行政部门、退役军人工作主管部门要提高政治站位，强化政治引领，建立健全工作协调机制，把革命文物资源及烈士纪念设施服务党史学习教育工作摆在重要位置。坚持正确价值导向，严格落实意识形态工作责任制，旗帜鲜明反对历史虚无主义，反对歪曲、丑化、亵渎、否定英雄烈士事迹和精神。各地要对服务党史学习教育中的好做法好经验好成果及时总结和报送，国家文物局、退役军人事务部将适时予以宣传推介。

特此通知。

国家文物局　退役军人事务部
2021年3月4日

自然资源部　国家文物局关于在国土空间规划编制和实施中加强历史文化遗产保护管理的指导意见

自然资发〔2021〕41号

各省、自治区、直辖市自然资源、文物主管部门，新疆生产建设兵团自然资源局、文物局：

为深入贯彻落实党中央、国务院关于加强历史文化遗产保护工作，把文物保护管理纳入国土空间规划编制和实施的指示要求，依据《中共中央　国务院关于建立国土空间规划体系并监督实施的若干意见》，以及《土地管理法》《城乡规划法》《文物保护法》《非物质文化遗产法》和《历史文化名城名镇名村保护条例》等法律法规，现就在国土空间规划编制和实施中加强历史文化遗产保护管理提出如下意见。

一、将历史文化遗产空间信息纳入国土空间基础信息平台。各地文物主管部门要会同自然资源主管部门，在第三次全国国土调查和第三次全国文物普查的基础上，进一步做好文物资源专题调查和专项调查，按照国土空间基础信息平台数据标准，结合建立历史文化遗产资源数据库，及时将文物资源的空间信息纳入同级平台，建立数据共享与动态维护机制。

二、对历史文化遗产及其整体环境实施严格保护和管控。在市、县、乡镇国土空间总体规划中统筹划定包括文物保护单位保护范围和建设控制地带、水下文物保护区、地下文物埋藏区、城市紫线等在内的历史文化保护线，并纳入国土空间规划"一张图"，实施严格保护；针对历史文化资源富集、空间分布集中的地域，以及非物质文化遗产高度依存的自然环境和历史文化空间，明确区域整体保护和活化利用的空间管控要求；历史文化保护线及空间形态控制指标和要求是国土空间规划的强制性内容，作为实施用途管制和规划许可的重要依据。国土空间规划中涉及文物保护利用的部分应征求同级文物主管部门意见。

三、加强历史文化保护类规划的编制和审批管理。各级文物主管部门要做好文物保护单位保护规划等文物保护类专项规划编制工作。文物保护类专项规划、历史文化名城名镇名村街区保护规划应与同级国土空间规划同步启动编制，落实和深化国土空间规划要求。有条件的地区可将历史文化名村保护规划与村庄规划、将历史文化街区保护规划与详细规划合并编制。历史文化保护类规划中涉及自然环境、传统格局、历史风貌等方面的空间管控要求要纳入同级国土空间规划。待国土空间规划批复后，依据国土空间规划，深化细化保护规划内容后按程序报批。

文物保护类专项规划、历史文化名城名镇名村街区保护规划报批前，省级人民政府自然资源主管部门应对保护规划成果是否符合国土空间规划进行审查。国家历史文化名城保护规划成果编制阶段，省级人民政府自然资源主管部门应提请自然资源部组织审查；文物保护类专项规划、历史文化名城名镇名村街区保护规划批复前，省级人民政府自然资源主管部门应核实保护规划与相关国土空间规划衔接及"一张图"核对情况；经批复的文物保护类专项规划、历史文化名城名镇名村街区保护规划主要内容要纳入详细规划，并叠加到国土空间规划"一张图"监督实施。保存文物特别丰富、历史建筑集中成片、能够较完整和真实地体现传统格局和历史风貌的历史文化街区在核定公布前，街区所在地的省级人民政府自然资源主管部门应基于国土空间规划"一张图"，核实历史文化街区空间范围和相关的空间管控要求。

四、严格历史文化保护相关区域的用途管制和规划许可。经依法批准的详细规划是各类开发建设活动的依据，不得以历史文化遗产保护利用设计方案、实施方案等取代详细规划实施规划许可。自然资源主管部门严格依据详细规划，细化落实历史文化遗产保护利用的用途管制要求，依法核发建设项目用地预审与选址意见书、建设用地规划许可证、建设工程规划许可证和乡村建设规划许可证，并按程序予以规划核实。坚持先规划后建设的原则，实施城市更新和乡村振兴行动，防止大拆大建破坏文物等各类历史文化遗存本体及其环境，严禁违反规划或擅自调整规划在历史文化名城名镇名村相关区域建设高层建筑、大型雕塑等高大构筑物。对历史建筑实施原址保护、迁移异地保护、拆除和修缮改造的，应当报市县自然资源主管部门会同同级文物主管部门履行相关批准手续，并及时纳入国土空间规划"一张图"监管。文物保护单位的保护范围和建设控制地带内进行建设工程，应依法履行批准手续。

五、健全"先考古，后出让"的政策机制。经文物主管部门核定可能存在历史文化遗存的土地，要实行"先考古、后出让"制度，在依法完成考古调查、勘探、发掘前，原则上不予收储入库或出让。具体空间范围由文物主管部门商自然资源主管部门确定。在文物主管部门完成考古工作，认定确需依法保护的文物，并提出具体保护要求后，自然资源主管部门在国土空间规划编制、土地出让中落实。暂不具备考古前置条件的，文物主管部门应在土地出让前完成考古工作。

文物主管部门应及时向自然资源主管部门通报本文印发前已完成考古发掘且无文物原址保护要求的具体地块信息，该类地块在入库或出让时，原则上无须再进行事先考古；确需进行补充考古，文物主管部门应及时告知，并尽快组织开展考古工作。

六、促进历史文化遗产活化利用。在不对生态功能造成破坏的前提下，允许在生态保护红线内、自然保护地核心保护区外，开展经依法批准的考古调查、勘探、发掘和文物保护活动，以及适度的参观旅游和相关必要的公共设施建设，促进文化和自然遗产的合理利用。

各地自然资源主管部门对国家考古遗址公园建设等重大历史文化遗产保护利用项目的合理用地需求应予保障。考古和文物保护工地建设临时性文物保护设施、工地安全设施、后勤设施的，可按临时用地规范管理。

鼓励各地自然资源主管部门商文物主管部门结合实际探索历史风貌分类管控机制，研究制定引导历史文化遗产合理利用的规划、土地等支持政策。

七、加强监督管理。各级自然资源主管部门、文物主管部门应建立协调机制，增强工作联动，将历史文化遗产保护纳入国土空间规划实施监督体系，有关执行情况纳入城市体检评估和自然资源执法监督范围。对违反国土空间规划约束性指标和刚性管控要求审批专项规划，违反详细规划核发规划许可，未取得规划许可实施新建、改建、扩建工程，以及随意拆建造成对历史文化遗存本体及环境破坏等行为，依法依规严肃处理。

省（自治区、直辖市）自然资源、文物主管部门可根据各地实际，细化具体要求。本意见落实情况及执行中遇到的问题，应及时向自然资源部、国家文物局报告。

自然资源部　国家文物局
2021年3月8日

财政部　国家文物局关于印发《国有文物资源资产管理暂行办法》的通知

财资〔2021〕84号

党中央有关部门，国务院各部委、各直属机构，全国人大常委会办公厅，全国政协办公厅，最高人民法院，最高人民检察院，各民主党派中央，有关人民团体，有关中央企业，各省、自治区、直辖市、计划单列市财政厅（局）、文物局，新疆生产建设兵团财政局、文物局：

为规范国有文物资源资产管理工作，根据《中华人民共和国文物保护法》《中共中央关于建立国务院向全国人大常委会报告国有资产管理情况制度的意见》《关于加强文物保护利用改革的若干意见》和行政事业单位国有资产管理有关规定，我们制定了《国有文物资源资产管理暂行办法》。现予印发，请遵照执行。

财政部　国家文物局
2021年3月11日

国有文物资源资产管理暂行办法

第一章 总则

第一条 为健全国有资产报告制度，保障国有文物资源资产安全完整、有效保护和合理利用，根据《中华人民共和国文物保护法》《中共中央关于建立国务院向全国人大常委会报告国有资产管理情况制度的意见》《关于加强文物保护利用改革的若干意见》和行政事业单位国有资产管理有关规定，制定本办法。

第二条 各级各类行政事业单位国有文物资源资产的取得、保管保护、使用、处置、报告等管理活动，适用本办法。

第三条 文物资源资产来源包括文物普查、考古调查、勘探和发掘、征集、购买、调拨、捐赠、依法置换、依法接收、指定保管等方式。

第四条 文物资源资产管理遵循保护为主、全面登记、合理利用、动态监控、分类施策、分级管理的原则。

第五条 各级财政部门、文物行政部门、其他主管部门、管理收藏单位按照职责分工承担文物资源资产登记、核算、保管保护、展示利用、信息化管理、资产报告和监督检查等工作。

第六条 各级财政部门会同同级文物行政部门负责制定文物资源资产管理综合性制度，并组织实施和监督检查；建立文物资源资产管理情况报告制度并组织实施。

第七条 各级文物行政部门负责制定文物资源资产专业性管理制度，并组织实施和监督检查；组织所属管理收藏单位开展文物资源资产管理工作，并接受同级财政部门的监督和指导。

其他主管部门负责组织所属管理收藏单位开展文物资源资产管理工作，并接受同级财政部门的监督指导和文物行政部门的行业监督指导。

第八条 管理收藏单位根据财政部门、文物行政部门的规定，负责本单位管理、保护收藏、核算文物资源资产的具体管理工作。文物资源资产的管理收藏单位与实际使用单位不一致的，经相关文物行政部门确认后，由实际使用单位承担日常管理工作。

本条所称的管理收藏单位包括文物行政部门和其他主管部门所属的博物馆（纪念馆）、图书馆、考古科研教学机构、文物管理所等以及其他管理、收藏国有文物的单位。

第二章 文物资源资产登录和清查

第九条 管理收藏单位应当将全部文物资源资产及时、准确登记录入文物总登记账。管理收藏单位的文物总登记账是统计和核算文物资源资产实物量的依据，应当真实、及时反映管理收藏所有文物的信息。

第十条 管理收藏单位应当按照国家统一的会计制度规定进行会计核算，将成本能够可靠取得的文物资源资产及时登记入财务账，确保不重不漏。文物资源资产涉及价值增减变动的，应当及时调整相关账目。

成本无法可靠取得的文物资源资产，应当设置备查簿进行登记，并在年度国有资产报告中体现数量，待成本可以可靠取得后，再按照国家统一的会计制度的规定及时入账。

第十一条　文物总登记账和文物资源资产财务账是文物资源资产核算和管理的重要记录，应当作为编制文物资源资产报告和开展文物资源资产管理工作的依据。

文物总登记账与文物资源资产财务账应当定期核对，确保账账、账实相符。

第十二条　管理收藏单位购买、征集文物资源资产，按照国家有关规定需要进行资产评估的，应当进行资产评估。

第十三条　管理收藏单位应当建立业务部门和财务资产管理部门协作机制，完整反映文物资源资产管理情况。

第十四条　文物资源资产信息卡是文物资源资产登记录入文物总登记账、文物资源资产财务账的基础，分为不可移动文物资源资产信息卡（见附1）和可移动文物资源资产信息卡（见附2）。

第十五条　不可移动文物资源资产信息卡主要内容包括基本信息、财务信息和管理信息。

基本信息主要包括：资产名称、文物级别、文物类别、公布日期、是否可计价、面积、具体地址、文物来源等；财务信息主要包括：账面价值、价值类型、入账信息、资金来源等；管理信息主要包括：管理部门、使用单位、管理人员、使用状况等。

第十六条　可移动文物资源资产信息卡主要内容包括基本信息、财务信息和管理信息。

基本信息主要包括：资产名称、文物级别、文物类别、入藏日期、是否可计价、计量单位、文物来源等；

财务信息主要包括：账面价值、价值类型、入账信息、资金来源等；

管理信息主要包括：管理部门、收藏单位、管理人员、使用状况、存放地点等。

第十七条　文物资源资产信息因调拨、交换、损毁、丢失、撤销退出等发生变动的，管理收藏单位应当及时变更资产信息卡，并同步调整有关账目。

第十八条　各级财政部门、文物行政部门、管理收藏单位可以根据工作需要开展文物资源资产清查，清查工作程序参照《行政事业单位资产清查核实管理办法》（财资〔2016〕1号）等相关规定执行。

第三章　文物资源资产保护利用

第十九条　管理收藏单位应当建立文物资源资产接收、登记、鉴定、编目、档案、安全检查等保管保护制度，可移动文物收藏单位应当建立文物库房管理、修复复制等保管保护制度，明确管理责任，完善内部管理流程。

管理收藏单位应当按照国家文物管理的有关规定，设立规范的文物库房，配备专业设施设备，安排专职人员进行管理，对文物资源资产进行账目清点，抽样核查。

第二十条　管理收藏单位应当按照不损坏文物、不改变文物原状等要求，对文物资源资产进行保养修缮和定期维护，不得损毁、改建、添建或者拆除不可移动文物。

第二十一条　文物行政部门和其他主管部门可以通过购买服务方式对文物资源资产进行保养修缮，承接主体应当按照购买服务合同的约定承担相应管理责任。

第二十二条　博物馆（纪念馆）、图书馆等管理收藏单位应当加强文物资源资产展示利用管理，有效盘活文物资源资产，提高文物资源资产利用效率，充分发挥文物宣传教育作用，满足社会公共文化需求。

第二十三条　考古科研教学机构等管理收藏单位应当加强文物资源资产的科学研究利用，做好文物科研标本的保管保护工作。

第二十四条　其他管理收藏单位应当做好所收藏文物资源资产的管理工作，相关文物行政部门可以安排专业人员协助。涉及文物行业管理事项，管理收藏单位应当按照文物行政部门的规定执行；涉及文物资源资产管理情况报告等事项，管理收藏单位应当按照行政和财务隶属关系报送情况。

第二十五条　可移动文物借展借用、调拨、损毁丢失，以及不可移动文物拆除等应当按照《中华人民共和国文物保护法》《中华人民共和国文物保护法实施条例》等相关规定执行。

第二十六条　文物资源资产调拨、拆除或者发生损毁丢失的，管理收藏单位应当按照规定程序核查处理后，及时调整或者核销账务，并在年度国有资产报告中作出说明。

第二十七条　撤销退出是指不可移动文物降级撤销和可移动文物退出。文物资源资产撤销退出按照国家有关规定执行。

第二十八条　管理收藏单位禁止利用文物资源资产进行对外投资和担保。国有文物收藏单位禁止将馆藏文物资源资产赠予、出租或者出售给其他单位、个人。

第二十九条　文物资源资产借展、交换、调拨等发生的补偿费用应当纳入单位年度预算，专门用于改善文物的收藏条件和文物征集，不得挪作他用。

文物资源资产管理产生的其他收入属于政府所有的，应当按照政府非税收入管理和国库集中收缴管理有关规定，上缴同级国库。

第四章　文物资源资产信息化管理

第三十条　财政部会同文物行政主管部门提出资产管理相关信息化要求，制定文物资源资产管理信息数据规范，建立资产管理信息集中共享机制。

第三十一条　文物资源资产管理应当按照资产管理信息化要求，建立文物资源资产动态管理机制。

有条件的地区和管理收藏单位可以结合地理信息地图对不可移动文物资源资产进行信息化管理。

第三十二条　资产管理信息系统中的文物资源资产信息应当与文物普查数据库中的文物信息相衔接，文物资源资产行业管理信息应当以文物普查数据库为准并保持一致。

存量文物资源资产数据应当作为管理维护、保养修缮预算支出安排的重要依据。

第三十三条　管理收藏单位应当按照文物资源资产信息卡规定内容，及时录入文物资源资产管理信息。文物资源资产管理信息发生变动的，管理收藏单位应当及时更新信息，保证文物资源资产信息数据真实、准确、完整。

第三十四条　各级文物行政部门可以根据文物资源资产管理实际情况，组织开发符合文物资源资产管理特点的个性化功能模块，加强与资产管理信息系统衔接。

第五章　文物资源资产报告

第三十五条　文物资源资产管理情况是国有资产报告的组成部分，应当纳入本级政府年度国有资产管理情况报告。

第三十六条　文物资源资产管理情况年度报告主要内容包括：

（一）文物资源资产的实物量与价值量及增减变动、规模、性质、分类等情况；

（二）文物资源资产相关管理制度建立和实施情况；

（三）文物资源资产取得、保管保护、研究利用和收入情况；

（四）文物资源资产调拨、拆除、损毁、丢失、管理信息变动等情况；

（五）其他需要报告的事项。

第三十七条 管理收藏单位应当将本单位文物资源资产管理情况纳入本单位财务报告和国有资产年度报告，按照规定的程序报送上级文物行政部门或其他主管部门，并对报告的真实性、准确性和完整性负责。

第三十八条 各级文物行政部门和其他主管部门应当根据国有资产报告制度规定的程序，审核汇总所属管理收藏单位文物资源资产管理情况，并报送同级财政部门。

第三十九条 各级财政部门负责汇总本地区文物资源资产管理情况，并纳入本级政府年度国有资产报告，由本级人民政府向本级人大常委会报告，同时按照规定程序报送上一级财政部门。

第六章 监督检查

第四十条 各级财政部门、文物行政部门可以根据工作需要，定期或不定期开展文物资源资产管理专项监督检查。

第四十一条 文物资源资产管理专项监督检查的主要内容包括：

（一）文物资源资产登记入账核算情况；

（二）文物资源资产保管保护和研究利用情况；

（三）文物资源资产拆除减损等情况；

（四）文物资源资产收支管理情况；

（五）文物资源资产安全管理情况；

（六）其他需要监督检查的情况。

第四十二条 各级财政部门、文物行政部门、其他主管部门、管理收藏单位及其工作人员违反本办法规定，在文物资源资产监管工作中存在滥用职权、玩忽职守、徇私舞弊等违纪违法行为的，按照《中华人民共和国文物保护法》《中华人民共和国公务员法》《中华人民共和国监察法》《中华人民共和国会计法》《财政违法行为处罚处分条例》等追究相应责任；构成犯罪的，依法追究刑事责任。

第七章 附则

第四十三条 已归类为固定资产的文物，按照本办法规定执行。

第四十四条 中国人民解放军和中国人民武装警察部队文物资源资产管理，依照中央军事委员会有关规定执行。

第四十五条 国有企业、管理收藏国有文物的民间非营利组织管理国有文物资源资产的活动，参照本办法规定执行。

第四十六条 省级财政部门和文物行政部门，应当根据本办法，结合本地区文物资源资产管理实际情况，制定具体实施办法并报财政部、国家文物局备案。

第四十七条 本办法自印发之日起施行。

附件：1. 不可移动文物资源资产信息卡参考样式

　　　　2. 可移动文物资源资产信息卡参考样式

附件1

不可移动文物资源资产信息卡参考样式

基本信息				
	卡片编号		分类代码	
	资产名称		文物级别	
	文物类别		公布日期	
	数量		是否可计价	
	计量单位		总建筑面积（平方米）	
	占地面积（平方米）		具体地址	
	现登记号		文物来源	
	藏品年代		建造（制造）年代	
	文物简介			
财务信息				
	账面价值（元）		价值类型	
	财务入账状态	资金来源	财政性资金（元）	
	财务入账日期		非财政性资金（元）	
	会计凭证号		备查簿是否登记	
	是否纳入企业年度决算		是否纳入行政事业资产报表	
	计价说明		入账会计科目	
管理信息				
	管理部门		使用单位	
	管理人员		使用状况	
	用途			
备注				

制单人：　　　　　　　　制单时间：

填表说明：

1. 分类代码是资产分类国标。

2. 文物级别按照全国重点文物保护单位、省级文物保护单位、市县级文物保护单位、尚未核定公布为文物保护单位分情况选择填列。

3. 文物类别分为古文化遗址、古墓葬、古建筑、石窟寺、石刻、壁画、近代现代重要史迹和代表性建筑等分情况选择填列。

4. 公布日期为各级政府公布文物保护单位的日期。

5. 按照是否可计价选择"是"或"否"。

6. 计量单位分为个、座、处等分情况选择填列。

7. 现登记号是指文物在现管理收藏单位的登记号。

8．文物来源包括文物普查、考古调查、勘探和发掘、征集、购买、调拨、捐赠、依法置换、依法接收、指定保管等方式。

9．账面价值是该文物入账价值。

10．价值类型为历史成本、公允价值分情况选择填列。

11．入账状态选择"是"或"否"。

12．财政性资金、非财政性资金根据资金来源填写。

13．入账会计科目是固定资产、文物文化资产。

14．管理部门为管理文物所属单位的行政部门。

15．使用单位为管理使用文物资源资产的各级各类行政事业单位。

16．使用状态分为开放、未开放、修缮中等分情况选择填列。

17．各单位还可在该卡片样式基础上自行增加管理需要的资产信息内容。

附件2

可移动文物资源资产信息卡参考样式

基本信息			
卡片编号		分类代码	
资产名称		文物级别	
文物类别		入藏时间	
数量		是否可计价	
计量单位		是否属于馆藏文物	
现登记号		文物来源	
藏品年代		建造（制造）年代	
文物简介			
财务信息			
账面价值（元）		价值类型	
财务入账状态	资金来源	财政性资金（元）	
财务入账日期		非财政性资金（元）	
会计凭证号		备查簿是否登记	
是否纳入企业年度决算		是否纳入行政事业资产报表	
计价说明		入账会计科目	
管理信息			
管理部门		收藏单位	
管理人员		使用状况	
存放地点			
备注			

制单人：　　　　　　　制单时间：

填写说明：

1．分类代码是资产分类国标。

2．文物级别按照一级文物、二级文物、三级文物、一般文物分情况选择填列。

3．文物类别分为历史上各时代重要实物、艺术品、文献、手稿、图书资料、代表性实物等分情况选择填列。

4．入藏日期是文物被现收藏单位登记入库的日期。

5．按照是否可计价选择"是"或"否"。

6．计量单位分为件、件（套）等分情况选择填列。

7．现登记号是指文物在现管理收藏单位的登记号。

8．文物来源包括文物普查、考古调查、勘探和发掘、征集、购买、调拨、捐赠、依法置换、依法接收、指定保管等方式。

9．账面价值是该文物入账价值。

10．价值类型为历史成本、公允价值分情况选择填列。

11．入账状态选择"是"或"否"。

12．财政性资金、非财政性资金根据资金来源填写。

13．入账会计科目是固定资产、文物文化资产。

14．管理部门为管理文物所属单位的行政部门。

15．收藏单位为保管收藏文物资源资产的各级各类行政事业单位。

16．使用状态分为展览、借出、维修等分情况选择填列。

17．各单位还可在该卡片样式基础上自行增加管理需要的资产信息内容。

中国
文物年鉴
2022

文化和旅游部　国家文物局
关于坚决遏制滥建山寨文物之风的通知

文物政发〔2021〕11号

各省、自治区、直辖市文化和旅游厅（局）、文物局，新疆生产建设兵团文化体育广电和旅游局、文物局：

　　近年来，山寨文物成为一些地方吸引眼球、招揽游客的方式，部分项目涉嫌丑化、异化文物，误导公众历史文化认知，造成不良文化影响，引发媒体和社会广泛关注。为遏制滥建山寨文物之风，维护文物真实性和历史文化遗产尊严，推进"十四五"时期文物事业和旅游业高质量发展，现将有关事项通知如下：

　　一、提高政治站位，牢牢把握新时代文化建设正确方向。各级文物、文化和旅游行政部门要深入贯彻落实习近平总书记关于文物、文化和旅游工作的重要论述和重要指示批示精神，锚定文化强国建设宏伟目标，坚守中华文化立场，传承弘扬中华优秀传统文化，深刻揭示中华民族文化精神、文化胸怀和文化自信，为新时代坚持和发展中国特色社会主义提供精神支撑。要坚持保护第一，集中人力、物力、财力加强文物保护利用，满足人民文化需求，增强人民精神力量，引导人民树立正确的历史观、民族观、国家观、文化观。要站在捍卫国家意识形态安全、涵养社会主义核心价值观的政治高度，深刻认识山寨文物造成资源浪费、讹传历史文化、破坏自然与文化风貌等负面影响，旗帜鲜明反对滥建山寨我国和外国文物，特别是世界文化遗产、全国重点文物保护单位等重要历史古迹。

二、严管严控增量，坚决刹住滥建山寨文物之风。各级文物行政部门要依法加强管理，对文物保护单位应当尽可能实施原址保护；对不可移动文物进行修缮、保养、迁移，必须遵守不改变文物原状的原则；不可移动文物已经全部毁坏的，应当实施遗址保护，未经批准不得在原址重建；对馆藏文物和不可移动文物中单体文物的复制，必须严格依法履行审批手续。各级文化和旅游行政部门要加强A级旅游景区评定管理，引导旅游景区坚持把社会效益放在首位，尊重历史文化，规范宣传营销内容，推动旅游景区健康有序发展。各地文物、文化和旅游行政部门要守土尽责，发现问题敢于发声，推动相关部门加强源头管理，及时叫停可能造成丑化、异化文物的项目，坚决遏制滥建山寨文物之风。

三、加强正面引导，推进文物和旅游融合发展。各级文物行政部门要加强历史文化研究，结合不同地区的历史文化禀赋，系统梳理历史文化遗产资源，深入挖掘历史价值、阐发文化精髓，更好揭示文物背后蕴含的哲学思想、人文精神、价值理念，加强时代化表达、数字化呈现，讲好文物故事，推动中华优秀传统文化创造性转化、创新性发展。各级文化和旅游行政部门要加强宣传教育，引导景区开发建设和管理运营单位增强文化自觉，依托地域特色文化文物资源培育旅游产品、提升旅游品位，打造出更多体现文化内涵、人文精神的特色旅游精品，让旅游成为人们感悟中华文化、增强文化自信的过程。各地要及时总结、报送文物旅游融合发展的好做法好经验好成果，国家文物局、文化和旅游部将适时推介一批文物旅游融合发展示范案例。

请各省级文物、文化和旅游行政部门加强沟通、密切合作，以适当形式开展检查排查，发现粗制滥造山寨文物、讹传历史、虚假宣传、误导公众认知的，及时督促整改并报告相关情况，国家文物局、文化和旅游部将视情通报。

特此通知。

文化和旅游部　国家文物局
2021年4月1日

公安部　国家文物局《关于加强文物博物馆单位治安防范工作的意见》

公治安〔2021〕1685号

各省、自治区、直辖市公安厅局、文物局（文化和旅游厅／局），新疆生产建设兵团公安局、文物局：

为认真贯彻落实习近平总书记关于文物工作的系列重要论述和关于文物安全工作的重

要指示精神，切实加强文物博物馆单位治安防范工作，着力提升防范能力和水平，健全完善联防联控机制，为文物保护利用改革提供安全保障，充分发挥文物资源在传承和弘扬中华优秀传统文化、革命文化和社会主义先进文化，培育社会主义核心价值观、推进文化强国建设和促进经济社会发展中的重要作用，根据《中共中央办公厅　国务院办公厅关于加强文物保护利用改革的若干意见》《国务院办公厅关于进一步加强文物安全工作的实施意见》要求和有关工作部署，现提出如下意见：

一、总体要求

（一）指导思想。以习近平新时代中国特色社会主义思想为指导，按照立足新发展阶段、贯彻新发展理念、构建新发展格局的要求，牢固树立保护文物也是政绩的科学理念，坚持以防为主、突出重点，加强统筹协调、联动共建，全面提升文物博物馆单位治安防范能力和水平。

（二）主要目标。夯实治安防范基础，文物博物馆单位内部治安保卫能力和防范水平显著提升；强化治安防控，文物博物馆单位周边社会秩序和治安环境进一步优化；健全联动共建工作机制，落实治安防范责任，努力构建文物博物馆单位治安防范"政府主导、部门联动、打防结合、群防群治"的新格局。

二、建立健全联动共建工作机制

（三）推动治安防范"三联动"。加强公安机关与文物部门联动，常态化联合督导治安防范责任落实，增强基层工作合力；加强防范与打击联动，强化信息收集、线索通报，以防促打；加强专业部门与社会力量联动，充分发挥公安机关、文物部门主导作用和社会组织、社会力量辅助作用，引导安保领域专业力量积极参与文物博物馆单位治安防范。

（四）实施治安防范"五共建"。公安机关和文物部门共建常态长效协作机制，加强制度建设、顶层设计；共建联防联控机制，加强重点文物博物馆单位联系指导和联动管控；共建安全信息共享机制，定期开展情况通报和研判会商；共建联合检查机制，定期开展文物博物馆单位治安防范工作督导检查；共建绩效考核评价机制，推动将文物博物馆单位治安防范工作作为文物安全重要内容纳入政府年度考核评价体系，细化责任落实。

（五）开展治安防范重点指导。各地文物部门和公安机关要联合建立重点文物博物馆单位联系指导清单制度，结合不同类型文物博物馆单位的安全风险等级以及加强治安防范工作紧迫程度，评估确定重点联系单位，全面加强业务指导和投入保障，尽快提升治安防范水平。公安部和国家文物局在省市两级联系指导清单中，突出古遗址、古墓葬、石窟寺、石刻及革命文物等全国重点文物保护单位和重点博物馆，选建重点联系指导单位并联动叠加扶持，强化数据赋能、科技支撑、经验总结和人才培养。

三、健全完善治安防范工作责任体系

（六）强化政府主体责任和部门监管责任。要推动地方各级人民政府履行文物安全主体责任，将文物博物馆单位治安防范工作纳入重要议事日程，定期开展治安形势分析和风险评估，加强组织领导，统筹解决重点难点问题。各地文物部门要明确承担文物治安防范责任的内设机构，加强监督检查，督导文物博物馆单位落实治安防范责任和措施。各地公安机关要将文物博物馆单位治安防范工作纳入立体化社会治安防控体系建设整体框架，加强专业工作力量建设，监督指导文物博物馆单位内部治安防范工作，强化周边治安秩序维护和社会面管控。

（七）落实文物博物馆单位直接责任。各文物博物馆单位要实施文物安全直接责任人公告公示制度，明晰本单位治安防范责任分工，明确治安防范重点区域和部位，落实人防、物防、技防措施。对于风险较高、无使用人的田野不可移动文物，属地文物部门要报请县级人民政府明确治安防范直接责任单位。

四、全面夯实治安防范工作基础

（八）加强治安防范制度建设。各文物博物馆单位要健全完善内部治安保卫制度和治安防范措施，落实值班值守、巡逻守护、巡查检查、安防设施设备维护、安全隐患整改、安全教育培训等管理制度，确保治安防范工作有章可循、有迹可查、落实到位。

（九）充实治安防范力量。各文物博物馆单位特别是列为治安保卫重点的单位，要设置专门治安保卫机构，配备与治安保卫任务相适应的专职治安保卫人员，重点加强文物密集区域和人员流量大的文物博物馆单位力量建设；要加强对治安防范力量的教育管理，提升治安防范能力；要积极探索以政府购买服务方式委托社会化专业力量承担治安巡查工作。

（十）推进治安防范设施建设。将文物博物馆单位治安防范列为实施文物平安工程的重要内容，加强必要的实体防护设施建设，按照有关标准建设技防系统，切实增强防范能力。列为治安保卫重点的文物博物馆单位，其报警系统要逐步实现与当地公安机关的联动。

（十一）加强治安防范信息化建设。推进各级文物安全监管平台和公安治综系统文物安防模块建设，实现互联互通，建立文物博物馆单位文物资源基础信息、视图数据等治安防范有关信息与公安机关和文物部门共享机制，切实提高文物博物馆单位治安防范监管和研判预警能力，不断提升治安防范工作信息化和智能化水平。

五、切实强化文博单位及周边治安防控

（十二）加强联合巡逻防控。各地公安机关要组织文物博物馆单位治安保卫人员、守护员、文保员和警务辅助人员、群防群治力量常态化参与周边联合巡逻防控，依托警保联动机制指导保安队伍积极参与联动共治；要结合社会治安防控体系建设，推进文物博物馆单位治安防范与城乡社区警务、网格管理的融合，统筹加强综合治理。文物资源密集、安全形势严峻的地方，经属地公安机关、文物部门联合评估后，可结合当地实际，在点多面广、重要的文物保护单位设立警务室、工作站，加强重点保护。

（十三）加强治安隐患排查整治。各地文物部门和公安机关要定期联合开展检查，督促文物博物馆单位落实内部安全检查制度，排查整治周边及社会面治安隐患，对安全责任不落实、安全制度不完善、防范措施不到位、应急处置能力差等问题进行重点排查，对重大安全隐患实施挂牌督办。各文物博物馆单位要加强安全自查，做到日日有巡查、次次有记录；对安全隐患和安全问题，要件件有整改、整改有效果；不能立行立改的，要制定整改方案并加强临时防护。

（十四）加强应急管理。各地文物部门和公安机关要指导文物博物馆单位建立健全应急管理机制，分级分类制定各类突发案事件（事故）应急处置预案并定期组织演练。各文物博物馆单位要切实提升应急处置能力，及时有效应对盗窃、盗掘和人为破坏等突发案事件（事故），尽量避免或者减少文物损失。各地公安机关要依托社会治安防控体系单元防控工作，会同文物部门加强文物博物馆单位及周边安全风险相关信息的收集研判和应急处置。

（十五）加强行刑衔接。各地文物部门和公安机关要加强文物行政执法和刑事司法衔接，完善案件移送和办案协作机制。各地文物部门要会同有关部门严厉查处未批先建、破坏损毁文物本体和环境、影响文物环境风貌等法人违法行为，对重点案件开展联合督办和约谈。各地公安机关要严厉查处违反治安管理的文物违法行为和涉嫌损毁文物、名胜古迹等犯罪活动，维护文物安全。

六、切实完善保障措施

（十六）加强组织领导和协作配合。各级文物部门和公安机关主要领导要提高重视程度，将加强文物博物馆单位治安防范作为重点工作进行部署安排，立足于解决突出问题，着眼于建立长效机制，细化措施，全面落实；要共同研究谋划工作思路，加强统筹协调和会商研判，在文物资源、技术信息、指挥调度、执法巡查、应急联动等方面形成合力，推动解决重大问题。

（十七）加强专业培训和人才培养。各级文物部门和公安机关要联合组织开展治安防范岗位专业培训，督促文物博物馆单位加强安全保卫人员的教育培训，全面提高安全防范技能；要加强专业人才引进和业务骨干培养，健全完善评价和激励机制，拓宽发展空间；要联动高校、科研院所等优势资源，建设治安防范专家人才库，可持续推进文物博物馆单位治安防范工作提档升级。

（十八）加强宣传和典型推树。要共同推动加强文物博物馆单位治安防范宣传，充分展示工作成效，不断增强社会各界和广大人民群众的文物安全保护意识；要在各部门和文物博物馆单位、有关社会力量中深入挖掘治安防范典型事迹，开展宣传推树和表彰奖励，并提请推动党委、政府在各类评选表彰活动中加大支持力度。

（十九）强化督导检查和责任追究。要联合督察重大安全隐患、事故、违法犯罪案件等事项，以点带面提升文物博物馆单位治安防范整体效能；要强化责任追究，对发现的突出问题，坚持查明原因、倒追责任，造成严重后果的依法依纪严肃处理；要定期对照评估，分析整改问题，每年底分条线向上级主管部门报送工作总结。公安部和国家文物局根据工作推进情况，联合组织开展重点督导检查。

公安部　国家文物局

2021年4月25日

中央宣传部　国家发展改革委　教育部 科技部　民政部　财政部 人力资源社会保障部　文化和旅游部 国家文物局印发《关于推进博物馆 改革发展的指导意见》的通知

文物博发〔2021〕16号

各省、自治区、直辖市党委宣传部、发展改革委、教育厅（教委）、科技厅（局）、民政厅（局）、财政厅（局）、人力资源社会保障厅（局）、文化和旅游厅（局）、文物局，新疆生产建设兵团党委宣传部、发展改革委、教育局、科技局、民政局、财政局、人力资源社会保障局、文化体育广电和旅游局：

《关于推进博物馆改革发展的指导意见》已经中央文化体制改革和发展工作领导小组第9次会议审议通过，现予印发，请结合实际认真贯彻落实。

中央宣传部　国家发展改革委　教育部
科技部　民政部　财政部
人力资源社会保障部　文化和旅游部　国家文物局
2021年5月11日

关于推进博物馆改革发展的指导意见

党的十八大以来，我国博物馆在场馆建设、文物保护、藏品研究、陈列展览、开放服务、教育传播、国际交流等方面不断取得新进展，日益成为世界博物馆发展的中心和热点。但同时也要看到，博物馆发展不平衡不充分与人民美好生活需要之间的矛盾仍很突出，在发展定位、体系布局、功能发挥、体制机制等方面尚需完善提升。为深化改革，持续推进我国博物馆事业高质量发展，现提出如下意见。

一、总体要求

（一）指导思想。以习近平新时代中国特色社会主义思想为指导，坚持以人民为中心，坚持守正创新，坚持创造性转化和创新性发展，秉承新发展理念，将博物馆事业主动融入国家经济社会发展大局，加强考古成果和历史研究成果的转化与传播，为坚定文化自信、传承中华文明、推动中国特色社会主义文化繁荣发展、满足人民美好生活需要、建设社会主义文化强国、实现"两个一百年"奋斗目标和中华民族伟大复兴中国梦做出积极贡献。

（二）基本原则

——坚持正确方向。坚持党对博物馆事业的全面领导，牢牢把握意识形态工作主导权，以社会主义核心价值观为引领，突出公益属性和社会效益，更好地构筑中国精神、中国价值、中国力量。

——坚持改革创新。坚持问题导向、目标导向，上下联动、横向联合，鼓励先行先试，推进博物馆发展理念、技术、手段、业态创新，破除体制机制束缚，释放发展活力。

——坚持统筹协调。统筹不同地域、层级、属性、类型博物馆发展，提高博物馆内部管理和外部治理水平。坚持服务大众，提高博物馆公共服务均等化、便捷化、多样化、个性化水平，实现博物馆高品质、差异化发展。

——坚持开放共享。营造开放包容的发展环境，通过区域协同创新、社会参与、跨界合作、互联网传播等方式，促进资源要素有序流动，优化资源配置，多措并举盘活博物馆藏品资源。

（三）总体目标。到2025年，形成布局合理、结构优化、特色鲜明、体制完善、功能完备的博物馆事业发展格局，博物馆发展质量显著提升，在弘扬中华优秀传统文化、革命文化和社会主义先进文化，构建公共文化服务体系、服务人民美好生活，推动经济社会发展、促进人类文明交流互鉴中的作用更加彰显。到2035年，中国特色博物馆制度更加成熟定型，博物馆社会功能更加完善，基本建成世界博物馆强国，为全球博物馆发展贡献中国智慧、中国方案。

二、加强分类指导，优化体系布局

（四）统筹不同地域博物馆发展。配合"一带一路"倡议、京津冀协同发展、长江经济带发展、粤港澳大湾区建设、长三角一体化发展、推进海南全面深化改革开放、黄河流域生态保护和高质量发展等国家重大战略，以及长城、大运河、长征、黄河国家文化公园建设等国家重大文化工程，加强博物馆资源整合与协同创新。探索在文化资源丰厚地区建设"博物馆之城""博物馆小镇"等集群聚落。

（五）整合不同层级博物馆发展。实施中国特色世界一流博物馆创建计划，重点培育10—15家代表中国特色中国风格中国气派、引领行业发展的世界一流博物馆。实施卓越博物馆发展计划，因地制宜支持省级、重要地市级博物馆特色化发展。实施中小博物馆提升计划，加强机制创新，有效盘活基层博物馆资源。实施类博物馆培育计划，鼓励将具有部分博物馆功能、但尚未达到登记备案条件的社会机构，纳入行业指导范畴，做好孵化培育。

（六）协调不同属性博物馆发展。探索建立行业博物馆联合认证、共建共管机制，将高校博物馆、国有企业博物馆等纳入行业管理体系，引导文物系统富余资源在运营管理、充实藏品、保护修复、开放服务等方面支持行业博物馆。规范和扶持并举，加强对非国有博物馆业务帮扶，推动落实土地、税收等优惠政策，指导非国有博物馆健全藏品账目及档案，依法依规推进博物馆法人财产权确权。按照"谁审批、谁监管，谁主管、谁监管"原则，加强对未经备案但以"博物馆"等名义开展活动的机构的管理。

（七）促进不同类型博物馆发展。充分利用现有资源，结合党史、新中国史、改革开放史、社会主义发展史教育，依托社会主义建设重大工程、重大项目、重要事件，推动建设一批反映党和国家建设成就的当代主题博物馆。鼓励依托文物遗址、历史建筑、工业遗产、农业遗产、文化景观和非物质文化遗产等设立博物馆。依法依规支持"一带一路"、黄河、大运河、长城、长江、长征、重大科技工程等专题博物馆（纪念馆）建设发展。重点支持反映中华文明发展历程的国家级重点专题博物馆建设。丰富自然科学、现当代艺术等博物馆品类，鼓励军队博物馆面向社会开放，倡导社区、生态、乡情村史博物馆等建设。

三、夯实发展基础，提升服务效能

（八）优化征藏体系。树立专业化收藏理念，强化党史、新中国史、改革开放史、社会主义发展史相关藏品征集，注重旧城改造、城乡建设等反映经济社会发展变迁物证的征藏，丰富科技、现当代艺术、非物质文化遗产等专题收藏，鼓励反映世界多元文化的收藏新方向。拓展藏品入藏渠道，健全考古出土文物和执法部门罚没文物移交工作机制，适时开展文物移交专项行动，推动优化国有公益性收藏单位进口藏品免税政策，鼓励公众向博物馆无偿捐赠藏品。

（九）提升保护能力。健全博物馆藏品登录机制，推进藏品档案信息化标准化建设，逐步推广藏品电子标识。实施馆藏珍贵濒危文物、材质脆弱文物保护修复计划。强化预防性保护，加强文物常见多发病害病理研究，提升藏品保存环境监测、微环境控制、分析检测等能力，完善博物馆安消防制度建设和设施配备，鼓励各地因地制宜加强文物中心库房建设。加快推进藏品数字化，完善藏品数据库，加大基础信息开放力度。

（十）强化科技支撑。加强对藏品当代价值、世界意义的挖掘阐发，促进研究成果及时转化为展览、教育资源。大力发展智慧博物馆，以业务需求为核心、以现代科学技术为支撑，逐步实现智慧服务、智慧保护、智慧管理。推动研究型博物馆建设，依法开展博物馆科技成果转化收益分配试点，推动符合条件的博物馆从业人员享受科技创新扶持政策。深化与高等院校、科研院所合作，鼓励建立联合实验室、科研工作站和技术创新联席机制，"博学研"协同开展文物保护利用科学研究与成果示范，将支持博物馆发展的共性关键技术研究纳入各类国家科技计划予以重点支持。

（十一）提高展陈质量。落实中办、国办《关于实施中华优秀传统文化传承发展工程的意见》等要求，深入挖掘展示中华优秀传统文化中跨越时空的思想理念、价值标准、审美风范，以古鉴今、古为今用、启迪后人。全面展示中华文明起源和发展的历史脉络，中华文明取得的灿烂成就，中华文明对人类文明的重大贡献。支持联合办展、巡回展览、流动展览、网上展示，提高藏品展示利用水平。探索独立策展人制度，优化展览策划制作流程，推出更多原创性主题展览。贴近实际、贴近生活、贴近群众，鼓励公开征集选题，推广以需定供的菜单式展览服务

（十二）发挥教育功能。落实《新时代爱国主义教育实施纲要》《新时代公民道德建设实施纲要》要求，广泛深入开展博物馆里过传统节日、纪念日活动，加强对中华文明的研究阐发、教育普及和传承弘扬，加强爱国主义教育和革命传统教育，培育人民文化生活新风尚。制定博物馆教育服务标准，丰富博物馆教育课程体系，为大中小学生利用博物馆学习提供有力支撑，共建教育项目库，推动各类博物馆数字资源接入国家数字教育资源公共服务体系。支持博物馆参与学生研学实践活动，促使博物馆成为学生研学实践的重要载体。倡导博物馆设立教育专员，提升教育和讲解服务水平，鼓励省级以上博物馆面向公众提供专业研究人员的专家讲解服务。

（十三）优化传播服务。推进博物馆大数据体系建设，主动对接国家文化大数据体系建设，标注、解构和重构藏品蕴含的中华元素和标识，切实融入内容生产、创意设计和城乡建设，充分发挥博物馆在文旅融合发展、促进文化消费中的作用。推动博物馆文化扶贫，增加展览、教育活动进乡村频次。深化博物馆与社区合作，推动博物馆虚拟展览进入城市公共空间，鼓励有条件的博物馆错峰延时开放，服务十五分钟城市生活圈。加强与融媒体、数字文化企业合作，创新数字文化产品和服务，大力发展博物馆云展览、云教育，构建线上线下相融合的博物馆传播体系。强化观众调查，推广分众传播，优化参观全过程服务。

（十四）增进国际合作。实施中华文明展示工程，深入挖掘中华优秀传统文化精髓，弘扬中华文化蕴含的人类共同价值，打造一批中国故事、国际表达的文物外展品牌。实施世界文明展示工程，通过长期借展、互换展览、多地巡展等方式，共享人类文明发展成果。加强青年策展人培养，造就一批政治过硬、功底扎实、国际接轨的博物馆策展人队伍。支持中国专家学者参加国际博物馆组织，积极参与博物馆国际治理。

四、创新体制机制，释放发展活力

（十五）完善管理体制。推进博物馆法及配套法规体系立法研究，完善博物馆制度，推进博物馆治理体系和治理能力现代化。深化博物馆领域"放管服"改革，探索管办分离，赋予博物馆更大的自主权。分类推进国有博物馆、非国有博物馆理事会制度建设，建立健全权责对等、运转协调的决策执行或监督咨询机制。深化人事制度改革，切实增强博物馆干部人事管理、职称评审、岗位设置自主权。对于部分符合条件的新建博物馆，在不改变藏品权属、确保安全的前提下，经批准可以探索开展国有博物馆资产所有权、藏品归

属权、开放运营权分置改革试点，提升博物馆公共服务效能。

（十六）健全激励机制。博物馆开展陈列展览策划、教育项目设计、文创产品研发取得的事业收入、经营收入和其他收入等，按规定纳入本单位预算统一管理，可用于藏品征集、事业发展和对符合规定的人员予以绩效奖励等。合理核定博物馆绩效工资总量，对上述工作取得明显成效的单位可适当增核绩效工资总量，单位内部分配向从事这些工作的人员倾斜。

（十七）鼓励社会参与。发展壮大博物馆之友和志愿者队伍，构建参与广泛、形式多样、管理规范的社会动员机制。推动博物馆公共服务市场化改革，引入竞争机制，鼓励社会力量参与展览、教育和文创开发。实施"博物馆+"战略，促进博物馆与教育、科技、旅游、商业、传媒、设计等跨界融合。

五、优化发展环境，加强改革保障

（十八）加强组织领导。强化部际协作，进一步增强文物主管部门与宣传、发展改革、教育、民政、财政、人力资源社会保障等部门之间的协作关系，形成工作合力。各级宣传文化、发展改革、财政、人力资源社会保障等部门，要将博物馆发展纳入经济社会发展总体规划和基础设施建设、教育、科技、文化、旅游等相关专项规划，发挥博物馆在文明城市创建中的作用，支持博物馆事业发展。

（十九）加强政策支持。按照国办《公共文化领域中央与地方财政事权和支出责任划分改革方案》部署，落实博物馆有关支出责任，向财力困难地区倾斜，加强预防性保护和数字化保护项目支持。健全博物馆免费开放机制，督促落实地方主体责任。鼓励地方通过政府购买服务、项目补贴、以奖代补等方式，支持非国有博物馆持续发展。博物馆认定为非营利组织的，其符合条件的捐赠收入按规定享受免税政策。企业或个人等通过公益性社会组织、县级以上人民政府及其部门等国家机关，向博物馆进行公益性捐赠的，按规定享受所得税税前扣除政策。创新博物馆发展多元化投入机制，在加强监管、防范风险的前提下，鼓励社会资本以直接捐赠、设立基金会等形式支持博物馆发展。

（二十）加强队伍建设。健全博物馆人才激励机制，按照国家有关规定进行表彰奖励，加强博物馆管理人才、专业人才、研究人才、创新型人才培育，为人才发展营造良好的制度环境。加强国家文博领域高水平创新团队建设，培育跨领域、跨学科创新团队。按照人力资源社会保障部、国家文物局《关于进一步加强文博事业单位人事管理工作的指导意见》精神，拓宽人才汇集机制，支持博物馆设立流动岗，吸引相关专业技术人员兼职。加大博物馆专业人才引进力度，提高队伍专业化水平。推进文博行业相关职业资格制度建设。强化人才培训，根据不同岗位要求，开展分级分类培训，提高队伍整体素质能力。

（二十一）加强监督管理。通过日常巡查、"双随机一公开"检查、备案管理等方式，加强文物保护、陈列展览等事项事中事后监管。建立健全绩效考评、专业评价和第三方评估相结合的博物馆考评监督机制。健全博物馆质量评价体系，扩大国家一二三级博物馆占比，加强评估结果运用。加强博物馆行业协会建设，促进行业自律。建立博物馆年报制度和信用体系，主动接受社会监督。

各地要制定贯彻落实本意见的实施方案，落实任务分工，细化工作责任，明确时间表、路线图，着力推进实施，强化督导检查，确保改革措施落地见效。

工业和信息化部　国家发展和改革委员会　教育部　财政部　人力资源和社会保障部　文化和旅游部　国务院国有资产监督管理委员会　国家文物局关于印发《推进工业文化发展实施方案（2021—2025年）》的通知

工信部联政法〔2021〕54号

各省、自治区、直辖市、计划单列市及新疆生产建设兵团工业和信息化、发展改革、教育、财政、人力资源社会保障、文化和旅游、国资、文物主管部门，各有关单位：

现将《推进工业文化发展实施方案（2021—2025年）》印发给你们，请结合实际认真贯彻实施。

工业和信息化部　国家发展和改革委员会　教育部
财政部　人力资源和社会保障部　文化和旅游部
国务院国有资产监督管理委员会　国家文物局
2021年5月11日

推进工业文化发展实施方案（2021—2025年）

为深入贯彻习近平总书记关于建设社会主义文化强国的重要讲话精神，落实党中央、国务院关于实施中华优秀传统文化传承发展工程的意见等文件部署，更好发挥工业文化在推进制造强国和网络强国建设中的支撑作用，制定本方案。

一、总体要求

（一）指导思想

以习近平新时代中国特色社会主义思想为指导，全面贯彻党的十九大和十九届二中、三中、四中、五中全会精神，坚持新发展理念，以深化供给侧结构性改革为主线，坚持以社会主义核心价值观引领文化建设，把工业文化建设作为推动制造业高质量发展的重要内容，完善工业文化发展体系，强化承载重要文化的工业遗产的保护利用，弘扬中国工业精神，促进文化与产业融合发展，丰富中国制造的文化内涵，培育工业文化的新业态新模式，不断增强国家文化软实力和中华文化影响力。

（二）基本原则

政策引领。发挥政府在方向引导、政策支持、试点示范等方面的积极作用，统筹整合资源，加强分类分级指导，明确发展路径。

需求导向。以满足产业发展需求为出发点和落脚点，探索工业文化软实力支撑制造业高质量发展的有效路径，发挥市场主体作用，加强市场推广应用，激发工业文化活力。

协同推进。建立健全部门协同工作机制，加强统筹协调，形成工作合力。发挥地方和行业组织作用，形成各类主体共同推进的工作格局。

融合发展。发挥工业文化赋能产业发展的作用，提高设计创新、质量品牌、管理服务等文化要素驱动能力，促进企业提质增效、产业转型升级。

（三）主要目标

通过五年努力，工业文化支撑体系基本完善，理论研究与应用实践进一步深入，工业文化新载体更为丰富，初步形成分级分类的工业遗产保护利用体系和分行业分区域的工业博物馆体系；打造一批具有工业文化特色的旅游示范基地和精品路线，建立一批工业文化教育实践基地，传承弘扬工业精神；推动工业文化在服务全民爱国主义教育，满足并引领人民群众文化需要，增强人民精神力量等方面发挥积极作用，推动形成工业文化繁荣发展的新局面。

二、重点任务

（四）弘扬工业文化价值内涵

深入挖掘工业文化内涵，以社会主义核心价值观和爱国主义教育为引领，弘扬企业家精神、创新精神、工匠精神、劳模精神、诚信精神等，与时俱进、集成创新，阐释工业文化当代价值，提升中国特色工业软实力，为制造业高质量发展提供强大精神动力。深化工业文化基础研究，丰富和完善工业文化理论体系，加强研究成果转化应用，夯实工业文化发展基础。（工业和信息化部牵头，国家发展改革委、教育部、人力资源社会保障部、文化和旅游部、国资委、国家文物局参与）

（五）促进工业文化与产业融合发展

加强工业文化助推行业发展的路径模式研究，支持行业协会等各类机构开展工业文化赋能产业发展专项活动，利用新模式、新业态，实施文化+产品系列行动，充分挖掘文化要素对品牌建设、品质提升、提质增效的潜力，提升产业、企业和产品竞争力。加强企业文化建设，引导企业将工业文化融入创新管理的各环节。有效保护利用工业的遗存遗迹、标识记记、风情风貌，打造文化地标，延续城市文脉，以文化振兴带动城市振兴。（工业和信息化部牵头，国家发展改革委、文化和旅游部、国家文物局、国资委参与）

（六）推动工业旅游创新发展

建立健全并积极推广工业旅游相关标准和规范，支持各地依托当地工业遗产和老旧厂房、工业博物馆、现代工厂等工业文化特色资源，打造各类工业旅游项目，创建一批工业旅游示范基地。开发工业旅游创意产品，打造一批沉浸式工业文化体验产品和项目，推出工业旅游精品线路，构建工业旅游目的地。支持文旅装备协同创新发展，拓展文化消费新空间。指导相关社会组织和活动平台建设。（文化和旅游部、工业和信息化部牵头，国家发展改革委、国家文物局、国资委参与）

（七）开展工业文化教育实践

发挥工业文化研学教育功能，鼓励各地利用工业遗产、老旧厂房等设施培育一批工业文化研学实践基地（营地）。创新工业文化研学课程设计，开展工业科普教育，培养科学

兴趣，掌握工业技能。（工业和信息化部牵头，教育部、文化和旅游部、国家文物局、国资委参与）

推进工业文化进校园，加强普通高等学校和职业学校的相关专业、学科建设，支持开展理论研究和教学实践，将工业文化有机融入精品课程，推动工业文化学科体系建设（教育部、工业和信息化部牵头，国资委参与）。鼓励大国工匠、工程师、企业家进讲堂，围绕工业道路、工业创造、工业精神等方面，传承弘扬优秀工业文化。（工业和信息化部牵头，教育部、国资委参与）

（八）提高工业遗产保护利用水平

持续开展国家工业遗产认定，发布国家工业遗产名单，鼓励地方因地制宜开展省、市级工业遗产调查、评估、认定，形成分级保护利用体系。修订《国家工业遗产管理暂行办法》，开展工业遗产保护立法研究。（工业和信息化部牵头，国家发展改革委、国家文物局、国资委参与）

积极推动将符合条件的工业遗产纳入文物保护体系，价值突出的推荐申报世界文化遗产。推动制定保护准则和指南，建立工业遗产保护与修复的工艺过程规范和效果评价标准，促进关键技术研发应用。（工业和信息化部、国家文物局牵头）

统筹工业遗产保护利用与城市转型发展，将老工业城市工业遗产纳入老工业城市更新改造政策支持范围，结合地方资源特色和历史传承，将工业遗产融入城市发展格局，保持功能协调、风格统一。（国家发展改革委牵头，工业和信息化部、文化和旅游部、国家文物局、国资委参与）

构建工业遗产保护利用项目库。鼓励利用工业遗产和老旧厂房资源，建设工业遗址公园、工业博物馆，打造工业文化产业园区、特色街区、创新创业基地、文化和旅游消费场所，培育工业旅游、工业设计、工艺美术、文化创意等新业态、新模式，不断提高活化利用水平。（工业和信息化部牵头，国家发展改革委、文化和旅游部、国家文物局、国资委参与）

（九）完善工业博物馆体系

发挥工业博物馆展示历史、展现当下、展望未来的作用，探索建设国家级行业博物馆、国家（网上）数字工业博物馆，支持各地建设具有地域特色的城市工业博物馆，鼓励企业建设博物馆或工业展馆、纪念馆。支持运用新一代信息技术打造数字化、可视化、互动化、智能化新型工业博物馆。（工业和信息化部、国家文物局牵头，国家发展改革委、国资委参与）

探索建立工业博物馆联合认证、共建共管机制，发布工业博物馆名录，鼓励参加博物馆评估定级，引导文物系统富裕资源在运营管理、充实藏品、保护修复、开放服务等方面支持工业博物馆规范发展。创建一批工业博物馆，实施工业博物馆品牌培育提升行动，强化工业博物馆专业化建设，提升管理与服务水平，形成具有示范性和影响力的工业博物馆文化品牌。（工业和信息化部、国家文物局牵头）

鼓励利用和共享馆藏资源，开发教育、文创、娱乐、科普产品，举办各类工业文化主题展览、科普教育、文创体验和研学实践活动。（国家文物局、工业和信息化部牵头，教育部、文化和旅游部参与）

（十）加大传播与交流

鼓励创作工业题材的文化作品，通过工业影视作品、工业文学作品征集活动、高峰论坛等方式，宣传工业故事、典型人物，弘扬中国工业精神，践行社会主义核心价值观。支持媒体开设工业频道和专栏，传播工业声音。通过国家工业遗产发布、现场经验交流、新媒体宣传等多种方式和渠道，做好工业遗产保护利用项目宣传推介。（工业和信息化部牵头，文化和旅游部、国家发展改革委、国资委、国家文物局、相关行业协会参与）

依托"一带一路"建设，加强文化交流和多层次文明对话，推动国际工业文化交流合作，促进工业文化走出去，塑造和传播新时代中国工业形象。（工业和信息化部牵头，文化和旅游部、国家文物局、国家发展改革委、国资委、相关行业协会参与）

（十一）健全工业文化发展体系

发挥规划和政策引导作用，统筹加强工业文化建设。完善基础制度和标准体系。加强各类工业文化资源统筹利用，促进工业文化资源数字化，推动工业文化产业数字化建设，鼓励数字技术在工业文化企业、体验产品和项目建设中的应用。加快发展新型文化业态、消费模式，丰富工业文化载体，扩大优质工业文化产品供给，满足人民群众文化需求。（教育部、工业和信息化部、文化和旅游部、国资委、国家文物局按职责分工负责）

三、保障措施

（十二）拓宽资金支持渠道

加强产融合作，发挥试点示范作用，建立翔实完备的工业文化企业数据库，为项目合作提供优质、精准的信息和服务。用好中央预算内投资等投资政策，鼓励社会资本设立文化产业发展基金，推动工业文化重大项目建设。鼓励地方积极完善支持政策，开展工业旅游、工业研学、产融合作、工业遗产和老旧厂房保护利用等试点示范。（国家发展改革委、工业和信息化部、教育部、财政部、文化和旅游部、国资委、国家文物局按职责分工负责）

（十三）健全人才保障体系

结合制造业与教育融合发展工程的实施，深化产教融合校企合作，强化人才培养培训，培养更多高技能人才和大国工匠。围绕工业文化学术研究、教育培训、经营管理、宣传推广等领域，打造一批领军人才。加强专业人才队伍建设，培育一批工业遗产、工业博物馆、工业旅游以及其他工业文化新业态等方面专业人才。鼓励设立工业文化智库。（工业和信息化部、教育部、人力资源社会保障部、文化和旅游部、国家文物局、国资委按职责分工负责）

（十四）发挥中介机构作用

充分发挥行业协会和各类社会组织作用。支持行业组织研究制定标准规范，开展工业文化资源调查，建立资源库，加强工业文化产业的市场监测和经济运行分析，发布研究报告；引导工业文化的研究应用与推广，宣贯相关政策，指导企业开展文化建设、管理创新、国际交流等工作。支持高校、高职院校、企事业单位和地方建立专业化程度高、业务能力强的工业文化相关机构，打造一批工业文化领域公共服务平台，充分调动社会力量参与工业文化建设，营造共商共建共享的良好氛围。（相关行业协会等中介组织负责）

四、组织实施

（十五）加强统筹协调

各部门加强统筹协调，发挥职能作用，做好业务指导，在资源整合、要素供给、项目实施、人才保障、环境营造、宣传教育等方面提供支持，加强制度、政策、标准的协调对接，形成工作合力，确保各项工作取得实效。（工业和信息化部牵头，国家发展改革委、财政部、教育部、人力资源社会保障部、文化和旅游部、国家文物局、国资委参与）

（十六）抓好细化落实

各地要建立和完善推动工业文化发展的工作机制，结合本地实际，研究制定本地区"十四五"期间推动工业文化发展的实施细则方案，明确目标任务，合力推进实施一批重点项目、重点工程。持续开展工业文化资源调查、评估和认定，健全资源数据库，丰富省市级名录。认真总结成功案例和经验做法，加强宣传推广，为工业文化发展营造良好社会环境。（各地工业和信息化主管部门牵头、相关部门参与）

国家文物局　财政部
关于印发《国有博物馆藏品征集规程》的通知

文物博发〔2021〕21号

为进一步规范国有博物馆藏品征集工作，优化国有博物馆藏品体系，国家文物局、财政部联合制定了《国有博物馆藏品征集规程》。现予印发，请遵照执行。

国家文物局　财政部

2021年5月20日

国有博物馆藏品征集规程

第一条　为规范国有博物馆藏品征集工作，优化国有博物馆藏品体系，根据《中华人民共和国文物保护法》《博物馆条例》《博物馆藏品管理办法》等规定，制定本规程。

第二条　本规程所称藏品征集，是指国有博物馆（以下简称博物馆）根据本馆宗旨、定位、发展方向，通过购买或接受捐赠的方式取得藏品的业务活动。

第三条　博物馆应建立藏品征集管理制度，明确征集范围、方式、条件，进行公开征集；设立专门机构或明确责任部门（以下简称征集部门），拟订藏品征集总体规划、中长期规划和年度计划，规范有序开展征集工作。博物馆不得征集来源不合法或来源不明的藏品，征集活动不得有违博物馆职业道德。

第四条　藏品征集应当遵循统一领导、集体决策原则，并纳入本单位"三重一大"事项范围；涉及确定征集意向、定价、决策实施等环节，由馆务会议集体研究决策，并遵循利益相关方回避原则。

第五条　博物馆通过购买方式征集藏品的工作程序如下：

（一）征集调查。征集部门应多渠道寻找征集线索，对拟征集物的真实性、来源合法性、是否符合征集方向进行初审，提出拟征集物清单。

（二）专家鉴定。征集部门根据拟征集物类别，组织不少于3名相应研究方向的专家，对拟征集物的真伪，历史、艺术、科学价值，流传经历，估价（独立给出）等进行鉴定，出具专家鉴定意见。对真伪鉴定实行"一票否决"。

（三）估价建议。征集部门根据专家估价的平均值，参考本馆征集同类藏品价格、国有文物商店出售类似物品价格、文物拍卖公司拍卖类似标的成交价格，形成拟征集物估价建议。估价建议应严格保密。形成的估价建议价格较高的，应按照国家有关规定进行资产评估，并以资产评估结果作为估价建议。

（四）价格谈判或协商。征集部门、财务部门共同组成不少于3人的谈判或协商小组，以估价建议额为上限，与拟征集物所有者进行价格商谈。对于多个所有者能提供的拟征集物，按照竞争择优的原则，分别与多个所有者谈判后确定征集意向；对于只能由唯一所有者提供的拟征集物，由双方进行价格协商，达成一致后确定征集意向；如价格超出估价上限，则中止征集。谈判或协商中应做好会议记录、文件签字。

（五）征集实施。博物馆召开馆务会议，对谈判结果进行集体研究审议，形成征集决策意见。如确定征集，则由征集部门按照相关规定履行征集程序。征集双方应签订征集合同，明确征集物的名称、数量、价款、税费、交付期限及方式、权责约定等。凡有偿征集的，应要求被征方开具发票、收据等有效凭证。

（六）支付验收。财务部门根据征集部门提交的合同、发票、征集物清单等征集凭证，办理支付手续。征集部门会同财务、保管部门共同办理验收、移交和入库等手续。

（七）登记入账。财务部门应按照政府会计制度和相关准则要求，于征集程序完成后，根据购买价格及时登记入账，确保不重不漏。

（八）建档备案。保管部门应于征集物入馆验收后尽快完成藏品编目、建档工作，属于文物的，应当区分文物等级，设置文物档案，并依法备案。征集部门应将征集过程所有原始资料整理归档，永久保存。

（九）监督检查。纪检、审计部门负责对征集中的重要事项进行监督，国有博物馆主管部门定期开展专项检查。

第六条 博物馆通过接受捐赠方式征集藏品的，可参照第五条规定的程序执行，并就捐赠物的名称、数量、用途以及各方权利义务等订立捐赠协议，根据估价建议登记入账。博物馆接受捐赠应以精神鼓励为主，如确有必要，可给予适当物质奖励。

第七条 博物馆委托国有文物商店等机构代为征集藏品的，应事先签订委托协议，明确双方权责，包括征集物类别、标准、价格范围、交付、验收、支付方式等。

第八条 博物馆应通过年报、网站、媒体等方式，及时向社会公布藏品征集价格，以及管理、使用等情况，主动接受社会监督。

第九条 地方各级文物主管部门、国有博物馆可依照本规程，结合工作实际，制定本地区（馆）藏品征集工作管理办法或实施细则。

第十条 本规程自印发之日起施行。

国家文物局办公室 应急管理部消防救援局 关于联合加强革命文物建筑 消防安全工作的通知

办督函〔2021〕632号

各省、自治区、直辖市文物局（文化和旅游厅/局）、消防救援总队，新疆生产建设兵团文物局、公安局消防局：

今年是中国共产党成立100周年。革命文物承载党和人民英勇奋斗的光荣历史，记载中国革命的伟大历程和感人事迹，是党和国家的宝贵财富。为认真学习贯彻习近平总书记关于革命文物工作重要指示精神，落实国务院安委会消防安全专项整治三年行动部署要求，进一步加强和改进革命文物建筑消防安全工作，有效预防和遏制革命文物建筑火灾事故，以实际行动庆祝中国共产党成立100周年，现就有关事项通知如下：

一、组织一次集中提醒谈话。各省级文物行政部门、消防救援机构要共同分析研判本地革命文物建筑的消防安全形势，摸清突出问题和薄弱环节，研究制定针对性的风险防范和应对措施，并于6月上旬向党委政府做一次专题汇报或书面报告。6月上旬要组织革命文物建筑管理、使用或经营单位的消防安全责任人、管理人，开展一次集中提醒谈话，讲清火灾风险，警示发生火灾的法律后果，传授消防安全管理方法，特别要明确建党100周年期间消防安全严防严控要求。要按照"谁主管谁负责、谁使用谁负责"的原则，督促强化主体责任，组建消防安全管理团队，健全制度机制、明确逐级职责，对照《文物建筑消防安全管理十项规定》《关于进一步加强文物消防安全工作的指导意见》要求，开展一次全面自查自改，做到消防安全"风险自知、安全自查、隐患自改"，提升自主管理能力。

二、开展一次专项排查检查。结合做好建党100周年庆祝活动消防工作，各地文物行政部门、消防救援机构要会同有关部门联合开展一次革命文物建筑消防安全专项检查，对全国重点文物保护单位的革命文物建筑要逐一建立清单和台账，重点纠治违规生活用火用电、随意堆放易燃可燃物危险品、违章搭建彩钢板、违规住人、值班巡查不落实、初起火灾处置能力差等隐患和问题。对发现的火灾隐患，列出问题清单和责任清单，跟踪督办、限时整改；对存在重大火灾隐患的，报告当地政府采取书面督办、现场督查、挂牌督办、曝光约谈等方式逐一挂账整改，并督促落实整改期间有效防范措施。

三、组织一次靶向宣传培训。各地文物行政部门、消防救援机构要面向革命文物建筑管理使用单位和周边社区，面向文物工作者以及广大参观游览人群，开展一次火灾警示教育和集中宣传活动，通过播放文物火灾案例警示片，设置消防安全宣传标语、挂图，滚动播出消防安全字幕，发送手机提示短信等方式，提示提醒风险，讲授安全用火用电、火场自救逃生等方法，切实增强人员风险防范意识和消防安全素质。要指导革命文物建筑管理使用单位开展一次全员岗位消防安全技能培训，加强新入岗员工岗前教育培训，培养一批会消防管理、会操作消防设施器材、会检查消除火灾隐患、会组织人员疏散逃生的消防安全"明白人"。

四、开展一次应急处置演练。各地文物行政部门和消防救援机构要按照及时、适用、有效原则,指导革命文物建筑管理使用单位结合节假日和革命纪念活动特点,制定可操作性强的灭火疏散逃生预案,做到"一家一策"。要联合革命文物建筑管理使用单位在6月中旬组织开展一次全员参加的灭火疏散逃生演练,与单位微型消防站或志愿消防队建立联勤联动机制,指导配齐消防装备器材,开展日常实战训练,提高初起火灾处置能力。辖区消防救援站要加强日常熟悉调研和火灾出动调派,一旦发生火情,确保第一时间到场、有效处置。

五、加强消防能力建设。各地要结合全国文物火灾隐患整治和消防能力提升三年行动部署安排,切实抓好革命文物建筑各项消防安全措施落实,进一步健全部门评估预警、定期会商、情况通报、信息共享、联合执法等机制,形成工作合力,提升监管质态。要提请当地党委政府,组织分析评估消防安全风险,强化消防管理措施,加强政策资金保障,将违规占用、违法建设等重大隐患纳入政府工程统筹整改解决,引导将消防安全保障作为革命文物建筑旅游开放、展示利用、商业经营的必要前置条件,定期组织革命文物建筑消防安全检查。要实施文物安全防护工程,加强消防基础设施建设,对革命文物老旧电气线路、失效的消防设施设备进行维修升级,防止关键时刻出现水源不足等问题。进一步完善革命文物建筑管理责任、制度建设、设施配置、应急能力建设等消防要求,健全长效机制。要加强文物建筑消防技术装备研发,加大现代科技手段应用力度,根据文物级别、建筑年代、结构材料等,坚持最小干预和适用适度有效原则,推广科学适用的技防物防措施,提升火灾预警能力和消防安全设防等级。

国家文物局办公室　应急管理部消防救援局
2021年6月3日

教育部　国家文物局关于充分运用革命文物资源加强新时代高校思想政治工作的意见

文物革发〔2021〕25号

各省(自治区、直辖市)教育厅(教委)、文物局(文化和旅游厅/局),新疆生产建设兵团教育局、文物局,部直属高等学校、部省合建各高等学校,教育部各司局、各直属单位,国家文物局各司室、各直属单位,各有关单位:

革命文物承载党和人民英勇奋斗的光荣历史,记载中国革命的伟大历程和感人事迹,是党和国家的宝贵财富,是弘扬革命传统和革命文化、加强社会主义精神文明建设、激发爱国热情、振奋民族精神的生动教材,对培根铸魂、协同育人作用特殊,对加强和改进新时代高校思想政治工作意义重大。为用好红色资源，赓续红色血脉，不断开创新时代高校思想政治工作新格局，培养担当民族复兴大任的社会主义建设者和接班人，现提出如下意见。

一、总体要求

（一）指导思想。以习近平新时代中国特色社会主义思想为指导，深入贯彻习近平总书记关于高校思想政治工作和革命文物工作重要论述精神，增强"四个意识"、坚定"四个自信"、做到"两个维护"，以立德树人为根本，以理想信念教育为核心，以社会主义核心价值观为引领，以全面提高人才培养能力为关键，发挥好革命文物资源在党史学习教育、革命传统教育、爱国主义教育及高校思想政治工作中的独特作用，激发广大高校师生的精神力量，信心百倍为全面建设社会主义现代化国家、实现中华民族伟大复兴中国梦而奋斗。

（二）工作原则。

坚持政治引领，加强党的全面领导，牢牢把握革命文物资源与高校思想政治工作相结合的领导权和主动权，推进革命文物资源深度融入高校思想政治教育、日常教育体系、师德师风建设和校园文化塑造。

坚持传史育人，遵循高校思想政治工作、教书育人和学生成长规律，依托革命文物资源优化内容供给、改进工作方法、创新工作载体，讲好党的故事、革命的故事、英雄的故事，推进党史学习教育、"四史"宣传教育在高校广泛覆盖、落地生根。

坚持守正创新，把握高校师生的思想特点和发展需求，有效推进革命文物资源与高校思想政治工作相结合的理念创新、手段创新、基层工作创新，不断增强高校思想政治工作的感染力、说服力、吸引力，让红色基因、革命薪火代代相传。

二、主要任务

（三）全面推动革命文物资源融入高校思想政治工作体系。各级教育主管部门、高校要会同各级文物主管部门、革命博物馆纪念馆、革命旧址保护管理机构（以下简称"革命场馆"），以中国共产党领导中国人民实现中华民族伟大复兴中国梦的奋斗历程为主线，充实高校思政课程内容，完善高校思政教学设计，梳理革命文物资源蕴含的思想政治教育元素和所承载的思想政治教育功能，推进高校课程思政建设。编写适合高校的读本读物，研发高校多媒体资源包，开展体验式、情境式、分享式、研讨式思政课程教学。各级文物主管部门、革命场馆要积极建设基于革命文物资源的数字化、可视化、互动化、智能化高校思政教室。

（四）联合开展革命文物学术研究。各级教育、文物主管部门要支持高校发挥学科优势和智力优势，推进革命文物理论体系和教学体系建设，围绕革命文物保护、管理、运用开展跨学科的理论研究和教学研究。支持革命场馆与高校共建协同研究中心、特色新型智库，聚焦一批重大课题开展联合攻关，形成一批高水平的理论成果和教学成果。教育部对运用革命文物资源开展高校思想政治工作并取得成果的高校专职人员，择优纳入"高校思想政治工作中青年骨干队伍建设项目"支持计划。各级教育主管部门应在哲学社会科学各级科研项目中，鼓励支持革命文物资源与高校思政工作相融合的课题研究。

（五）系统构建馆校全方位实践育人共同体。各级教育、文物主管部门要指导支持高校与革命场馆共建实践育人共同体，推进高校课堂教学与实践教学深度融通，教育部、国家文物局分批培育革命场馆建设全国实践育人创新创业基地。组织研发"纪念馆里的思政课"，支持高校师生、社团结合重大事件、重大活动、重要节日和主题党团日走进革命场馆，开展现场教学、主题活动、志愿服务、实习实践、研学旅行。各级文物主管部门、革命场馆要深化大学生志愿服务活动，培养高层次志愿讲解队伍，并创造条件为大学生提供更多对口实习实践岗位。高校应将大学生参加革命场馆志愿服务、实习实践计入实践总学分（学时）。依托部分省（区、市）教育主管部门和高校、革命场馆共同建设高校思政队伍培训研修中心，推动高校教师特别是思政课教师赴革命场馆培训研习、联合科研，参与革命文物主题展览和教育实践活动策划实施，教育部、国家文物局分批推介革命场馆纳入全国高校思想政治工作研修基地名单。

（六）充分运用革命文物资源丰富校园红色文化。高校博物馆、校史馆、档案馆和图书馆应依托自身革命文物资源，创新服务思政课程的工作载体，积极打造弘扬革命文化、传承红色基因的主题活动。革命场馆应加大革命文物资源信息开放力度，加强与高校的交流合作，共同策划举办走进高校、贴近师生的革命文物主题巡展、巡演、讲座，鼓励支持文物系统专家学者进校园、上课堂、做宣讲，积极服务高校思政课和日常教学工作。高校应结合所在地革命文物资源，组织举办革命故事演讲、红色研学旅行、革命文物文创设计活动，开展红色文艺作品展示、革命经典歌曲传唱、革命题材原创话剧展演，打造校园红色文化品牌项目，让广大师生感动感悟、共情共鸣。

（七）不断优化革命文物资源网络育人功能。各级教育、文物主管部门要引导支持高校师生参与革命场馆主题展览策划和社教活动的云直播、云展览、短视频录制，创作富有正能量、感染力、传播力的微视频、微电影、动漫、摄影等网络创新作品。依托全国大学生网络文化节、全国高校网络教育优秀作品推选展示活动，遴选推介一批与高校思政理论教学、实践教学及网络教学契合的革命文物主题展览、优秀案例、优秀微课、优秀新媒体作品等。鼓励高校将红色文化优秀作品成果纳入科研成果统计、列为教师职务职称评聘条件、作为师生评奖评优的依据。

（八）深入挖掘革命文物的丰富内涵和时代价值。各级教育、文物主管部门要指导支持高校加强对本校革命文物资源的梳理，深化对本校、本地区革命文物及红色校史资源的研究与阐释，挖掘革命文物资源蕴含的革命精神、思想内涵和时代价值，把革命文物资源禀赋创造性转化为高校思想政治教育教学的优质资源，推动党的创新理论和革命传统进教材进课堂进头脑，推进知校爱校荣校与知史爱党爱国爱社会主义相统一。

三、实施保障

（九）强化组织领导。各级教育、文物主管部门和高校、革命场馆要在各级党委和政府的坚强领导下，建立党委统一领导、党政齐抓共管、部门组织协调、各方积极参与的工作格局，把充分运用革命文物资源加强高校思想政治工作纳入重要议事日程、加大工作力度。高校应将此项工作纳入党委意识形态工作责任制考核、整体发展规划、学科规划和年度工作计划。

（十）强化工作协同。各级教育、文物主管部门要在规划编制、政策制定、工作实施、评估检查、人才培养、经费保障等方面加强统筹协调，集聚资源、形成合力，共同推进革命文物资源与高校思想政治工作的有机融合。高校、革命场馆应建立健全协同联动工作机制，促进资源共享、信息沟通，激活合作动力、释放工作效能。

（十一）强化政策衔接。各级教育主管部门要支持高校开展思政教育课程研发设计、教学活动组织实施、师资力量培训研修。各级文物主管部门要支持革命场馆多措并举服务高校思想政治工作合作需求，对高校组织实施的革命文物保护利用工程在项目立项和经费安排上予以支持。

（十二）强化考核评价。各级教育主管部门要将高校思想政治工作与革命文物资源融合程度作为高校思想政治教育文化建设评价、教学科研成果评选的内容。各级文物主管部门要将革命场馆服务高校思想政治工作纳入博物馆定级、运行评估、免费开放绩效考核质量评价体系。

教育部　国家文物局

2021年7月27日

文化和旅游部　中央宣传部　国家发展改革委 财政部　人力资源社会保障部　市场监管总局 国家文物局　国家知识产权局 关于印发《关于进一步推动文化文物单位 文化创意产品开发的若干措施》的通知

文旅资源发〔2021〕85号

各省、自治区、直辖市及计划单列市人民政府，新疆生产建设兵团，国务院有关部门：

　　《关于进一步推动文化文物单位文化创意产品开发的若干措施》已经国务院同意，现印发给你们，请认真贯彻执行。

文化和旅游部　中央宣传部　国家发展改革委

财政部　人力资源社会保障部　市场监管总局

国家文物局　国家知识产权局

2021年8月17日

关于进一步推动文化文物单位文化创意产品开发的若干措施

　　依托文化文物单位馆藏文化资源加强文化创意产品开发工作，有利于推动中华优秀传统文化创造性转化、创新性发展，有利于培育和弘扬社会主义核心价值观，有利于社会主义文化强国建设。《国务院办公厅转发文化部等部门关于推动文化文物单位文化创意产品开发若干意见的通知》（国办发〔2016〕36号）印发以来，文化文物单位按照要求推动文化创意产品开发，取得了一定成绩，但也面临试点政策落实没有完全到位、激励机制有待完善等问题。为深入贯彻落实习近平总书记关于繁荣发展文化事业和文化产业的重要指示精神，进一步推动文化文物单位文化创意产品开发，经国务院同意，提出以下工作措施。

一、把握正确导向

坚持以社会主义核心价值观为引领，保护传承弘扬中华优秀传统文化、革命文化和社会主义先进文化，深入挖掘文化文物资源的精神内涵，使文化创意产品成为广大人民群众感悟中华文化、增强文化自信的重要载体。坚持把社会效益放在首位、实现社会效益和经济效益相统一，鼓励开发兼具艺术性和实用性、适应现代生活需要、符合市场消费需求的文化创意产品。坚持文旅融合发展，以文塑旅、以旅彰文，促进文化创意产品消费。坚持保护为先，合理利用文化文物资源，避免过度商业化、娱乐化。革命历史类文化创意产品要以历史事实为基础，反对历史虚无主义。

二、推进先行先试

（一）落实试点政策。在坚持事企分开原则基础上，文化和旅游部、国家文物局确定或备案的试点单位可通过知识产权作价入股等方式投资设立从事文化创意产品开发的企业，并按要求将企业国有资本纳入党政机关、事业单位经营性国有资产集中统一监管体系。各地区、各有关部门要支持试点单位按照相关程序设立企业，鼓励多家试点单位联合与社会资本合作设立企业。各级文化和旅游、财政、人力资源社会保障、市场监管、文物等部门要加强跨部门协同，积极研究、推进解决试点单位投资设立企业过程中遇到的障碍和困难，推动构建科学有效的容错纠错机制，鼓励试点单位积极作为、先行先试。

（二）创新开发方式。鼓励试点单位结合自身情况，采取合作、授权等方式，引入竞争机制，吸引社会力量参与文化创意产品研发、生产、经营等。推动试点单位与文化创意设计机构、科研单位、高等院校等开展合作，支持试点单位与职业学校合作建立实训基地，提升文化创意产品开发经营水平。试点单位要加强对文化创意产品开发经营的管理，慎重选择合作单位，积极稳妥推进工作。

（三）优化试点管理。建立试点单位文化创意产品开发工作成效评估机制，定期公布评估结果，并根据评估结果对试点单位实行"有进有出"的动态管理。在评估基础上，适时、有序将试点范围扩大至馆藏资源较为丰富、管理制度较为完备的地市级以上博物馆、美术馆、图书馆、文化馆。

三、健全收入分配机制

（一）规范收入管理。按照事业单位相关财务规定，文化文物单位文化创意产品开发取得的事业收入、经营收入和其他收入等纳入本单位预算统一管理。鼓励各地区出台实施细则，确保文化文物单位文化创意产品开发收入用于加强公益文化服务、藏品征集、继续投入文化创意产品开发等，内部分配时向作出突出贡献的人员予以倾斜。

（二）合理确定绩效工资总量。贯彻执行事业单位工作人员收入分配有关制度，推动将文化文物单位绩效工资总量核定与文化创意产品开发业绩挂钩，合理确定绩效工资总量。文化和旅游、文物行政部门会同财政、人力资源社会保障等部门，组织对本级试点单位上一年度文化创意产品开发情况进行评估，评估结果要作为核定试点单位绩效工资总量的重要依据。

（三）落实奖励措施。落实事业单位工作人员奖励有关规定，按照奖励范围、条件、种类、比例（名额）、程序和纪律要求，对符合奖励条件的文化创意产品开发、经营管理人员进行奖励。充分发挥奖励制度的正向激励作用，合理运用一次性奖金等方式，着力调动文化文物单位文化创意产品开发经营人员的积极性和创造性。经批准发放的奖励不计入所在单位绩效工资总量。

四、用好税收优惠政策

积极引导符合条件的相关企业用足用好支持科技创新、改制重组和小微企业普惠性税收减免等优惠政策。对经认定为高新技术企业的文化创意和设计服务企业，按规定减按15%的税率征收企业所得税。落实研究开发费用税前加计扣除有关政策，企业为获得创新性、创意性、突破性产品进行创意设计活动而发生的相关费用，可按照规定进行税前加计扣除。落实事业单位转制为企业有关税收政策，经营性文化事业单位转制为企业，符合条件的自转制注册之日起五年内免征企业所得税。

五、增强文化创意产品开发主体活力

（一）加强市场主体培育扶持。建立完善全国文化和旅游创意产品开发信息名录，为创意设计机构、制造类企业、金融投资机构、渠道平台类企业等畅通信息渠道，培育一批文化创意产品开发示范单位。鼓励各级各类博物馆、美术馆、图书馆、文化馆、群众艺术馆、纪念馆、科技馆、非物质文化遗产保护中心、艺术院团及其他文化文物单位开展文化创意产品开发。

（二）搭建展示推广和交易平台。制定文化文物资源数据化采集行业标准，推动文化文物单位数据资源互联互通。支持文化创意产品开发行业组织发展，促进市场主体资源共享、渠道共用，联合打造具有社会影响力的文化创意产品品牌体系。充分利用各类行业展会、商品博览会等平台，展示推介优秀文化创意产品。鼓励搭建面向全社会的产品开发、营销推广、版权交易等平台，营造开放公平的市场环境。支持文化文物单位通过在电子商务平台开办旗舰店、进行网络直播等形式开展优秀文化创意产品营销。

（三）提升文化创意产品开发科技应用水平。坚持创新驱动，鼓励开发数字文化创意产品。培育一批创新型装备研发和生产服务企业，加强文化创意内容和技术装备协同创新。加强大数据、物联网、人工智能等技术在文化创意产品开发领域的应用，促进创新链和产业链紧密衔接。支持文化文物单位创新利用虚拟现实、增强现实、全息成像、裸眼三维图形显示（裸眼3D）、交互娱乐引擎开发、文化资源数字化处理、互动影视等技术，增强文化创意产品的文化承载力、展现力和传播力。

（四）推动旅游商品提质升级。坚持问题导向，实施旅游商品创意提升行动，依托文化、提升品质、引导消费。推动将旅游商品质量保障、文化特色等要求纳入高等级旅游景区、旅游度假区评定标准内容和乡村旅游重点村镇等遴选条件。深入推进"创意进景区""创意下乡"工作，以创意设计提升旅游商品价值。鼓励开展品牌化经营，培育一批品质过硬、设计精良、市场认可的旅游商品自主品牌，加强金融、人才、宣传等政策扶持。组织开展全国文化和旅游创意产品推进活动，集中展示、宣传推介优秀旅游商品和品牌，对接市场需求，促进旅游消费提质升级。

六、提升知识产权评估管理水平

文化文物单位对用于投资设立文化创意产品开发企业、对外授权合作开发文化创意产品的知识产权要进行专门评估、规范管理，原则上应由第三方专业资产评估机构进行评估，合理确定知识产权价值。文化文物单位要做好知识产权登记管理相关工作，根据实际情况制定知识产权授权费用标准，在文化创意产品开发合作项目中进行合理协商议价。鼓励文化文物单位采用公开招标方式确定合作方。

各地区、各有关部门要高度重视文化文物单位文化创意产品开发工作，加强组织领导，完善工作机制，明确责任分工，健全评估体系，结合实际进一步完善出台支持文化文物单位文化创意产品开发的配套政策举措，扎实推动各项工作落实。

人力资源社会保障部办公厅
国家文物局办公室关于颁布文物修复师
国家职业技能标准的通知

人社厅发〔2021〕73号

各省、自治区、直辖市及新疆生产建设兵团人力资源社会保障厅（局）、文物局（文化和旅游厅/局）：

根据《中华人民共和国劳动法》有关规定，人力资源社会保障部、国家文物局共同制定了文物修复师国家职业技能标准，现予颁布施行。

附件：文物修复师国家职业技能标准目录

人力资源社会保障部办公厅　国家文物局办公室
2021年9月30日

附件

文物修复师国家职业技能标准目录

序号	职业编码	职业名称
1	4-13-03-02	文物修复师

注：该职业技能标准内容可在人力资源社会保障部官网查询。

文化和旅游部 国家文物局关于深入学习贯彻习近平总书记致仰韶文化发现和中国现代考古学诞生100周年贺信的通知

文物政发〔2021〕31号

各省、自治区、直辖市文化和旅游厅（局）、文物局，新疆生产建设兵团文化体育广电和旅游局、文物局，各计划单列市文化和旅游行政部门、文物局：

2021年10月17日，在仰韶文化发现和中国现代考古学诞生100周年之际，习近平总书记致信祝贺，充分肯定100年来我国考古工作取得的重大成就、发挥的重要作用，对努力建设中国特色、中国风格、中国气派的考古学提出明确要求。为学习贯彻好习近平总书记贺信精神，现将有关工作通知如下：

一、深入学习领会习近平总书记贺信和关于考古工作重要论述精神。深入贯彻习近平总书记在中央政治局第二十三次集体学习时关于考古工作重要讲话精神，全面落实习近平总书记关于文物工作重要指示批示精神，坚持学深悟透、融会贯通。要充分认识我国考古成果展现中华文明起源、发展脉络、灿烂成就和对世界文明的重大贡献。要系统思考考古工作对更好认识源远流长、博大精深的中华文明发挥的重要作用。要切实增强做好新时代考古工作的历史使命感和责任感，以科学可信的考古研究成果，塑造全民族历史认知、构建各民族共有精神家园，为中华民族伟大复兴提供深厚滋养。

二、加强考古工作。坚持以马克思主义立场观点方法研究考古和历史问题。继续探索未知、揭示本源，深化中华文明探源工程，推进"考古中国"重大项目，深入开展考古调查，提高考古工作规划水平，系统确定考古发掘重点，科学阐释中国境内人类起源、文明起源、中华文明形成、统一多民族国家建立和发展、中华文明在世界文明史中的重要地位等关键问题，揭示中华文明历史文化价值和核心特质。要落实"先考古、后出让"的制度措施，对可能存在历史文化遗存的土地，在依法完成考古调查、勘探、发掘前不得使用。加强现代科学技术在考古中的应用，推进多学科多领域协同合作与联合攻关，努力打造一批考古学研究高地。发展中国考古学理论及方法，形成考古学中国标准，积极构建中国特色考古学学科体系、学术体系、话语体系。

三、加强考古成果传播利用。加快推进重要考古资料整理研究，挖掘展示考古成果蕴含的中国文化基因、呈现的中华文明脉络、反映的中华文明成就。全方位加强宣传传播，及时发布重大考古发现，推介反映中华文明多元一体的重要考古成果，更好展示中华文明风采，弘扬中华优秀传统文化，坚定文化自信。深化文物国际交流传播，创新讲好中国文物故事，生动展现中华文明的灿烂成就和对人类文明的重大贡献，为促进文明交流互鉴、践行人类命运共同体理念发挥重要作用。

四、加强考古人才队伍建设。加强机构建设、落实人员编制，壮大文物考古队伍，提高能力建设。建立跨学科人才队伍，重点培养高水平考古研究人才、科技人才、职业技能人才。发扬严谨求实、艰苦奋斗、敬业奉献的优良传统，打造具有深厚爱国情怀、坚定学术志向、顽强工作作风的考古队伍。依靠各级党委政府，关心爱护考古工作者，为考古工作创造良好工作环境，吸引更多人才特别是年轻人投身考古事业。

各地文化和旅游、文物主管部门要主动向地方党委政府报告学习贯彻习近平总书记贺信精神情况，积极争取人力、物力、财力等方面的支持，将习近平总书记重要指示批示精神落到实处，推动新时代考古工作不断迈上新台阶。有关重要进展情况及时报告文化和旅游部、国家文物局。

特此通知。

文化和旅游部　国家文物局

2021年10月22日

住房和城乡建设部　国家文物局关于加强国家历史文化名城保护专项评估工作的通知

建科〔2021〕83号

各省（自治区）住房和城乡建设厅、文物局（文化和旅游厅/局），海南省自然资源和规划厅，直辖市规划和自然资源委（局）、住房和城乡建设（管）委、文物局，新疆生产建设兵团住房和城乡建设局、文物局：

为进一步加强国家历史文化名城（以下简称名城）保护专项评估工作，现就有关事项通知如下：

一、总体要求

贯彻落实中共中央办公厅、国务院办公厅印发的《关于在城乡建设中加强历史文化保护传承的意见》精神，依据文物保护、历史文化名城名镇名村保护等法律法规和部门规章，坚持目标导向、问题导向和结果导向，全面准确评估名城保护工作情况、保护对象的保护状况，及时发现和解决历史文化遗产屡遭破坏、拆除等突出问题，充分运用评估成果，推进落实保护责任，推动经验推广、问责问效、问题整改，切实提高名城保护能力和水平。

二、评估内容

（一）历史文化资源调查评估和认定情况。对各时期历史文化资源开展普查、调查和评估，推进空间全覆盖、要素全囊括等情况。名城内的名镇、名村（传统村落）、街区和历史地段、历史建筑等认定公布、设立标志牌、开展数字化信息采集和测绘建档，推进应保尽保、应挂尽挂等情况；文物保护单位核定公布情况，尚未核定公布为文物保护单位的不可移动文物登记公布、挂牌保护、建立并动态更新记录档案情况，地下文物埋藏区划定情况；工业遗产、农业文化遗产、灌溉工程遗产、非物质文化遗产、地名文化遗产等认定公布情况。

（二）保护管理责任落实情况。名城保护管理地方性法规、管理规定和保护规则、技术标准等制定和执行情况。名城保护日常巡查管理制度建立和执行情况。名城、名镇、名村、街区等相关保护规划编制审批备案情况，保护名录建立、各类保护对象的保护范围和必要的建设控制地带划定，以及保护要求落实、保护责任划分等情况。

文物具体保护措施依法公告施行并纳入相关规划情况；文物保护单位"四有"工作完成及动态更新情况，文物保护单位保护规划和市（县）域文物保护专项规划编制、审批、公布和实施情况；市域范围内，特别是历史城区考古工作开展情况，以及基本建设工程考古前置制度的落实情况。

（三）保护利用工作成效。历史建筑保护利用情况，包括留而不修、修后未用等空置状况。具有保护价值的老建筑、古民居加固修缮、消除安全隐患、活化利用等情况。历史文化街区和历史地段的保护修缮进展以及环境整治、公共服务设施提升、基础设施改造等情况。城镇格局、自然景观、人文环境和非物质文化遗产等保护情况，包括历史风貌破坏问题及整改情况。

文物本体保存状况，文物保护单位保护范围和建设控制地带内影响文物保护单位安全及其环境的活动情况，以及已有的污染文物保护单位及其环境的设施情况；文物保护修缮工程（含安防消防防雷）情况；尚未核定公布为文物保护单位的不可移动文物日常保养情况；文物安全责任落实和安全管理情况；文物使用和开放利用的整体情况，文物对公众开放及开放状态情况。

三、评估组织

（一）年度自评估。自2022年开始，各名城每年应开展一次自评估工作，对历史文化保护工作情况进行总结，实事求是梳理经验、查找问题，形成数据翔实、直面问题的年度自评估报告，并附相关证明材料。自评估报告应于每年12月底前报送省级住房和城乡建设（名城保护）、文物部门，北京、上海、天津、重庆4市的自评估报告报送住房和城乡建设部、国家文物局。

（二）定期评估。住房和城乡建设部、国家文物局每五年组织第三方机构对所有名城开展全覆盖调研评估，全面了解制度政策落实、保护工作成效、典型经验做法、存在问题等情况。各省级住房和城乡建设（名城保护）部门应会同文物部门结合名城自评估工作，每年对本省（自治区）所有名城开展一轮评估，形成省级评估报告。省级评估报告应提出名城保护的基本情况、主要经验和问题清单。省级评估情况应及时报送住房和城乡建设部、国家文物局。

（三）重点评估。对特定区域、流域的名城保护情况，名城内特定时期历史文化资源保护工作开展情况，或者问题频发的名城保护管理情况，住房和城乡建设部、国家文物局以及相关省级住房和城乡建设（名城保护）部门、文物部门，及时组织开展重点评估。

四、成果运用

（一）总结推广经验。对专项评估发现的可复制、可推广的好经验、好案例、好做法，各省级住房和城乡建设（名城保护）部门、文物部门应采取调研、专家评价、群众满意度调查等方式进行核实评估，予以肯定并宣传推广；对保护工作成效显著、群众普遍反映良好的名城，住房和城乡建设部将会同国家文物局进行通报表扬。对在保护工作中作出突出贡献的组织和个人，可报请有关部门按照相关规定给予表彰、奖励。

（二）开展处罚问责。对专项评估或群众举报发现突出问题的名城，住房和城乡建设部将会同国家文物局约谈名城所在地方人民政府。对问题严重的名城，住房和城乡建设部将会同国家文物局在进行必要复核论证的基础上，根据相关法律法规和部门规章，对照《国家历史文化名城保护不力处理标准（试行）》（详见附件），按规定要求和程序作出处理。需通报批评的，由住房和城乡建设部会同国家文物局给予通报批评；需列入濒危名单或撤销其名城称号的，由住房和城乡建设部会同国家文物局报请国务院将其列入濒危名单或撤销其名城称号。各省级住房和城乡建设（名城保护）部门、文物部门应积极配合纪检监察、检察机关对负有责任的领导干部依规依纪依法作出处理。

（三）推进问题整改。对专项评估发现的问题，相关名城应制定整改方案，及时进行整改。整改方案要具有针对性，明确时间表、路线图、责任人。省级住房和城乡建设（名城保护）部门应会同文物部门对整改工作进行跟踪督导，特别是督促被约谈和处理的名城所在地方人民政府做好后续整改落实工作，并根据评估结果，指导各地统筹谋划名城保护中长期工作安排，及时修订名城保护管理规定，修编保护规划，按要求向住房和城乡建设部、国家文物局报告整改落实情况。

五、工作保障

（一）加强组织领导。各省级住房和城乡建设（名城保护）部门应会同文物部门认真抓好本省（自治区、直辖市）名城专项评估工作的组织实施，推动实现名城保护评估工作常态化、制度化。名城所在市（县）应依法落实保护工作属地责任，发挥组织领导和综合协调作用，加强工作保障，做好宣传引导。

（二）创新技术手段。各地应积极采用云计算、大数据、"互联网+"等新信息技术手段，加强对名城工作的动态管理，提高名城评估的效率和质量。鼓励有条件的地区结合专项评估工作需要，推动历史文化保护数据库、中华文化数据库建设，并做好与城市信息模型（CIM）基础平台和城市体检评估信息平台的衔接。

（三）鼓励公众参与。各地在名城评估工作中，要深入社区、街区调研，加强与群众沟通，广泛征求和听取专家学者、社会团体的意见。鼓励各地专业机构和专业人士参与名城评估工作。加强舆情监测，及时解决在历史文化保护中社会关注的热点问题以及群众集中反映的突出问题。

省级历史文化名城保护专项评估工作可参照本通知执行。

附件：国家历史文化名城保护不力处理标准（试行）

住房和城乡建设部　国家文物局
2021年11月16日

附件

国家历史文化名城保护不力处理标准（试行）

依据《中华人民共和国文物保护法》《历史文化名城名镇名村保护条例》及中共中央办公厅、国务院办公厅印发的《关于在城乡建设中加强历史文化保护传承的意见》等相关法律法规规章文件，制定本标准。

一、存在以下情形之一的，可进行通报批评

（一）对党中央、国务院关于历史文化名城保护和文物保护利用重大决策部署落实不力的。

（二）未按规定认定公布历史文化名镇、名村（传统村落）、街区和历史地段、历史建筑等，或者未按规定核定或登记公布不可移动文物，并且达到一定数量的；或者未能依法依规落实上述保护对象各项保护要求和措施的。

（三）保护历史文化名城以及名城内的名镇、名村（传统村落）、街区和历史地段、不可移动文物、历史建筑及相关城镇格局、自然景观、人文环境和非物质文化遗产不力的。

（四）历史文化街区、历史地段及不可移动文物、历史建筑长期缺乏修缮、存在安全隐患，或者相关基础设施和公共服务设施不完善，建设工程没有处理好与历史建筑的关系，群众反映强烈甚至造成恶劣社会影响的。

（五）发生重大文物违法行为、重大文物安全事故，或者连续多次发生文物违法行为，或者对文物违法问题和安全事故隐瞒不报、迟报谎报、查处不力的。

（六）未按要求制定出台、执行落实历史文化名城、名镇、名村、街区和文物保护的相关管理规定、保护规划、技术导则，造成保护对象严重破坏的。

（七）被住房和城乡建设部、国家文物局约谈后，仍未及时进行整改，或者整改不力，或者持续发生破坏行为的。

（八）出现其他严重违法违规行为的。

二、存在以下情形之一的，可列入濒危名单

（一）历史城区的传统格局、历史风貌、空间尺度及其相互依存的地形地貌、河湖水系等自然景观和环境遭受新的破坏，被破坏的范围累计达到历史城区范围20%以上，或者成片拆除反映传统格局和历史风貌区域的用地面积达1公顷以上，或者其他破坏行为导致名城历史文化价值受到严重影响，社会影响恶劣、群众反映强烈的。

（二）历史文化街区的历史肌理、历史街巷、空间尺度和景观环境遭受破坏，被破坏的范围达到历史文化街区核心保护范围20%以上，或者拆除后，历史文化街区核心保护范围面积小于1公顷的，或者长期不进行保护修缮，社会影响恶劣、群众反映强烈的。

（三）因保护不力造成省级以上文物保护单位灭失，影响名城重大历史价值或者革命纪念意义的。

（四）违法违规撤销、损坏或者擅自迁移、拆除不可移动文物、历史建筑，造成恶劣社会影响、群众反映强烈的。

（五）被2次通报批评后，整改不到位，或者未开展整改工作，或者仍然出现破坏行为的。

三、存在以下情形之一的，可撤销其名城称号

（一）历史文化名城的布局、环境、历史风貌等被严重破坏，历史文化价值严重受损，且已经无法挽回的。

（二）在历史文化街区大拆大建，核心保护范围内被成片拆除的用地面积达1公顷以上，或者保护不力、拆真建假，导致历史文化名城内已没有符合标准的历史文化街区的。

（三）因保护不力造成全国重点文物保护单位灭失，严重影响名城重大历史价值或者革命纪念意义，且社会影响极其恶劣，群众反映十分强烈的。

（四）历史建筑、不可移动文物遭到大规模拆除的。

（五）列入濒危名单后没有按期限要求进行整改，或整改后仍达不到预期效果，且拒绝继续整改的。

应急管理部　国家文物局关于印发文物建筑和博物馆火灾风险防范指南及检查指引（试行）的通知

应急〔2021〕90号

各省、自治区、直辖市应急管理厅（局）、文物局（文化和旅游厅/局）、消防救援总队，新疆生产建设兵团应急管理局、文物局：

为深入贯彻习近平总书记关于安全生产重要论述，全面加强文物建筑和博物馆火灾防范工作，应急管理部、国家文物局研究制定了《文物建筑火灾风险防范指南（试行）》《文物建筑火灾风险检查指引（试行）》和《博物馆火灾风险防范指南（试行）》《博物馆火灾风险检查指引（试行）》。现印发给你们，请结合实际认真贯彻落实，广泛开展宣传培训，督促指导文物建筑和博物馆管理使用单位遵照执行。

附件：1. 文物建筑火灾风险防范指南（试行）
　　　2. 文物建筑火灾风险检查指引（试行）
　　　3. 博物馆火灾风险防范指南（试行）
　　　4. 博物馆火灾风险检查指引（试行）

应急管理部　国家文物局
2021年11月23日

附件1

文物建筑火灾风险防范指南（试行）

文物建筑是指核定公布为文物保护单位、登记公布为不可移动文物的古建筑和近现代代表性建筑等建筑物或构筑物。文物建筑主要火灾风险如下：

一、起火风险

（一）明火源风险

1. 焚香、觐香、油灯、烛火区周边堆放杂物，与其他可燃物或区域未做有效分隔，无专人看管。

2. 在非指定安全区域内烧纸、焚香、使用燃灯等，使用电子香烛未落实安全管控措施。

3. 文物建筑内违规吸烟，违规使用明火，违规储存、使用易燃易爆危险品。

4. 文物建筑内违规采用炭火取暖，采用燃气锅炉取暖未落实安全防护措施。

5. 违规进行电焊、气焊、切割等明火作业。

6. 文物建筑周边违规销售、储存、燃放烟花爆竹和孔明灯等。

（二）电气火灾风险

1. 在配电间内堆放杂物，配电箱未与可燃物保持安全距离；电气线路敷设不符合要求，电气线路老化、绝缘层破损、线路受潮；使用铜线、铝线代替保险丝。

2. 文物建筑内电气线路未穿管保护；电气线路型号与负载功率不匹配、连接不可靠；电气线路、电源插座、开关安装敷设在可燃材料上或未与窗帘、垂幔等可燃物保持安全距离；线路与插座、开关连接处松动，插头与插套接触松动。

3. 选用不符合国家标准、行业标准的电器产品以及电气线路。

4. 文物建筑内违规采用电暖气、电热毯取暖。

5. 文物建筑内制冷、除湿、加湿装置长时间通电，未落实安全防护措施。

6. 临时加装的照明灯具、LED显示屏、灯箱、用电设备超出线路荷载。展示柜内的照明未采用非低发热光源。

7. 未按要求安装防雷设施，防雷设施未定期检测维护并确保完好有效。

8. 电动自行车、电瓶车、电动平衡车等使用蓄电池的交通工具违规在文物建筑内停放、充电，工作人员将蓄电池带至文物建筑内充电。电动汽车停放、充电未与文物建筑保持安全距离。

（三）使用可燃物风险

1. 采用聚氨酯、聚苯乙烯、海绵、毛毯、木板等易燃可燃材料装饰装修。

2. 文物建筑保护范围内违规搭建易燃可燃夹芯材料彩钢板房；临时演出、大型活动舞台等违规采用易燃可燃材料搭建。

3. 文物建筑内使用的经幡、帐幔、伞盖、地毯、锦绣等可燃织物未与明火源及电气线路、电器产品保持安全距离。

4. 用于文物修复保护的各类油品、油漆、稀料等易燃化学品未按要求储存使用。

（四）其他起火风险

部分文物建筑长期作为民居、粮仓、教室、办公场所等用途或者被开发为旅馆、饭店、作坊等生产经营性场所，用火用油用气用电等未严格落实文物建筑相关消防安全管理要求。

二、火灾蔓延扩大风险

（一）文物建筑原有防火分隔措施被破坏，与其他毗邻建筑防火间距被占用。

（二）地处森林、郊野的文物建筑周边未开辟防火隔离带。

（三）文物建筑管理使用单位未依法依规建立专职消防队或志愿消防队（微型消防站），未与附近消防力量建立联动机制。

（四）文物建筑内消防设施运行不正常，发生火灾后不能早期预警、快速处置；值班人员对消防设施器材操作不熟悉。

（五）未设置消防车通道，现有消防车通道上设置停车泊位、构筑物、固定隔离桩等障碍物，影响灭火救援。

（六）未按照规范要求设置室外消火栓或消防水池等消防水源，未配备手抬泵等消防器材，未在周边水源设置取水设施，不能保证消防供水需要。

三、主要场所火灾风险

（一）宗教活动场所焚香、觐香区域

1. 焚香、觐香区域周边未设置灭火器、水缸、水桶、沙土等器材以备灭火。

2. 现场无专人看护，焚香、觐香结束后未及时消除火源。

3. 未针对大风天气明确禁止焚香、觐香。

4. 周边堆放易燃可燃物。

（二）大殿、偏殿等主要建筑

1. 道观、庙堂、大殿内使用的经幡、帐幔、伞盖、地毯、锦绣等可燃织物未与明火源及电气线路、用电设备保持安全距离。

2. 照明、展览背景灯长时间通电和超年限使用。

3. 未在大殿内方便取用的位置按组配备灭火器。

4. 藏经楼、文物仓库等物品堆放不符合安全要求。

（三）民居建筑厨房

1. 厨房操作间与其他部位未进行有效的防火分隔。

2. 使用管道燃气的，燃气管线、连接软管、灶具等老化、超出使用年限，未按照规范要求设置燃气报警和紧急切断装置；使用瓶装液化石油气的，钢瓶未安全存放或钢瓶存放量过多。

3. 油烟管道未按照要求及时清理。

4. 厨房未按标准配备消防设施和器材。

（四）文物建筑单位内宿舍

1. 宿舍疏散通道、安全出口数量不足或锁闭、堵塞、占用。

2. 工作人员、僧人、居士在宿舍内违规使用明火；违规使用大功率电器；违规停放电动自行车及充电；私拉乱接电气线路。

3. 新建设的宿舍未按照标准配备消防设施器材。

4. 宿舍外窗设置铁栅栏等影响疏散逃生的障碍物。

5. 使用可燃夹芯泡沫彩钢板搭建宿舍，宿舍内使用易燃可燃材料进行分隔、装饰。

（五）举办大型活动现场

1. 文物建筑保护范围内举办祭祀、庙会、游园、展览、纪念日等大型活动时或节假日旅游高峰期，未按照要求制订专门的应急疏散预案，未实行限流措施，人员流动超出最大承载人数。

2．举办大型活动现场布置施工违规使用大功率用电设备，临时加装的亮化灯具、LED屏幕、灯箱等用电设备超出线路荷载，电气线路敷设、连接不规范，活动结束未及时断电等。

（六）文物保护工程施工现场

1．违规进行电焊、气焊、切割等明火作业。

2．进行明火作业未落实有效防火措施。

附件2

文物建筑火灾风险检查指引（试行）

文物建筑是指核定公布为文物保护单位、登记公布为不可移动文物的古建筑和近现代代表性建筑等建筑物或构筑物。文物建筑火灾风险检查指引如下：

一、检查消防安全管理

（一）资料档案抽查重点

1．消防安全责任人、管理人及其消防安全职责是否明确，文物建筑的使用单位或者承包、租赁、委托经营单位消防安全责任是否明确，逐级和岗位消防安全责任制是否建立。

2．消防安全管理制度是否健全，消防工作档案是否齐全，火灾风险隐患自知自查自改以及承诺公示制度是否建立。

3．作为宗教活动场所使用的文物建筑的各有关部门单位的消防管理责任是否明晰，是否建立消防安全联合管理机制，各环节消防管理责任是否做到全面落实。

4．各类消防检查、隐患整改、奖惩记录是否齐全，是否明确重点部位并实行严格管理。火灾隐患整改记录是否"闭环"，有关责任人是否签字确认。

5．工作人员、宗教活动人员消防安全培训制度是否建立，是否开展经常性教育培训。

6．是否组织制定符合本单位实际的灭火和应急疏散预案，是否每半年至少开展一次演练。在宗教活动、民俗活动等人员集中的重点时段，是否结合实际制定专门预案。

7．消防控制室值班人员、电工是否取得相应职业资格证书。消防设施的维护保养、检测是否由具备从业条件的机构和执业人员实施。

（二）现场实体抽查重点

1．询问消防安全责任人、管理人是否知晓自身消防安全职责，是否掌握本单位主要火灾风险以及文物建筑毗邻区域和保护范围内相关火灾风险。

2．询问重点部位负责人是否掌握相应场所建筑消防安全管理的要求。查看施工现场管理制度是否落实，是否落实现场看护措施。

3．询问工作人员、宗教活动人员等是否掌握本场所、本岗位火灾风险和消防安全常识。

4．抽查是否违规搭建临时建筑或堆放可燃物品占用防火间距、私搭乱接电气线路等问题。

二、检查火灾危险源

（一）用火用油用气

1．资料档案抽查重点

（1）用火用油用气安全管理制度是否制定并落实。

（2）查看燃气用具的安装、使用及其管路的设计、敷设、检测维保是否由具备资质的机构实施。

2．现场实体抽查重点

（1）用于宗教活动场所或者民居类文物建筑等是否落实严格控制用火要求，确需使用明火时，是否加强火源管理，采取有效防护措施，并由专人看管。作为宗教活动场所使用的文物建筑是否在指定区域内燃灯、烧纸、焚香，长明灯、蜡烛是否设置由不燃材料制成的固定灯座、灯罩和烛台等安全防护措施。

（2）非宗教活动场所的文物建筑内是否存在违规燃灯、烧纸、焚香等使用明火行为。

（3）对参观游览人员携带火种及违规吸烟等行为的检查和监管措施是否落实。

（4）文物建筑内是否违规采用炭火取暖，采用燃气锅炉取暖是否落实安全防护措施。

（5）是否存在违规使用瓶装液化石油气、小型液化气炉、油气炉及其他甲、乙类液体燃料等问题。

（二）用电情况

1．资料档案抽查重点

（1）用电安全管理制度是否制定并落实。

（2）查看电气线路、防雷设施的设计、敷设、检测是否由具备资质的机构实施。

2．现场实体抽查重点

（1）询问电工是否会根据相关仪器仪表显示情况分析判断电气故障，是否知晓火灾时不应关闭消防电源。

（2）是否按要求安装使用漏电保护装置和电气火灾监控系统。

（3）使用漏电流模拟设备测试剩余电流探测器、漏电保护装置功能是否完好；使用红外测温仪抽测变压器、配电柜、配电箱、电气线路、插座插排等是否存在温度异常现象。

（4）文物建筑保护范围内是否违规设置架空电线；除展示照明和监测报警等用电外是否违规设置有其他用电行为；展示柜内的照明是否采用低发热光源；是否违规使用卤钨灯等高温照明灯具和电加热茶壶、电磁炉、热水器、微波炉、咖啡机、电饭煲等大功率电器。

（5）电气线路选型、断路器等是否与用电负荷相匹配；明敷电气线路是否穿管保护，是否存在线路老化、绝缘层破损、线路受潮、水浸等问题，是否存在过热、烧损、熔焊、电腐蚀等痕迹；电线接头是否采用接线端子等可靠连接，电气线路、开关、插座是否直接敷设安装在可燃材料上；防雷击保护装置是否完整有效，其配电线路接地线与防雷装置是否做可靠的等电位连接。

（6）配电箱接地措施是否完好，箱内线路敷设是否正确，线路孔洞是否进行防火封堵，周围是否堆放可燃物。

（7）文物建筑内是否违规采用电暖气、电热毯取暖；文物建筑内制冷、除湿、加湿装置长时间通电，是否落实安全检查措施。

（8）电动自行车、电瓶车、电动平衡车等使用蓄电池的交通工具是否违规在文物建筑内停放、充电，工作人员是否违规将蓄电池带至文物建筑内充电。电动汽车停放、充电是否与文物建筑保持安全距离。

三、检查重点场所及部位

（一）大殿、偏殿等建筑

1．是否违规燃灯、烧纸、焚香、点蜡。

2．照明、背景灯具设置及电气线路敷设情况是否符合要求。

3．抽查是否设置明显的防火标志标识。太平池、消防水缸等辅助消防用水设施、容器储水情况是否正常。

4．检查殿内使用的经幡、帐幔、伞盖、地毯、锦绣等可燃织物是否与明火源及电气线路、电器产品保持安全距离。

（二）文物库房等仓库

1．查看仓库是否违规设置易燃可燃装饰物，是否私拉乱接电气线路，电气线路是否违规穿越或直接敷设在可燃材料上，是否采取穿管保护措施。配电箱是否在库房外单独安装，工作人员离开库房是否落实拉闸断电。

2．检查仓库是否违规使用电炉、电暖气等电加热器具；查看灯具是否安装防护罩。

3．核对仓库是否超过规定储量，是否违规存放易燃易爆物品。查看是否与其他场所进行混合设置，是否违规采用易燃彩钢板搭建仓储场所和临时用房。

（三）用于居住和商业活动的建筑

1．抽查是否违规设置经营性商铺、公共娱乐场所、人员居住场所，是否违规搭建临时经营摊位。

2．抽查照明灯具设置及电气线路敷设情况是否符合要求，是否违规使用电暖器、电熨斗、电热毯等大功率电器。

3．查看是否违规储存、使用易燃易爆物品。

（四）民居建筑厨房

1．检查厨房是否与其他区域采取防火分隔措施。

2．查看炉具是否定期检测和保养，燃气管道、法兰接头、仪表、阀门是否存在破损、泄漏和老化现象，液化石油气钢瓶是否安全存放或存放量过多。

3．检查燃气管线、连接软管、灶具是否老化、超出使用年限，是否设置燃气紧急切断装置。

4．核查排烟罩、油烟道是否定期清洗。

（五）建筑周边及室外

1．文物建筑之间及毗连建筑是否存在私搭乱建占用防火间距问题，是否违规搭建易燃可燃彩钢板建筑。

2．文物建筑保护范围内是否堆放柴草、木料等可燃易燃物。

3．建筑外墙的装饰灯具、电气线路是否出现老化现象。

4．地处森林、郊野的文物建筑周边是否开辟防火隔离带。

5．文物保护工程施工现场是否违规进行电焊、气焊、切割等明火作业，是否落实安全防护措施。

（六）消防设施

1．检查消防设施维保记录和检测报告，核对是否违规出具失实、虚假检测报告和维保记录。

2．检查测试消防设施是否完好有效，消防控制室是否落实两人值班及持证上岗制度。

3．检查是否设置消防车通道，现有消防车通道上是否设置停车泊位、构筑物、固定隔离桩等障碍物，影响灭火救援。

4．检查是否设置室外消火栓或消防水池等消防水源，是否配备手抬泵等消防器材，是否在周边水源设置取水设施。

四、检查应急处置能力

（一）微型消防站或专职消防队

1．是否依法建立专职或兼职消防队伍的，是否按照规范要求设置微型消防站。

2．查看专职消防队或志愿消防队（微型消防站）人员、器材装备配备是否符合要求，是否建立通信联络机制，通讯工具配备是否齐全。相关管理制度是否完善，是否按要求落实值班值守制度。

3．询问队员是否熟悉建筑结构、功能布局、场所性质、重点部位、消防设施、疏散通道等情况，能否熟练操作消防器材装备。

4．是否与辖区消防救援站建立联勤联动机制，是否结合实际制定灭火救援预案，是否定期开展联合演练。

（二）现场拉动测试

现场模拟火情并拉动演练，测试专职消防队或微型消防站是否能快速响应，是否建立高效的通讯联络机制，是否能快速反应组织扑救初起火灾；核查灭火救援预案是否符合实际，是否具有针对性和可操作性。

附件3

博物馆火灾风险防范指南（试行）

博物馆是指以教育、研究和欣赏为目的，收藏、保护并向公众展示人类活动和自然环境的见证物，经登记管理机关依法登记的非营利组织。设在文物建筑内的博物馆，还应符合国家文物建筑消防安全的有关规定。博物馆主要火灾风险如下：

一、起火风险

（一）明火源风险

1．博物馆内违规吸烟，违规使用明火，违规储存、使用易燃易爆危险品。

2．藏品技术区与研究用房中修复、实验、展品展具制作与维修等环节设置的明火设施管理不到位。

3．违规采用炭火取暖，采用燃气锅炉取暖未落实消防安全措施。

4．违规进行电焊、气焊、切割等明火作业。

5．厨房使用明火不慎、油锅过热起火；违规使用瓶装液化石油气及甲、乙类液体燃料。

6．用餐区域、开放式食品加工区违规使用明火。

（二）电气火灾风险

1．选用不符合国家标准、行业标准的电器产品以及电气线路；违规使用大功率用电设备以及白炽灯、卤钨灯、高压汞灯等高温照明灯具。

2．电气线路未正确选择导线类型、未穿管保护，敷设不符合规范要求，存在老化、绝缘层破损以及过热、锈蚀、烧损、电腐蚀等问题，配电线路未设置与电气设备匹配的短路、过载保护装置。

3．电气线路、配电箱、电源插座、电器开关、照明灯具直接敷设、安装在可燃材料上，或靠近可燃物时未采取防火隔热措施。

4．弱电井、强电井及吊顶内存在强、弱电线路交织敷设、共用配电箱等问题，电井内及配电装置周围存在可燃物。

5．临时布置的活动场所现场使用大功率用电设备，电气线路敷设、连接不规范。

6．馆内违规采用电暖气、电热毯取暖。

7．除必须持续通电的设备外，其他用电设备在闭馆后未采取断电措施。馆内制冷、除湿、加湿装置长时间通电，未落实消防安全措施。

8．电动自行车、电瓶车、电动平衡车等使用蓄电池的交通工具违规在博物馆内停放、充电，工作人员将蓄电池带至馆内充电。电动汽车停放、充电未与博物馆保持安全距离。

（三）可燃物风险

1．展品、藏品、商品在布展、撤展、存放、搬运时使用的箱、柜、架、盒及包装、填充所使用的纸张、棉花、木丝等可燃物未及时清理。

2．展馆内设置易燃可燃材料装饰，如易燃可燃物挂件、模型道具、装饰造型等。

3．建筑施工、修缮过程中使用油漆稀释剂等各种易燃危险品，未落实消防安全管理措施。

4．设置住宿、厨房等用房，增加火灾风险。

5．干枯杂草、树枝和灌木等大量易燃可燃物未及时清理。

二、火灾蔓延扩大风险

（一）现代建筑的博物馆

1．擅自改变防火防烟分区，防火门、防火窗、防火卷帘、挡烟垂壁等未保持完好有效。

2．柴油发电机房、空调机房、变配电室、锅炉房等重要设备用房防火分隔被破坏，管道井、电缆井、玻璃幕墙防火封堵不到位。

3．通风空调系统、防排烟系统管道上防火阀、排烟防火阀、排烟阀（口）未保持完好有效。

4．消防设施未按标准配置或未保持完好有效，消防车通道未保持畅通，防火间距被占用。

（二）文物建筑内的博物馆

1．宗教活动场所悬挂的绸缎、经幡、伞盖、帐幔等未经防火阻燃处理。

2．毗邻文物建筑设置办公场所、宿舍、食堂，违规搭建临时建筑、设置商业摊点等。

3．未按照规范要求设置消防车通道，现有消防车通道上设置停车泊位、构筑物、固定隔离桩等障碍物，影响灭火救援。

4．未按照规范要求设置室外消火栓或未设置消防水池等消防水源，未配备手抬泵等消防器材，未在周边水源设置取水设施，不能保证消防供水需要。

三、重点部位火灾风险

（一）陈列展览厅

1．采用易燃可燃装修装饰材料，破坏防火防烟分隔设施。

2．安防监控系统的电气线路敷设不规范。

3．用于宣传、展示的多媒体显示屏、电子沙盘模型等电器设备未采取有效的防火措施。

4．展柜内设置非低发热光源灯具，灯具线路未按照规范要求采取穿管保护措施，线路接头未使用接线盒等连接方式。展柜底部安装的用电设备电气线路敷设不符合规范要求。

5．新型高科技智能化展品安全性能不稳定，易产生故障引发火灾。

6．配电箱、照明灯具、用电设备的安装和使用不符合规范要求，电气线路敷设不符合规范要求。

7．展厅内游客参观时，局部区域滞留拥堵，影响人员安全疏散。

（二）影视厅及互动体验室

1．采用易燃可燃装修装饰材料，吊顶、墙面、地面、隔断、疏散门、座椅、幕布、装饰织物等燃烧性能不符合规范要求。

2．电气设备持续使用以及大型体验设备瞬时用电量大易造成过负荷等问题。

3．科普教育实验室违规存放易燃可燃化学试剂，违规进行实验操作。

（三）藏品库

1．藏品库内违规搭建阁楼、分隔小间，采用易燃彩钢板搭建仓库或其他临时用房。

2．库房与其他部位，未进行有效的防火分隔，未按照规范要求设置疏散门。

3．藏品库房未按要求设置相适应的自动灭火系统。

4．未按照藏品的火灾危险性进行分间存放，无法有效实施灭火。库房未在醒目处标明藏品性质和灭火方法。

5．藏品库内灯具未安装防护罩；违规设置移动式照明灯具，照明灯具垂直下方堆放可燃藏品，且未与可燃藏品保持安全距离；违规使用电炉、电加热器等器具。

（四）装裱及修复室

1．装裱室、修复室与其他场所未进行有效的防火分隔。

2．违规使用明火灶具熬制装裱浆糊等，熬浆、烘烤等设备与周围可燃物未保持安全距离。

3．用于文物修复的易燃可燃化学药品试剂未分类分区存放或超量存放，储存间和使用区域未安装通风设施。

4．熏蒸、清洗、干燥、修复、打磨等产生可燃气体或粉尘的区域未设置可燃气体及粉尘检测报警设施和泄压设施。

（五）档案资料室

1．档案资料室违规设置人员住宿、办公场所，与建筑内的其他功能区未进行有效防火分隔。

2．未按照标准配备消防设施器材。

3．未落实专人值班制度。

（六）厨房

1．厨房操作间与其他部位未采取防火分隔措施。

2．炉具未定期检测和保养，燃气管道、法兰接头、连接软管、仪表、阀门存在破损、泄漏和老化现象。

3．排油烟罩、油烟道未定期清洗，厨房未按要求设置可燃气体探测报警装置、燃气紧急切断装置和自动灭火系统。使用瓶装液化石油气的，钢瓶未安全存放或钢瓶存放量过多。

附件4

博物馆火灾风险检查指引（试行）

博物馆是指以教育、研究和欣赏为目的，收藏、保护并向公众展示人类活动和自然环境的见证物，经登记管理机关依法登记的非营利组织。设在文物建筑内的博物馆，还应符合国家文物建筑消防安全的有关规定。博物馆火灾风险检查指引如下：

一、检查消防安全管理

（一）资料档案抽查重点

1．消防安全责任人、管理人及其消防安全职责是否明确，是否逐级按岗位建立消防安全责任制。

2．消防安全管理制度是否健全，消防工作档案是否齐全，火灾风险隐患自知自查自改以及承诺公示制度是否建立。

3．消防巡查检查、隐患整改、奖惩情况的记录是否齐全，火灾隐患整改是否"闭环"，重点部位是否明确并实行严格管理。

4．工作人员消防安全教育培训制度是否建立，是否开展经常性教育培训。

5．是否组织制定符合本单位实际的灭火和应急疏散预案，是否至少每半年开展一次演练。

6．消防控制室值班人员、电工是否取得相应职业资格证书。消防设施的维护保养、检测是否由具备从业条件的机构和执业人员实施。

（二）现场实体抽查重点

1．询问消防安全责任人、管理人是否知晓自身消防安全职责，是否掌握本单位主要火灾风险以及文物建筑毗邻区域和保护范围内相关火灾风险。

2．询问重点部位责任人、商铺经营者是否掌握相应场所的消防安全管理要求。查看施工现场消防安全管理制度和现场监护措施是否落实。

3．询问工作人员是否清楚本单位、本岗位的火灾危险性和防火措施。

4．抽查是否违规搭建临时建筑或堆放可燃物品，是否占用防火间距，是否占用、堵塞消防通道和安全出口。

二、检查火灾危险源

（一）用火用油用气

1．资料档案抽查重点

（1）用火用油用气安全管理制度是否制定并落实。

（2）查看燃气用具的安装、使用及其管路的设计、敷设、维护保养、检测是否由具备资质的机构实施。

2．现场实体抽查重点

（1）对携带火种及违规吸烟等行为的检查和监管措施是否落实。

（2）文物建筑内的博物馆是否存在违规燃灯、烧纸、焚香等使用明火行为。

（3）除工艺特殊要求和厨房外，建筑内是否违规设置明火设施，是否使用、储存火灾危险性为甲、乙类的物品。

（4）是否违规使用瓶装液化石油气、小型液化气炉、油气炉及其他甲、乙类液体燃料。

（5）是否违规采用炭火取暖，采用燃气锅炉取暖是否落实消防安全措施。

（二）用电情况

1．资料档案抽查重点

（1）用电安全管理制度是否制定并落实。

（2）查看电气线路、消防设施的设计、敷设、检测是否由具备资质的机构实施。

2．现场实体抽查重点

（1）询问电工是否会根据相关仪器仪表显示情况分析判断电气故障，是否知晓火灾时不应关闭消防电源。

（2）是否按要求安装使用漏电保护装置和电气火灾监控系统。

（3）使用漏电流模拟设备测试剩余电流探测器、漏电保护装置功能是否完好；使用红外测温仪抽测变压器、配电柜、配电箱、电气线路等是否存在温度异常现象。

（4）除展示照明和监测报警等正常用电外，是否存在其他违规用电行为；是否违规使用卤钨灯等高温照明灯具和电加热茶壶、电磁炉、热水器、微波炉、咖啡机、电饭煲等大功率电器。

（5）电气线路选型、断路器等是否与用电负荷相匹配；明敷电气线路是否穿管保护，是否存在线路老化、绝缘层破损、线路受潮、水浸等问题，是否存在过热、烧损、熔焊、电腐蚀等痕迹；电线接头是否采用接线端子等可靠连接，电气线路、开关、插座是否直接敷设安装在可燃材料上；防雷击保护装置是否完好有效，其配电线路接地线与防雷装置是否做可靠的等电位连接。

（6）配电箱接地设施是否完好，箱内线路敷设是否正确，线路孔洞是否进行防火封堵，周围是否存在可燃物。

（7）馆内是否违规采用电暖气、电热毯取暖；馆内制冷、除湿、加湿装置长时间通电，是否落实安全检查措施。

（8）电动自行车、电瓶车、电动平衡车等使用蓄电池的交通工具是否违规在馆内停放、充电，工作人员是否违规将蓄电池带至室内充电。电动汽车停放、充电是否与建筑保持安全距离。

三、检查重点场所及部位

（一）陈列展览厅

1．临时布展的场所，是否采用易燃可燃材料装修，是否破坏防火防烟分隔设施。

2．临时布展施工现场是否按要求设置灭火器等消防器材，动火作业时是否对周边可燃物进行清理并落实动火审批和现场监护制度，施工作业是否停用、破坏或遮挡消防设施。

3．是否设置各类易燃可燃物挂件或装饰造型，是否违规在可燃物上悬挂、布置电气线路、高温电器设备等。

4．展位宣传箱牌等加装的亮化灯具、显示屏和灯箱等用电设备是否与可燃物保持安全距离；是否存在私拉乱接和超负荷用电情况，临时电气线路敷设是否规范；展柜内照明是否采用冷光源灯具。

5．展位设置和展台、展柜、展品的摆放是否占用、堵塞疏散通道和安全出口，是否影响消防设施的正常使用。

6．展厅疏散指示标志设置是否清晰可见，并指向最近的安全出口，是否采取防止超员的措施。

7．博物馆建筑的展厅内是否设置应急照明。

8. 展柜内陈列照明是否直接敷设在可燃材料上，灯具线路是否穿管保护，线路接头是否采用接线盒等连接方式。展柜底部安装的用电设备电气线路敷设是否符合标准要求。

9. 展台、展柜、展具等是否采用不燃、难燃材料制作。

10. 是否违规使用白炽灯、高压汞灯等高温照明灯具。

（二）影视厅及互动体验室

1. 厅内座椅、窗帘、地毯、吸声材料等的燃烧性能是否符合《建筑内部装修设计防火规范》的要求。

2. 核查照明灯具及电气设备、线路的高温部位与幕布、软包等装饰装修材料是否保持安全防护距离。

3. 用于教育和展示的多媒体显示屏、电子沙盘模型、放映设备、幕布及机房处电气线路敷设是否符合规范要求。

4. 投影仪、音响和特殊大型科技体验设备等电气设备是否定期维护保养。

5. 厅室疏散门或安全出口是否分散布置，是否在醒目位置设置疏散示意图，是否有影响疏散的障碍物。

（三）藏品库

1. 核查藏品库区的平面布置、装修材料、安全疏散等防火设计是否满足《博物馆建筑设计规范》的要求。

2. 核查藏品库是否违规搭建阁楼、分隔小间，是否违规采用易燃彩钢板搭建库房或其他临时用房。

3. 查看藏品是否按照材质类别分间储藏，储藏间是否违规设置套间。一级文物、标本等珍贵藏品库房是否独立设置。

4. 电源开关是否统一安装在藏品库房总门之外，是否设置防剩余电流的安全保护装置。电气线路敷设是否规范，照明灯具是否按要求安装防护罩。

5. 是否违规使用电炉、电加热器、移动式照明灯具等电器设备。照明灯具下方是否堆放物品，其垂直下方与储存物品水平间距是否小于安全距离。

6. 是否按要求设置火灾自动报警系统、自动灭火系统和电气火灾监控系统。

7. 需要控制人员随意出入的安全出口、疏散门或设置门禁系统的疏散门，是否能保证火灾时从内部易于打开。

8. 装卸区、拆箱（包）间及藏品库房的可燃包装材料是否随意堆放未及时清理。当库房内采用木质护墙时，是否采取相应的防火保护措施。

9. 搬运藏品、展品的铲车、电瓶车是否违规停放在馆内。

（四）装裱及修复室

1. 装裱室、修复室是否与其他场所进行防火分隔。

2. 对易燃易爆化学药品试剂是否明确管理人，并建立储存、使用等管理制度。压缩气瓶和专用试剂是否分类分区存放，修复现场专用试剂存量是否超过当天用量。

3. 装裱室是否使用明火灶具熬制浆糊等，熬浆、烘烤等设备与周围可燃物等是否保持安全距离。装裱室、修复室设电热装置时，是否采取相应的安全防护措施。

4. 修复室属于易燃易爆场所的，室内是否采用不发火花的地面。

5. 因工艺要求设置明火设施，或使用、储藏火灾危险性为甲类、乙类物品时，是否采取防火和安全措施。

6. 熏蒸、清洗、干燥、修复、打磨等产生可燃气体或粉尘的区域是否设置可燃气体检测报警设施和泄压设施。

7. 确需使用油漆稀释剂等各种易燃危险品的，是否在安全区域存放并限量领料，是否违规在作业现场调配用料。

（五）档案室

1. 是否根据档案室等级和分类设置相应的灭火系统，按照标准配备消防设施器材。

2. 除尘、消毒室是否在室内外分设控制开关，其排气管道是否违规穿越其他用房。

（六）厨房

1. 检查厨房是否与其他区域采取防火分隔措施。

2. 查看炉具是否定期检测和保养，燃气管道、法兰接头、仪表、阀门是否存在破损、泄漏和老化现象，液化石油气钢瓶是否安全存放或存放量过多。

3. 检查燃气管线、连接软管、灶具是否老化、超出使用年限，是否设置燃气紧急切断装置。

4. 核查排油烟罩、油烟道是否定期清洗。

（七）重要设备用房

查阅竣工图纸，抽查设备用房位置和使用功能有无变化；锅炉房、柴油发电机房、空调机房、油浸变压器室的防火分隔是否被破坏，安全防控措施是否落实，是否存放易燃可燃杂物。

（八）消防设施

1. 核对消防设施维保记录和检测报告是否真实有效，是否违规出具失实、虚假检测报告和维保记录。

2. 检查测试消防设施是否完好有效，消防控制室是否落实两人值班及持证上岗制度。

四、检查应急处置能力

（一）微型消防站或专职消防队

1. 查看专职消防队或志愿消防队（微型消防站）人员、器材装备配备是否符合要求，是否建立通信联络机制，通讯工具配备是否齐全。相关管理制度是否完善，是否按要求落实值班值守制度。

2. 询问队员是否熟悉建筑结构、功能布局、场所性质、重点部位、消防设施、疏散通道等情况，能否熟练操作消防器材装备。

3. 是否与辖区消防救援站建立联勤联动机制，是否定期开展联合演练。

（二）现场拉动测试

现场模拟火情并拉动演练，测试专职消防队或微型消防站，是否能快速响应，是否建立高效的通讯联络机制，是否满足"1分钟响应启动、3分钟到场扑救、5分钟协同作战"要求，快速开展初起火灾扑救工作。

国家文物局　国家发展改革委
人力资源社会保障部　商务部　文化和旅游部
市场监管总局关于加强民间收藏文物管理
促进文物市场有序发展的意见

文物博发〔2021〕40号

各省、自治区、直辖市、新疆生产建设兵团文物局、发展改革委、人力资源社会保障厅（局）、商务厅（局、委）、文化和旅游厅（局）、市场监管局（委、厅）：

为落实中共中央办公厅、国务院办公厅《关于加强文物保护利用改革的若干意见》和《"十四五"文物保护和科技创新规划》，现就加强民间收藏文物管理，促进文物市场有序发展，提出如下意见。

一、规范鉴定。建立文物鉴定公益性咨询常态机制，鼓励有条件的国有博物馆、国有文物商店、涉案文物鉴定评估机构等面向社会提供公益性咨询服务，普及文物收藏鉴赏知识。探索建立国家文物鉴定评估管理体系，试点开展文物鉴定机构资质管理，规范文物鉴定经营性活动，为民间收藏文物有序流通提供便利服务。

二、加强保护。加大文物保护理论、方法、技术的宣传、应用，推广馆藏文物保管、修复的先进理念和技术标准，提高民间收藏文物保护水平。支持有条件的国有文博机构发挥自身优势，为民间文物收藏者提供保管、修复等技术服务，鼓励社会力量成立文物保管、文物修复经营性机构。

三、鼓励利用。在保证文物真实性、合法性的前提下，鼓励博物馆、图书馆、美术馆等公共文化设施为民间收藏文物举办展览。支持民间文物收藏者开办非国有博物馆，鼓励开展民间收藏文物资源授权使用和衍生产品开发。健全落实将民间收藏文物捐赠国有文物收藏单位的奖励制度和税收优惠政策，允许以捐赠者姓名、名称冠名馆舍等设施，吸纳捐赠者参与公共文化机构法人治理。

四、引导收藏。实施文物收藏鉴赏知识宣传普及工程，加强对文物收藏鉴定类出版物、视听节目和网络信息的监管，引导人民群众树立正确的文物收藏观，拒绝非法交易文物。引导全社会挖掘、阐释、宣传民间收藏文物的文化价值，培育健康、理性的收藏群体，激发收藏需求，营造理性收藏氛围。

五、保障流通。明晰文物入市流通条件，加强交易风险提示，充实和完善中国被盗（丢失）文物数据库，发布被盗（丢失）文物信息案件市场警示目录、禁止交易文物认定指导性标准等政策指引，引导民间文物收藏者和文物经营主体合法交易文物。探索建立民间收藏文物登记交易制度，对文物经营主体自愿申报的拟交易文物，不在禁止交易文物范围的，经相关文物行政部门指定的专业机构登记后可入市交易。

六、丰富供给。简化书画、古籍、碑帖、家具、民族民俗文物等以传世品为主体的文物拍卖标的审核程序。加强对近现代、当代文物的价值认知阐释，增加市场有效供给。加大文化创意产品开发力度，带动相关品类文物艺术品流通。指导相关机构定期发布文物市场交易统计和趋势分析等信息指南，引导市场预期，活跃相关细分门类市场供给。

七、促进回流。试点开展文物进境登记工作，积极研究调整促进海外文物回流税收政策，优化文物临时进出境管理和贸易便利化服务，发挥自贸试验区、国家服务业扩大开放综合试点示范、综合保税区、进口博览会等重点平台开放优势，引导鼓励海外文物回流并向社会提供展览等公益服务。

八、严控流失。加强国家文物进出境审核机构建设，完善各类别文物出境审核国家标准体系，防止文物流失，保障国内文物市场供给。对接国际公约和文物来源国相关法律，健全外国文物进境和经营管理制度，规范外国合法文物进境渠道。

九、优化购销。探索降低文物商店准营门槛，优化文物商店在注册资金、专业人员等方面的设立要求，试点将符合条件的古玩、旧货市场中涉及文物经营的商户纳入文物商店管理。支持国有骨干文物商店逐步改革转型，培育形成大型文物流通企业。强化文物商店一级市场主渠道作用，鼓励文物商店拓展关联业务，加快提质升级，探索连锁经营。

十、做强拍卖。引导文物拍卖企业做好结构调整，通过标准化经营，促进在竞争中形成一批市场信誉度高、经营规模大、服务功能强的文物拍卖龙头企业。鼓励文物拍卖企业拓展服务领域和服务内容，从事居间咨询、托付保管、租赁展示等个性化服务。支持具备条件的文物拍卖企业"走出去"，创建具有国际认知度和影响力的中国文物拍卖品牌。

十一、创新业态。支持文物经营主体发展电子商务等现代流通经营方式，培育在线展示、交易、定制服务等新业态。进一步落实电商平台和平台内经营主体责任，加强对文物网络经营行为的监督管理。支持文物经营主体延伸产业链从事物流、仓储、展示、保险等相关业务。探索建立文物经营金融服务模式，引导和规范资本参与文物市场创新发展。推动流通经营与鉴定鉴赏、专业培训、展示交流、创意生活、文化旅游等关联业态聚集、融合发展。

十二、政策扶持。推动落实文物经营主体享受支持现代服务业、中小企业、文化企业等发展的有关优惠政策。制订完善文物流通、经营、鉴定相关管理制度，完善鼓励文物捐赠、促进文物回流、扶持业态创新、培养专业人才等各项支持政策。支持制定地方和企业标准，加快制修订文物鉴定、价格评估、市场交易、运输保险等管理和服务标准。

十三、人才培养。支持文物经营主体专业技术人员参加文物博物专业人员职称评定。完善文物保护工程人员职业资格管理制度，规范文物鉴定从业行为。依托国有博物馆等文博单位加大文物鉴定实习实训，开展文物保护人员职业技能等级认定。发挥行业协会、平台基地等各自优势，推动产学研用合作培养文物经营管理高端人才。

十四、联合监管。创新和加强事中事后监管，构建以"双随机一公开"监管为基本手段，以风险监测处置为补充，以信用监管为基础的新型监管机制。完善文物行政部门指导监督、支持保障文化市场综合执法队伍的文物市场执法运行机制，健全文物行政部门和市场监管等部门分工负责、密切配合的文物流通领域执法协同机制，依法查处违法违规活动。加快建立覆盖文物经营主体、从业人员、收藏群体、鉴定机构以及关联企业的文物流通领域信用体系和长效机制，营造公平诚信的文物流通社会环境。

十五、部门协同。推动建立文物与发展改革、人力资源和社会保障、商务、文化和旅游、市场监管等跨部门合作机制，加强政策协调和监管联动，完善促进民间收藏文物保护利用、规范文物市场管理的顶层设计和政策措施，及时进行督促指导和监督检查。发挥行业协会在人才培养评价、保护企业权益、加强行业自律、协助政府监督等方面积极作用，保障民间文物收藏者的合法权益，促进文物市场活跃有序发展。

国家文物局　国家发展改革委
人力资源社会保障部　商务部
文化和旅游部　市场监管总局
2021年12月16日

国家文物局　财政部
关于加强新时代革命文物工作的通知

文物革发〔2021〕43号

各省、自治区、直辖市、计划单列市文物局（文化和旅游厅／局）、财政厅（局），新疆生产建设兵团文物局、财政局：

　　为深入贯彻落实习近平总书记关于革命文物工作重要指示、在庆祝中国共产党成立100周年大会上重要讲话和党的十九届六中全会精神，全面加强新时代革命文物工作，切实把革命文物保护好、管理好、运用好，现就有关事项通知如下。

　　一、提高政治站位，充分认识革命文物重要作用

　　革命文物承载党和人民英勇奋斗的光荣历史，记载中国革命的伟大历程和感人事迹，是党和国家的红色基因库和宝贵财富。各级文物、财政部门要会同各有关主管部门、军队系统并指导革命文物管理收藏单位，从赓续红色血脉、守护红色江山的政治高度出发，增强政治自觉，担当政治责任，切实把保护革命文物、传承红色基因作为一项重大政治任务抓牢抓实，充分发挥革命文物在党史学习教育、革命传统教育、爱国主义教育等方面的重要作用。各级文物、财政部门要按照中央与地方财政事权和支出责任划分，健全完善革命文物保护支持机制，加强组织协调，拓展资金渠道，加大投入力度，统筹谋划革命文物保护重点任务、重大项目，切实把革命文物保护作为保障重点，为夯实新时代革命文物工作提供有力保障。

　　二、加强系统保护，不断夯实革命文物工作基础

　　各级文物、财政部门要按照国有文物资源资产管理规定，健全革命文物资源资产管理制度，支持开展革命文物资源专项调查和定期排查，全面摸清本行政区域革命文物资源家底和保护需求，落实文物资源资产管理情况报告制度要求，建立革命文物资源资产信息卡，及时录入文物资源资产管理信息。支持将革命文物大数据库统筹纳入国家文物资源大数据库，加强革命文物数字化保护，推进革命文物信息高清数据采集和展示利用，实现革命文物资源数据信息的系统保存、科学管理和开放共享。支持加强革命文物科学保护和系

统研究，加强革命文物保护总体规划，统筹抢救性保护和预防性保护、本体保护和周边保护、单点保护和集群保护，集中实施革命文物保护项目。切实加大省级及省级以下革命文物保护力度，国家文物保护资金用于省级及省级以下文物保护单位保护的一般项目补助应向革命文物保护项目加大倾斜。各地方应加大投入，落实落地革命文物日常养护、监测评估、应急抢险等管理制度，持续改善革命文物保护状况，全面提升革命文物保护能力。

三、做好统筹规划，合力推进革命文物连片保护

按照整体规划、连片保护、统筹展示、示范引领的原则，依托革命文物保护利用片区，以在党和国家、军队历史上具有重大意义的革命文物为引领，高起点规划同一区域、同一主题的革命文物保护单位集中连片保护项目和整体陈列展示项目，强化片区工作规划的科学布局。省级文物部门组织编制本行政区域革命文物保护利用片区工作规划，跨省域片区工作规划由一省牵头、联合编制。列入片区工作规划的集中连片保护项目和整体陈列展示项目可按规定申请国家文物保护资金支持，各级文物部门应做好方案审批、项目组织工作，会同本级财政部门共同加大对片区革命文物保护利用的支持力度。各级文物、财政部门协同推进国家文化公园建设，片区工作规划应与国家文化公园建设保护规划相衔接。

四、坚持守正创新，提升革命文物整体展陈水平

各级文物、财政部门要支持拓展革命文物教育功能，结合党和国家重要活动，推出一批主题鲜明、内涵丰富、形式新颖、线上线下融合的高质量、特色化革命文物展示展览精品；聚焦革命、建设、改革各个历史时期的重大事件、重大节点，坚持政治性、思想性、艺术性相统一，用史实说话，用故事说话，提升革命文物展示展览质量。各级文物部门应做好项目策划和审核工作，会同本级财政部门共同加大对革命文物展示展览精品的支持力度。中央对地方博物馆、纪念馆免费开放补助资金的陈列布展补助对革命博物馆、纪念馆加大倾斜。鼓励创新革命文物传播方式，合理运用现代科技手段，融通多媒体资源，加大革命文物数字化展示传播，增强表现力、传播力、影响力，生动传播红色文化。

五、落实主体责任，切实提高项目资金使用效益

各级文物部门要落实主体责任，加强革命文物保护项目管理，指导项目实施单位做好项目储备的总体设计，提高保护方案的整体性、合理性和预算编制的科学性、规范性。省级文物、财政部门要督导项目实施单位对实施周期超过一年的保护展示项目，根据项目实施计划合理确定分年度项目预算和绩效目标，加强项目预算执行管理，规范政府采购活动，提高项目资金使用效益。省级文物、财政部门应加强协作共享，要在文物保护项目库中及时更新革命文物保护项目方案、预算评审、预算执行、财务验收等相关信息。国家文物局、财政部将适时对革命文物保护项目实施情况开展督导和绩效评价。

特此通知。

国家文物局　财政部

2021年12月29日

国家文物局关于学习贯彻习近平总书记关于革命文物工作重要指示精神的通知

文物革发〔2021〕12号

各省、自治区、直辖市文物局（文化和旅游厅/局），新疆生产建设兵团文物局：

3月25日，习近平总书记就革命文物工作作出重要指示，明确了做好新时代革命文物工作的重大意义、目标任务和基本要求，为新时代革命文物工作指明了前进方向、提供了根本遵循。为学习贯彻好习近平总书记重要指示精神，现就有关事项通知如下。

一、深入学习领会习近平总书记重要指示精神的核心要义

全国文物系统要把学习领会习近平总书记重要指示精神与学懂弄通习近平新时代中国特色社会主义思想结合起来，与学深悟透习近平总书记关于革命文物工作重要论述结合起来，与贯彻落实全国革命文物工作会议的部署要求结合起来，从见证革命历史、记录伟大历程的高度充分认识革命文物资源的重要价值，从弘扬革命精神、传承红色基因的高度充分认识做好革命文物工作的深远影响，从鼓舞革命斗志、奋进崭新征程的高度充分认识做好革命文物工作的独特作用，统一思想认识，提高政治站位，增强做好新时代革命文物工作的责任感使命感紧迫感，以高度的政治自觉、思想自觉把习近平总书记重要指示精神落到实处。

二、迅速兴起学习贯彻习近平总书记重要指示精神的热潮

全国文物系统要把学习贯彻习近平总书记重要指示精神作为当前首要政治任务，加强组织领导，精心部署安排，将习近平总书记重要指示精神传达到文物系统全体干部职工。各地要充分利用融媒体平台持续深入报道学习贯彻习近平总书记重要指示精神的落实举措和创新做法，广泛宣传新时代革命文物工作的新进步和新成效，多维展现全国革命文物工作者的付出与奉献，汇聚正能量，营造好氛围。各级文物部门要主动向地方党委和政府汇报学习贯彻情况，按照健全机构、稳定队伍、充实力量、提高素质的要求，积极争取政策支持，推动解决革命文物工作难点问题，切实改善和保障革命文物工作条件。

三、全面提升新时代革命文物工作的质量和水平

各级文物部门要以习近平总书记重要指示精神为引领，系统谋划革命文物工作的总体思路和主要任务，统筹推进"十四五"革命文物工作开好局、起好步。要充分用好革命文物资源高质量服务党史学习教育，依托革命底蕴，突出教育功能，彰显时代特色，强化现场体验，精心组织具有庄重感、仪式感、参与感的系列主题活动，激发广大干部群众的精神力量。要围绕建党百年华诞主题，按照《国家文物局办公室关于组织开展革命旧址险情排查工作的通知》（办革函〔2021〕229号）要求，各地抓紧排查薄弱环节，落实整改举措，并于6月15日前将排查结果报送我局;要深入实施百年党史文物保护展示工程，遴选推介一批革命文物主题陈列展览精品，讲好党的故事、革命的故事、英雄的故事，切实把革命文物保护

好、管理好、运用好，不忘初心、牢记使命，以实际行动庆祝中国共产党成立100周年。
特此通知。

国家文物局
2021年4月15日

国家文物局关于深入推进全国文物火灾隐患整治和消防能力提升三年行动的通知

文物督函〔2021〕415号

各省、自治区、直辖市文物局（文化和旅游厅/局），新疆生产建设兵团文物局：

2020年以来，全国文物系统认真贯彻习近平总书记关于文物安全工作的重要指示批示精神，按照国务院安委会的部署要求，扎实开展文物火灾隐患整治和消防能力提升三年行动（以下简称三年行动），取得较好成效。但当前文物消防安全形势依然严峻，今年2月14日云南省临沧市沧源县翁丁村老寨火灾导致104间房屋被烧毁，火灾仍然是危害文物安全的主要风险。为深入推进三年行动，进一步加强文物博物馆单位消防安全工作，现通知如下：

一、把握工作重点，精心组织实施。今年是全面推进三年行动的关键一年，重点是落实文物博物馆单位安全直接责任人公告公示制度，持续开展文物火灾隐患排查整治，开展基层文物博物馆单位安全管理人员消防培训，加强应急能力建设。各级文物行政部门和各文物博物馆单位要高度重视，按照《全国文物火灾隐患整治和消防能力提升三年行动实施方案》要求，及时做好安排部署，认真组织实施，强力督导检查，确保各项工作取得实效。

二、严查严治严改，强化火灾防控措施。各地要将古建筑群、传统村落、宗教活动场所、博物馆、文博开放单位和文物保护工程工地等火灾诱因较多的文物博物馆单位和场所，纳入主要排查范围，重点整治生产生活用火、宗教场所用火、电气故障、易燃可燃物及危险物品管理、消防设施设备使用维护、消防安全管理等方面存在的火灾隐患和问题。要严格安全管理，严控文物博物馆单位进出人员携带火种，及时发现和有效扑救人为纵火、失火等突发火情。要关注文物博物馆单位周边火情火险，尤其是山火林火草原火等，提前制定防控措施和预案，避免殃及文物安全。同时，要强化源头管控，加强政策引导，积极协调相关部门将安全保障作为文物博物馆单位开放利用的必要条件。

三、加强实战演练，提升应急管理水平。各文物博物馆单位要按照有关标准要求和实际需要，配备消防设备器材，建设微型消防站，并加强火灾报警和灭火设施设备日常维护检测，确保使用效能，坚决杜绝火灾报警设备虚设、消防水不足等问题。要切实保障消防应急人员力量，建立健全专兼职消防队伍，开展消防技能培训，加大应急演练频次和强度，针对各类火险有针对性地进行实战演练，提升反应速度和扑救效果，切实增强初起火灾扑救能力。要制定可操作的灭火和应急疏散预案，建立并严格执行应急管理制度，加强值班值守和安保备勤，全天候做好应急准备，有效处置突发火情，保证文物安全。

四、加大宣传力度，切实筑牢安全底线。近期《文物建筑防火设计规程》《文物建筑电气火灾防控技术规程》《古村落火灾防控导则》等标准即将施行，各级文物行政部门和各文物博物馆单位要认真做好标准宣贯工作，实施规范化管理，提升文物消防安全管理精准化水平。同时，要面向基层文物博物馆单位和一线文博工作者，面向文物博物馆单位周边社区，面向文博开放单位参观游览人群等，开展安全生产宣传活动，大力宣传火灾危害、消防法规和防火知识，提升全社会文物消防安全意识，引导全社会共同参与和监督文物安全工作。

五、夯实消防基础，增强火灾防控能力。各级文物行政部门和各文物博物单位要将消防设施建设作为推进文物平安工程的重要任务，积极争取当地政府支持，加强文物安全投入，明确重点、制订计划、有序推进，不断夯实文物安全基础，提升安全防护能力。要科学评估文物博物馆单位火灾风险，针对风险状况、管理使用情况，有针对性地实施消防设施建设，着重解决火灾报警和消防水源等问题。要按照《文物安全防护工程实施工作指南（试行）》要求，认真组织好工程实施，并严格监管检查，确保工程质量，切实提升文物博物馆单位火灾预警和防控能力。

省级文物行政部门要及时总结和认真梳理本辖区内三年行动工作进展情况，于2021年12月15日前将工作总结和《全国文物火灾隐患整治和消防能力提升三年行动2021年度工作情况汇总表》（见附件）报国家文物局。

附件：全国文物火灾隐患整治和消防能力提升三年行动2021年度工作情况汇总表（略）

国家文物局
2021年4月22日

国家文物局关于印发《关于加强桥梁文物防灾减灾工作的意见》的通知

文物保发〔2021〕23号

为科学指导桥梁文物防灾减灾工作，提升桥梁文物灾害防护能力，我局组织编制了《关于加强桥梁文物防灾减灾工作的意见》，现予印发，请遵照执行。

特此通知。

国家文物局
2021年6月17日

关于加强桥梁文物防灾减灾工作的意见

第一条 为落实《中共中央 国务院关于推进防灾减灾救灾体制机制改革的意见》和中央领导同志重要指示批示精神，科学指导桥梁文物防灾减灾工作，提升桥梁文物灾害防护能力，制定本意见。

第二条 本意见适用于桥梁类不可移动文物的防灾减灾工作。

第三条 地方各级人民政府应将文物安全纳入地方防灾减灾体系，组织协调文物、应急管理、水利、气象、交通、自然资源、住建等部门，制定预案并实施相应的防灾减灾措施，加强信息共享、监测预警、应急演练和人员培训等，合力做好桥梁文物的防灾减灾工作。

市县级人民政府在组织编制本行政区域国土空间规划和相关专项规划时，应统筹考虑桥梁文物防灾减灾需求。

第四条 地方各级文物行政部门承担本行政区域内桥梁文物保护和安全的监管责任，开展桥梁文物防灾减灾管理工作，及时公布相关文物信息。

第五条 桥梁文物的管理使用单位承担桥梁文物保护和安全监管的直接责任，开展桥梁文物防灾减灾的具体工作。暂未明确管理使用单位的桥梁文物，由市县级文物行政部门负责落实管理责任。

第六条 鼓励桥梁文物所在地社区、村镇和居民、志愿者组织参与其防灾减灾工作，鼓励将桥梁文物保护纳入乡规民约。

第七条 省级文物行政部门负责每年组织开展本行政区域内各级文物保护单位中桥梁文物的检查评估，指导、督促市县级人民政府做好桥梁文物防灾减灾工作。

第八条 市县级文物行政部门负责组织开展本行政区域内桥梁文物的灾害风险识别与评估，明确风险的类型、成因和影响，并将风险评估的报告及时报同级人民政府和上一级文物行政部门。

第九条 市县级文物行政部门负责汇总本行政区域内桥梁文物的资料，并督促管理使用单位建立完善桥梁文物的资料档案，包括修建沿革、自然条件、历年受灾情况、维修记录、防灾减灾及安全措施等。

第十条 市县级文物行政部门建立桥梁文物巡查制度，组织开展巡查工作。巡查包括日常巡查、定期巡查和专项巡查：

（一）日常巡查：由桥梁文物管理使用单位开展的常规性检查，可根据保护级别、保存情况、区域特点等因素，确定巡查周期，一般每月进行一次，灾害季节应增加巡查频次。

（二）定期巡查：由市县级文物行政部门组织开展的全面检查，可根据区域特点、气候条件、保存情况等因素，确定巡查路线和周期，每年不少于两次，风险较高的桥梁应增加巡查频次。

（三）专项巡查：在自然灾害、人为因素（节日、重大活动等）有可能影响桥梁文物安全时，桥梁文物管理使用单位或委托专业机构开展的专门巡查。

第十一条 桥梁文物巡查中应做好记录，及时整理巡查资料并存档，同时做好应对措施：

（一）发现桥梁文物存在安全风险的，应及时报告市县级文物行政部门和其他相关部门。

（二）发现桥梁文物存在严重安全风险的，市县级文物行政部门应及时报请同级人民政府和上一级文物行政部门采取必要的应急措施，排除风险。涉及文物本体的，桥梁文物管理使用单位应按照《文物保护工程管理办法》开展抢险加固。

中国
文物年鉴
2022

第十二条　在各级文物保护单位桥梁文物的保护范围和建设控制地带内的建设活动，应依法履行报批程序。对保护范围和建设控制地带以外，影响桥梁文物安全的建构筑物、水利设施和建设工程，市县级文物行政部门可组织开展评估、提出工作建议，并及时报同级人民政府。

第十三条　市县级人民政府应组织相关部门，做好桥梁文物的使用管理。通航河道上的桥梁应设置航标提示，进行必要的通航管制；允许车辆通行的桥梁，应设置限重、限高、限宽等措施；设定并执行瞬时承载量；设置必要的安全警示标识、限行设施、信息公开栏等。

第十四条　桥梁文物管理使用单位应根据实际情况，配足备齐必要的防汛沙袋、防水布、拉索等抢险应急物资。

第十五条　灾害季节前，应检查清理临近河道内堆积物、漂浮物；酌情加固桥梁主体结构，或采用小型袋装砂包填塞空隙、沉笼、抛石、堆沙包、设消波块等方式加固桥基、桥墩掏蚀部位，可用加箍等方式加强桥墩及分水尖的抗冲击能力等；存在较大风险的桥梁，应设置围挡，禁止通行。

第十六条　根据灾害预警，桥梁管理使用单位应结合桥梁文物的不同特征、可能存在的风险情况，采取针对性的处置措施：

（一）石拱桥、石梁桥：拱券、金刚墙等存在结构性病害的，遇持续性降雨时，加盖防雨布防止雨水下渗；包裹、撑护已明显风化的望柱、栏板。

（二）木梁桥、木拱桥：楔紧榫卯节点，补全木销，脱榫部位增设扒钉等，加强结构整体性；临时增设拉索；临时增加压重。遇严重自然灾害风险预警，拆卸风雨板等构件，必要时可采取拆卸构件等措施以减少冲击。

（三）索桥：临时增设拉索；紧固螺栓、锁扣和已有拉索。

第十七条　灾害来临时，在保障人员安全的前提下，桥梁文物管理使用单位应加强灾时巡查，记录受灾信息，并及时采取必要的抢险措施。

第十八条　灾害发生后，桥梁文物管理使用单位应及时组织评估、统计桥梁文物受损情况，上报市县级文物行政部门及其他相关部门，并在地方人民政府组织、指导下开展灾后抢救保护措施，减少次生灾害发生。

第十九条　木结构及有廊屋的桥梁文物应做好火灾防范，配备必要的消防设施设备器材，并符合文物建筑的防火规范要求。

第二十条　国家文物局定期开展专项检查，督促指导各地做好桥梁文物防灾减灾工作。

国家文物局关于印发《全国重点文物保护单位申报遴选规定》的通知

文物保发〔2021〕24号

各省、自治区、直辖市文物局（文化和旅游厅），新疆生产建设兵团文物局：

为规范全国重点文物保护单位申报遴选程序和要求，我局组织编制了《全国重点文物保护单位申报遴选规定》，现予印发，请遵照执行。

特此通知。

国家文物局

2021年7月13日

全国重点文物保护单位申报遴选规定

第一条　为加强全国重点文物保护单位的保护管理，规范全国重点文物保护单位申报遴选工作，根据《中华人民共和国文物保护法》《中华人民共和国文物保护法实施条例》等法律法规，制定本规定。

第二条　国家文物局负责组织全国重点文物保护单位的申报遴选，报国务院核定公布。

省、自治区、直辖市文物主管部门负责本行政区域内全国重点文物保护单位的申报工作，组织审核上报申报材料。

第三条　国家文物局和各省、自治区、直辖市文物主管部门应当分别成立专家委员会负责申报遴选的评审推荐。

专家委员会应由文物保护、历史、考古、建筑、规划、地理、法律等专业领域的专家组成。

第四条　申报全国重点文物保护单位的文物，应当具有重大的历史、艺术、科学价值和突出的社会、文化意义，至少符合以下价值标准之一：

（一）在人类起源和演化进程中具有典型性、代表性；

（二）在中华文明起源、发展，中国统一多民族国家和中华民族共同体意识形成、发展历程中具有标志性和代表性；

（三）与重大历史事件、革命运动或者著名人物直接相关，或者与中国共产党史、中华人民共和国史、改革开放史、中国特色社会主义新时代的重大事件和重要人物直接相关；

（四）突出体现中华民族创造力与精神追求的代表性建筑、文化景观、历史名胜或建设规划成就。

第五条　申报全国重点文物保护单位的文物，应当符合下列条件：

（一）已被核定公布为省级或者市县级文物保护单位；

（二）文物本体构成明确，且保存状况良好；

（三）已依法划定保护范围和建设控制地带，做出标志说明，建立记录档案，并设置专门机构或者专人负责管理；

（四）所有人、使用人明确，且权责清晰。

第六条　申报全国重点文物保护单位的文物，省、自治区、直辖市文物主管部门应当组织专家开展现场考察，组织专家委员会进行评审，提出推荐意见。

第七条　申报全国重点文物保护单位的文物，应当提交下列材料：

（一）省、自治区、直辖市文物主管部门的推荐文件；

（二）专家委员会推荐意见书；

（三）申报书，内容包括文物简介、文物本体构成清单、价值评估与对比分析，以及保护范围和建设控制地带划定公布文件、专门管理机构建设情况或者专人负责情况的说明等记录档案；

（四）文物所有人、使用人证明文件。属于私人所有的，应当附所有人同意申报的证明文件。

第八条 具有特殊价值的文物，地方政府未申报的，省、自治区、直辖市文物主管部门应当督促或者直接组织上报；省、自治区、直辖市文物主管部门不予上报的，国家文物局可直接确定进入遴选程序，并指定补充申报材料。

第九条 全国重点文物保护单位的遴选工作包括形式审核、现场考察、专家评审、征求意见、形成报送意见。

第十条 国家文物局按照本办法第五条和第七条的规定，组织开展形式审核，审查申报材料的完整性和规范性，并将合格的申报材料提交专家委员会评审。

第十一条 现场考察由国家文物局组织专家开展，重点审查申报对象的真实性、完整性和保护管理状况。

第十二条 国家文物局组织专家委员会开展评审工作，专家委员会按照本办法第四条的规定进行评审，按照文物类型分组审议并投票表决，形成推荐意见。

第十三条 国家文物局根据专家委员会推荐意见形成全国重点文物保护单位建议名单，书面征求中央和国家机关有关部门意见。

第十四条 国家文物局组织中央和国家机关有关部门以及专家代表召开会议，形成申报遴选报送意见，报国务院核定公布。

第十五条 本规定自印发之日起施行。

国家文物局关于进一步加强全国重点文物保护单位文物保护工程技术方案备案管理的通知

文物保函〔2021〕954号

各省、自治区、直辖市文物局（文化和旅游厅/局），新疆生产建设兵团文物局：

为贯彻落实习近平总书记关于文物保护工作的重要指示批示精神，落实文物保护领域"放管服"改革要求，加强全国重点文物保护单位文物保护工程技术方案（以下简称"方案"）备案管理，提升文物保护工程管理水平，现将有关事项通知如下：

一、高度重视备案工作

方案备案是文物保护工程全流程管理的重要环节，是促进落实批复意见、提高方案质量的有力抓手，是加强文物保护工程监管、提高工程质量的有效举措，也是文物保护单位重要的档案资料。省级文物行政部门应高度重视备案工作，将备案作为文物保护工程管理的重要内容。

二、备案工作具体要求

（一）备案范围

自2016年起由国家文物局批复的全国重点文物保护单位文物保护工程（不含安防、消防、防雷工程）立项或项目计划，且由省级文物行政部门批复并核准的方案；自2016年起由国家文物局直接批复方案，且由省级文物行政部门核准的方案。

（二）备案时限

省级文物行政部门对符合条件的方案应及时予以备案。根据《全国重点文物保护单位文物保护工程进度监管暂行规定》，省级文物行政部门对技术方案进行核准后，应在10个工作日内将技术方案报送国家文物局备案。

（三）备案方式

由省级文物行政部门通过国家文物局综合行政管理平台（http://gl.ncha.gov.cn/#/home）备案，填报时应确保信息完整准确。

三、严格落实备案工作责任

省级文物行政部门应严格落实备案工作责任，明确工作程序，安排专人负责备案工作。方案批复后，应及时将审批意见告知市县级文物行政部门及业主单位，督促指导业主单位组织勘察设计单位按审批意见进行修改完善。对于修改完善的方案，应认真对照方案审批意见予以核准。对于通过核准的方案，应及时报国家文物局备案，并将备案情况在文物保护工程台账中记录。

国家文物局将定期组织开展备案专项评估，对各地备案工作实施情况、方案批复情况、方案核准情况等开展评估，并通报评估结果。

特此通知。

国家文物局

2021年9月6日

国家文物局关于印发《中国石窟寺考古中长期计划（2021—2035年）》的通知

文物保函〔2021〕957号

各有关省、自治区、直辖市文物局（文化和旅游厅/局），新疆生产建设兵团文物局：

为深入贯彻习近平总书记关于石窟寺保护利用工作的重要批示精神，落实国务院办公厅《关于加强石窟寺保护利用工作的指导意见》，深化石窟寺考古研究和价值挖掘，我局组织制定了《中国石窟寺考古中长期计划（2021—2035年）》（以下简称《计划》），并纳入"考古中国"重大项目。现予以印发，并就有关事项通知如下：

一、提高认识，加强统筹部署。石窟寺考古是中国考古学的重要组成部分，是石窟寺保护利用工作的重要前提和基础。各有关省（区、市）文物行政部门应深刻认识石窟寺考古工作的重要性、紧迫性和长期性，加强统筹规划、组织协调，将石窟寺考古工作纳入本省（区、市）石窟寺保护利用工作中整体研究、统一部署，保证各项工作顺利实施。

二、明确责任，推进重点任务。各有关省（区、市）文物行政部门应按照《计划》确定的学术目标、主要任务和重大项目，抓紧制定具体实施方案，明确本省（区、市）石窟寺考古工作总体目标、进度安排、组织架构、项目单位与项目负责人分工及责任要求，细化年度工作任务和考核指标，制定配套政策措施，确保重点任务与重大项目落实到位。

三、夯实基础，强化队伍建设。各有关省（区、市）文物行政部门应落实石窟寺保护利用项目考古前置要求，及时做好新发现石窟、窟前建筑、寺院遗址保护工作，将石窟寺保护纳入国土空间规划。促进有关高校与石窟寺管理机构、考古机构加强合作，依托石窟寺考古项目、报告出版项目开展石窟寺考古专业研究生培养、地方文博人员培训，壮大石窟寺考古专业力量。

四、创新机制，落实保障措施。各有关省（区、市）文物行政部门应加强部门协调，推动落实职业技术教育、优化绩效工资内部分配制度、文物考古职工野外工作津贴、政府采购方式等，加大政策保障力度。建立健全石窟寺考古重大项目监管机制、资源与信息共享机制。拓宽石窟寺考古成果宣传推介渠道，推动中国石窟寺考古研究成果展示传播。

请各有关省（区、市）文物行政部门将具体实施方案于2021年10月30日前报送我局。我局将定期开展《计划》实施情况检查，督促项目执行，及时协调解决重点难点问题。

国家文物局

2021年9月7日

中国石窟寺考古中长期计划（2021—2035年）

为贯彻习近平总书记关于石窟寺保护利用工作的重要指示批示精神，落实国务院办公厅《关于加强石窟寺保护利用工作的指导意见》，全面推进石窟寺考古工作，完善中国考古学科宏观规划和顶层设计，特编制《中国石窟寺考古中长期计划（2021—2035年）》。

一、中国石窟寺考古概况

（一）石窟寺考古的学科定位及时空范围

中国石窟寺考古是运用考古学方法调查、分析、研究与石窟寺及摩崖龛像有关的遗迹和遗物的学科，包括应用田野考古技术与方法对石窟本体、窟外建筑遗迹和相关寺院遗迹进行野外调查、发掘、测绘、记录，以及建立在田野考古基础上的石窟寺综合研究和专题研究。中国石窟寺考古属于历史考古学的范畴，是中国考古学的重要组成部分。

石窟寺源起于印度，中国开凿石窟始于3世纪前后，盛行于5世纪至8世纪，最晚至16世纪。中国石窟寺以佛教石窟为主体，兼有道教等其他宗教石窟。截至2020年，已知石窟寺及摩崖石刻总数5986处，集中分布于河北、山西、内蒙古、辽宁、江苏、浙江、山东、河南、重庆、四川、云南、西藏、陕西、甘肃、宁夏、新疆等省、自治区、直辖市。

（二）石窟寺考古研究现状

1．研究概况

19世纪末20世纪初，一些西方探险队进入中国内地及西北地区，调查、记录了一批佛教石窟寺遗迹。20世纪20年代，中国学术机构和学者开始对甘肃、新疆等地的石窟寺开展调查研究。新中国成立后，国家组织开展了全面的文物普查，在新疆、甘肃、陕西、河南、山东、四川、云南和西藏等地新发现了一大批重要的石窟寺。考古学方法被广泛应用于石窟寺的发掘、调查实测和综合研究，大量野外调查和现场实践积累了丰富的资料和工作经验，奠定了中国石窟寺考古和研究基础。21世纪以来，随着石窟寺考古理念的进步，将石窟寺作为一个有机整体，运用考古学方法对石窟本体、窟前建筑及相关寺院遗址进行全面调查勘探、发掘整理与分析研究，成为学界共识。以数字化技术为代表的现代科技手段在石窟寺考古中的普遍运用，拓展了石窟寺考古思路和研究理念。同时，石窟寺考古国际合作与交流有序开展，实施了历时18年的中外合作佛教石经考古调查等项目，产生了较大的国际影响。

2．主要成果

在党中央、国务院的大力支持下，在各地石窟寺管理单位、相关高等院校和科研院所的共同努力下，中国石窟寺考古工作取得了重要成果。一是整理、刊布一批石窟寺考古报告、内容总录、大型图录和考察报告等基础资料，编译出版了一批以《云冈石窟》为代表的国外学者早年考察报告，为石窟寺考古研究提供了重要参考资料。二是考古类型学、地层学方法引入石窟寺调查和研究，初步形成中国石窟寺考古的理论方法体系，初步建立了中国石窟寺历史发展的时空框架。三是中国学者从考古学、历史学、宗教学、建筑史、艺术史等角度切入，对中国石窟寺遗迹、遗物进行了较为系统的专题和个案研究，形成一批跨学科专题研究成果。四是初步建成了一支石窟寺考古和保护管理专业队伍，全国主要石窟寺遗址先后设立专门的文物保管所、石窟研究所和研究院，北京大学、四川大学、浙江大学、中国社会科学院大学等高校设置了石窟寺考古及相关专业方向，培养出一批石窟寺考古专业人才。

3．存在问题

虽然中国石窟寺考古已经取得了积极进展，但相对于其他考古研究领域而言，仍存在一些亟待解决的问题。一是缺乏宏观规划设计，石窟寺考古学科定位、发展方向不够清晰，理论方法创新不足，国内学术研究力量过于分散，难以形成科研合力，影响石窟寺考古工作的长期稳定开展。二是基础工作亟待加强，石窟寺区域系统调查、洞窟测绘、题刻和壁画等重要遗迹信息记录、窟前遗址和相关寺院遗址考古发掘等仍然不足，中小石窟工作力度不够，考古新发现的洞窟、摩崖龛像和题刻等后续保护薄弱。三是考古报告出版工作滞后，一些石窟寺调查、维修报告编写不规范，调查简报、内容总录和图录作为阶段性成果不能反映石窟全貌；石窟寺管理单位开放性和合作性不足，考古报告整理、出版工作长期停滞不前。四是专业人员紧缺，高校石窟寺专业课程设置不完善，近年招生数量持续减少，人才断层问题突出，基层单位专业技术人员严重不足。五是技术标准体系不健全，缺乏专门的石窟寺田野考古规程、数字技术规范。

二、学术目标和主要任务

（一）总体目标

以基础资料的调查发掘、归纳整理、分析总结为重点，推动石窟寺考古报告的编撰与出版，搭建中国石窟寺考古的总体框架和谱系传承，促进以中华文化传承和中外文明交流互鉴为核心的中国石窟寺考古研究，探索中国特色石窟寺考古理论与方法，建立中国石窟寺考古研究体系。

2025年之前，在"考古中国"重大项目框架下，石窟寺集中分布区域考古调查和石窟寺考古报告出版工程取得阶段性进展。中国石窟寺分区分期、石窟寺本土化、丝绸之路沿线石窟寺考古、中外石窟寺比较研究等重点课题立项实施，中国石窟寺考古研究体系初步建立。机构建设和人才培养体制进一步健全，在全国范围内建立2至5处区域性石窟寺考古研究中心（研究基地），举办一次石窟寺考古专业人员技术培训，基层队伍建设初具成效。

2035年之前，中国石窟寺考古研究体系基本建立，中国石窟寺文化谱系和时空发展框架更加清晰，具有中国特色的石窟寺考古理论方法日臻完善。多学科合作研究模式初具规模，拥有一支多学科、跨领域、稳定的石窟寺考古科研队伍。石窟寺考古调查发掘、价值阐释和成果普及取得显著成效，全国重要石窟寺考古报告出版任务全面完成，国际学术交流、考古合作、比较研究更加频繁。石窟寺考古成为促进"一带一路"人文交流、传承弘扬中华优秀传统文化、铸牢中华民族共同体意识、传播中国声音的重要领域。

（二）主要任务

1. 开展区域考古调查和重点遗址发掘，构建石窟寺考古学文化序列。逐步完成石窟寺集中分布区域的考古调查，进一步廓清中国石窟寺发展演变的时空框架。选择重要石窟寺窟前遗址、相关寺院遗址等开展考古发掘，重点解决石窟寺环境景观、整体布局、功能结构、宗教信仰、艺术特征、传播路线等，推进新疆地区、河西陇东地区、关中及陕北地区、中原北方东部地区、江浙地区、川渝地区以及西藏地区的石窟寺分区与分期研究，归纳整合中国石窟寺的发展谱系脉络。

2. 推动现代科技应用和多学科合作，建立中国石窟寺考古研究体系。促进GIS地理信息系统、全站仪、RTK、无人机航测、激光扫描和摄影测量三维数字化技术等现代科技应用。推动考古学、历史学、宗教史、艺术史、科技史、建筑史、语言学等多学科、跨专业合作，制定符合石窟寺考古特点的田野考古规程、数字技术规范，探索建立中国石窟寺考古研究理论和方法体系。

3. 加快石窟寺考古研究成果转化，传承弘扬中华优秀传统文化。实施石窟寺报告出版工程，重要石窟寺确定考古报告编写体例并完成样稿，有序推进全国重要石窟寺考古报告出版任务。促进考古研究成果转化和传播，通过公众考古活动、重要石窟寺开放展示、专题展览、云展览等方式，向广大人民群众尤其是青少年进行知识普及和宣传教育，发挥以史育人作用，铸牢中华民族共同体意识。

4. 深化石窟寺考古国际合作，增进中外人文交流。以丝绸之路沿线石窟寺为重点，勾勒中国石窟寺发展脉络。从石窟营造工程、工匠体系、建筑风格、雕塑绘画、题材内容、摩崖刻经等方面，全面展开石窟寺的中国化进程研究。推动中印石窟寺、犍陀罗与中国早期汉传和晚期藏传寺院、犍陀罗与秣菟罗造像艺术比较研究，厘清不同区域石窟与寺院发展脉络以及中国佛教造像发展演变的源流与谱系。结合人文领域交流，推动中国与印度、巴基斯坦、阿富汗等国家及中亚、东亚、东南亚地区合作。探索石窟寺文化源流及演变，比较不同地区石窟寺的文化艺术特征，从考古学角度阐释中华文明在人类文明发展中的重要地位。

5. 促进石窟寺考古与保护相衔接，建立石窟寺保护项目考古前置机制。确立考古工作前置于石窟寺保护项目实施的工作规范，完善考古工作中新发现重要洞窟、窟前建筑、寺院遗址的后续保护机制。及时做好文物登录、公布和资料档案建设、保护标志设立工作，支持各级人民政府适时将具有重要价值的石窟寺公布为文物保护单位。及时评估考古发现文物的安全状况，有效实施抢救保护项目，最大限度保存石窟寺历史信息。

6. 加强人才队伍建设，夯实石窟寺考古研究基础。推动石窟寺考古人才培养常态化，注重专业技术人员培训和技术队伍建设。国家文物局、省级文物行政主管部门加强指导和支持，以高等院校、科研院所和石窟寺管理单位为主体，每5年组织一次全国范围内的石窟寺考古专修班，集中培训石窟寺考古专业人员，依托具体项目开展人员和技术培训。推动有关高校扩大招生、调整专业设置，与各地合作共建以研究生教育为主的专门人才联合培养基地。支持职业院校加强技术人员培养。推动大型石窟寺研究机构建设成为石窟寺综合研究高地，石窟寺资源丰富的省市加强人才队伍建设和机构整合，逐步形成区域性石窟寺考古研究中心和基地。探索社会购买服务方式解决考古勘探、测量、绘图、数字化等技术人员不足问题，鼓励社会力量参与石窟寺考古工作，多渠道扩大从业人员队伍规模。

三、重大项目

（一）石窟寺考古报告编写和出版工程

以敦煌石窟、云冈石窟、龙门石窟、麦积山石窟等重要石窟寺考古报告编写和出版为重点，2022年前完成云冈石窟、龙门石窟、麦积山石窟考古报告体例和样稿，2025年出版一批重要石窟寺考古报告，2035年前基本完成重要石窟寺考古报告阶段性任务。

1. 敦煌石窟考古报告系列

2025年前完成《敦煌石窟全集·第2卷·莫高窟第256、257、259窟考古报告》。2035年前完成《敦煌石窟全集·第3卷·莫高窟第251—255窟考古报告》及《敦煌石窟全集·第4卷·莫高窟第260—265窟考古报告》。

2. 云冈石窟考古报告系列

2022年前完成《云冈石窟山顶佛寺遗址考古发掘报告》和《云冈石窟窟前遗址考古发掘报告》。2025年前完成《云冈石窟第1、2窟考古报告》。2035年前完成《云冈石窟第16—20窟（昙曜五窟）考古报告》（五卷本）。

3. 龙门石窟考古报告系列

2022年前出版《龙门石窟考古报告：东山万佛沟区》。2025年前出版《龙门香山寺遗址考古发掘报告（2016—2020年）》《龙门石窟考古报告：看经寺及以北区》《龙门石窟考古报告：宾阳中洞》《龙门石窟考古报告：古阳洞》。2035年前完成西山潜溪寺及以北区、宾阳三洞区、敬善寺至摩崖三佛区、万佛洞区、莲花洞区等5个片区考古报告。

4. 响堂山石窟考古报告系列

2025年前出版《南响堂山石窟考古报告》。2035年前完成《北响堂山石窟考古报告》。

5. 麦积山石窟考古报告系列

2022年前完成麦积山石窟考古报告编写计划、体例及样稿。2025年前完成《麦积山石窟第74—78窟考古报告》（第一卷）和《麦积山石窟第120—127窟考古报告》（第二卷）编写。2035年完成10卷麦积山石窟考古报告编写。

6. 须弥山石窟考古报告系列

2021年出版《须弥山石窟考古报告：圆光寺区》。2025年前完成《须弥山石窟考古报告：相国寺第51窟及周边洞窟》。2035年前完成《须弥山石窟考古报告：大佛楼及子孙宫区》。

7. 大足石刻考古报告系列

2025年前完成第1至4卷《营盘坡、观音坡、佛耳岩石窟考古报告》《尖山子、圣水寺、法华寺石窟考古报告》《舒成岩、妙高山、陈家岩石窟考古报告》和《峰山寺、普圣庙等5处石窟考古报告》。2035年前完成第5至10卷《老君庙、兴隆庵等4处石窟考古报告》《玉滩、佛安桥等5处石窟考古报告》《前进村、普和寺等9处石窟考古报告》《多宝寺、潮阳洞等11处石窟考古报告》《千佛崖、七佛岩等13处石窟考古报告》和《眠牛石、柿花村等15处石窟考古报告》。

（二）重点区域石窟寺考古调查发掘项目

1. 新疆石窟寺及相关宗教遗迹考古项目

本项目以古龟兹和古高昌地区的石窟及寺院为重点，结合石窟寺考古报告编辑出版，开展克孜尔石窟谷西区和吐峪沟石窟沟口区的考古调查与发掘，研究区域内石窟寺形制布局、窟寺分布、年代序列等相关问题。

2025年前完成吐鲁番《吐峪沟石窟沟东区考古发掘报告》体例样稿。2030年前完成《吐峪沟石窟沟西区考古发掘报告》《克孜尔石窟谷西区第26A—40窟考古报告》。2035年前完成《克孜尔石窟谷西区第41—53窟考古报告》等相关区域考古发掘报告编写和出版。

项目单位：新疆文博院、中国社会科学院考古研究所、北京大学、克孜尔石窟研究所、吐鲁番研究院等。

2. 西藏石窟寺及摩崖造像考古项目

本项目以西藏西部、中部、东部三大区域河谷流域内石窟寺及摩崖造像为重点，了解西藏全境石窟寺分布区域及其地理性特征，完善西藏石窟寺考古基础资料，进一步探讨喜马拉雅地区藏传佛教的流传体系和传播过程。

2025年前完成藏西阿里地区皮央·东嘎石窟群调查、发掘与数字化工作，以及拉萨查耶巴石窟、日喀则拉孜石窟、朗玛石窟考古调查与研究。2030年前完成卡孜河谷石窟调查、发掘与研究。2035年前完成西藏东部佛教遗存的调查与研究。

项目单位：西藏自治区文物保护研究所、四川大学、浙江大学、西北大学、故宫博物院、陕西省考古研究院等。

3. 甘肃早期石窟考古项目

本项目拟在系统收集、整理甘肃早期石窟遗址资料和研究成果的基础上，开展河西、陇东地区部分石窟群的调查和发掘，确认窟内和窟前遗址保存、分布情况，探讨洞窟形制和壁画内容。

2025年完成肃北五个庙石窟窟前遗址、北魏洞窟窟前建筑遗迹考古工作，完成《张掖金塔寺石窟考古报告》。2030年前完成《肃北五个庙石窟窟前遗址发掘报告》《泾川罗汉洞石窟调查发掘报告》。2035年前完成《张掖千佛洞、酒泉文殊山石窟考古报告》。

项目单位：甘肃省文物考古研究所、敦煌研究院、兰州大学历史文化学院、中国社会科学院考古研究所、张掖市文物保护研究所等。

4. 川渝地区中小型窟龛考古项目

本项目拟采用区域系统调查和重点石窟专项调查模式，构建川渝石窟发展的时空框架。2025年前完成四川广元、资阳、眉山、内江、成都地区，重庆大足、合川、潼南地区石窟寺综合考古项目。2030年前完成四川广元、巴中、资阳、成都和眉山地区，重庆大足、永川、荣昌地区石窟寺综合考古项目。2035年前完成四川绵阳、广安、南充、乐山、遂宁地区，重庆大足、江津地区石窟寺综合考古项目。同时选择重要石窟寺窟龛前建筑遗迹和寺院遗址进行考古发掘。

2025年前完成川东地区《安岳石窟考古报告系列》（毗卢洞、玄妙观、卧佛院）、《资中重龙山摩崖造像考古报告》，成都地区《北周文王碑及摩崖造像考古报告》、《仁寿石窟考古报告系列》（牛角寨、坛神岩），广元地区《广元石窟考古报告系列》（千佛崖早期—唐代洞窟、皇泽寺、观音岩）及四川藏区《甲扎尔甲石窟考古报告》。2035年前完成《广元千佛崖石窟考古报告》、《巴中石窟考古报告系列》（南龛、西龛、北龛、水宁寺）、《安岳石窟考古报告系列》（茗山寺、华严洞）、《丹棱石窟考古报告系列》（郑山千佛寺、刘嘴龙鹄山）以及《仁寿两岔河摩崖造像考古报告》《蒲江石窟考古报告》《邛崃石窟考古报告》《冲相寺摩崖造像考古报告》《半月山摩崖造像考古报告》《睏佛寺摩崖造像考古报告》《川北地区典型道教摩崖造像考古报告》及《重庆石窟考古报告系列》（合川、潼南、江津）等。

项目单位：四川省文物考古研究院、重庆市文化遗产研究院、大足石刻研究院、成都文物考古研究院、四川大学、西北大学、西南民族大学等。

5. 山西石窟寺考古项目

本项目拟以晋北、太原西山、太行山西麓沿线石窟寺集中分布区域为重点，进行专项考古调查，对石窟寺分布范围、特征、窟内造像等精细测绘记录，为后续发掘、保护、研究、利用提供依据。2025年前完成晋北地区云冈石窟周边中小型石窟和太原西山一线石窟寺考古调查和报告编写。

项目单位：云冈研究院、山西省考古研究院、北京大学、山西大学、大同大学、山西省古建筑与彩塑壁画保护研究院、太原市文物考古研究所等。

6. 河南龙门石窟及周边区域考古发掘项目

本项目为配合龙门石窟考古系列报告编写，2025年前完成龙门香山寺第二期考古发掘，出版《龙门石窟香山寺遗址考古发掘报告（2021—2025年）》；完成洛阳附近及龙门石窟周边佛教遗迹的考古调查和重点发掘。2035年前对龙门香山寺、奉先寺、敬善寺等遗址以及石窟寺考古报告涉及洞窟窟前遗迹进行持续的考古发掘，探究石窟寺院的历史沿革、空间布局、洞窟组合、建筑结构、文化内涵等。

项目单位：北京大学、龙门石窟研究院、郑州大学等。

7. 陕西石窟寺考古项目

本项目以关中地区彬州大佛寺、陕北地区宋金石窟为重点，开展泾河、渭河、黄河干支流流域唐代至宋金时期石窟的考古调查、局部发掘和数字化信息采集。

2025年前完成关中地区泾河、渭河流域石窟寺和陕北地区清凉山石窟、万安禅院石窟考古调查工作；完成彬州大佛寺石窟东区和中区造像窟龛、富县石泓寺石窟及子长钟山石窟6—10号窟调查、发掘工作，出版《陕西富县石泓寺石窟考古报告》。2030年前完成关中黄河流域及北山南麓石窟寺和陕北地区其余11处石窟的考古调查工作，完成彬州大佛寺西区窟群及子长钟山石窟其余窟龛的考古工作。2035年编辑出版《彬州大佛寺石窟考古报告》《子长钟山石窟考古报告》。

项目单位：陕西省考古研究院、西北大学等。

8. 山东石窟寺考古项目

本项目拟全面记录山东省石窟寺及相关石刻、造像，建立山东石窟寺及石刻数据库。

2030年完成济宁、泰安两大片区石窟寺及刻经、石刻专项调查；在济南、潍坊两个片区开展石窟、寺院及相关石刻、造像专项调查；在胶东片区开展佛教石窟、道教石窟及相关石刻专项调查。2035年完成相关石窟、刻经、摩崖造像的考古调查与发掘报告。

项目单位：山东省文物考古研究院、山东省古建筑保护研究院、山东省石刻博物馆、山东省文物保护修复中心、山东大学等。

9．浙江石窟寺考古项目

本项目拟对浙江省石窟寺及石刻造像进行考古调查和数字化信息采集，建立全省石窟造像数据库。以杭州五代至宋元时期石窟造像为重点，完成石屋洞、烟霞洞、飞来峰等重点区域摩崖题记的旧藏拓片收集、新拓片制作、著录；开展全省范围内小型窟龛造像及其相关遗迹、题记的考古调查与研究，从洞窟形制、造像特征、题材布局、民间信仰等角度，探讨佛教在浙江传播与发展过程中的本土化、世俗化进程。2025年前出版《浙江省石窟造像调查报告》，2030年前出版《杭州五代至宋元石窟造像题记集成》。

项目单位：浙江省文物考古研究所、浙江大学等。

10．江苏石窟寺及摩崖造像考古项目

本项目以江苏南京地区和徐海地区为重点，开展江苏石窟寺及相关石刻、造像考古专项调查、局部发掘和数字化信息采集。2025年完成江苏石窟寺及相关石刻、造像的考古调查和局部发掘，2030年完成相关石窟、刻经、摩崖造像的考古调查和发掘报告。

项目单位：南京博物院、南京市考古研究院、徐州博物馆、连云港市重点文物保护研究所。

11．其他地区石窟寺及摩崖造像考古项目

开展河北、辽宁、内蒙古等其他地区石窟寺、石刻、造像及相关遗迹考古专项调查、重点发掘和数字化信息采集，完善石窟寺考古基础资料，研究石窟寺分布范围、历史沿革、传播路径、文化内涵，发表和出版相关调查发掘报告。

项目单位：相关省（区、市）考古机构、高校、科研院所和石窟寺管理机构。

12．石窟寺考古数字化试点

选取甘肃永靖炳灵寺第169窟、天水麦积山石窟第5窟、重庆大足石刻北山佛湾第136窟、浙江杭州飞来峰青林洞01—23龛、河南洛阳龙门石窟古阳洞与奉先寺、山西大同云冈石窟第7、8及19窟，河北邯郸北响堂山石窟南洞（刻经窟）、西藏札达阿里·东嘎石窟群、新疆库车库木吐喇五连洞第68—72窟，甘肃敦煌莫高窟第249、292窟，四川安岳圆觉洞、内江翔龙山石窟群、资中重龙山石窟群，广元皇泽寺第28、38、45窟等开展数字化考古试点工作。探索建立石窟寺数字化考古信息采集、数据存储与管理等方面标准规范。

项目单位：浙江大学和有关石窟寺管理机构等。

四、保障措施

（一）加强组织领导

国家文物局将石窟寺考古工作纳入"十四五"文物保护和科技创新规划及"考古中国"重大项目。切实落实国家重点文物保护专项补助资金管理责任，优先保障石窟寺考古、报告出版项目。规划涉及省级文物行政部门应制定专项工作方案，明确石窟寺考古研究中长期任务，持续推进各项工作。

（二）强化机制创新

充分调动中央和地方专业力量，健全完善央地互动的工作机制，发挥国家和区域两级考古研究平台的优势，形成科研院所、高校和基层管理机构合作互补、资源共享模式。探索建立石窟寺考古研究基础信息平台，鼓励石窟寺基本信息、考古报告、学术论文、图像资料等开放使用，促进跨领域、多学科专业机构合作挖掘阐释石窟寺价值。

（三）完善技术规范

确定石窟寺考古报告编写体例，指导全国重要石窟寺考古报告编写。参照《田野考古工作规程》，制定符合中国石窟寺特点的田野考古工作规程，指导石窟寺田野考古调查、发掘工作。探索建立石窟寺数字化考古信息采集、数据存储与管理等方面标准规范，推动建立全国互联、资料共享的石窟寺资料信息数据库。

国家文物局关于文物保护工程资质管理制度改革的通知

文物保发〔2021〕30号

各省、自治区、直辖市文物局（文化和旅游厅/局），新疆生产建设兵团文物局：

为深入贯彻党中央、国务院"放管服"改革总体部署，落实《国务院关于深化"证照分离"改革进一步激发市场主体发展活力的通知》（国发〔2021〕7号）有关要求，深化文物保护领域"放管服"改革，促进文物保护行业健康发展，现就文物保护工程资质（包括勘察设计资质、施工资质、监理资质）改革事项通知如下。

一、改革内容

（一）调整资质等级

文物保护工程勘察设计资质、监理资质由甲、乙、丙三级调整为甲、乙两级。文物保护工程施工资质由一、二、三级调整为一、二两级。

（二）调整资质标准

对现行《文物保护工程勘察设计资质管理办法（试行）》《文物保护工程施工资质管理办法（试行）》《文物保护工程监理资质管理办法（试行）》（国家文物局2014年印发）中关于资质标准的部分内容进行调整。

1.《文物保护工程勘察设计资质管理办法（试行）》第十六条第（四）款，"文物保护工程责任设计师不少于3人"调整为"文物保护工程责任设计师不少于2人"。删除第十七条。

2.《文物保护工程施工资质管理办法（试行）》第十八条第（四）款，"文物保护工程责任工程师不少于3人"调整为"文物保护工程责任工程师不少于2人"。第（五）款"具有10名以上文物保护工程施工技术人员"调整为"具有8名以上文物保护工程施工技术人员"。删除第十九条。

3.《文物保护工程监理资质管理办法（试行）》第十七条第（四）款，"文物保护工程责任监理师不少于3人"调整为"文物保护工程责任监理师不少于2人"。删除第十八条。

（三）优化资质审批服务

文物保护工程甲、一级资质审批机关为国家文物局，实行全程网上申报和审批。申请单位按照《国家文物局关于上线试运行全国文物保护工程资质单位数据库和甲、一级资质单位在线管理系统的通知》（文物保函〔2019〕1253号）有关要求填报数据库，所报信息经审核通过后，可直接在线提交甲、一级资质申请，国家文物局依法审批办理。

文物保护工程乙、二级资质审批机关为省级文物行政部门。申请乙、二级资质的单位直接报请相应省级文物行政部门审批。省级文物行政部门负责制定文物保护工程乙、二级资质申报审批相关流程、方式和要求，并向社会公布。

（四）优化市场准入

调整文物保护工程分级及资质等级要求（详见附件）。三级工程（即尚未核定公布为文物保护单位的不可移动文物的保养维护工程、抢险加固工程、修缮工程、迁移工程、重建工程），其承担单位取消资质限定要求，鼓励具有文物保护专业能力和从业经验的单位参与。

二、保障措施

（一）做好过渡衔接。设置新旧政策过渡期，过渡期截至2023年12月31日。过渡期内简单换证，即：原文物保护工程甲、一级和乙、二级资质证书不变，不重新换发证书（资质证书信息变更除外）；原文物保护工程丙、三级资质证书由省级文物行政部门直接换发为相同资质类型和业务范围的乙、二级资质证书，无须核定资质单位人员和业绩等信息。过渡期结束后，根据本次调整后的资质标准，对所有资质单位重新核定换发资质证书，资质证书有效期为6年。

（二）加强事中事后监管。坚持放管结合，开展资质改革实施情况评估，加大资质审批后的动态监管力度。抽查省级文物行政部门文物保护工程资质审批工作，对违规审批行为严肃处理。完善全国文物保护工程资质单位数据库。创新监管方式和手段，推行"双随机、一公开"监管方式和"互联网+监管"模式，加强资质单位日常监管，及时处理相关投诉举报。净化文物保护工程领域市场环境，加大对围标、串标、资质挂靠等违法违规行为查处力度。强化事后责任追究，对负有文物保护工程质量安全事故责任的单位、人员依法追究法律责任。

（三）加大专业人员培养力度。组织开展文物保护工程从业资格考试，推动考试常态化。编制印发文物保护工程从业资格考试教材。推进文物修复领域职业技能等级制度，制定国家职业技能标准。鼓励专业机构针对各类文物保护工程从业人员开展培训，提升行业人员专业能力。

（四）健全信用体系。依托文物保护工程资质单位数据库和在线管理系统，构建资质资格信用管理体系，逐步建立资质资格信用大数据查询系统，面向全社会开放。强化信用信息在文物保护工程各环节的应用。建立文物保护工程资质单位"黑名单"制度，加大对失信行为的惩戒力度。

本通知自印发之日起施行。

附件：文物保护工程分级及资质等级要求表

国家文物局
2021年10月20日

附件

文物保护工程分级及资质等级要求表

1. 文物保护工程（勘察设计）分级及资质等级要求表

工程级别	工程主要内容	资质等级要求
一级	1. 全国重点文物保护单位和国家文物局指定的重要文物修缮工程、迁移工程、重建工程的方案及施工图设计。	无
	2. 全国重点文物保护单位保护规划编制。	勘察设计甲级
二级	1. 全国重点文物保护单位保养维护工程、抢险加固工程的方案及施工图设计。 2. 省、市、县级文物保护单位保养维护工程、抢险加固工程、修缮工程、迁移工程、重建工程的方案及施工图设计。	无
	3. 省、市、县级文物保护单位保护规划编制。	勘察设计甲级、勘察设计乙级
三级	尚未核定公布为文物保护单位的不可移动文物保养维护工程、抢险加固工程、修缮工程、迁移工程、重建工程的方案及施工图设计，保护规划编制。	无

注：壁画保护涵盖壁画、彩塑保护，古建筑保护涵盖彩画保护。

2. 文物保护工程（施工）分级及资质等级要求表

工程级别	工程主要内容	资质等级要求
一级	全国重点文物保护单位和国家文物局指定的重要文物修缮工程、迁移工程、重建工程。	施工一级
二级	1. 全国重点文物保护单位保养维护工程、抢险加固工程。 2. 省、市、县级文物保护单位保养维护工程、抢险加固工程、修缮工程、迁移工程、重建工程。	施工一级、施工二级
三级	尚未核定公布为文物保护单位的不可移动文物保养维护工程、抢险加固工程、修缮工程、迁移工程、重建工程。	无

注：壁画保护涵盖壁画、彩塑保护，古建筑保护涵盖彩画保护。

3. 文物保护工程（监理）分级及资质等级要求表

工程级别	工程主要内容	资质等级要求
一级	全国重点文物保护单位和国家文物局指定的重要文物的修缮工程、迁移工程、重建工程。	监理甲级
二级	1. 全国重点文物保护单位保养维护工程、抢险加固工程。 2. 省、市、县级文物保护单位保养维护工程、抢险加固工程、修缮工程、迁移工程、重建工程。	监理甲级、监理乙级
三级	尚未核定公布为文物保护单位的不可移动文物保养维护工程、抢险加固工程、修缮工程、迁移工程、重建工程。	无

注：壁画保护涵盖壁画、彩塑保护，古建筑保护涵盖彩画保护。

国家文物局关于印发《革命文物保护利用片区工作规划编制要求》的通知

文物革发〔2021〕33号

各省、自治区、直辖市文物局（文化和旅游厅/局），新疆生产建设兵团文物局：

为深入贯彻落实习近平总书记关于革命文物工作重要指示精神和中共中央办公厅、国务院办公厅《关于实施革命文物保护利用工程（2018—2022年）的意见》，有序推进革命文物保护利用片区工作，我局组织编制了《革命文物保护利用片区工作规划编制要求》，现印发给你们，请结合实际贯彻执行。

革命文物保护利用片区工作规划由省级文物主管部门组织编制，跨省域片区工作规划由一省牵头、联合编制，经我局同意并由省级文物主管部门发布实施。我局将依据片区工作规划对片区革命文物保护利用工作加强统筹指导和支持。

特此通知。

国家文物局

2021年10月28日

革命文物保护利用片区工作规划编制要求

第一章 总体要求

第一条 编制目的

为深入贯彻中共中央办公厅、国务院办公厅《关于实施革命文物保护利用工程（2018—2022年）的意见》，有序推进革命文物保护利用片区工作规划编制，根据文物保护有关法律法规及规范性文件，特制定本要求。

第二条 适用范围

本要求适用于中央宣传部、财政部、文化和旅游部、国家文物局公布的革命文物保护利用片区（以下简称片区）工作规划的编制与实施。

第三条 指导思想

以习近平新时代中国特色社会主义思想和习近平总书记关于革命文物工作重要指示精神为指导，以片区工作为抓手，夯实基础，创新举措，用心用情用力保护好、管理好、运用好革命文物，示范引领全国革命文物工作。

第四条 编制原则

（一）坚持价值引领。研究梳理片区革命历史和主题构成，挖掘展现片区革命精神和时代价值，以价值评价为导向，准确把握工作规划的对象、重点和策略，不能将各种革命旧址等量齐观，历史评价要恰如其分。

（二）坚持系统规划。综合考虑片区主题、资源禀赋和区位条件，以科学布局、全面推进为支撑，更好实现革命文物的整体规划、连片保护、统筹展示、示范引领。

（三）坚持恰当适度。始终秉持艰苦奋斗的革命传统，以简约朴素大方为主调，体现内在精神，突出教育功能，力戒贪大求洋、富丽堂皇。

（四）坚持融合发展。紧密对接国家战略和地方经济社会发展规划，不断满足人民日益增长的美好生活需要，用好红色资源，推动区域发展，确保片区工作规划的前瞻性、科学性、可操作性。

第五条 规划期限

片区规划以中长期规划为主，最长期限不超过15年。根据规划任务和实施条件可制定分期计划及细化要求。

第六条 规划成果

（一）规划文本。表达片区规划的目标任务、工作重点和保障措施，文本表述应规范准确、定义清晰、简洁明了。

（二）规划图纸。以图纸、照片形象表达资源现状和规划设计，图纸标注应规范准确、序列清晰、必要完整。

（三）规划附件。补充表达片区规划相关信息，附件汇编应规范准确、条理清晰、密切关联。

第二章 规划文本

第七条 体例框架

（一）总则

（二）资源评估

（三）总体布局

（四）连片保护

（五）整体展示

（六）融合发展

（七）保障措施

（八）附则

第八条 总则

简要表述规划对象的片区主题、公布范围、历史地位和规划原则、规划范围、规划期限。

第九条 资源评估

（一）史实提炼。以习近平总书记有关重要论述和党中央关于党的若干历史问题的重要决议、权威党史文献为依据，概述片区主题的革命历史、革命精神、核心价值，概述片区主题的重大事件、重要会议、重要人物的历史作用。

（二）资源梳理。以片区革命文物资源调查成果为依托，摸清片区主题革命旧址的资源底数、分布情况和保存状况，掌握片区主题纪念场馆的分布情况和馆藏文物总数。

（三）价值评价。根据历史意义、纪念意义、教育意义，对片区主题文物保护单位的重要性及其蕴含价值进行分级评价。

（四）区位条件。简要分析片区的地理位置、资源禀赋、经济社会发展水平及配套基础设施情况。

（五）评估结论。综述片区主题革命文物的保护管理和展示利用的主要问题和努力方向。

第十条　总体布局

概述片区工作的规划对象，明确规划目标、主要任务和发展战略、实施策略，明确片区主题革命文物连片保护、整体展示、融合发展的主题提炼、空间结构和项目布局。

第十一条　连片保护

（一）保护要求。统筹规划片区革命文物保护修缮、环境整治、保护性设施建设项目，对抢救性保护、预防性保护和数字化保护分类研提指导性要求，对历史风貌整治研提规范性要求，对连片巡查、日常养护、安全监测工作研提指导性要求。

（二）安全防护。按照必要、有效、适当的原则，根据安全风险情况，结合保护利用工作，推进革命文物平安工程，对片区革命文物安全责任体系建设提出规范性要求。

（三）连片保护。坚持抓主抓重，推进整体保护，科学凝练保护主题，以全国重点文物保护单位和省级文物保护单位为重点，统筹规划同一主题、分布集中、内涵关联的各级文物保护单位连片保护项目。编制连片保护项目列表，简要说明保护主题、项目内容、实施要点、分期计划。

第十二条　整体展示

（一）展示要求。统筹规划片区革命旧址展示、纪念场馆展陈、环境风貌展示的总体定位、展示体系和项目布局，对展示线路主题衔接、节点贯通、一体打造研提指导性要求，对拓展革命文物社会教育和公共服务功能研提工作建议。

（二）整体展示。按照整体策划、连片打造的原则，分类提炼展示主题，以全国重点文物保护单位和省级文物保护单位为重点，统筹规划同一主题、分布集中、内涵关联的各级文物保护单位整体展示项目，一体推进导览、标识、讲解体系建设。编制整体展示项目列表，简要说明展示主题、项目内容、实施要点、分期计划。

第十三条　融合发展

（一）资源衔接。片区规划应充分考虑自然资源、人文资源的协同保护和共享利用，强化资源整合，做好区域统筹。

（二）规划衔接。片区规划应充分衔接区域国民经济和社会发展规划、国土空间规划、文物保护规划及其他专项规划，强化内容对接，落实衔接措施。

（三）政策对接。片区规划应充分对接党和国家发展战略、乡村振兴、文旅融合及其他相关政策，积极赋能革命老区振兴发展。

第十四条　保障措施

（一）管理保障。对建立省、市、县三级协同推进机制和跨区域协作机制提出要求，对机构加强、队伍建设、能力提升研提建议。

（二）政策保障。对加强制度创新、改革试点、精准管理提出要求，对设施建设、用地保障、产业发展研提建议。

（三）资金支持。对加大投入、统筹使用提出要求，对拓展资金渠道、鼓励社会参与研提建议。

第十五条 附则

说明片区规划的发布和实施事宜。

第三章 规划图纸

第十六条 基本图纸

（一）区位图：标明规划对象的地理位置。

（二）地形图：标明规划对象的现状地形。

（三）资源图：标明规划对象的分布情况和价值等级。

（四）保存状况图：标明规划对象的保存现状。

（五）总体布局图：标明规划对象总体布局的空间结构。

（六）连片保护规划图：标明片区主题连片保护的总体布局及重点项目、分期计划。

（七）整体展示规划图：标明片区主题整体展示的总体布局及重点项目、分期计划。

（八）融合发展规划图：标明片区主题融合发展的整体布局及重大工程、分期计划。

第十七条 补充性图纸

按照确有必要的原则，适当补充片区相关的历史沿革图、周边环境图、文献信息图、规划衔接图、道路交通图、生态环境保护图和其他图纸。

第十八条 绘制要求

（一）表述内容简单的基本图纸可绘制综合图，表述内容复杂的基本图纸可绘制综合图并拆分单项内容、独立成图。

（二）规划图纸绘制应以符合国家标准的地图或现状地形图为底图并显示地形。

（三）规划图纸应优选先进技术绘制，符合规划成果深度要求，做到绘制准确清晰、图文相符、图例一致，并在图纸下端标明规划名称、图名、图例、比例尺、指北针、编制单位、编制日期。

第四章 规划附件

第十九条 资源清单

分类列出规划对象所涉的各级文物保护单位基本信息（含序号、地址、名称、时期、保护级别、价值等级，全国重点文物保护单位、省级文物保护单位宜辅以图示或照片说明）、未核定为文物保护单位的不可移动文物基本信息（含序号、地址、名称、时期）、纪念场馆基本信息（含序号、地址、名称、馆藏革命文物统计总数及珍贵革命文物统计总数）。

第二十条 评估报告

（一）经济社会条件评估。综合分析规划对象的区位条件、自然和人文资源、经济社会发展水平。

（二）文物价值评估。科学评价片区主题的革命历史、革命精神和核心价值，编制片区主题文物保护单位价值等级列表。文物价值等级评价统一表述为三个等级，即Ⅰ级、Ⅱ级、Ⅲ级。Ⅰ级是指实证在党和国家、军队历史上具有指南针意义的红色地标或承载伟大精神标识的极其珍贵的革命旧址，一般对应为全国重点文物保护单位。Ⅱ级是指实证中国革命、建设、改革历程的重大事件、重要会议、重要人物的珍贵革命旧址，一般对应为全国重点文物保护单位或省级文物保护单位。Ⅲ级是指相对重要的革命旧址，一般对应为省级文物保护单位或市县级文物保护单位。

（三）保存现状评估。整体评估规划对象的保护状况（即历史真实性、风貌完整性、文化延续性），综合分析文物病害、安全隐患及问题成因。

（四）管理现状评估。整体评估规划对象的管理状况，主要包括资源权属、管理机构、队伍建设、工作机制。

（五）利用现状评估。整体评估规划对象的利用状况，主要包括对外开放、展示展陈、社会教育、融合发展、社会参与、利用方式与文物价值的契合度、基础设施与公共服务的匹配度。

（六）评估结论。综述片区主题革命文物保护管理利用的工作背景、主要问题和努力方向。

第二十一条　项目说明

概述说明历年革命文物保护项目的统计数据和实施情况。依据价值评价、保护需求和展示意义，分类编制片区主题革命文物的抢救性保护项目库、连片保护项目库、整体展示项目库，并研提重大项目实施建议。抢救性保护项目应明确对象、内容、计划时间、实施主体，突出紧迫性、抢险性；连片保护项目、整体展示项目应明确主题、对象、内容、计划时间、实施主体，突出整体性、关联性；重大项目实施建议宜简宜精，突出系统性谋划、战略性布局。编制项目实施的分期计划列表，列出各期规划的实施重点和实施主体。

第二十二条　资料汇编

按照确有必要的原则，精选并汇编革命历史相关文献档案、经济社会发展相关基础资料、片区工作相关政策文件。

国家文物局关于公布
《文物行政执法公示办法（试行）》
《文物行政执法全过程记录办法（试行）》
《重大文物行政执法决定法制审核
办法（试行）》的决定

文物督发〔2021〕35号

各省、自治区、直辖市文物局（文化和旅游厅/局），新疆生产建设兵团文物局，北京市文化市场综合执法总队，天津市、重庆市文化市场行政执法总队：

《文物行政执法公示办法（试行）》《文物行政执法全过程记录办法（试行）》《重

大文物行政执法决定法制审核办法（试行）》已经2021年10月19日国家文物局第23次党组会议审议通过，现予公布，自公布之日起施行。

国家文物局

2021年11月5日

文物行政执法公示办法（试行）

第一条 为提高文物行政执法工作的透明度，促进严格规范公正文明执法，根据《中华人民共和国文物保护法》《中华人民共和国行政处罚法》《中华人民共和国政府信息公开条例》《国务院办公厅关于全面推行行政执法公示制度执法全过程记录制度重大执法决定法制审核制度的指导意见》等规定，结合文物行政执法工作实际，制定本办法。

第二条 本办法适用于文物行政执法机关依法实施的行政执法公示工作。

本办法所称文物行政执法公示，是指文物行政执法机关通过采取一定载体和方式，在行政执法事前、事中和事后各个环节，依法将本机关的行政执法信息主动向社会公开的活动，以保障行政管理相对人和社会公众的知情权、参与权、表达权、监督权。

第三条 文物行政执法公示应当按照"谁执法谁公示"的原则，明确公示内容的采集、传递、审核、发布职责，及时、主动公开或者公示文物行政执法信息。

第四条 文物行政执法机关应当将本机关行政执法信息纳入同级人民政府行政执法信息统一公示平台，实现执法信息互联互通，可采用以下形式进行公示：

（一）政府网站及政务新媒体；

（二）新闻发布会以及电视、报刊、广播等途径；

（三）公示栏或者电子显示屏；

（四）其他公示方式。

第五条 文物行政执法机关应结合政府信息公开、权责清单公布、"双随机、一公开"监管等工作，事前公开以下事项：

（一）行政执法主体；

（二）行政执法人员姓名、执法证编号等基本信息；

（三）执法机关的职责、权限；

（四）随机抽查事项清单；

（五）行政执法的执法依据、执法程序；

（六）监督、投诉举报的方式和途径；

（七）行政管理相对人的救济途径、方式和期限等；

（八）其他应当公示的内容。

第六条 新颁布或者修改、废止的法律、法规、规章引起行政执法公示内容发生变化的，文物行政执法机关应当在有关法律、法规、规章生效或者废止后及时更新相关公示内容。

因执法职能调整引起行政执法公示内容发生变化的，文物行政执法机关应当在调整后及时更新相关公示内容。

第七条 文物行政执法机关应当编制并公开本机关文物行政执法流程，明确行政执法事项名称、办理流程、办理时限、监督方式、责任追究、救济渠道等内容。

第八条 文物行政执法机关应当加强执法工作着装管理，规范执法车辆标识，公布举报监督电话。

执法人员开展现场检查、调查取证、文书送达等执法活动时，应当出示执法证件，出具现场检查、责令改正、处罚决定等执法文书，告知行政管理相对人执法事项、执法依据、权利义务、救济途径等内容，做好告知说明工作。

第九条 文物行政执法机关在事后环节应当主动公开执法机关、执法对象、涉案文物、执法类别、执法结论等信息，以及法律、法规、规章或者规范性文件规定应当事后公开的其他行政执法信息。

第十条 文物行政处罚的执法决定信息应当在执法决定作出之日起7个工作日内公开。其他的文物行政执法信息，应当自信息形成或者变更之日起20个工作日内予以公开。

法律、法规、规章对公示期限另有规定的除外。

第十一条 文物行政执法机关可以采取信息摘要或者全文公开的方式公开行政执法决定。

采取信息摘要方式公开行政执法决定的，应当公开行政执法决定书的文号、案件名称、当事人姓氏或者名称、违法事实、法律依据、执法决定、执法主体名称、日期等。

文物行政执法决定书全文公开时，应当隐去下列信息：

（一）法定代表人、行政执法决定相对人（个人）以外的自然人名字；

（二）自然人的家庭住址、身份证号码、通讯方式、银行账号、动产或者不动产权属证书编号、财产状况等；

（三）法人或者其他组织的银行账号、动产或者不动产权属证书编号、财产状况等；

（四）法律、法规、规章规定应当隐去的其他信息。

第十二条 文物行政执法机关应当构建分工明确、职责明晰、便捷高效的行政执法公示运行机制，明确专门机构和人员负责公示内容的收集、整理、汇总、发布和更新工作。

第十三条 文物行政执法公示内容实行审核制，公示事项内容应当经本机关负责人批准后进行公示。

第十四条 文物行政执法机关发现公开的公示内容不准确的，应当主动更正。文物行政执法决定因行政复议、行政诉讼或者其他原因被变更、撤销或者被确认违法的，行政执法机关应当及时撤回原行政执法决定信息，重新作出行政执法决定信息的应当按照本办法规定予以公布。

公民、法人或者其他组织有证据证明主动公开的公示内容不准确的，可以以书面形式要求文物行政执法机关予以更正。文物行政执法机关应当在收到书面更正要求后15个工作日内，进行核实并作出处理。

第十五条 依法确定为国家秘密的行政执法信息，法律、行政法规禁止公示的行政执法信息，以及公开后可能危及国家安全、公共安全、经济安全、社会稳定的行政执法信息，不予公开。

文物行政执法机关不得公开涉及商业秘密、个人隐私的行政执法信息。但是，经权利人同意公开或者文物行政执法机关认为不公开可能对公共利益造成重大影响的可以公开。

第十六条 上级文物行政执法机关应当加强对下级文物行政执法机关行政执法公示工作的监督检查。

第十七条　文物行政执法机关及其工作人员有下列情形之一的，由上级主管部门或者有关部门责令改正；造成严重后果的，对负有责任的领导人员和直接责任人员，依法给予政务处分：

（一）应当公示而未按规定予以公示的；

（二）应当公示而未及时公示的；

（三）因玩忽职守、弄虚作假、隐瞒事实致使公示内容错误的；

（四）擅自公示未经审核或者审核未通过的公示内容的；

（五）其他违反本办法的行为。

第十八条　受委托实施文物行政执法的组织开展行政执法公示工作，适用本办法。

第十九条　本办法由国家文物局负责解释。

第二十条　本办法自公布之日起施行。

文物行政执法全过程记录办法（试行）

第一条　为规范文物行政执法行为，保护公民、法人或者其他组织的合法权益，根据《中华人民共和国文物保护法》《中华人民共和国行政处罚法》《国务院办公厅关于全面推行行政执法公示制度执法全过程记录制度重大执法决定法制审核制度的指导意见》等规定，结合文物行政执法工作实际，制定本办法。

第二条　文物行政执法机关依据法律、法规、规章实施行政执法行为的全过程记录，适用本办法。

本办法所称文物行政执法全过程记录，是指文物行政执法机关及其所属文物行政执法人员通过文字、音像等记录形式，对行政执法的启动、调查取证、审核决定、送达执行等全过程进行记录，并全面系统归档保存的活动。

第三条　执法全过程记录应当坚持合法、客观、公正的原则，全面、准确、真实记录行政执法行为，全面系统归档保存，做到执法全过程留痕和可回溯管理。

第四条　文物行政执法机关应当根据文物行政执法需要配备执法记录设备，建立健全文物行政执法全过程记录信息收集、保存、管理和使用等工作制度，充分运用信息化手段，及时归集行政执法信息，提高行政执法记录的信息化水平，逐步实现文物行政执法信息实时全记录。执法记录设备和信息化等所需费用纳入文物行政执法等经费予以保障。

第五条　文物行政执法全过程记录包括文字记录和音像记录。

文字记录是指以行政执法文书、调查取证相关文书、鉴定意见、专家论证报告、听证报告、内部程序审批表、送达回证等纸质文件或者电子文件形式对行政执法活动进行全过程记录的方式。

音像记录是指通过照相机、录音机、摄像机、执法记录仪、视频监控等执法记录设备，实时对行政执法过程进行记录的方式。

第六条　依法启动文物行政执法程序的，应当记录案件来源和立案情况。

依法不启动文物行政执法程序的，应当记录不启动的原因、告知当事人或者向社会公示等有关情况。

第七条　调查取证、听证和告知环节应当记录下列事项：

（一）执法人员姓名、执法证件编号及执法证件出示的情况；

（二）涉案文物名称、级别、管理使用单位、安全直接责任人等基本信息；

（三）询问当事人或证人的，应当制作询问笔录，载明当事人或者有关人员的基本情况、询问的时间和地点以及询问内容；

（四）向有关单位和个人调取书证、物证的，应当制作证据登记清单，载明取证人、取证日期和证据出处等；

（五）现场检查（勘验）的，应当制作现场检查（勘验）笔录，载明现场检查（勘验）的时间、地点、在场人、检查人、检查或勘验情况；

（六）检验、检测、鉴定、专家评审和公示等情况；

（七）抽样取证的，应当制作抽样取证记录，并出具抽样物品清单；

（八）采取证据先行登记保存措施的，应当记录证据先行登记保存的启动理由、具体标的、形式，出具先行登记保存证据决定或者先行登记保存清单；

（九）告知当事人陈述、申辩、申请回避、听证等权利，应当记录告知的方式和内容，并如实记录当事人陈述、申辩、申请回避、听证的情况；

（十）听证主持人、听证当事人相关信息、听证时间、地点及听证情况；

（十一）其他需要记录的情况。

第八条　决定环节应当记录下列事项：

（一）承办人的处理意见及事实理由、法律依据；

（二）承办机构的处理意见；

（三）重大文物行政执法决定的法制审核和重大文物行政执法决定的集体讨论情况；

（四）审批决定意见；

（五）其他需要记录的情况。

第九条　送达与执行环节应当记录下列事项：

（一）送达的时间、地点、方式及送达的情况；

（二）当事人履行行政执法决定的情况，其中对于依法应责令改正的，应当记录核查情况；

（三）告知当事人行政救济途径的情况；

（四）其他需要记录的情况。

第十条　送达行政执法文书，应当根据不同情况记录以下事项：

（一）直接送达的，由送达人、受送达人或者符合法定条件的签收人在送达回证上签名或者盖章；

（二）邮寄送达的，留存邮寄送达的付邮凭证和回执或者寄达查询记录；

（三）留置送达的，应当记录留置事由、留置地点和时间，由送达人和见证人签名或者盖章；

（四）公告送达的，留存书面公告并记录公告送达的原因和经过以及公告方式和载体。

第十一条　归档管理环节应当记录案件的结案归档情况。

第十二条　文字记录能够全面有效记录行政执法行为的，可以不进行音像记录。

对现场执法、调查取证、证据保全、举行听证、留置送达和公告送达等容易引发争议的行政执法过程，应当进行音像记录。

对可能直接涉及人民群众生命健康、重大财产权益的现场执法活动和执法场所，文物行政执法机关应当进行全过程音像记录。

第十三条 全过程音像记录应当自行政执法行为开始起，至行政执法行为结束止，进行不间断记录，不得选择性记录。

第十四条 全过程音像记录应当准确记录以下内容：

（一）执法现场环境；

（二）执法行为开始和结束的时间；

（三）执法人员、当事人、第三人等现场有关人员情况；

（四）涉案文物、涉案场所、设施、设备和财物等；

（五）执法人员出示执法证件、调查取证、送达执法文书等执法过程情况；

（六）其他应当记录的内容。

第十五条 执法活动结束后，执法人员应当及时将执法音像资料导出保存。连续工作、异地执法办案或者在偏远、交通不便地区执法办案，确实无法及时移交资料的，应当在返回单位后二十四小时内移交。

第十六条 文物行政执法机关应当做好执法记录设备的维护、保养和管理，保证执法记录设备的正常使用。

执法记录设备录音录像过程中，因故障、损坏或者电量不足、存储空间不足、天气情况恶劣等原因中止记录的，应当进行记录说明。

第十七条 文物行政执法机关应当建立健全执法全过程记录资料的管理制度，明确专门人员负责文字记录和音像记录资料的归档、保存。

第十八条 有下列情形之一的，应当长期保存音像记录：

（一）当事人对现场执法有异议或者投诉、信访的；

（二）当事人逃避、拒绝、阻碍执法人员依法执行公务的；

（三）执法人员参与处置群体性事件、突发事件的；

（四）其他需要长期保存的。

第十九条 文字记录、音像记录涉及国家秘密、商业秘密、个人隐私的，按照国家保密等相关法律法规进行管理。

第二十条 文物行政执法机关应当定期对执法记录设备反映的执法人员队容风纪、文明执法情况进行抽检，对记录的案卷、音像资料进行检查，并建立检查台账。

第二十一条 文物行政执法机关应当加强数据统计分析，将执法记录信息运用到案卷评查、执法监督、评议考核、舆情应对、行政决策和社会信用体系建设等工作。

第二十二条 文物行政执法机关及其工作人员有下列情形之一的，由其所属文物行政执法机关、上级文物行政执法机关或者有关部门责令改正，对责任人员进行批评或者通报批评；情节严重的，对负有责任的领导人员和直接责任人员依法给予政务处分；涉嫌构成犯罪的，依法移送司法机关追究刑事责任：

（一）未履行或者未按要求履行执法全过程记录的；

（二）未按规定储存或者保护，致使执法记录信息损毁、灭失的；

（三）修改、删除或者故意损毁执法记录信息的；

（四）泄露执法记录信息的；

（五）其他违反执法记录管理规定的行为。

第二十三条　本办法所称重大财产权益，由各级文物行政执法机关参照本地重大案件、集体讨论案件、听证案件等标准，结合实际情况制定。

第二十四条　受委托实施文物行政执法的组织实施行政执法全过程记录，适用本办法。

第二十五条　本办法由国家文物局负责解释。

第二十六条　本办法自公布之日起施行。

重大文物行政执法决定法制审核办法（试行）

第一条　为规范文物行政执法行为，保护公民、法人和其他组织的合法权益，加强对重大文物行政执法行为的监督，依据《中华人民共和国文物保护法》《中华人民共和国行政处罚法》《国务院办公厅关于全面推行行政执法公示制度执法全过程记录制度重大执法决定法制审核制度的指导意见》等规定，结合文物行政执法工作实际，制定本办法。

第二条　文物行政执法机关对重大文物行政执法决定进行法制审核，适用本办法。

第三条　文物行政执法机关作出重大执法决定之前，应当进行法制审核。未经审核或者审核未通过的，不得作出决定。

第四条　文物行政执法机关应当设立法制审核机构负责本机关的重大执法决定法制审核工作；没有法制审核机构的，文物行政执法机关应当配备专门的法制审核人员负责重大执法决定法制审核工作。

文物行政执法机关的法制审核机构应当与本机关具体负责文物行政执法工作的机构（以下简称执法承办机构）分开设置。

第五条　文物行政执法机关要充分发挥法律顾问、公职律师在法制审核工作中的作用，特别是针对基层存在的法制审核专业人员数量不足、分布不均等问题，探索建立健全本系统内法律顾问、公职律师统筹调用机制，实现法律专业人才资源共享。

第六条　本办法所称重大文物行政执法决定，是指符合以下情形之一的：

（一）涉及重大公共利益，可能引发社会风险，公众反映强烈、社会影响恶劣的；

（二）直接关系行政相对人或者第三人重大权益的；

（三）履行听证程序的；

（四）案件情况疑难复杂的、涉及多个法律关系的；

（五）法律、法规、规章或者规范性文件规定应当进行法制审核的其他情形。

第七条　文物行政执法机关应当根据法律、法规、规章规定，结合本机关执法职责、执法层级、涉及文物的级别及影响、涉案金额等因素，按照执法类别，编制重大文物行政执法决定法制审核事项清单。

第八条　执法承办机构应当在重大文物行政执法事项调查取证完毕提出处理意见后，送法制审核机构或者法制审核人员进行法制审核。通过法制审核后，提交本文物行政执法机关负责人集体讨论决定。

第九条　文物行政执法机关作出重大执法决定前，执法承办机构应当向法制审核机构或者法制审核人员，提供与拟作出执法决定相关的所有主体、事实、证据和程序等文件材料以及其他应当送审的文件材料。

第十条　法制审核机构和法制审核人员应当对拟作出的重大文物行政执法决定从以下方面进行审核：

（一）行政执法主体是否合法，行政执法人员是否具备执法资格；

（二）行政执法程序是否合法；

（三）案件事实是否清楚，证据是否合法充分；

（四）适用法律、法规、规章是否准确，裁量基准运用是否适当；

（五）执法是否超越执法机关法定权限；

（六）行政执法文书是否完备、规范；

（七）违法行为是否涉嫌犯罪、需要移送司法机关；

（八）其他应当审核的内容。

第十一条　法制审核机构和法制审核人员对拟作出的重大文物行政执法决定进行审核后，根据不同情况，出具书面审核意见：

（一）对于主体合法、案件事实清楚、证据确实充分、法律适用正确、程序合法、裁量基准运用适当、执法文书制作规范的，出具同意的审核意见；

（二）对事实不清、证据不足的，出具重新调查或者补充调查的审核意见；

（三）对定性不准、法律适用错误或者裁量基准运用不当的，出具修正的审核意见；

（四）对超越管辖权限或者滥用职权的，出具不予同意的审核意见；

（五）对违反法定程序的，出具纠正的审核意见。

第十二条　法制审核机构和法制审核人员应自收到送审材料之日起10个工作日内完成法制审核工作。案情复杂的，经文物行政执法机关负责人批准，可延长5个工作日。

第十三条　执法承办机构收到审核同意的法制审核意见的，应当将法制审核意见与相关材料一并报请文物行政执法机关负责人依法决定。

执法承办机构收到其他法制审核意见的，应当根据法制审核意见补充材料或者改正。

第十四条　上级文物行政执法机关可以通过案卷评查、执法督察等方式对下级文物行政执法机关重大执法决定法制审核工作进行指导和监督。

文物行政执法机关应当建立定期培训制度，提高法制审核人员的法律素养和业务能力。

第十五条　执法人员有下列情形之一的，由其所属行政执法机关、上级行政机关或者有关部门责令改正；情节严重的，对负有责任的领导人员和直接责任人员依法给予政务处分；构成犯罪的，依法移送司法机关追究刑事责任：

（一）应当提交法制审核而未提交的；

（二）因玩忽职守、弄虚作假、隐瞒事实，造成重大执法决定错误的；

（三）拒不采纳法制审核机构审核意见，情节严重的；

（四）其他不履行法制审核职责的行为。

第十六条　受委托实施文物行政执法的组织开展重大执法决定法制审核工作，适用本办法。

第十七条　本办法由国家文物局负责解释。

第十八条　本办法自公布之日起施行。

国家文物局关于印发《尚未核定公布为文物保护单位的不可移动文物保护管理暂行规定》的通知

文物保发〔2021〕37号

各省、自治区、直辖市文物局（文化和旅游厅/局），新疆生产建设兵团文物局：

为加强尚未核定公布为文物保护单位的不可移动文物保护管理，我局组织编制了《尚未核定公布为文物保护单位的不可移动文物保护管理暂行规定》，现予以印发，请遵照执行。

各地在执行过程中如有问题或意见建议，请及时反馈我局。特此通知。

国家文物局

2021年11月10日

尚未核定公布为文物保护单位的不可移动文物保护管理暂行规定

第一条 为加强和规范尚未核定公布为文物保护单位的不可移动文物保护管理工作，根据《中华人民共和国文物保护法》《中华人民共和国文物保护法实施条例》，以及《国务院关于进一步加强文物工作的指导意见》《中共中央办公厅 国务院办公厅关于加强文物保护利用改革的若干意见》，制定本规定。

第二条 按照《中华人民共和国文物保护法》第八条相关规定，地方各级人民政府负责本行政区域内的文物保护工作。省级文物主管部门应当对本行政区域内的尚未核定公布为文物保护单位的不可移动文物保护实施监督管理，将其纳入省级文物事业发展规划。

省级文物主管部门应当指导县级人民政府将尚未核定公布为文物保护单位的不可移动文物的保护管理纳入本级国民经济和社会发展规划、国土空间规划，加大人员和经费投入。

第三条 省级文物主管部门应当指导县级文物主管部门通过设立文物保护专家委员会等方式健全不可移动文物保护专家咨询机制。文物保护专家委员会由文物、历史、地方志、民俗、法律等方面专家组成，为不可移动文物保护利用提供专业咨询。

第四条 县级文物主管部门应当定期开展文物调查，按照相关规定及时认定和登记公布新发现的文物。

登记信息应当包括文物名称、构成、类型、年代、地址、范围、所有人和使用人，保存状况、使用情况以及文物简介等。

第五条 县级文物主管部门应当每年核查更新尚未核定公布为文物保护单位的不可移动文物名录和登记信息，将相关情况向社会公布，并报省、市级文物主管部门备案。

第六条　县级文物主管部门应当对尚未核定公布为文物保护单位的不可移动文物开展价值评估，对于价值较高，且符合条件的，县级文物主管部门应当依法报请设区的市、自治州和县级人民政府核定公布为市、县级文物保护单位。

第七条　尚未核定公布为文物保护单位的不可移动文物自登记公布之日起1年内，由县级文物主管部门建立记录档案，做出标志或者说明，制定具体保护措施，并公告施行。

省级文物主管部门应当组织考古和文物保护研究机构，指导和协助县级文物主管部门开展考古调查和文物建筑测绘等工作，建立完善文物信息档案。

第八条　县级文物主管部门应当按照《自然资源部 国家文物局关于在国土空间规划编制和实施中加强历史文化遗产保护管理的指导意见》的规定，会同本级自然资源主管部门将尚未核定公布为文物保护单位的不可移动文物的空间信息纳入同级国土空间基础信息平台和国土空间规划"一张图"。

第九条　县级文物主管部门应当书面告知尚未核定公布为文物保护单位的不可移动文物的使用人和所有人不可移动文物的保护管理要求，指导其落实文物保护责任。

第十条　建设工程选址，应当尽可能避开尚未核定公布为文 物保护单位的不可移动文物；因特殊情况不能避开的，应当优先实施原址保护。

无法实施原址保护，必须迁移异地保护或者拆除的，县级文物主管部门应当依法做好相应必要性、可行性论证评估，向社会公示通过后，报请县级人民政府核定，并报省、市文物主管部门备案。

依照前款规定拆除的国有尚未核定公布为文物保护单位的不可移动文物中具有收藏价值的石刻、壁画、雕塑、建筑构件等，由县级文物主管部门指定的文物收藏单位收藏。对拆除的非国有尚未核定公布为文物保护单位的不可移动文物中具有收藏价值的石刻、壁画、雕塑、建筑构件等，县级文物主管部门可以协调国有文物收藏单位进行征集。

第十一条　建设工程选址无法避让古遗址、古墓葬等地下文物的，应当坚持"先考古、后出让"的原则，在工程范围内开展必要的考古调查、勘探、发掘，制定针对性保护措施。考古勘探和发掘应当依法履行相应的报批程序。

考古调查、勘探、发掘所需费用由建设单位列入建设工程预算。

第十二条　在城市更新、城镇老旧小区改造、城中村改造、集中成片开发等城乡建设项目实施前，县级文物主管部门应当组织开展专项文物调查，对项目涉及区域内尚未核定公布为文物保护单位的不可移动文物提出保护意见，对调查中发现有保护价值而尚未认定为文物的，应当及时认定为文物。

第十三条　国有尚未核定公布为文物保护单位的不可移动文物由使用人负责修缮、保养；非国有尚未核定公布为文物保护单位的不可移动文物由所有人负责修缮、保养。非国有尚未核定公布为文物保护单位的不可移动文物有损毁危险，所有人不具备修缮能力的，县级文物主管部门可以提请当地人民政府给予帮助。

对尚未核定公布为文物保护单位的不可移动文物进行修缮，应当报登记的县级文物主管部门批准。县级文物主管部门在批准修缮时，应当明确其重点保护部位、保护要求和保护措施。

对尚未核定公布为文物保护单位的不可移动文物进行修缮，应当高度重视地域文化和民族文化特征，尽量采用本地传统做法，并注意与营造技艺等非物质文化遗产保护传承相结合。

第十四条　尚未核定公布为文物保护单位的不可移动文物的保养维护、抢险加固和修缮工程不限定设计、施工和监理单位资质。

第十五条　尚未核定公布为文物保护单位的不可移动文物的利用应当遵循不改变文物原状的原则，并确保安全。建筑类尚未核定公布为文物保护单位的不可移动文物因利用需要，可以进行合理、可逆性装修和装饰，但不得改变主体结构和外观。

第十六条　鼓励社会力量参与尚未核定公布为文物保护单位的不可移动文物使用和运营管理。鼓励、支持社会组织和志愿者团队参与尚未核定公布为文物保护单位的不可移动文物的保护。

第十七条　因自然灾害等原因造成尚未核定公布为文物保护单位的不可移动文物本体不存或者损毁殆尽无法修复的，县级文物主管部门应当组织调查和审核，提出拟撤销登记的意见，向社会公示通过后，报请县级人民政府核定。县级文物主管部门应当将撤销事项向社会公布，并报省、市级文物主管部门备案。

因人为原因造成尚未核定公布为文物保护单位的不可移动文物破坏、损毁、灭失的，应当依法依规依纪追究其责任。

第十八条　撤销登记决定及决策过程应当形成专门的材料，记入文物记录档案。尚未核定公布为文物保护单位的不可移动文物撤销后，其记录档案应当长期保存并妥善保管。

因损毁殆尽无法修复而撤销登记的国有尚未核定公布为文物保护单位的不可移动文物中具有收藏价值的石刻、壁画、雕塑、建筑构件等，由县级文物主管部门指定的文物收藏单位收藏。对撤销登记的非国有尚未核定公布为文物保护单位的不可移动文物中具有收藏价值的石刻、壁画、雕塑、建筑构件等，县级文物主管部门可以协调国有文物收藏单位进行征集。

第十九条　本规定自印发之日起施行。

国家文物局关于文物领域贯彻新发展理念落实绿色低碳发展举措的通知

文物政发〔2021〕39号

各省、自治区、直辖市文物局（文化和旅游厅/局），新疆生产建设兵团文物局，本局各直属单位：

贯彻创新、协调、绿色、开放、共享的新发展理念，是习近平新时代中国特色社会主义思想的重要内容。为完整准确全面贯彻新发展理念，贯彻落实党中央、国务院关于碳达峰碳中和重大决策部署，推动文物保护利用绿色低碳发展，现就有关事项通知如下。

一、增强绿色低碳发展的政治自觉。实现绿色低碳发展，是以习近平同志为核心的党中央统筹国内国际两个大局作出的重大战略决策，事关中华民族永续发展和构建人类命运共同体。各级文物行政部门要提高政治站位,增强"四个意识"、坚定"四个自信"、做到"两个维护",切实把思想和行动统一到党中央决策部署上来,坚定不移贯彻新发展理念,积极主动融入新发展阶段经济社会系统性变革,深刻理解和准确把握文物工作在其中的职责使命,担当作为、开拓创新,推动文物事业高质量发展,为建设美丽中国作出应有贡献。

二、加强城乡文物保护,坚持节约优先。文物是不可再生、不可替代的宝贵资源。各级文物行政部门要积极参与城乡建设绿色低碳转型,将文物保护与城市更新、城镇老旧小区改造、城中村改造、集中成片开发等相结合,始终把保护放在第一位,确保文物本体安全,维护文物周边环境安全,保护和延续以文物资源为载体的城乡历史文化风貌。特别是在保存文物丰富、老旧建筑集中的地区,严厉杜绝大拆大建、拆真建假,加大保护修缮力度,促进活化利用、开放共享,支持文物建筑、革命旧址开辟为公共设施或文化场所、因地制宜提供公共服务,鼓励依托老旧建筑改建博物馆纪念馆。

三、提高文物领域节能降碳水平。科学规划确定博物馆纪念馆、文博数据中心、文物安消防工程、考古遗址公园等建设规模,加强设计、施工和运行管理,推行绿色低碳建造方式,推广应用绿色建材。合理布局建设革命纪念设施,体现应有功能和内在精神,严厉杜绝贪大求洋。积极引进应用先进适用技术,有序开展既有建筑和设施的节能改造、功能提升、整合优化,不断降低运营维护成本。在文物保护工程中积极推行绿色施工,注意保护周边环境。鼓励博物馆纪念馆和开放的文物保护单位实施分区分时等精细化管理,推进节约用能、节水护水、资源循环利用。倡导绿色低碳生产生活方式,稳步推进绿色办公、绿色出行、绿色采购,坚决遏制奢侈浪费和不合理消费。深入挖掘阐释文物价值,积极开展绿色低碳宣传普及。

四、健全规划引导与政策保障机制。坚持党的集中统一领导,各级文物行政部门要根据所在地党委和政府有关工作部署,落实文物领域重点任务,在研究制定文物领域有关专项规划中落实绿色低碳发展要求。积极对接各级发展改革、科技、工业和信息化、财政等部门,推进完善政策环境,努力争取经费保障,探索发挥市场机制作用。广大文物工作者特别是各级文物行政部门主要负责同志,要强化责任落实,不断提高推动绿色低碳发展的能力和水平。及时总结好做法好经验好成果,推广文物领域绿色低碳发展的典型案例。

特此通知。

国家文物局

2021年12月2日

综述篇

办公室（外事联络司）

高站位、高标准，确保党中央重大决策部署落实落地

强化督查督办。完善习近平总书记重要指示批示督办制度，全年督办习近平总书记重要指示批示29件，组织开展贯彻落实情况"回头看"。开展《关于加强文物保护利用改革的若干意见》督查，督促文物领域重大改革落实落地。

完成北大红楼保护利用工作。从协调和保障入手，确保北大红楼办公用房腾退、文物保护修缮、主题展览如期完成，向建党百年献礼。6月25日，习近平总书记带领中央政治局同志参观北大红楼，给予充分肯定。北大红楼于6月29日整体对外开放后，迅速成为党史学习教育热门打卡地。

落实中央深化改革任务。推动中央深改委审议通过《关于让文物活起来 扩大中华文化国际影响力的实施意见》，联合财政部印发《国有文物资源资产管理暂行办法》，丰富文物领域制度供给。

落实党的治疆、治藏方略。召开对口援疆援藏工作会议，制定专项规划和实施意见，指导各地文博单位签署14项对口援藏援疆合作协议，为西藏、新疆争取新增2022年博物馆、纪念馆陈列补助经费7250万元。

严抓疫情常态化防控。两次向全国文物系统印发关于做好文博单位疫情防控工作的通知，召开全国文物系统疫情防控视频会议，指导全行业疫情防控工作。认真履行局疫情防控办职责，督促局机关、各单位全面落实主体责任和防控措施。

落实习近平主席重大国际主张，线上召开亚洲文化遗产保护对话会，开展联合考古、申遗技术合作、文物展览、人员培训等务实合作项目。在上海合作组织成员国元首见证下签署《上海合作组织成员国政府间文化遗产保护领域合作协定》，成为上海合作组织框架下首个文化遗产领域专门协定。创新文化遗产国际传播路径，与中央宣传部共同主办"中华文化全球推广之三星堆推广"活动，配合中国希腊文化和旅游年举办"平行时空：在希腊遇见兵马俑"线上展览。

保重点、破难点，助力文博事业稳中向好发展

加强行业管理。与财政部联合印发《国有博物馆藏品征集规程》，制定《防范和惩治文物统计造假弄虚作假责任规定》《文物统计管理办法》《文物领域政府购买服务指导性目录》，印发《国家文物局关于加强国家文物保护资金执行管理的通知》，会同驻文化和旅游部纪检组开展"文物保护项目和资金审批等重点领域廉政风险点"专项调研。

谋划重大项目。将"文化遗产保护传承工程"和"国家文化遗产科技创新中心建设"纳入国民经济和社会发展"十四五"规划102项重大工程项目库。完成"十四五"文化保护传承利用工程项目库建设和规划编制工作，指导地方做好项目储备与实施。"文博保护领域恢复重建和能力提升"首次作为专栏纳入《特大暴雨洪涝灾害灾后恢复重建总体规划》。

加强经费保障。实现文物保护资金规模稳中有升，2021年落实国家文物保护专项资金64亿元，博物馆、纪念馆免费开放资金31.5亿元；2022年国家文物保护专项资金将提高至65亿元，博物馆、纪念馆免费开放资金34.4亿元。

推动国际治理，中文成为联合国教科文组织文化财产返还原主国或归还非法占有文化财产政府间委员会（ICPRCP）官方语言，中国通过竞选成功连任ICCROM财务和审计委

员会委员国以及理事会理事。与港澳台交流不断、不停，举办首届"唐代壁画文化特展走进港澳校园活动"、第十届海峡两岸文化遗产保护论坛、台湾佛光山"长路相贯——茶马古道上的人文历史"展，切实增进文化认同和民族认同。

强基础、勤保障，机关运行平稳有序

保障政务运转。聚焦服务保障党组重大任务，发挥参谋、协调、督办、服务保障核心职能，进一步规范会议组织、保密安全、公文运转、预算财务等工作，制修订《国家文物局国家安全工作领导小组工作规则》《国家文物局系统政府采购管理办法》《国家文物局机关委托项目管理办法》等多项规章制度，合理保障部门正常运转和履职必需支出，着力解决考古研究等新增重点项目需求，有力保障局系统运转高效平稳有序。

加强基础工作。系统加强国家安全工作，成立国家文物局国家安全工作领导小组，履行国家安全工作领导小组办公室职责。信息报送采用率明显提升，部分采用信息得到中央领导同志批示。加强财务数据分析，信息政府采购年报、国有资产报告和资产管理绩效评价工作得到财政部和国管局通报表扬。

政策法规司

高举思想旗帜，坚持党的领导坚强有力

坚持以习近平新时代中国特色社会主义思想为指导，深化理论武装、夯实思想根基，强化政治建设，政法司党建工作始终保持正确方向、充满战斗活力。

党史学习教育见实见效。把党史学习教育作为贯穿全年的首要政治任务，融合学习贯彻党的十九届六中全会精神和习近平总书记"七一"重要讲话精神，党支部组织11次专题学习、4次党日活动，研读指定书目、深读经典原文、细读重要论述。积极践行"我为群众办实事"，组织文化和自然遗产日期间文物惠民服务项目2000项，指导局属媒体推出党史学习教育专栏，与中央重点新闻网站建立留言回复机制，办好国家文物局官方网站"公众留言"栏目，妥善解决部分网民急难愁盼问题。

党建活动常抓常新。全体党员干部爱党信党拥护党，全年召开党建相关会议26次，文物返还办公室荣获中央和国家机关"五一"劳动奖状，1名同志荣获局优秀共产党员称号，发展1名年轻预备党员，动员1名入党积极分子，党支部书记讲授党课，青年党员开展理论学习小组活动，始终保持昂扬向上、奋发有为的精神状态。

意识形态工作责任制抓牢抓实。统筹推进18项中央巡视整改落实任务，牵头59项意识形态工作责任制专项巡视整改任务，召开2次局系统文物宣传领域意识形态专题会议，加强4家局属媒体管理，梯次推进规范90余家局系统新媒体管理，严密组织出版、报纸、局主管期刊社会效益评价考核、质量专项检查及重大选题备案出版，把牢宣传阵地政治观、历史观、导向关、内容关。

提升政治站位，贯彻落实党中央决策部署坚定如一

认真学习贯彻习近平总书记关于文物工作重要论述和重要指示批示精神，在坚决贯彻落实各项决策部署上下硬功夫、作真表率。推动兴起学习贯彻热潮，与文化和旅游部联合印发《关于深入学习贯彻习近平总书记致仰韶文化发现和中国现代考古学诞生100周年贺信的通知》，编印《习近平关于文物工作重要论述摘编（2021年版）》，李群局长带头开展文物领域贯彻新发展理念专题调研，制定出台贯彻新发展理念落实绿色低碳发展举措，会同中央宣传部广泛推介三星堆遗址考古重大成果，协调开展全国革命文物工作会议、庆祝建党百年、学习贯彻党的十九届六中全会精神、中国现代考古学诞生百年全媒体宣传，唱响文物系统践行"两个维护"的主旋律。"十四五"规划高位编制，国办印发《"十四五"文物保护和科技创新规划》，文物事业五年规划首次上升为国家级专项规划。《文物保护法》修订取得突破性进展，向国务院报送《文物保护法》修订草案送审稿。文物回归高光不断，自英国追索的68件文物划拨入藏中国共产党历史展览馆，在"不忘初心、牢记使命"中国共产党历史展览中专柜展陈，礼赞建党百年；天龙山石窟佛首回归持续形成热点，除夕"最美微笑"绽放春晚，春节鲁博（北京鲁迅博物馆）特展载誉京城，"复兴路上　国宝归来"特展轰动太原，《天龙山倡议》引社会关注。

坚持立法先行，文物法治工作扎实稳妥推进

文物立法有序推进。协同司法部研究处理《文物保护法》修订有关方面意见，推动《文物保护法》列入全国人大常委会、国务院2022年立法工作计划。

圆满完成人大建议政协提案办理、总结评估和向社会公开等工作（全局完成人大建议140件、政协提案141件，办理人大议案6件）。关强副局长在敦煌主持召开全国人大重点建议办理座谈会，听取甘肃人大代表意见建议。

文物领域法治政府建设不断推进。配合国务院办公厅职转办审核行政许可事项，组织开展行政许可事项自查。按照局党组要求开展专项自查评估，召开行政审批事项管理座谈会，听取部分地方文物行政部门和有关资质单位意见建议。落实国务院"证照分离"改革部署，配合有关司室抓好落实。与国家知识产权局商标局研商完善文物商标保护机制，有效遏制"三星堆"商标恶意抢注势头。全年办理行政复议6件、行政应诉7件，为全局87件政府信息公开事项会签核审意见。

强化顶层设计，文物政策研究取得丰硕成果

以规划推动文物工作全面融入党和国家事业全局。国家"十四五"规划纲要大幅度增加文物工作篇幅与权重；高质量参与完成《文化强国建设规划纲要（2021—2035年）》和"十四五"文化发展规划编制，主笔相关章节；对70余部相关行业、区域和有关省份"十四五"发展规划研提意见；统筹推进《中华优秀传统文化传承发展工程"十四五"重点项目规划》国家文物局相关任务落实。

文物保护利用改革持续深化。按照局党组要求筹备召开国家文物局全面深化改革领导小组第一次会议，统筹推进中央部署的7项年度重点改革任务落地落实。批复第一批6处国家文物保护利用示范区建设实施方案，调研指导相关地方在资源资产管理、社会力量参与、保护补偿机制等方面探索体制机制改革路径。

文物政策研究卓有成效。统筹推进文稿服务和调查研究，全年起草核改局领导重要讲话、会议发言、署名文章、调研报告、政策建议等50余篇，17万余字。全面总结党领导的文物事业发展重要成就和历史经验，取得良好反响。促成国家文物局与清华大学签署战略合作协议，联合推进文物保护利用学科建设和理论研究。围绕建党百年在重庆举办"文物映耀百年征程"主题论坛。编印《文物调研》和《2021年文物工作文件选编》。全年办理中央、国家有关部门关于改革、规划、政策、调研等来函征询意见200余件。

增强保护意识，文物宣传传播形成蔚然声势

正面舆论做大做强。全年举办新闻发布会16场、主题宣传30余次、集中报道近百次，相关报道及话题阅读量超亿次的宣传报道活动13次，文物局工作登上央视《新闻联播》30余次，文物工作传播力、影响力有效增强。

重要活动出新出彩。会同中央宣传部举行文博领域党员代表中外记者见面会。成功举办文化和自然遗产日重庆主场城市活动，各地文博单位举办文博活动4900余项。与中央广播电视总台、中国社会科学院联合摄制《中国考古大会》，严格把关、提升质量、打造精品。

宣传阵地坚强有力。指导局属媒体成为重要文物宣传舆论阵地，政府网站全年发稿1万余篇，官方微信推送稿件1300余篇（发稿量增长70%），关注人数12.8万人（关注量增长40%），官方微博发布信息1500余条。

舆情管理及时高效。完备文物舆情引导处置机制，落实舆情日报、快报制度，与人民网建立定期反馈回复机制，重大宣传活动同期制定舆情方案，协调处置三星堆"外来说"以及汛期河南、山西文物受灾等舆情。

聚焦作用发挥，文物追索返还凝聚精神力量

完善追索返还工作体系。调整部际协调机制组成人员，召开第二次全体会议。联合外交部致电我使领馆团，部署工作要求，前方积极回应，11个使领馆团回报意见建议，内外通联的工作格局初步建立。在上海大学设立国家文物局"中国海外文物研究中心"，在敦煌研究院开展第二批骨干培训，7个行业55家单位73名学员受训，业务力量进一步充实。

深化流失海外文物调查。整合建立"中国流失海外文物数据库"，归集数据超过25万条。完善更新"外国被盗文物数据库"。公开发布克孜尔石窟流失文物调查成果，敦煌遗书和对法、德、荷专项调查取得新进展。优化国际文物市场监测处置能力。

合力推进国际合作。与10个国家和地区开展17项文物返还合作。自美追索12件文物艺术品划拨西藏博物馆，赋彩文物援藏；美国公民捐赠陶俑入藏上海博物馆，实证民心相通。积极参加相关国际会议，组织力量参加"1970年公约"示范法起草。首次举办"打击非法贩运文化财产国际日"中国主场论坛，联合国教科文组织相关负责人致辞，北京、上海及多部门专家学者两地连线交流探讨，有力提升影响力。

■ 督察司

聚焦"三大风险"，督察督办重大案件和事故

对"盗窃盗掘、法人违法、文物火灾"文物安全三大风险，坚持严字当头、接续攻坚，文物安全形势总体趋好，案件事故总量持续下降。文物犯罪立案数同比下降20.1%，法人违法案件数同比下降28%，文物火灾事故首次降至个位数。

严打盗窃盗掘文物犯罪。主动协调、积极会同公安部，开展打击防范文物犯罪专项行动。2021年，全国共侦破各类文物犯罪案件2704起，抓获犯罪嫌疑人5368名，追缴文物6.1万件，同比增长2.5倍、2.6倍、3.4倍。年度专项行动破获案件数、抓获犯罪嫌疑人数、追缴文物数三项指标，均超过此前三年专项行动之和。强力督导浙江临安钱镠墓、四川广元石刻被盗案，跟踪督办南京博物院、辽宁省博物馆文物丢失案。督促各地整改落实到位、责任追究到位。浙江钱镠墓案追责16人，四川广元石刻案追责12人。

严查文物法人违法案件。文物法人违法行为破坏性强，整改难度大、成本高。整治法人违法的决心不变、力度不减、尺度不松。2021年全国各级文物部门共办理文物违法案件约500起，涉及世界文化遗产、全国重点文物保护单位（简称国保）单位的重大法人违法案件数大幅下降。严肃查处山西长治潞安府衙、山东曲阜鲁国故城遗址、河南偃师商城遗址、陕西西安秦庄襄王墓和明秦王墓、浙江绍兴大禹陵、湖北襄阳城墙、湖南常德夹山寺等重大案件。通过案件督察督办，曲阜恢复单独建制的文物局，绍兴、常德为文物部门增岗增编，广元筹建石窟研究院，"办理一案、治理一片、惠及一方"的成效初显。

严治文物火灾事故隐患。部署开展全国文物安全隐患排查整治，全年各地检查整治火灾隐患10万余处，组织消防演练2.9万余次。组织开展"七一""十一"重要节庆的专项安全检查，采用"四不两直"，重点抽查福建、陕西等9个省份的60家文博单位，督促整治重大安全隐患140余项，确保重要节庆期间文物安全形势平稳有序。按照"四个不放过"，督察督办云南翁丁村、浙江务本堂、西藏孜珠寺等火灾事故，其中翁丁村火灾事故追责19人。全年接报火灾事故4起，比2020年减少10起，火灾事故数量明显减少。

落实"三大责任"，筑牢安全防控责任体系

筑牢文物安全底线，关键是夯实"政府主体责任、部门监管责任、管理使用单位直接责任"。列出清单、建立台账、厘清责任，做到知责于心、担责于身、履责于行。

牵住政府主体责任这个"牛鼻子"，督促落实法定责任。开展省级人民政府落实文物安全主体责任调研评估，通过案件约谈、事故通报、挂牌督办等，推动浙江、山西、河北将文物安全纳入省级政府年度考核评价体系，截至2021年底全国已有26个省份纳入。指导浙江、山西等省强化文物安全警示教育，以案促改、以案促治，浙江省级财政文物安全经费由11万元提高到1800万元，山西省级财政文物安全经费增加1300万元。发布15个全国文物行政执法指导性案例，"保护文物也是政绩"的科学理念、属地责任意识得到强化。

狠抓部门监管责任，确保文物安全"事有人管、责有人担"。对河北邯郸、广西桂林、海南海口、陕西榆林、青海海东等5个市的70处国保单位，开展主动性的遥感监测，督办重大违法案件。遥感监测启动五年来，已覆盖25个地市，国家文物局直接督办违法案件433起，一批涉及世界文化遗产、国保单位保护范围和建控地带的违法案件得到严肃查处，一些地区安全管理责任不落实、不会办案、不敢办案等问题得到较好扭转。指导各地推广无人机技术运用，内蒙古全区103个旗县实现无人机巡查全覆盖，协助侦破系列文物犯罪案件。出台文物行政执法"三项制度"，指导各地落实文物行政执法责任，规范执法行为。

强化直接责任和末端守护，打通文物安全责任制的"最后一公里"。督促各地落实文物安全直接责任人公告公示制度，全国已有24万余处文博单位竖立安全责任人公告公示牌，一大批安全责任人主动亮相，公开基本信息，迎接社会监督。不仅强化了当仁不让、舍我其谁的责任担当，也促进了公众参与文物安全监督管理。组织开展长城、石窟寺、传统村落安全管理状况专项调研，摸清全国5986处石窟寺及摩崖造像、5820处传统村落主要风险和安全管理状况，涵盖全国石窟寺和传统村落总数的85%，进一步摸清安全底数，推进精准管理。

推动部门联合，夯实文物安全基础

依托全国文物安全工作部际联席会议制度，坚持综合施策、分工协作、共同发力。积极参加国务院安全生产考核、全国文明城市测评，赋予文物安全部门协作新动能。

深化部门协作。会同公安部印发《关于加强文物博物馆单位治安防范工作的意见》，实施联防联控。联合应急部出台文物建筑和博物馆火灾风险防范指南及检查指引4项制度，印发关于加强革命文物建筑消防安全工作的通知，指导各地加强文物消防安全管理工作。会同最高检指导全国20个省份将文化遗产保护纳入公益诉讼范围，开展长城、大运河、革命文物检察公益诉讼专项行动。会同最高检、公安部召开文物行政执法与刑事司法衔接工作座谈会，指导地方加大联合执法和文物涉刑案件打击力度。

强化考核督导。宋新潮副局长带队参加国务院年度安全生产考核，重点考核内蒙古、黑龙江及国家邮政局、国家林草局安全工作，强化文物安全措施落实。文物安全被列为国务院安委会安全生产与消防考核重点内容，北京、山西、四川、云南等地加大文物安全工作考核权重。加强与中央文明办的协作，参加首届中国网络文明大会、全国道德模范表彰大会、全国文明城市测评，文物工作被列为考核测评的重要指标。

拓展公众参与。全年文物违法举报热线接收各类举报信息1300余条，及时处理违法线索147起。延伸工作视角，将文博单位意识形态问题纳入受理范畴，要求相关单位立行立改，有效化解可能产生的舆情和意识形态风险。加大对网络非法交易等新型犯罪线索受理，协同博物馆司叫停数起违规拍卖，督促撤拍疑似出土文物和盗失文物。开展"寻找最美文物安全守护人"活动，一批默默无闻的基层文物安全工作者走上光荣的领奖台，促进了社会支持文物安全工作。

文物保护与考古司（世界文化遗产司）

高站位、大格局，全面落实习近平总书记重要指示批示

力保泉州申遗成功，推动中华文化走出去。落实好习近平主席第44届世界遗产大会的贺信要求，全力办好大会，确保泉州项目成功列入《世界遗产名录》。聚焦保护之道，分享中国经验，"澳门历史城区"等6项世界文化遗产保护状况报告顺利通过，长城被评为保护管理示范案例，"北京中轴线""海上丝绸之路"等主题边会反响热烈，《福州宣言》让世界听见中国声音。扎实推进普洱景迈山古茶林文化景观申遗，积极参与世界遗产相关的国际事务，圆满完成世界文化遗产亚太地区第三轮定期报告，参与丝绸之路南亚廊道国际研讨会和丝绸之路东亚路线研究等，提升中国话语权。

聚焦考古事业发展，认识源远流长的中华文明。落实习近平总书记要求，努力构建中国特色、中国风格、中国气派的考古学。"考古中国"重大项目成果显著，三星堆、霸陵等重要考古汇聚力量、提升水平、揭示本源、增强自信。围绕重大学术问题组织实施"巴蜀文明研究"等6项"考古中国"重大项目，集中发布18项考古研究新成果。成功举办"仰韶文化发现暨中国现代考古学诞生100周年纪念大会"，习近平总书记致贺信，行业备受鼓舞。

借外力，促合作，发挥多部门政策优势

谋篇布局，提高行业规划能力。推动石窟寺、考古遗址公园、"考古中国"纳入《中华人民共和国国民经济和社会发展第十四个五年规划和2035年远景目标纲要》，印发石窟寺、大遗址、黄河文物三大专项规划，提升战略定位、强化国家属性。出台国保单位申报遴选、未定级文物管理、桥梁防灾减灾、石窟寺考古等一批政策文件，增强宏观指导。

凝聚共识，大力推动部门协作。持续深化与发改、自然资源、住建、林草等部门以及北京等省市合作，以推动中办国办出台通知、部门联合印发文件、签订协议等方式，在国家重点区域考古标本库房、"先考古、后出让"政策、世界遗产项目培育及申报管理、国土空间规划编制、国家历史文化名城保护等方面同向发力，给出硬招实招，形成政策优势，惠及行业发展。

抓重点、解难题，深化行业改革调整

抓好重大项目，服务国家大局。推进长城、大运河国家文化公园建设，支持54个项目计划，持续推动中英"双墙"对话合作。围绕首都功能核心区、雄安新区、北京城市副

中心建设、"中轴线"申遗等做好考古和文物保护利用，推动落实"先考古，后出让"政策，全年批复基本建设考古发掘项目1327个，保护传承历史文脉。

夯实资源基础，做好项目布局。完成石窟寺专项调查，发布主要调查数据，全面摸清全国2155处石窟寺、3831处摩崖造像的资源分布与保存管理状况。开展黄河九省区、长江经济带11个省市、三峡库区文物调查。推动20家国家考古标本库房、53处石窟寺保护利用设施列入"十四五"文化保护传承利用工程。全年批复535个项目计划，跟进指导殷墟、应县木塔、龙门石窟等重要文物保护项目。

释放改革动力，深化行业监管。落实中央巡视整改要求，改革工程资质管理方式，优化市场准入。强化进度监管，武安州辽塔、云南讲武堂、广东陈芳家宅保护修缮竣工验收。推动文物预防性保护和防灾减灾，开展河南、山西受灾调研评估，指导抢险项目实施。

博物馆与社会文物司（科技司）

强化改革攻坚，激发创新活力

顶层设计取得实质性进展。在局党组的领导下，聚焦改革创新、聚焦高质量发展，牵头制定5个管方向、管长远的重要改革文件。《关于推进博物馆改革发展的指导意见》《关于加强民间收藏文物管理　促进文物市场有序发展的意见》《关于进一步推动文化文物单位文化创意产品开发的若干措施》正式印发。《关于让文物活起来　扩大中华文化国际影响力的实施意见》已经中央深改委审议通过。起草完成《关于加强文物科技创新的意见》，商24个部门凝聚改革共识。

改革实践不断深入。召开全国博物馆改革发展工作会，部署改革任务，26个省份已印发关于推进博物馆改革发展的实施意见。中国特色世界一流博物馆创建、"类博物馆"培育试点等探索全面推进。深化社会文物综合改革上海试点，实行文物临时进境"6月×N"制度。协调出台进博会文物艺术品免税措施，41件文物艺术品实现交易，减免税收超亿元。深入推进文物流通领域登记交易制度试点，完成文物科技基础资源共享服务平台建设试点。多学科协作研发考古发掘舱、集成发掘平台等成套装备，为考古和文物保护提供科技支撑。

聚焦重点任务，提升服务能力

落实国家战略。落实党中央关于碳中和、碳达峰重大决策部署，开展全国博物馆节能减排专项调研，推动博物馆绿色、低碳发展。探索协同、共享发展模式，指导长江流域、中国陶瓷文化等博物馆联盟建设。援疆援藏精准发力，博物馆建设、展陈提升和文物保护等10余个重点项目渐次实施。提升冬奥文化效益，联合河北省政府举办"冰雪·双城·盛会——从1202到2022"展览，协调各地策划推出20余个冰雪文化主题展览及配套活动。指导北京、江西等地出台支持社会力量参与博物馆建设发展的政策措施，与北京市共建"博物馆之城"。支持海南自由贸易港建设，探索筹建中国海南国际文物艺术品交易中心。

回应社会关切。统筹疫情防控和开放服务，改进门票预约制度，省级以上和重要地市级博物馆全面实现网上预约。关爱老年人和残疾人等特别群体，增设博物馆参观特别通道。"十大陈列展览精品"和"社会主义核心价值观主题展览"两项推介活动社会影响力进一步扩大，成为年度看展风向标。成功举办国际博物馆日中国主会场活动，微博全网话题量超20亿，抖音平台观看量达732亿次。"万年永宝——中国馆藏文物保护成果展"入选"中国十大科普作品"。与中央广播电视总台联合制作的《中国国宝大会》第一季收官，观众超1亿人次。公益性文物鉴定咨询服务不断拓展，组织鉴定服务400余场，免费鉴定藏品6万余件，成为"我为群众办实事"的工作亮点。

深化协作联动，形成治理合力

部门协作效果彰显。关强副局长主持召开"文物科学与技术"学科建设专家指导委员会会议，商教育部推动列入一级学科目录，构建文物保护利用学科平台。商科技部推动文物科技创新任务列入"十四五"国家重点研发计划，凝练重点任务建议61项。会同公安部对重大文物犯罪案件的文物鉴定评估工作加强指导，启动第三批涉案文物鉴定评估机构遴选工作。协调军事法院、海关总署等移交文物1000余件。会同教育部指导20余个省份联合印发文件，落实《关于利用博物馆资源开展中小学教育教学的意见》。组织开展博物馆进校园示范工作，探索博物馆教育资源化、课程化、菜单化、网络化的新发展模式。

国际交流不断拓展。承办国际博物馆协会藏品保护委员会第19届大会，中国学者的突出表现彰显了藏品保护的"中国智慧"和"中国方案"。ICOM-CC主席凯特·西蒙称"此次大会获得巨大成功，将载入史册"。指导开展"2021丝绸之路周""博物馆与可持续发展国际研讨会"。

夯实工作基础，积蓄发展内力

完善管理制度。印发《国有博物馆藏品征集规程》《关于进一步规范和加强文物进出境审核管理工作的通知》，出版《博物馆工作手册》。完成国家一、二、三级博物馆运行评估办法及指标体系修订。制定《汉文古籍类文物定级细则》。开展文物市场"双随机一公开"检查，建立文物市场预警转办制度，创新市场事中事后监管工作机制。

优化管理服务。开展2.8万件/套馆藏一级文物备案复核，建立动态管理机制。审核进出境文物2.2万件/套，为受疫情影响的2000余件文物办理临时进出境延期手续。完成21万件/套文物拍卖标的审核备案，撤拍标的1000余件/套，组织鉴定评估涉案物品27万件/套。完成13项"十三五"重点研发计划重点项目中期评估、49项行业标准审查。

加强队伍建设。文物展览策划专业人员新增纳入《中华人民共和国职业分类大典》。举办全国非国有博物馆馆长、博物馆藏品保护管理和彩陶文物、瓷器文物鉴定等系列培训班。

革命文物司

深入学习贯彻习近平总书记重要指示精神

中央宣传部、文化和旅游部、国家文物局时隔24年共同召开全国革命文物工作会议，孙春兰同志传达习近平总书记重要指示，黄坤明同志部署学习贯彻落实工作。李群局长在《旗帜》上发表学习贯彻文章，出席山东、福建、新疆、江苏有关会议并指导贯彻落实工作。革命文物司按照局党组部署，牵头制定任务分工方案，印发学习贯彻通知，推动文物系统迅速掀起学习贯彻热潮。主动加强部门对接，会同财政部印发《关于加强新时代革命文物工作的通知》，研究解决革命文物工作难点问题。推动22个省份召开革命文物工作会议、18个省份出台贯彻落实文件，23个省级、20多个市级文物主管部门设立革命文物处/科。

精心组织庆祝建党百年系列工作

实施百年党史文物保护展示工程，组织完成北大红楼旧址修缮和展览开放工作，指导完成中共一大会址、遵义会址旧址、西柏坡中共中央旧址等重点修缮展示工程，同时组织各地排查革命旧址险情隐患，为庆祝党的百年华诞营造良好氛围。配合做好中国共产党历史展览馆文物征集工作，指导协调各地调拨文物2000多件、借展3000多件、复制600多件，将国家文物局考古研究中心发掘出水的5件有关甲午海战文物划拨党史馆收藏。会同中央宣传部推介109个"庆祝中国共产党成立100周年精品展览"，此项工作列入党中央"永远跟党走"群众性主题宣传教育活动13项工作之一。以"用好红色资源 赓续红色血脉"为主题，与江苏省人民政府共同主办"中国革命纪念馆高质量发展峰会"。以"展示百年风华 传承红色基因"为主题，举办革命文物保护利用宣传活动月，充分发挥革命文物资源优势，广泛弘扬伟大建党精神。

主动服务党史学习教育

国家文物局、退役军人事务部印发《关于充分用好革命文物资源及烈士纪念设施服务党史学习教育的通知》，指导各地革命旧址、场馆为党史学习教育提供更多优质资源，开展特色化服务，如上海、江西推出"菜单式"服务，广东创建革命文物主题游径等。督促革命旧址、场馆做好疫情防控，确保党史学习教育活动有序、安全开展。汇编革命文物资源服务党史学习教育、"四史"宣传教育优秀案例，总结推广各地好做法、好经验，国家文物局报送的3件相关信息被中办采用。主动对接、指导开展北京国立蒙藏学校旧址保护展示和环境整治工作。

切实加强科学保护

全年共办理27件中央领导同志关于革命文物工作重要批示，紧紧围绕中央领导同志重要批示的落实，开展青海第一个核武器研制基地旧址、山东潍县西方侨民集中营旧址等重要旧址保护展示工程。落实中央巡视整改要求，检查评估"十三五"期间革命文物保护工程实施状况，确保工程进度和质量。做实做细基础工作，指导全国31个省（自治区、直辖市）和新疆生产建设兵团全面完成首批革命文物名录公布，组织开展东北抗联、抗美援朝文物资源、红军标语专项调查；开展革命博物馆、纪念馆专项调查，出版《中国革命纪念馆概览》并入选中央宣传部2021年主题出版重点出版物；稳步推进革命文物大数据库建设。加强总体规划，制定《革命文物保护利用"十四五"专项规划》；编制《长征文物和文化资源保护传承专项规划》，与中央宣传部组织实施一批长征文物保护展示项目，协同推进长征国家文化公园建设；印发《革命文物保护利用片区工作规划编制要求》，指导启动10个片区工作规划编制。

生动传播红色文化

会同共青团中央、全国少工委开展"党的故事我来讲——争做红领巾讲解员"实践体验活动，引导青少年学讲党史故事、了解党史人物、寻访红色地标、感悟革命精神。截至12月，全国已领取"红领巾讲解员身份卡"近1000万张，活动浏览量超亿次，打卡总次数1000多万次。主动对接教育部，联合印发《关于充分运用革命文物资源加强新时代高校思想政治工作的意见》，指导召开全国革命文物与新时代高校思想政治工作融合发展论坛。联合中央广播电视总台、中央网信办开展革命文物百佳讲述人遴选推介活动，依托活动制作《红色印记——百件革命文物的声音档案》融媒体节目，全网点击量超8亿次，并以声音导览形式落地革命场馆，出版同名书籍扩大传播效果。与国家广电总局联合出品广播电视专题节目《时间的答卷》《闪光的记忆》《红色文物100》，鲜活解读革命文物背后的故事。在中央宣传部指导下，与中央广播电视总台共同推进革命文物"三个百集"微视频制作，已完成首季100集制作工作。与中央网信办、退役军人事务部、国家档案局共同指导开展第二期"追寻先烈足迹"短视频征集活动，共计征集短视频3.6万多部，微话题阅读量突破10亿次，全网播放量突破50亿次。

机关党委、人事司

围绕建党百年，全面加强党的建设，打造坚强战斗堡垒

学习贯彻习近平总书记"七一"重要讲话精神、党的十九届六中全会精神。组织党员代表现场参加庆祝中国共产党成立100周年大会，局机关和直属单位组织干部职工集中收看庆祝大会实况直播、党的十九届六中全会精神新闻发布会。组织局党组会暨党组理论学习中心组会专题学习习近平总书记"七一"重要讲话、党的十九届六中全会精神。分两期举办学习贯彻习近平总书记"七一"重要讲话精神专题读书班。举行党的十九届六中全会精神宣讲报告会。组织党员领导干部集中学习研讨，切实做到学习全覆盖。

组织开展党史学习教育，深化理论武装。承担局党史学习教育领导小组办公室职能任务，协助局党组召开理论学习中心组学习6次，组织局机关和直属单位处以上干部专题读书班集中学习六期三批次。督导各直属单位和局管社会组织党组织开展68次理论学习中心组学习，局机关各党支部、各直属单位党委（总支）、局管社会组织党支部共开展367次集中学习，推动党史学习教育入脑入心。坚持学史力行，聚焦行业需求、人民群众文化需求、身边群众"急难愁盼"问题、定点帮扶地区群众生活需要，制定19项任务清单，扎实推进"我为群众办实事"实践活动。配合中央第十五指导组对国家文物局进行督导、调研、座谈5次。

以庆祝建党百年为契机，加强基层党组织建设和党员队伍建设。制定印发《国家文物局所属企事业单位党组织建设分类指导意见（试行）》，推动党组织科学化、规范化建设，把加强党的领导贯彻到国家文物局所属企事业单位改革发展和履行职责各方面全过程。做好局机关和直属单位干部职工代表参加庆祝中国共产党成立100周年大会和文艺演出相关组织保障工作；举行"光荣在党50年"纪念章颁发仪式，举行新党员入党宣誓仪式和老党员重温入党誓词活动。组织"两优一先"评选表彰工作，审议评选出国家文物局优秀共产党员20名、优秀党务工作者8名、先进基层党组织7个。新发展党员21名。

发挥行业资源优势，突出特色，完成年度定点帮扶工作任务。继续加大对河南省周口市淮阳区定点帮扶力度。调整成立"国家文物局定点帮扶领导小组"，组织协调相关部门拨付定点帮扶资金182万元；协调有关单位完成农产品采购任务24.29万元，帮助销售农特产品50万元，并支持局机关服务中心与淮阳签订消费帮扶协议；引进行业内标杆企业投入资金200万元，参与淮阳大朱村乡村振兴示范项目，带动村集体和村民致富。协调中国文化遗产研究院组织专业人员，对包括淮阳区在内的河南省544处文物受灾情况进行全面调查、统计、评估，编制文物灾后受损状况及危害性评估报告，提出可行性的灾后受损文物抢救保护工作计划。

加强意识形态工作。制定《国家文物局选拔任用领导干部考察工作实施办法》，将意识形态工作责任制落实情况作为干部选拔任用考察的一项重要内容，作为局直属单位领导班子和领导干部年度考核的重要内容。修订印发《国家文物局社会组织管理办法》，明确社会组织党组织意识形态工作责任，加强对主办媒体、出版物以及论坛、研讨、展会等活动的意识形态管理。

发挥纪检巡视作用，推进全面从严治党向纵深发展

抓实纪委工作，充分发挥政治保障作用。一是突出政治监督常态化。开展3次日常监

督检查工作，调研了解机关司室落实局党组贯彻落实习近平总书记关于文物工作重要指示批示部署执行情况，协助局党组与驻部纪检监察组召开2次专题会商，推动37条整改措施落实，9次实地督促检查机关和直属单位制止餐饮浪费行为情况。二是压实管党治党主体责任。以贯彻《中共中央关于加强对"一把手"和领导班子监督的意见》为主线，细化局党组落实措施，指导8家直属单位制定配套制度，推动形成上下联动、齐抓共管的党风廉政格局。三是强化纪委专责作用。持续深化落实《关于加强中央和国家机关部门机关纪委建设的意见》，增加机关纪委编制，制定机关纪委议事规则、执纪审查工作流程等6项制度。开展警示教育2次，对南海基地质量问题进行问责调查。全年完成11件信访和问题线索处置，给予党纪处分2人、诫勉谈话3人、批评教育4人。

持续推动中央巡视整改落实。一是按照《中央巡视国家文物局党组整改问题、责任、任务清单》规定的任务时限，发挥巡视办职能，协调组织机关和直属单位积极推进巡视整改。2021年应落实的114项中央巡视整改任务已基本完成，63项长期任务均有不同程度推进并持续深化落实。二是抓好巡视整改"后半篇文章"。进一步细化中长期任务，各部门和单位均已建立长期任务整改台账；进一步做好整改落实跟踪问效，对于落实措施单薄和不全面的及时督促补充完善。巡视工作处专人负责整改台账管理，整改措施专人跟进，整改督促专人落实，做到账目清楚、跟进及时、督促有力。

组织开展党组巡视工作。根据《中共国家文物局党组巡视工作规划（2018—2022年）》，组建两个党组巡视组，对中共国家文物局机关服务中心总支部委员会、中共文物出版社委员会、中共中国文物报社总支部委员会和中共中国文物交流中心总支部委员会4家直属单位组织开展常规巡视。

强化机构编制保障，为文博事业发展提供坚强支撑

服务大局，积极推动全国文物保护和考古机构编制保障工作。配合中央编办相关司室，赴内蒙古、吉林、河南、湖北、贵州、陕西等10个省份20个地市，以及中国社会科学院考古研究所等中央文博事业单位，实地调研一线文物保护和考古工作情况，组织和参与座谈会20余场。配合中央编办出台相关政策文件，中央编办印发《关于加强文物保护和考古工作机构编制保障的通知》，对地方文物管理机构、考古及文物保护专业人员队伍等明确了具体措施要求。一是参照国家文物局"三定"规定，加强省级文物行政管理部门职能配备和机构设置。二是增加省级考古所（院）编制，北京、山西、陕西等10个文物大省省级考古编制增加到180名，其他省份同类机构、编制增加到90名以上，文物大市、文物大县考古机构编制重点保障。三是鼓励文物保护和考古机构通过市场化、社会化用工方式，补充绘图、修复、勘探等技术辅助工作人员，有效缓解制约文物事业发展的机构编制队伍问题。直属单位国家文物局考古研究中心和中国文化遗产研究院的编制大幅度增加。文物考古职工野外工作津贴调整工作取得明显进展。

着眼长远，优化国家文物局职能配置、内设机构和人员编制。与中央编办就《国家文物局职能配置、内设机构和人员编制规定（修订稿）》形成一致意见。此次"三定"规定的修订具有里程碑意义。一是结合新时代文物工作特点、发展趋势和实际需要，对机构职能进行系统性、整体性重构，着力解决事关长远的体制机制问题。二是内设机构和人员编制得到较大幅度增加，将有效缓解制约文物行政职能发挥的机构编制问题。三是对文物系统机构编制工作具有重要的引领和示范作用，地方文物行政部门机构可参照国家文物局"三定"规定进行合理衔接设置。

坚持原则，切实做好干部选拔任用和监督管理工作。在干部选拔任用方面，2021年在局机关公务员和直属单位领导班子成员范围内开展领导干部任免、职级晋升、调任转任等共计42人次。另外，任职试用期满转正13人次，接收军转干部3名，选派挂职干部2名，新录用遴选公务员6名，新录用公务员试用期满转正7名，办理退休2人次。考察拟提拔、调任和录用人选对象35名，考察谈话近400人次。完成局机关和直属单位15名领导干部兼职审核工作。在干部监督方面，制定《国家文物局领导干部配偶、子女及其配偶经商办企业禁业范围》，登记核查42名领导干部配偶、子女及其配偶经商办企业行为，协助局党组甄别认定9人，规范3人；认真执行领导干部个人有关事项报告"两项法规"，全年集中报告139人，随机抽查13人，重点查核47人，诫勉1人，谈话提醒2人。

强化保障，助力局直属单位和业务主管社会组织健康发展。一是积极争取人力资源社会保障部相关司室支持，在调研了解同层级同类型事业单位工资待遇情况的基础上研究提出提高待遇保障意见。二是指导直属单位做好机构干部队伍建设工作。完成国家文物局考古研究中心"三定"审批工作，完成北京鲁迅博物馆、国家文物局考古研究中心、中国文物交流中心、中国文物信息咨询中心等单位中层干部选拔工作方案审核。三是指导局直属单位贯彻落实《国企改革三年行动方案（2020—2022年）》，完成有关全民所有制企业改制工作。四是做好社会组织管理服务工作。修订《国家文物局社会组织管理办法》，组织开展并完成"清理行业协会商会乱收费工作"等5项年度任务，有效促进了局管社会组织健康有序高质量发展。

统筹兼顾，认真做好日常业务工作。一是组织开展国家文物局权责清单编制工作，完成《国家文物局权责清单（草稿）》编制。二是完成局机关和直属单位领导班子2020年度考核和"一报告两评议"工作，起草《国家文物局机关公务员平时考核实施办法（试行）》初稿。

激活源头活水，全面实施新时代文物人才建设工程

加强文物职业管理研究和制度建设，加强技能人才培养。与人力资源社会保障部联合颁布《文物修复师国家职业技能标准》，这是我国文物行业的第一个职业技能标准，将推动文物修复向社会开放，对文物行业产生深远影响。积极与人力资源社会保障部沟通，《考古探掘工国家职业技能标准》列入编制计划，并已启动编制工作。组织撰写的《云南省文物保护传统工艺人才现状调研报告》获评文化和旅游部2020年度优秀调研报告。成功举办2021年全国文物职业技能竞赛，推动文物技能竞赛制度化，促进技能人才培养。

加强人才选拔、专家服务和管理。一是完成2020年度、2021年度高级专业技术职务任职资格评审工作，103名符合条件人员申报，72人通过评审。规范职称评审工作，实现了多个第一次：第一次完成国家文物局高评委在人力资源社会保障部备案，古建工程专业第一次评审正高级职称，第一次采取答辩形式，第一次将评审结果进行公示。二是完成文化名家暨"四个一批"人才评、申报工作，局系统推荐7人；完成科技部科技青年拔尖人才推荐、申报工作，申报1人。三是公布2020年度享受国务院特殊津贴专家，局系统3人入选；按时完成局系统28名按月享受国务院特殊津贴专家的津贴发放工作。

加强文博专业教育指导工作。一是与教育部联合实施"考古学国家急需高层次人才培养专项"，制定《考古学国家急需高层次人才培养专项工作指南》；继续实施"高层次文博行业人才提升计划"，录取21名学员。二是加强全国文物与博物馆专业学位研究生教育指导委员会工作，开展文博专硕教指委换届，完成专业学位研究生论文范式研究、教学大

纲修订、文物与博物馆专业学位授权点评估等工作。三是加强全国文物保护行业职业教育教学指导委员会工作，开展高职专业目录修订工作，石窟寺保护技术、文物修复与保护、文物考古技术、文物展示利用技术等专业列入《职业教育专业目录（2021年）》，文物修复与保护专业进入高职本科试点目录。四是完成高职专业简介和教学标准的修（制）订工作，对于解决职业教育脱离文物行业实际需求的问题具有重要作用；开展课程思政示范项目推荐工作，山东理工职业学院、上海城建职业学院两门课程入选。

加强文博行业培训工作。一是制定并实施《国家文物局2021年度培训计划》，克服疫情影响，完成各类线下培训项目18个，培训人员1200余人次；积极发挥全国文博网络学院作用，举办全国石窟寺管理人员网上专题班，近3800人参加学习。二是落实国家文物局与北京大学签署的战略合作协议，加强考古人才培养，组织开展考古学人才调研，支持举办佛教考古与石窟寺研究专题研修班。三是服务局系统干部培训需求，积极与中组部沟通，完成局系统干部调训任务。四是加强国家文物局文博人才培训基地管理，完成运行评估，3家基地被评为A级，5家基地被评为B级，1家基地被评为C级。

做好离退休干部服务管理工作

加强政治引导，认真落实疫情期间老干部政治待遇。完成局离退休干部党支部换届改选工作。组织老同志居家收听收看建党百年活动电视直播、习近平总书记关于脱贫攻坚的重要讲话和党的十九届六中全会直播。结合党史学习教育，组织开展"我看建党百年新成就"主题笔谈活动，共有10余名老党员畅谈了心声感受。配合局相关部门做好离退休管理系统信息化建设改造工作，降低数字门槛。

中国
文物年鉴
2022

分述篇

国家文物局机关服务中心

【概述】

2021年，机关服务中心在局党组和胡冰副局长的正确领导下，以习近平新时代中国特色社会主义思想为指导，深入贯彻落实党的十九大和十九届历次全会精神，围绕局机关服务保障中心工作，牢固树立"以人为本、服务至上"的服务理念，按照"管理规范化、服务人性化、节能常态化"的要求，强化服务意识，更新管理观念，创新保障机制，优化服务方式，锐意进取，扎实推进各项机关服务保障工作高效开展，为局机关行政职能高效有序运行提供了可靠的后勤保障。

【内部建设】

坚持首位首抓，持续加强党的政治建设。中心党总支会、班子会、办公会把认真学习掌握习近平总书记最新讲话、对文物工作及机关后勤工作的重要指示批示精神，作为"第一议题"，结合党总支理论中心组学习。党史学习教育任务按计划完成，《中国机关后勤》以"修红楼之形，筑红楼之魂"为题刊登了中心党史学习教育成效。

全力推进党建、业务工作融合发展。通过组织参加培训、加强政治理论学习，不断提高党员队伍素质和中心党建工作质量。将党建工作责任制与全面从严治党主体责任有效融合，在原有《中心党总支落实全面从严治党主体责任实施办法》基础上，建立完善《中心领导班子履行全面从严治党主体责任清单》。以巡视整改和局党组常规巡视为契机，围绕中心抓党建、抓好党建促业务，全面压实从严治党主体责任，按时完成整改任务。

【服务保障】

圆满完成"建党百年"庆祝活动保障工作。为圆满完成接待中央领导参观北大红楼的重大政治任务，中心全体干部职工提高政治站位、上下一条心，做好安全检查、电力保障、现场看护等工作，圆满出色完成了"415""625"重大接待活动保障任务。

顺利完成北大红楼综合提升改造工程，保障北大红楼整体对外开放，如期实现预约参观，7月份开放以来已累计接待参观近15万人次。

安全保卫稳固托底。全年完成会议服务1100余次，公务平安出行4200台次。妥善处理、接待信访人员29人次，接待来访人员1821人次。组织防震减灾、消防安全等培训8次。文博大厦组织消防考核演练8次，消防拉动12次，应急能力有效提升。加大检查力度，发现、解决局机关办公楼沉降、局机关设备设施老化等安全隐患，全年累计完成局机关和红楼维修作业800余次。

为保障机关办公用房和职工住房，李群局长亲自协调，在胡冰副局长、局办与中心的共同努力下，现子民堂转归国家文物局使用。圆满完成职工住房分配工作，单身职工宿舍得到解决。努力克服分散办公及疫情导致工作量激增的不利影响，全年累计运转文件2000余件，机要交换发件4930封，收件5135封。文印室全年完成印刷3000余份，约300万页。采购并发放办公用品共计5776余件、办公耗材300余件。分发报纸40400余份，杂志2360余本，收寄快递9384件。提供票务服务2287人次。

全力做好疫情防控相关工作。服务人员高标准高质量做好保洁、基本医疗服务、理发等相关服务工作。医务室全年共计接诊约648人次，处理紧急医疗救护事件3次，完成局机关在职、离退休干部职工药费审核约800人次；进购药品10批次，现有药品138种，在局机关增添便携式体外除颤仪（AED）和公共药箱。

【重点任务】

北大红楼共建任务圆满完成。为迎接建党百年，保证在7月1日前顺利完成北大红楼修缮、整治、重新开放接待参观的政治任务，在局党组坚强领导下，在局办公室、革命文物司、督察司的直接指挥下，各工作组密切协作，坚持高标准、严要求、高效率，全力完成红楼本体修缮、安防升级、消防改造和院落环境整治等四项工程的方案编制、项目申报、组织招标、工程实施和工程验收及结算等一系列任务，以实际行动忠诚践行"两个维护"。

文博大厦保障和服务效能进一步得到展现。在保证大厦正常运行的同时，消防安防改造项目按期完成并通过验收，大厦环境质量得到进一步提升。

南海基地即将建成。2021年南海基地建设克服重重困难，完成管理楼、科研楼、训练楼和室外工程等主要任务，机电安装、装饰装修等已进入收尾阶段，室外工程已顺利施工。

【其他】

主动对接淮阳定点帮扶地区，食堂常设淮阳专区，以消费扶贫助推乡村振兴。坚决落实习近平总书记"厉行节约、反对浪费"重要批示精神，在机关纪委的领导下，开展"光盘行动"，厨余垃圾下降47.2%，持续开展节能降耗成效显著，在中央机关节能检查中得到好评，局机关荣获"节约型机关"称号。

北京鲁迅博物馆（北京新文化运动纪念馆）

■【概述】

2021年，在国家文物局党组正确领导下，馆党委坚持以习近平新时代中国特色社会主义思想为指导，认真贯彻落实党的十九大和十九届历次全会精神，以及习近平总书记关于文物工作重要论述和重要指示批示精神，紧紧围绕博物馆功能发挥，开拓创新、锐意进取，各项工作取得了较大幅度的提升。

■【内部建设】

积极推进改革发展。馆党委认真贯彻落实中央关于深化事业单位改革的决策部署，认真落实国家文物局调研指示精神，积极推进改革发展，在较短时间内完成改革发展方案并报国家文物局审批。在得到批复后积极推动改革发展措施落实工作，取得一定成效。

重视抓好意识形态工作。召开党委会专题研究部署意识形态责任制工作，及时修订意识形态工作责任制实施细则，及时传达学习上级关于意识形态工作的文件精神及情况通报，牢牢把握意识形态工作的主动权。

认真落实监督执纪问责职责。召开纪委工作会议对一年来工作进行总结。深化落实中央巡视整改，做好巡视"后半篇"文章。所有短期整改措施和中期整改措施均已完成，长期整改措施均取得了不同程度的进展。

狠抓各项党建工作落实。认真贯彻落实新时代党的建设总要求，认真履行党建主体责任，着力加强党的组织建设。坚持民主集中制原则，召开党委会或党委（扩大）会，对涉及陈列展览、干部人事、巡视整改、工程建设等事项进行研究决定，确保各项工作有序推进。狠抓党支部建设，狠抓"三会一课"制度落实，狠抓主题党日活动质量提升，积极组织党员干部、入党积极分子开展主题教育活动。

■【陈列展览】

完成鲁迅生平基本陈列改陈。成立工作专班，编写展览大纲，对展厅进行基础性改造，复制文物，进行布展，于10月19日鲁迅逝世85周年纪念日重新对外开放。

策划原创展览"曙光伟业——五四运动与中国共产党的创立"分别在本馆和天津博物馆展出。先后引进"艺术为人民——中国现代新美术作品与文献展"等8个展览；向安徽博物院、吉林省博物院、天津博物馆、上海鲁迅纪念馆等地送出原创展览4个。原创展览"拈花——鲁迅中外美术典籍展"入选2021年度"弘扬中华优秀传统文化、培育社会主义核心价值观"主题展览征集推介项目。

中国
文物年鉴
2022

【开放服务】

扎实做好对外开放服务工作。两个馆区共接待观众35.8余万人次（其中鲁博馆区共开放306天，接待1290个团队、21余万人次；红楼馆区自6月29日以来开放173天，接待团队2715个、14.8余万人次），为中央电视台、央广网等100余家新闻媒体来馆进行节目拍摄、采访提供便利条件。依托鲁迅书店，先后举办10余场主题学术讲座。

做好北大红楼保护传承利用工作。与北京市有关单位和部门合作，举办"光辉伟业·红色序章——北大红楼与中国共产党早期北京革命活动"主题展览，完成6处旧址复原和红楼前院左右平房提升改造，设立观众服务区和文创展示区，确保北大红楼按期对外开放。

积极做好鲁博馆区环境提升改造。对鲁博馆区环境和公众服务区进行升级改造，增加了绿化面积、增设了观众休息区，为广大观众创造了良好的参观环境。

【宣教活动】

扎实做好社会教育工作。与中央广播电视总台、中央人民广播电台、北京交通台等多家媒体开展专题直播活动。拍摄的《博物馆说：北京鲁迅博物馆馆藏珍贵文物背后的故事》《全国革命文物百佳讲述人：李大钊在红楼传播马克思主义》短视频，入选2021年度全国文化遗产云传播优秀云讲解项目。积极探索馆校合作新模式，建设思政教育第二课堂，为合作的中小学研发研学手册、录制《走进鲁迅》网课，与新街口街道开展"社区之家"共建项目，丰富辖区居民文化生活，配合展览举办木刻版画、瓦当拓印等社教活动。被评为市级"社区之家"示范单位、北京市城乡社区共建先进集体称号。

【藏品管理】

文物藏品征集管理进一步升级。积极推动鲁迅及五四运动文物资料收藏中心建设，进一步加强和规范文物藏品管理。加大藏品管理系统图片数据管理工作，累计完成1.1万余张图片的处理上传工作。代局接收并保管美国返还我国流失海外文物12件，并完成划拨交接工作。春节期间，护送天龙山石窟海外回归佛首至中央电视台春节晚会现场彩排，春晚后甄选馆藏天龙山石窟相关文物及北朝时期造像拓片、相关资料等27件／套，举办了"咸同斯福——天龙山国宝回归暨数字复原特展"。

【学术研究】

扎实搞好学术研究工作。完成《鲁迅研究月刊》全年12期的编辑出版工作。全年共发表学术文章30余篇，出版书籍2部，参加学术交流6次，举办学术会议2次，出版《他山之石：鲁迅读过的百来篇外国作品》《新文化运动中心》系列丛书等。联合主办"鲁迅的道路——纪念鲁迅诞辰140周年""《阿Q正传》发表百年纪念"学术研讨会等。参加纪念鲁迅诞辰140周年座谈会。推动建设研究型博物馆迈出新步伐。

【文创产品】

积极开拓文创产品推介平台。研发设计"孺子牛""新青年""北大红楼"等系列文创产品累计33种、60余款。鲁迅漫画像系列文创产品获北京市文创大赛二等奖。文创产品入驻学习强国商城、美团网及淘宝等电商平台，文创小程序"鲁迅博物"上线运行。为拓宽线下销售渠道，与城市紫禁书院等5家实体店签订文创产品供销合同。

【其他】

向新疆阿勒泰地区博物馆新馆捐赠编印图书310余册。

中国文物信息咨询中心（国家文物局数据中心）

【概述】

2021年，中国文物信息咨询中心坚持以习近平新时代中国特色社会主义思想为指导，全面贯彻落实党的十九大和十九届历次全会精神，坚决落实党中央、国务院决策部署，增强"四个意识"，坚定"四个自信"，捍卫"两个确立"，做到"两个维护"，在局党组的正确领导下，按照面向全国、面向行业做好文物信息化、数字化工作的整体要求，紧紧围绕服务局党组重点工作大局，取得新成效、再上新台阶。

【内部建设】

加强政治引领，夯实党建基础。扎实开展党史学习教育。党史学习教育开展以来，中心党委高度重视，及时组织学习传达习近平总书记在党史学习教育动员大会上的重要讲话精神，制定了《中心党史学习教育工作方案》。组织各党支部、全体干部职工采取自学、集中学习、交流座谈等方式，深入研读《论中国共产党历史》《毛泽东　邓小平　江泽民　胡锦涛关于中国共产党历史论述摘编》《习近平新时代中国特色社会主义思想学习问答》《中国共产党简史》。先后组织赴河北遵化沙石峪陈列馆、航天二院院史馆、西藏文化博物馆开展主题党日活动。中心领导班子成员讲授了专题党课，结合党史学习教育，认真学习习近平总书记"七一"重要讲话精神和党的十九届六中全会精神。通过党史学习教育，在中心全体干部职工中形成了浓厚的学史、信史、用史氛围，树牢了正确的历史观、民族观、国家观，取得了扎实的学习成效。

推进巡视整改工作。落实国家文物局党组巡视整改的65项整改措施中，29项短期措施已全部完成，10项中期措施已完成8项，26项长期措施整改效果持续深化。

【信息化基础工作】

筑牢网络安全防线，保障网络和设施设备安全运行。采取多种措施有效保障国家文物局机关等部门网络及21个业务系统、各类终端设施设备全年安全运行，做好数据备份。加大对网络出口安全的检测频次，增强了保障力度，投入了新的安全技术，对安全扫描、安全漏洞和木马后门等攻击行为进行了有效抑制，共处理各类网络安全攻击113.45万次（与2020年同期处理各类网络安全攻击450.91万余次相比下降近75%），处理网络安全事件5次，安排特殊时期重保5次。协助国家文物局开展信创项目建设和电子政务相关工作。完成文旅部视频会议系统国家文物局分会场升级改造，全年对局提供视频会议技术保障服务40余次。

维护管理国家文物局官方微博"中国文博"，加强国家文物局网络舆情监测。"中国文博"在2000余个政府文化类微博蓝V账号排名中，始终稳定在"政务微博影响力月榜"

前20名。2021年，"中国文博"全年发布微博信息1400余条，粉丝119.3万，与2020年同期相比（100万）增长了19%，阅读量1.15亿，实现121万次转评赞，621万视频播放量，直播观看量1361万。

全年监测26万余条文物相关话题信息，向国家文物局上报每日舆情摘报241期，共3160条。本年度增加了"境外舆情"上报，共启动预警监测89次，舆情快报89期，专项事件分析报告17期。

■ 【数据库建设】

大力推进国家文物资源大数据库建设。完成《国家文物资源大数库建设工作方案》并经局深改组会议审议通过。组织开展国家文物资源大数据库建设专题调研，并与相关单位合作编制大数据库建立方案。编制《"十四五"信息化规划》（建议稿），重点规划实施国家文物资源大数据库建设工作。

全国革命文物资源管理平台实现了不可移动革命文物、可移动革命文物及革命纪念馆等革命文物数据录入、管理、发布、查询、统计分析与展示，面向社会提供各省已公布革命文物名录查询服务。已整理入库不可移动革命文物数据（文保单位）15678条，可移动革命文物数据65141条，革命博物馆、纪念馆数据1612条，初步形成了革命文物大数据资源动态管理体系，有利于加强革命文物保护、研究和利用，更好地发挥革命文物资源的社会价值，为分批公布全国革命文物名录，推进革命文物资源信息开放共享，夯实了基础工作。

承建"亚洲文化遗产保护行动"项目平台（官方网站），实现了亚洲文化遗产保护项目的在线申报、遴选、进度管理和成果展示等功能，为促进亚洲各国在文化遗产保护领域交流、合作、互鉴提供了平台。

持续做好流失海外中国文物数据库更新与整理工作。优化数据分类，开放数据远程查询功能，更新外国博物馆藏中国文物数据，建立了《流失海外中国文物预警分析报告》周报制度，完成了《拟追索重要流失文物预备清单（第一期）》，为局开展相关工作提供了有力支撑。

协助国家文物局开展文物流通领域信息备案及评估监测工作。对2020和2021年度文物拍卖标的备案材料进行整理归纳，研发文物拍卖标的备案数据库并录入数据5万余条，初步建立了撤拍标的数据库。完成50场次文物艺术品拍卖会的抽检工作，抽检出24场次存在涉嫌违规拍卖标的并上报国家文物局。

丰富、完善地理信息平台的数据和功能，建成黄河流域文物保护单位、省级、市级、县级文物保护单位等四类专题数据和专题地图，丰富第八批全国重点文物保护单位数据。

■ 【信息化服务】

承担文化遗产青少年网络教育示范项目，开发了12个博物馆综合实践课程以及5条研学线路，建立了一套科学合理、管理规范、责任清晰、多元统筹、保障安全的研学管理机制。

协助国家文物局开展文物数字化相关标准制修订计划项目的集中审查与评估工作。通过项目实施，逐步筛选一批精于文物保护、文物研究、标准制定等方面的专家，为局建立文物数字化标准专项领域智库提供有力支撑，对文物数字化相关标准进行统计、反馈、评估分析，为构建文物数字化标准体系提供技术支撑。

积极探索将水利、气象等实时监测、预估预报、风险预警数据与文物基础数据相融合，进行文物受自然灾害影响的分析研究，分别开展河南、山西洪涝灾情文物受灾情况分析。

【咨询服务】

与邓小平故里管理局、阿里地区文化局签订战略合作协议，在保护及展示信息化建设、博物馆升级、文博信息化、革命文物研究及培训、爱国教育示范基地建设、文物保护咨询评估等领域开展合作。积极发挥信息化国家队作用和服务行业信息化工作职责，面向全系统、行业提供文物资源数据库、文物数字化保护及展示利用、文物管理服务平台、藏品管理系统、数字博物馆建设等服务，助力地方博物馆数字化和智慧博物馆建设，得到充分肯定与好评。重点承担西藏古格王国遗址文物数字化采集和展示项目，借助当前国内外各种先进的数据采集、加工和管理技术对古格王国遗址不同类型的文物对象开展必要及时的考古信息数字化采集与留存工作。

【业务培训】

全年举办文物进出境审核责任鉴定人员、彩陶文物鉴定研究、古代玉器鉴定（南阳）、全国非国有博物馆馆长、圆明园国家文物保护利用示范区建设博物馆安全与创新等多期培训班，来自31个省（自治区、直辖市）197家单位的260余名学员参加了学习。

充分依托全国文博网络学院，面向局系统、全国文博行业开展培训，先后举办全国石窟寺管理人员线上培训班（第二期）、甘肃省文物局直属事业单位专业技术人员继续教育线上培训班、北京市第二十期文博行业专业技术人员线上学习培训班等多次线上专题培训，参训8090人次，考核通过并获得培训证书5809人次，累计学习187898学时。截至目前，平台注册已达30143人（年新增用户近7000人），累计在线学习35.1148万小时，平均每天300人次在线学习，高峰时达1500人次。

【其他】

开展文物影响评估、文物鉴定与征集、保护工程勘察设计等工作20余项。继续为北京、山西、陕西等地方文物行政部门提供文物舆情监测服务，全年监测26万余条文物相关话题信息，摘选近8000条舆情信息，提供800余期每日舆情摘报，用信息化手段有力推动了地方文物治理体系和治理能力现代化。

扎实做好援藏援疆工作。与新疆维吾尔自治区文化和旅游厅（文物局）签署《文物工作合作共建协议》；与罗布林卡管理处签订战略合作协议；援助西藏阿里地区开展石窟寺和岩画点数字化保护项目建设，派队赴现场完成了71个文物点的勘查工作，中心累计投入资金超过50万元，阿里地区文化局向中心赠送锦旗表示感谢。中心党委积极支持援藏干部工作，关爱援藏干部家属，解除后顾之忧。

文物出版社

【概述】

2021年，文物出版社以习近平新时代中国特色社会主义思想为指导，在国家文物局党组的正确领导下，深入学习贯彻党的十九大和十九届历次全会精神，增强"四个意识"、坚定"四个自信"、做到"两个维护"，不断强化全面从严治党，认真落实意识形态工作责任制，持续推进巡视和审计整改，坚持正确出版导向，狠抓生产、运营和管理，有力推动了全年各项工作的顺利完成。

【内部建设】

公司党委持续推动深入理解贯彻习近平新时代中国特色社会主义思想，围绕有关考古、文明起源、文物保护、文化基因、革命文物、融合发展等方面，加大有关图书、数字产品的组约稿和出版、制作工作力度，持续推出相关图书和数字产品。

精心组织"党史学习教育"，成立领导小组、制定工作方案，组织专题学习、集中研讨、专题党课、专题培训、组织生活会、主题党日、参观展览等。

制定出台党建工作领导小组工作要点和《文物出版社有限公司党委关于贯彻落实〈中共中央关于加强对"一把手"和领导班子监督的意见〉的具体实施细则》。专题研究并召开党的工作暨纪检工作会议。

持续推进中央巡视整改和局财务专项审计整改，积极配合国家文物局第二巡视组的巡视工作。

严格落实意识形态工作责任制，加强图书、期刊、新媒体等意识形态阵地的建设和管理，强化选题论证和编辑教育培训，严格执行三审三校和重大选题备案制度，确保正确的出版导向和价值导向。

编制完成《文物出版社有限公司"十四五"发展规划》，制定实施《出版社有限公司国有资本金项目资金使用管理办法》等多项制度规定。

【图书出版】

图书出版态势平稳，全年累计出书400多种。已经出版和即将出版的重点图书有"考古与文明丛书""考古新视野丛书""敦煌艺术书系"以及《双观帖》《全清小说》《欧洲冯氏藏中国古代版画丛刊续编》《甲骨文合集（精聚本）》等。

重点围绕革命文物、"一带一路"和建党100周年做好主题出版，出版《红色基因——吉安革命文物图典》等10余种主题图书。

进口图书业务稳步拓展，全年开展进口图书业务10个批次。

《中国青铜器全集续编》（第一批）等10种重点图书获得国家各类出版基金资助。

【获奖情况】

在2021年度中国图书海外馆藏影响力百强排行榜上，文物出版社有限公司排名第27位。

全年共有22种书刊获得各种奖项。其中《长沙走马楼三国吴简·竹简》（9卷27册）获第五届中国出版政府奖图书奖，《子弹库帛书》（全2册）获图书提名奖。《文物》月刊荣获"2016—2020年最受欢迎期刊"和"2021中国最具国际影响力学术期刊"称号。

【数字化转型升级】

继续推进数字化内容建设和数字产品设计、生产、出版，推出针对全媒体编辑的"数字支撑计划"，启动"全网化营销"。

中国文化遗产研究院

【概述】

2021年，中国文化遗产研究院在国家文物局党组正确领导和大力支持下，深入学习贯彻习近平总书记关于文物工作的重要论述和重要指示批示，深刻领会十九届六中全会精神，坚决贯彻落实党中央、国务院以及国家文物局决策部署，在做好疫情防控工作的基础上，统筹安排、抓主抓重，积极稳妥推进各项工作开展。

【内部建设】

院党委、纪委聚焦职能定位、党史学习教育和重点工作任务，切实履行党委主体责任和纪委监督责任，认真落实党建暨纪检工作责任制，以党的政治建设为统领，坚决做到"两个维护"。严格落实意识形态工作责任制，确保意识形态安全。认真贯彻落实习近平总书记对制止餐饮浪费行为作出的重要指示精神，坚决制止餐饮浪费。持续扎实推进新冠肺炎疫情防控工作。抓好年度巡视整改落实工作，中期整改任务有序开展，长期整改任务扎实推进。

推进国家文化遗产科技创新中心筹建工作。成立筹建工作领导小组及工作办公室，抽调院相关人员专门从事"科创中心"筹建工作。与怀柔区人民政府签订用地意向协议。完成项目建议书和建筑概念设计方案等前期咨询工作。

【学术研究】

国家重点研发计划重点专项"不可移动文物自然灾害风险评估与应急处置研究""石窟寺岩体稳定性预测及加固技术研究"，通过科技部组织的中期考核。万人计划课题"古代岩土建筑遗址保护修复材料研究"顺利完成2021年计划任务。国家社科基金特别委托项目"符合国情的文物保护利用之路研究"、国家社科基金重大项目"吴哥古迹考古与古代中柬文化交流"顺利结项。国家自然科学基金青年科学基金项目"基于X射线-中子衍射联合成像的岩石内应力研究"，国家自然科学基金课题"陆海丝绸之路出土玻璃制作工艺与产地的同步辐射应用研究"，国家社科基金特别委托项目"《大运河画传》《长城画传》编撰"，国家社科基金重大项目"《中国大百科全书·文物卷》纂""全国明长城调查资料整理与研究""大运河文化遗产保护理论与数字化研究"，国家社科基金重点项目"文化遗产和旅游融合发展的文化自信生成机制与治理现代化研究"，国家社科基金中国历史研究院重大委托课题子课题"海港与海上丝绸之路研究"，教育部哲学社会科学研究重大课题攻关项目子课题"中国海洋遗产保护与可持续发展研究"等，均按计划顺利实施。承接国家社会科学基金重大委托项目"《长征画传》编撰"。

受国家文物局委托，编制完成《大遗址保护利用"十四五"专项规划》《"十四五"石窟寺保护利用专项规划》《中国文化遗产研究院事业发展"十四五"规划》。

【重点项目】

完成全国石窟寺保存现状专项调查任务。在摸清"家底"的基础上，坚持"研究为主、深化应用"理念，致力于岩土文物的病害机理、加固材料、施工工艺、效果评估等研究，积极推广应用以往项目的相关技术成果。

对长城本体保护和日常管理状况进行专题调研。完成2021年度长城本体保护项目、长城国家文化公园保护项目立项评审和长城保护区涉建项目审核。对汛期长城保护险情进行现场调研和抢险评估。启动第一批长城重要点段巡查工作。推动"长城资源保护管理信息系统"平台上线；完成"中国长城保护管理状况报告"，长城保护被世界遗产组织确定为文化遗产保护管理工作示范案例。

扎实推进相关重点文物保护修复工程项目。西藏布达拉宫文物（古籍文献）保护利用项目（一期）通过西藏自治区文物局组织的专家验收。应县木塔保护方面，提交《应县木塔现状结构稳定性评估报告》，监测项目有序推进。革命文物保护方面，完成4项相关规划和修缮工程方案编制。石窟保护方面，川渝地区石窟保护项目、承德避暑山庄及周围寺庙石质文物科技保护项目等在充分防疫基础上，组织人员进场，顺利按计划实施。受国家文物局委托，完成"河南特大暴雨灾害不可移动文物受灾情况调查评估""全国革命文物保护展示项目检查评估""山西省文物保护工程检查评估""全国重点文物保护单位申报遴选规定研究编制""不可移动文物基础信息汇总整理""石窟寺安防系统建设及项目实施文物保护要求研究""全国红军标语保存状况调查和试验性保护研究"等工作。

完成《中国世界文化遗产2020年度保护状况总报告》。继续完善和提升中国世界文化遗产监测预警总平台。积极推进海上丝绸之路申遗与研究、大运河文化保护传承利用、大运河国家文化公园建设相关工作。积极配合推进二里头遗址申遗工作。继续开展相关申遗文本、保护规划等咨询和编制工作。

作为第一批平台单位入选"古文字与中华文明传承发展工程"。重点开展银雀山汉简整理成果出版、五一广场东汉简牍整理研究与出版、《出土文献研究》第20辑编辑出版、定州八角廊汉简再整理等工作。联合其他单位成功申报社科基金重大项目《以定县简为代表的极端性状竹书的整理及其方法研究》。

【国际合作与交流】

积极配合局外事联络司，承办首届"亚洲文化遗产保护对话会"及首批"亚洲文化遗产保护行动"双边合作文件签署仪式；组织实施"中阿巴线上石质文物保护专业人员高级研修班"。持续跟进世界遗产国际动向，在第44届世界遗产大会及国际古迹遗址理事会（ICOMOS）2021年度会议中，进一步提升国际事务参与度。积极拓展长城保护国际合作，与英格兰遗产委员会合作举办相关学术会议。应对疫情影响，稳妥推进各项援外工程项目实施和现场管理工作。

【业务培训】

组织完成4个培训班教学任务。完成文物修复师国家职业技能标准颁布。编制《文物保护系列教材》《文物修复师培训教材》《职业教育专业简介》《职业教育教学标准》等教材。主持编写的《中国世界遗产能力建设系列手册》前三册，由联合国教科文组织驻华代表处正式发布。

中国文物报社

【概述】

2021年，中国文物报社以习近平新时代中国特色社会主义思想为指导，在国家文物局党组正确领导下，围绕国家文物局重点工作加强文物宣传，讲好文物故事，传播文博声音，严格落实意识形态工作责任制，突出抓好媒体融合发展和全媒体平台建设，全方位多领域拓展业务，初步形成一报两刊三个新媒体矩阵和多个系列品牌产品集群相辅相成、相得益彰的中国文化遗产总体传播格局，推动报社向优质文博服务单位、全媒体传播机构和现代国有文化企业转型升级。

【内部建设】

坚持把党的全面领导贯穿报社工作全过程，积极推动国家文物局工作部署和报社各项重点工作落实落地，深入开展党史学习教育，扎实推进中央巡视整改，严格落实意识形态工作责任制，落实全面从严治党主体责任，切实把"两个维护"落实到日常工作中。

【采编宣传】

突出文物特色，打造学习宣传贯彻习近平总书记关于文物工作重要论述和重要指示批示精神的重要窗口，配合重大主题及时主动策划、设置专题，坚持做到报社各媒体平台刊登重要报道不遗漏，形成全方位、多层次、多角度、成系列的宣传热潮，圆满完成全年系列重大主题宣传任务和文物系统各项宣传报道任务，助推全国文物系统各项工作落地见效。

国家文物局官网、官微和《中国文物报》推出"奋斗百年路 启航新征程——学党史 悟思想 办实事 开新局""党史学习教育"等55个专栏、专题；《中国文物报》策划推出国际博物馆日、文化和自然遗产日、庆祝中国共产党成立100周年等7期58个版面的报纸特刊。

2021年第1期《文物调研》首发的《关于当前我国考古工作面临的编制与从业人员严重不足的问题》经《文物之声》微信推送，得到了党和国家领导人重要批示，极大助推了文物领域改革发展。

报社记者李瑞采写的《咸同斯福——天龙山石窟佛首亮相特展》获得中国记协、中国行业报协会关于全国性行业类媒体2021年"新春走基层"活动全媒体报道精品通报表彰。

报社承办的《中国博物馆》在文化与博物馆学类19种学术期刊中排名第4，再次入选《中文核心期刊要目总览》。

报社所属新媒体平台全年共计刊发图文及视频13000余条次，实现总流量近2亿，其中中国文物报人民号、新华号、澎湃号等公众号在文博类公号中名列前茅，权威性、影响力持续攀升。"2020年度全国考古十大新发现"微博话题全网阅读量突破2.2亿。

【业务拓展】

初步形成专刊特刊、展览活动、公开课、大讲堂、推介活动、论坛（研讨会）活动、影视视听以及规划咨询等8个中国文化遗产系列品牌产品线，为全行业乃至全社会提供专业化、细分化和大众化、趣味化文化遗产传播服务。

报社承担的"全国博物馆网上展览平台"项目被国家新闻出版署评为2020年中国报业深度融合发展创新案例，与哔哩哔哩联合出品的纪录片《烈火、鲜血与旗帜》被中国电视艺术家协会评为"第27届中国纪录片学术盛典·微纪录十优作品"。

中国文物交流中心

【概述】

2021年，中国文物交流中心党总支在局党组坚强领导下，在局机关各部门大力支持下，坚持以习近平新时代中国特色社会主义思想为指导，全面贯彻落实党的十九大和十九届历次全会精神，持续深入学习贯彻落实习近平总书记关于文物工作和文明交流互鉴的重要论述及重要指示批示精神，不断深化对新时代加强和改进中华文明国际传播力重要性、时代性、实践性要求的认识，秉持更好推动中华文化走出去、全面提升文物展览国际传播效能的宗旨，切实增强"四个意识"、坚定"四个自信"、做到"两个维护"，始终牢记"国之大者"、把握时代方位，围绕中心、服务大局，守正创新、主动作为，努力推动各项事业和自身建设迈上新台阶、实现新发展。

【内部建设】

深入开展党史学习教育、"四史"学习教育、"永远跟党走"群众性主题宣传教育活动，以学习贯彻习近平总书记在党史学习教育动员会、庆祝中国共产党成立100周年大会和党的十九届六中全会上的重要讲话精神为重点，建立学习机制、丰富学习资源、创新学习方式、强化学习宣传、树立先进典型、加强检查督导，掀起学党史、感党恩、跟党走的学习高潮，切实打牢党员干部对党忠诚的思想基础。

隆重庆祝党的百年华诞。联合国家大剧院、中国人民革命军事博物馆、延安革命纪念地管理局、南京市博物馆总馆、北京中华世纪坛艺术馆、西安交通大学、中国传媒大学、中国广播电视社会组织联合会等多家单位策划了"永远飘扬的旗帜""光辉岁月""光辉历程""红色印记""丰碑"等原创革命文物主题展览并落地北京、南京、昆明、成都、延安、长治、铜川等地。推出"讲述革命文物背后的故事"线上展览。

持续深化中央巡视整改落实，严肃认真配合局党组第一巡视组对中心开展常规巡视，以巡视整改的实际成效践行"两个维护"。

【文物展览】

成功举办文物进出境展览23个，其中国内展14个、进境展8个、出境展1个（图片展）。响应习近平总书记的"亚洲文化遗产保护行动"倡议，推动"亚洲文明展"巡展成功落地河北省博物馆、湖南省博物馆。配合冬奥会举办完成"崇礼太子城西院落遗址临时展示项目"策展布展及垫资。适应疫情防控常态化要求，化被动为主动，开创线上国际文物点交新模式，成功推出"遇见"系列展览，包括："遇见浮世·博览江户——江户时代浮世绘原版珍藏展""遇见拉斐尔——从文艺复兴到新古典主义展数字沉浸式展览""遇见敦煌·光影艺术展"，吸引观众50.8万人次；克服国际运输困难，采取文物线上点交模式，成功引进"'叙'写传奇——叙利亚古代文物精品展"并在深圳首展，国家文物局特别支持将此展览纳入"亚洲文化遗产保护行动框架"。成功引进"微观之作——英国V&A博物馆馆藏吉尔伯特精品展"在郑州博物馆展出，并推出线上虚拟展览。协办"人类遗产国际责任——首届'打击非法贩运文化财产国际日'主题展览"。2021年恰逢中心成立50周年，策划举办"不忘初心担使命　奋辑扬帆正当时"图片展。

【科研咨询】

扎实推进国家重点研发计划"重大自然灾害监测预警与防范专项"之"民间文物流通安全服务关键技术研发项目"，取得阶段性成果。联合北京印刷学院、深圳市裕同包装科技股份有限公司申报的"基于物联网和人工智能技术的文物保护箱关键技术及系统研发应用"项目，获得第十六届毕昇印刷科技进步奖二等奖（一等奖空缺）。编制《"十四五"期间博物馆及可移动文物管理建设投资需求测算报告》等咨询评估报告9份，编制《粤港澳大湾区中华文化传承与创新中心建设研究立项报告》《亚洲文化遗产保护大奖项目方案》等规划设计方案9项。组织开展"文明交流：文明的国际传播力"课题研究并出版《金色名片·亚洲文明篇》，参与出版《中国文物拍卖收藏年鉴2021》《博物馆蓝皮书：中国博物馆发展报告（2019—2020）》等图书。发布"展览海外影响力""古都城市国际影响力"两个原创评估报告，截至12月23日，浏览量分别达到234.7万、157万。联合文博新媒体"博物馆头条"发布"中博热搜榜"，与山东大学联合举办全国革命文物与新时代高校思想政治教育工作融合发展论坛。支持推进革命文物资源融入高校思想政治工作馆校合作联盟挂靠中心。

【文旅融合】

持续推进国家南海文博产业园项目落地，推动先导项目海南国际文化艺术品交易中心挂牌运营及数字艺术品交易，支持国家南海文博产业园海口征地项目开展；举办2021中国文博产业发展峰会、全国文物流通经营机构联盟2021年会。着力文创品牌培育，创新博物馆馆藏资源衍生品开发合作，向京东、小米、周大生等15家知名品牌进行IP授权，与阿里、百度、蚂蚁链、联盟链、文昌链等共同推动数字艺术品开发及可信交易。

出版《新时代文物保护与旅游融合发展研讨文集》；策划"万里茶道环中国自驾游"等3条文物旅游线路；与交通部规划院推动"路空一体文交旅全域旅游"，联合编制《交通遗产与文化线路建设方案》；联合工信部工业文化发展中心开展中国白酒申报世界文化遗产预研究工作。

【其他】

成立"全国革命文物展示联盟"，举办首届全国红色展览策划与国际传播研修班，承办"党的故事我来讲——争做红领巾讲解员"实践活动部分工作；完成美国、日本返还文物回运工作；承办"聚焦南岛语族文化遗产——第十届海峡两岸文化遗产保护论坛"；完成全国报送文物展览大纲委托初审项目30项。

发挥局文博人才培训基地作用，承办国家文物局委托文物人才援藏援疆项目"博物馆展览策划专题培训"、中国博物馆协会委托"博物馆境内外展览组织策划培训班"等3期线下培训班，举办"进出境展览及云展览策划与实务"等3期线上策展培训班，培训全国学员约3000人。

联合工信部工业文化发展中心举办第二届"博物馆故事文艺作品征集大赛",今日头条平台总阅读量超6700万,带话题参与讨论、申请报名的作品数量超2000个。联合深圳市插画协会举办"文物遇见插画——首届文物插画大赛",报名投稿作品9000余幅。成功推出《国宝很有戏(第二季)》文博短视频节目,共推出27支原创视频,全网视频播放量超1.5亿次;发起成立"中国人权发展基金——文博公益专项基金",吸引社会企业捐赠300万元作为首批启动基金,启动"石窟守护计划",为石窟寺文物展示和利用探索新途径。

国家文物局考古研究中心

【概述】

2021年，国家文物局考古研究中心深入学习贯彻习近平总书记关于文物工作重要论述和重要指示批示精神，认真贯彻落实文物保护利用改革、党史学习教育等中央决策部署和国家文物局2021年工作要点，克服新冠疫情影响，完成机构建设、考古调查发掘、科技考古、文物保护等各方面工作任务，取得了良好的工作成效。

【内部建设】

健全组织机构，成立中心党总支和3个党支部，全面推进党史学习教育，开展"我为群众办实事"，完成办公区改造、食堂建设、职工周转房租赁、扶贫工作任务。组织学习贯彻习近平总书记"七一"重要讲话和党的十九届六中全会精神，做到入脑入心、见行见效。

稳妥推进机构队伍建设，完善机构和职能，完成中层干部选拔任用、全员竞聘上岗和年度人才招聘工作，建立健全各项规章制度，全面提升工作效能。

【考古项目】

水下考古方面：开展圣杯屿沉船遗址考古发掘，确认该沉船为元代中晚期贸易商船；进一步调查长江口二号沉船遗址状况，为打捞工作提供支持；开展大鹿岛考古调查，确认超勇、扬威二舰沉没位置；实施西沙群岛水下考古项目，掌握石屿二号沉船遗址保存现状；持续开展"南海Ⅰ号"发掘工作，共计出水文物18.2万余件；举办"2021年度全国水下考古专业人员进阶培训"，培训学员17名；开展宁波地区海岸带先秦文化遗存考古调查及人地关系研究，新发现先秦遗址9处，推动项目纳入"考古中国"重大项目"南岛语族起源与扩散研究"。

边疆考古方面：实施西藏林芝市拉颇遗址考古发掘项目，初步明确遗址的文化内涵；开展昌都地区考古调查，掌握了该地区遗址分布状况和20处遗址的文化面貌；完成新疆图木舒克市唐王城遗址考古调查和基础测绘工作，进一步明确唐王城的形制、年代、性质。

科技考古方面：与中国科学院青藏高原研究所、古脊椎动物与古人类研究所、北京大学考古文博学院分别签约共建联合实验室，建成碳十四测年前处理实验室。启动东亚古DNA数据库、中国考古碳十四年代数据库、动物考古数据库、植物考古数据库及科技考古信息平台建设。在内蒙古、河南等地多个重要考古遗址开展动植物考古、环境考古、古DNA考古等科技考古多学科研究。

【文物保护修复】

开展"南海Ⅰ号"船体及出水文物现场保护，完成喷淋系统搭建，编制完成"南海Ⅰ

中国
文物年鉴
2022

号"出水文物保护"十四五"规划。开展慈溪潮塘江元代沉船保护修复。完成158件／套"致远舰""经远舰"出水文物保护修复，将7件文物移交中国共产党历史展览馆收藏。

【学术研究】

国家重点研发计划项目"海洋出水木质文物保护关键技术研发"申请发明专利5项，"水下考古探测关键技术研发项目"发表论文5篇，申请发明专利1项。开展气候突变对我国考古遗址的影响前期研究，探索气候变化背景下土遗址病害特征机理，取得阶段性成果。

编辑出版《中国沉船考古发现与研究》和《水下考古（第三辑）》，组织编写《水下考古学概论》教材。

主办第九届中韩水下考古研讨会网络会议，派员参加5次国际文化遗产领域网络会议，提升中心国际学术影响和地位。组织召开"近现代沉舰研究、保护与利用研讨会"、中国考古学会水下考古专业委员会第二次会议，以"中国现代考古学百年"为主题，组织开展"考古大讲堂"系列活动，网上播放量超过157万次。

【其他】

编制形成《国家考古工作"十四五"规划（征求意见稿）》。开展全国考古人才队伍建设调研，部分意见建议已被采纳并落实到有关政策措施中。编制形成《三峡库区历史文化遗产资源专题调查报告》和《三峡库区文物保护利用专项规划》。开展《新疆考古工作规划（2018—2022）》中期评估。组织实施考古探掘工国家职业技能标准研究编制工作，形成标准初稿。

北京市

■【概述】

2021年，北京市文物工作取得一系列重要成果，加强顶层设计，高标准制定印发《北京市"十四五"时期文物博物馆事业发展规划》，中轴线申遗保护高位推进，大运河文化带、长城文化带、西山永定河文化带建设持续发力，革命文物工作亮点频出，考古工作和大遗址保护卓有成效，博物馆之城建设有序展开，文物市场逆势上扬，文物基础工作不断夯实。

■【文物安全工作】

北京市文物局召开全市文物安全工作会议，实施文博系统火灾隐患整治和消防能力提升三年行动，文物安全形势总体向好。

■【不可移动文物的保护与管理】

高标准推进《中轴线申遗保护三年行动计划》，编制《中轴线申遗专项工作组2021年度折子工程》，全力助推48项任务不断取得进展，钟楼、景山兴庆阁、中山堂、正阳门箭楼等重点文物修缮工作有序展开。成功举办亚洲文化遗产保护对话会、第44届世界遗产大会"城市历史景观保护与可持续发展"主题边会，北京中轴线的国际知名度和影响力持续扩大。稳步抓实文物腾退工作，社稷坛、太庙、先农坛等核心区域内需腾退的市属机关单位办公用房全部腾退，钟鼓楼周边申请式退租完成签约，太庙、先农坛和天坛等重点区域文物腾退、综合整治方案日趋稳定，清陆军部旧址、皇史宬北院实现对公众开放。深入开展中轴线申遗保护宣传推广，大型文化音乐竞演真人秀节目《最美中轴线》开播得到社会广泛好评，市委书记蔡奇两次批示表扬，北京中轴线文化遗产传承与创新大赛如期举办。

大运河文化带建设按期推进，举办"2021北京（国际）运河文化节"和"2021中国大运河文化带京杭对话——水利遗产与城市可持续发展"学术论坛，推出一系列大运河沿线"网红打卡地"，发布《第一批北京市水利遗产名录》；与中国艺术研究院共同成立大运河文化研究中心，与北京市水务局签订战略合作协议；路县故城考古遗址公园（二期）考古勘探工作全部完成，大运河博物馆（首都博物馆东馆）主体结构顺利封顶，北京艺术博物馆（万寿寺）修缮工程接近尾声，八里桥修缮工程有序启动，白浮泉遗址公园文物保护规划获得批复。

长城文化带建设迈上新台阶，精心举办"2021北京长城文化节"，率先出台《长城国家文化公园（北京段）建设保护规划》，首次发布《北京世界文化遗产保护管理状况报告》，系统梳理7处世界文化遗产承诺事项履行情况，稳步推进世界遗产保护规划报批工作，长城在联合国教科文组织第44届世界遗产大会上荣获唯一世界文化遗产保护管理示范案例；年度任务8大类36项子工程有力有序推进，13项长城抢险加固项目完成实地踏勘、方案编制和呈报审批，密云区、怀柔区、延庆区所属项目已进入实施阶段，8处长城重要点段险情隐患排查工作全部完成；中国长城博物馆改造提升项目完成《中国长城博物馆改造提升项目前期研究》，项目建设思路、选址、建设规模等得到市领导充分认可。

西山永定河文化带建设扎实推进，6大类31项任务有序实施，成功举办首届北京西山永定河文化节活动，指导海淀区完成并正式发布《北京海淀三山五园国家文物保护利用示范区建设实施方案》，全面推进三山五园国家文物保护利用示范区创建各项工作。

高度重视大遗址保护，加快琉璃河国家考古遗址公园建设，北京市推进全国文化中心建设领导小组增设琉璃河国家考古遗址公园专项建设组，并成立琉璃河国家考古遗址公园建设专家委员会，琉璃河国家考古遗址公园规划工作取得重要阶段性编制成果，获得国家文物局批准实施。

【革命文物保护利用】

启动全市革命文物资源底数和保护状况专项调查，正式发布北京市第一批革命文物名录（包括不可移动革命文物158处，可移动革命文物2111件／套）和第一批革命纪念馆（26家）。

全面推进三大主题片区建设，天安门城楼及城台、中共中央北京香山革命纪念地文物保护修缮项目荣获鲁班奖、2020全国革命文物保护利用十佳案例、全国革命文物保护利用优秀案例等殊荣；研究制定宛平城卢沟桥区域革命文物保护利用规划；对北大红楼与中国共产党早期北京革命活动旧址共31处进行保护修缮，北大红楼于8月1日正式对外开放。

【考古工作】

基本建设工程考古成果显著，完成调查项目310项，考古勘探项目169项、勘探面积1256万平方米，考古发掘项目87项、发掘面积8.4万平方米，出土文物约5000件／套。

北京老城考古工作取得突出进展，金中都城墙遗址首次发现外城护城河等城墙体系，正阳桥遗址考古发掘出土明代镇水兽，为研究北京建都史提供了史料实证。

开展石窟寺专项调查，全面掌握北京地区32处石窟寺、33处摩崖造像情况。

成功举办首届北京公众考古季，打造北京公众考古季品牌。

【博物馆工作】

国家文物局与北京市人民政府签订共建北京博物馆之城战略合作协议，建立健全部市共建机制，在北京市推进全国文化中心建设领导小组增设博物馆之城专项工作组。稳步开展《北京博物馆之城建设发展规划》调研论证、文件编制等工作，为博物馆之城建设提供政策支撑；完成《北京市鼓励社会力量兴办博物馆的若干意见》调研、起草和意见征集等工作，目前已经通过市政府常务会和市委深改委会议审议，计划年内印发。

高标准筹备承办国际博物馆日中国主会场和国际博物馆协会藏品大会，"万年永宝——中国馆藏文物保护成果展"揭幕，"博物馆5G新生活""中国国宝大会"节目以及"金话筒走进博物馆，带你一起读中国"等活动启动，青年论坛、主题论坛和博物馆之夜等配套活动精彩纷呈，新增阅读量达35.8亿，平台直播观看量超过668万。

注重加大博物馆文化服务供给，组织北京地区博物馆围绕中华优秀传统文化策划举办展览及文化活动。全年共举办传统节日文化活动507项，其中临时展览336项、文化活动171项（含线上各类展览、活动112项），博物馆延时开放服务250余次，圆满完成庆祝中国共产党成立100周年博物馆志愿服务保障工作。

■【科技与信息】

持续深化科研创新，组织实施"一对一"科研帮带项目，制定《北京市文物局重点科研基地工作站管理办法》，建立5家重点科研基地工作站。

■【文旅融合】

高水平承办2021中国（北京）国际服务贸易交易会文旅服务专题文博文创展区展会，北京地区22家全国文创开发试点博物馆集体参展，文创产品竞相呈现，受到社会广泛好评。

继续组织2021年北京文博创意设计大赛，研究推动北京文博创意设计大赛参赛获奖作品市场化运营、版权交易等有关事宜，进一步调动各方力量参与博物馆文创产品开发工作。

■【社会文物管理】

研究起草《"十四五"时期北京国际文物艺术品交易中心建设规划（征求意见稿）》，推动文物艺术品市场和文物拍卖企业健康发展。

举办2021北京·中国文物国际博览会，全面展示北京地区文物艺术品市场整体规模，突出展现北京区位优势和龙头企业聚集效应，特别是发布北京文物艺术品交易指数，这是全国范围内首次发布文物艺术品交易综合指数体系，有效助力北京文物艺术品交易中心建设。

■【其他】

加强京津冀博物馆文化资源共建共享，签署京津冀协同发展战略合作协议4项，积极推进冬奥公共文化设施申报，全力做好迎接冬奥会和冬残奥会准备。稳妥推进事业单位改革，组织20家事业单位调整岗位设置方案，完善事业单位人事管理体系，有序有力抓好改革后续工作。

扎实做好对口援疆工作，签署《北京市文物局对口支援拉萨市文物局项目框架协议》，组织文博行业专业技术人员和管理人员线上培训班，涵盖北京市支援合作地区文博行业工作人员达3185人，受训人数及覆盖面创历史新高。

天津市

【概述】

2021年，天津市委、市政府多次就文物保护、考古、革命文物及长城、大运河文化保护传承利用工作进行研究部署，提出明确要求，将文物安全工作纳入全市绩效考评，为加强文物工作提供了有力保障。

【法制工作】

天津市人大常委会、市政协就长城、大运河国家文化公园建设、文旅融合等组织专题调研，启动《天津市红色资源保护与传承条例》立法工作，9月天津市十七届人大常委会第29次会议进行了第一次审议，11月底进行第二次审议。

【文物安全工作】

落实文物火灾隐患整治和消防能力提升三年行动计划，开展博物馆和文物建筑消防安全大检查、文物火灾隐患排查整治行动，推进文物博物馆单位文物安全直接责任人公告公示办法落实，下发《天津市文物局关于印发全市文物安全直接责任人公示牌参考样式的通知》，将落实文物安全直接责任人公告公示制度情况列为2021年度各区政府文物安全考评细则。截至2021年底，基本完成区级及以上文物保护单位安全责任人公告公示，制作安装公示牌390余处。

争取市财政专项支持，实施天津博物馆、自然博物馆等文博单位安全防护工程。

【不可移动文物的保护与管理】

组织编制《天津市大运河文化遗产保护传承专项规划》，会同市发展改革委、市规划资源局等部门加强大运河核心监控区环境风貌保护。

实施北洋大学堂、广东会馆等一批文物保护工程，推动千像寺遗址保护和天津文庙、西站、天尊阁等修缮工作，不可移动文物保护状况进一步改善。

做好文物保护项目储备和申报，加大项目调度和工作推动。

编印《天津市文物保护利用工作手册》。

【革命文物保护利用】

认真传达贯彻落实全国革命文物工作会议精神，召开全市文物系统革命文物工作座谈会，积极做好汇报沟通和筹备工作。公布第一批天津市革命文物名录，包括可移动革命文物7154件／套，不可移动革命文物56处。

组织开展革命文物安全专项检查，实施平津战役天津前线指挥部旧址安全防范系统改造和天津博物馆革命文物数字化保护等项目，加大革命文物保护力度。

天津市委、市政府安排资金2.6亿元实施平津战役纪念馆、周恩来邓颖超纪念馆基本陈列改陈及配套设施提升工程，"七一"之际以崭新面貌对外开放。

聚焦建党百年主题，组织开展了"革命文物·红色传承"百项主题展览展示活动，推出102项线下线上展览和主题宣讲、研学体验等社教活动，全市30多家文化文物系统博物馆、行业博物馆和非国有博物馆踊跃参与，为全市党史学习教育提供了生动教材。天津博物馆"红色记忆——天津革命文物展"展出革命文物和见证物1151件，其中珍贵革命文物129件。

西青、蓟州、宝坻三个区列入全国革命文物保护利用片区分县名单。举办庆祝中国共产党成立100周年博物馆讲解大赛，3人入选全国革命文物百佳讲述人。报送66件作品参加学习强国"红色文物故事"展示展播活动，位居全国前列，受到市委宣传部领导表扬。

【考古工作】

发掘杨柳青大运河文化公园文化小镇遗址区，清理墓葬及遗迹148处，包括明清墓葬57座、圆形遗迹90处及水井1处。出土瓷罐及各类金属首饰等文物100余件。

北运河畔北辰区李咀明清家族墓地考古发掘完成，共发现明代晚期至清代中前期土坑竖穴合葬墓33座、明堂1座，出土釉陶罐、铜钱、发饰、符咒砖瓦等不同质地文物近200件。北辰李咀明清家族墓地排列有序、数量较多，是天津考古近年来发现的最为典型、最为完整的明清家族墓地，也是天津大运河乡土墓葬考古极为重要的发现。

启动十四仓遗址前期调查与综合研究项目。

完成天津卫故城鼓楼西遗址考古工作，对研究天津卫故城的城内布局、历史沿革、清代建筑技术等方面有重要意义。

【博物馆工作】

认真落实全国博物馆改革发展工作会议精神，与天津市文改办和相关部门积极沟通，开展天津市博物馆改革发展实施方案调研起草工作。做好《天津市博物馆运行考评办法（试行）》《天津市博物馆服务标准》修订工作。

积极推进天津市大运河文化博物馆筹建工作，完成基本陈列大纲初稿和专题陈列大纲框架。

【文博宣传与出版】

创新方式方法，加大文物传播力度，积极推进文物保护利用进机场、进地铁、进商圈、进直播。国际博物馆日天津主会场宣传活动得到了央广网天津、天津日报、今晚报、北方网、澎湃新闻等众多媒体的报道，起到了良好效果。以全国"文化和自然遗产日"等重点时段为契机，充分借助线上线下结合的方式，加大历史文化遗产保护宣传力度，营造良好社会氛围。

充分利用广播、电视、网络等媒体丰富宣传形式，与天津交通广播签订长期合作协议，在《动听天下》每隔周三开设关于文物和博物馆的专题访谈；与津云新媒体联合推出了《红色文物故事》有声海报100期，通过学习强国平台集纳成专题同步发布，在新华、人民、微博、微信等平台广泛传播。此外，还将有声海报加工成小视频，在抖音、快手、视

中国
文物年鉴
2022

频号、B站等平台推广，形成较为完整的传播矩阵，截至目前，综合访问量已突破1000万。

组织开展第一届天津市文物保护利用优秀案例、全市博物馆优秀原创展览推介活动。

与天津市民宗委联合启动《中国少数民族文物图谱·天津卷》编纂。

【文旅融合】

联合天津滨海国际机场，策划推出两套红色主题登机牌，联合天津轨道交通集团策划推出"地铁生活圈"博物馆图册和4条红色印记线路，受到广泛好评。

【机构建设】

会同市委编办积极推动全市16个区文化和旅游局加挂文物局牌子，明确负责文物工作的内设机构，并就加强文保和考古机构编制保障与市委编办进行沟通。

河北省

■【概述】

2021年，河北省文物系统深入贯彻落实习近平总书记关于文物工作的重要指示精神，进一步完善文物领域法律法规体系；依法依规，加强监管，完善执法督察全程工作；深入调查，精准定位，扎实开展石窟寺文物保护工作；多措并举，多方合作，大力推进革命文物保护利用工作；突出重点，围绕大局，积极开展考古及大遗址研究保护工作；全面做好长城、大运河文物保护工作，持续推动文物活起来。

■【法制建设】

《河北省长城保护条例》《河北省大运河文化遗产保护利用条例（草案）》经河北省人大常委会第二十七次会议第一次审议通过，为依法推进长城、大运河国家文化公园建设，加强长城、大运河保护传承利用，着力解决长城、大运河文化价值发掘和保护工作中存在的短板和弱项提供了有力的法律支撑。

■【文物安全工作】

筑牢文物安全底线，提升文物安全治理能力和水平。聚焦文物法人违法、盗窃盗掘、火灾事故三大风险，健全文物安全长效机制，强化文物执法督察。一是组织实施2021年度市级政府文物安全工作考核，实施文物博物馆单位文物安全直接责任人公告公示制度，全面推动文物安全责任落实。二是开展文物博物馆单位安全隐患排查整治，强化文物安全人防、物防、技防措施，联合省公安厅加强文物博物馆单位治安防范，持续开展打击文物犯罪专项行动，全面推进文物平安工程建设。联合省消防总队对文物博物馆单位进行消防检查，排除火灾隐患。三是利用卫星遥感和无人机，加强长城、大运河执法监测和古遗址古墓葬安全巡查，提高文物安全与执法科技水平。四是联合检察院开展长城、革命文物保护公益诉讼专项行动，督促相关部门履职尽责。推动落实市、县文化市场综合执法队伍文物行政执法责任，进一步加强文物安全与执法督察督办。

■【不可移动文物的保护与管理】

制发《河北省长城遗址抢救性保护实施意见》及其实施方案。《河北省明长城保护规划》获得批复，制发了《河北省大运河文化保护传承利用实施规划——文化遗产保护传承专项规划》及其实施方案，完成《大运河国家文化公园（河北段）建设保护规划》多轮征求意见。

推进长城国家文化公园长城保护项目实施。金山岭长城后川楼、窑沟楼，金山岭长城28—32号敌台段工程，冬奥核心区桦林东段明长城现状整修工程基本完工，完成大境门来远堡堡墙保护修缮项目省级技术验收，完成山海关长城、北水关段等项目方案的审批工作。

持续推进大运河文化保护传承暨国家文化公园建设，泊头清真寺项目整体完工，完成大运河郑口挑水坝、朱唐口险工修缮等方案的审批工作。

贯彻落实习近平总书记关于石窟寺保护利用工作的重要批示精神，按照国家文物局统一部署，组织完成全省石窟寺专项调查，督导相关地方文物部门对违规问题进行整改。为全面消除重大险情，推动南响堂石窟寺院维修项目开工实施，并将南响堂石窟保护设施前期研究、曲里千佛洞石窟项目列入维修计划。

根据河北雄安新区规划建设部署，积极配合做好雄安干渠等基本建设工程中的文物保护工作，指导新区保障工程建设的同时做好文物保护工作。

推进正定古城保护工程，组织完成隆兴寺文物保护工程省级技术验收，推动北城门抢险项目、隆兴寺石质文物保护项目完工，核准隆兴寺三通御碑本体保护方案。

核准清西陵文物保护总体规划，清东陵文物保护规划获国家文物局批准；组织对承德避暑山庄及周围寺庙文物保护工程整改情况进行检查；完成清西陵昌陵等项目验收；推动清西陵昌陵彩画、承德须弥福寿之庙二期、清东陵景陵等项目实施。

实施国保、省保重点文物保护工程，组织完成娲皇宫及石刻梳妆楼修缮工程等30项省级技术验收，推动黄粱梦吕仙祠修缮等项目完工，蔚县关帝庙、沙子坡老君观等46个项目开工实施，批复或核准同意张家口堡日本三菱洋行旧址、鸡鸣驿建筑群壁画等方案。

【革命文物保护利用】

深入贯彻落实习近平总书记关于红色资源和革命文物保护利用工作重要论述和重要指示精神，贯彻落实全国革命文物工作会议精神，以开展党史学习教育为契机，加强以立法形式做好革命文物保护，由河北省人大常委会颁布实施了《关于加强革命文物保护利用的决定》，并以河北省文物保护工作领导小组名义制发了《关于贯彻落实习近平总书记对革命文物工作重要指示及全国革命文物工作会议精神的意见》，完成全省革命文物资源核查，公布河北省第一批革命文物名录，组建了河北省革命文物专家库。

积极推进革命文物保护重点工程项目，完成八路军一二九师司令部旧址修缮工程，推动西柏坡中共中央旧址、中共晋冀鲁豫中央局和军区旧址保护修缮工程开工实施，批复同意育德中学旧址——幼云堂及校长办公室、冉庄地道战遗址等12处文物建筑保护方案。

联合省检察院、省退役军人事务厅等有关单位，开展革命文物保护公益诉讼专项行动，助推各级政府及相关职能部门依法全面履行监管职责。

【考古工作】

坚持考古在文物保护利用中的基础性、指导性作用，按照国家文物局统一部署，重点推进考古中国重大项目"中原地区文明化进程"河北地区的项目实施，组织开展泥河湾旧石器时代考古、冀西北新石器时代考古、漳河—滏阳河上游地区（邯郸）夏至早商时期考古探索和河北早期长城勘察等考古课题研究工作，做好康保兴隆、尚义四台、崇礼邓槽沟梁等遗址的年度考古发掘工作。

坚持考古先行、保护第一、融合发展、创新驱动，系统做好大遗址考古研究、空间管控、保护管理、开放展示工作，协调推进赵王城、中山古城等国家考古遗址公园建设工作，启动2021年度河北省省级考古遗址公园申报工作，《元中都遗址考古工作计划（2021—2025）》获国家文物局批复同意，泥河湾博物馆获批立项。

【博物馆工作】

促进不同类型博物馆发展。全省备案博物馆总数达172家，2021年新增备案17家，其中国有博物馆6家、非国有博物馆11家，主题涉及考古、古遗址、大运河、非遗、特色产业、民俗、三线建设、港口等多个领域。

利用现有河北文物官网、河北数字博物馆平台等搭建全省博物馆智慧生态。完成河北博物院"金银曜烁——美熠四方京冀晋豫陕五省市金银器展"、沧州市博物馆"沧海之州——沧州历史文化陈列"数字展上线，共有22个数字化展览在平台集中展示。

联合京津冀多家博物馆举办"舟楫千里——大运河文化展""我唱心歌给党听——京津冀三馆庆祝中国共产党成立100周年文艺展演"等展览交流与合作，推动京津冀博物馆协同发展。

【文博宣传】

配合重大事件、重大文物工程、重要节庆日，在疫情防控常态化要求下，组织开展多种形式展览展示活动。围绕庆祝中国共产党成立100周年，开展全省博物馆红色文化进校园活动，全省各地博物馆、纪念馆开展红色文化进校园系列活动251场，走进校园230个，直接受众人数达39.12万余人次，各级媒体报道超过150次，取得了良好的社会效益。

组织开展"红色热土　英雄河北"庆祝中国共产党成立100周年河北省博物馆十大红色题材展览推介活动，评选出河北博物院"从石库门到天安门——庆祝中国共产党成立100周年特展"等10个红色题材展览并向全省推介。

加强革命文物及革命题材展览线上宣传，在"河北数字博物馆平台"推出"红色印记照耀百年"数字化展览，囊括省内13家重要博物馆、纪念馆革命文物和展览。

围绕建党百年主题，联合当地政府，在中国人民抗日军政大学陈列馆举办文化和自然遗产日主场暨革命文物保护利用宣传月活动。

【其他】

配合2022年北京冬奥会，协调张家口市崇礼区做好太子城遗址展览布展工作。

山西省

【概述】

2021年，山西省文物系统认真学习贯彻习近平总书记"七一"重要讲话精神，推动党史学习教育走深走实，突出"为群众办实事"，深化学史明理、学史增信，学史崇德、学史力行。以《光明日报》头版报道考古工作者田建文同志的优秀事迹为契机，在全省文物系统开展学习田建文活动，成立宣讲团深入文物工作一线进行宣讲。结合庆祝中国共产党成立100周年，推出"初心映三晋　百年铸辉煌"文物特展、《百件文物话百年》微纪录片等系列活动。首次对省考古院、省古建院和文物保护利用处开展常规巡察，强化2020年省委文物专项巡视八方面主要问题的整改工作，积极压实地方党委政府文物保护主体责任，巩固专项巡视成果。

【文物安全工作】

持续推进线上文物安全数字化监管系统建设，力争早日实现全省国保、省保单位可视化、远程化监管全覆盖。

国保、省保单位完成四轮常态化文物安全巡查检查，做到问题早发现、早处理。通过建立机制、督察督办、文物安全直接责任人公告公示、配备义务文物保护员、实施文物安全防护工程等落实文物安全层级责任体系。

组织召开全省革命文物建筑消防安全隐患整改会议，开展文物保护项目检查和革命文物隐患排查工作。

【不可移动文物的保护与管理】

围绕长城国家文化公园建设，安排1797万元实施"凤回头"、李二口错修段、镇宁敌楼等12个长城保护修缮项目。围绕国家考古遗址公园建设，开展蒲津渡与蒲州故城遗址环境整治工程，编制蒲州故城南门瓮城、北门瓮城保护修缮工程设计方案以及陶寺遗址观象台、中梁沟城墙展示方案。围绕古建筑抢救保护，安排1.6亿元开展云冈石窟罗汉堂、南涅水洪教院、高平铁佛寺等145个古建筑及彩塑壁画保护修缮项目。围绕文物数字化保护，安排3015万元实施南禅寺、平遥双林寺、云冈石窟等13处重点文物保护单位数字化保护项目。

应县木塔防震减灾应急预案初步方案形成，木塔现状结构稳定性初步评估报告上报国家文物局，2018—2020年监测报告完成数据整理、汇总。永乐宫研究保护取得新进展。龙虎殿壁画修复胜利完成，重阳殿壁画保护修复有序推进。

核定公布第六批省级文物保护单位371处。印发《关于加强石窟寺保护利用工作的实施意见》，形成全省石窟寺专项调查报告，有序推进石窟寺基础数据库建设和《山西省石窟寺资源图录》编辑工作。加快云冈石窟保护和"云冈学"建设，推动省政府与国家文物局共建云冈研究院。启动全省不可移动文物资源摸底统计，完成全省黄河流域文物资源数量、开放情况统计，提炼黄河流域文物资源特色和历史文化价值。

科学调度汛期灾后文物抢险修缮，第一时间派专家组赴灾情严重的重点国保单位指导抢险，组织全省文物的灾情统计和灾后评估工作。出台灾后文物抢险保护工作指导意见，有序推进灾后文物抢险修缮工作。广泛发动社会力量助力灾后文物抢险修缮，通过基金会为山西文物募集抢险资金2180万元。

"文明守望工程"累计认领认养文物建筑295处，吸引社会资金3亿多元。

【革命文物保护利用】

核定公布第一批革命文物保护单位687处、珍贵革命文物4478件／套，确定省级红色文化遗址名录191处。

围绕革命文物保护利用，组织召开全省革命文物工作会议，安排3400余万元实施八路军总司令部王家峪片区、白求恩模范病室、黎城县霞庄抗大总部旧址等一批革命文物保护项目。

山西国民师范旧址革命活动纪念馆"我心向党　思政铸魂——新时代青少年思想政治教育主题系列教育活动"获评"第三届（2021）全国革命文物保护利用十佳案例宣传推介活动"优秀案例。

【博物馆工作】

全年各类博物馆共举办展览500余个，接待观众2000余万人次；开展社会教育活动5000余次，参与青少年100余万人次。推出"中国与世界——习近平总书记视察云冈石窟一周年系列特展"与"丝路精魂——古代龟兹石窟壁画摄影艺术展""观妙入真——永乐宫的保护与传承特展"等。圆满完成山西精品文物赴北京大学、清华大学巡展。

"龙门遗粹——山西河津窑考古成果展""燕姬的嫁妆——垣曲北白鹅考古揭示的周代女性生活展""花之蕊——豫晋陕仰韶文化核心区域考古成就展"等广获好评。天龙山佛首成功回归，"复兴路上　国宝归来"特展引起社会热议。山西博物院"吉金光华"基本陈列获"第十八届（2020年度）全国博物馆十大陈列展览精品推介活动"精品奖。

【科技与信息】

安排1154万元开展"古建筑预防性保护研究""云冈石窟本体残损岩体修复加固关键技术研究"等40余项课题研究。开展"永乐宫古建筑及彩塑壁画预防性保护关键技术研究""应县木塔现代勘测技术应用研究"等重大关键技术攻关。山西博物院设立永乐宫壁画保护工作站。

山西省文物局与高校合作在山西大学、太原理工大学、山西大同大学分别成立云冈学研究院、云冈学与文物保护研究院、云冈学学院和云冈文化生态研究院。组织云冈研究院联合北京大学、浙江大学、武汉大学、北京建筑大学、上海大学共建石窟寺保护与传承山西省重点实验室。

建立文物数据资源动态管理机制，完成文物预防性保护监测预警平台系统建设，文物二、三维数据的采集加工处理，公共服务管理平台业务审批流程配置，推进山西文物资源大数据体系建设和山西省信息技术应用创新试点工作。

云冈石窟第13窟数字化重建与三维信息系统构建是全国首次完成大型高浮雕石窟寺的整窟高精度三维建模。举办"文物保护与科技创新"院士论坛。

【其他】

印发《省级文物保护利用示范区创建指导意见》《国宝级文物活化利用工作方案》，编制晋城市、运城市及平顺县等18个示范区创建方案。起草《关于推进全省不可移动文物活化利用的指导意见》，公布云冈石窟、晋祠、永乐宫等13处已对外开放文物单位游客承载量。

内蒙古自治区

【概述】

2021年，在内蒙古自治区党委、政府的正确领导下，在国家文物局的大力支持下，全区文博系统深入学习习近平总书记系列重要讲话精神，认真落实中央和自治区领导对文物保护工作的重要指示批示，认真履责，狠抓落实，文物督察督办力度持续加大，文物保护和考古工作有序开展，博物馆展览展示水平不断提升，文物宣传合作创新出彩。

【执法督察与文物安全】

检查文物单位3161处，705家博物馆的1727个安全隐患问题全部整改完毕。对全区未通过消防验收的122家博物馆整改工作进行实地指导，115家博物馆消防设备检测合格，7家博物馆未达标勒令关闭，取消备案。

推进打击文物犯罪专项行动。对鄂托克前旗水洞沟旅游开发公司在明长城保护范围内违法建设、土左旗"活人墓"整改情况、准格尔旗纳林庙2号烽火台整改工作进行跟踪督办。

各级文物博物馆单位全部落实文物安全责任人公示公告制度，树立公告公示牌820块。

探索文化遗产保护公益诉讼新机制。内蒙古自治区文物局与自治区人民检察院联合印发《内蒙古自治区长城保护专项活动实施方案》，开展长城保护公益诉讼工作。

【不可移动文物的保护与管理】

武安州辽塔保护修缮工程完工并通过国家文物局专家组初步验收，37项重点文物工程项目已全部完成方案评审，阿尔寨壁画修复工程等一批工程顺利实施。

组织开展沿黄盟市文物资源摸底调查和全区石窟寺专项调查工作。探索开展区域性文物保护评估，优化项目审批流程，配合基本建设工程项目完成文物保护和考古调查许可190余项，完成区域文物保护评估8项。

【革命文物保护利用】

举办"红色百年——全国革命文物图片选萃展"等展览。内蒙古博物院征集革命文物4万件/套。

【考古工作】

持续开展清水河县后城咀龙山时代石城址、苏尼特右旗吉呼郎图匈奴墓、武川坝顶北魏祭祀建筑遗址等考古发掘工作。

【博物馆工作】

全面加强意识形态管理,对全区141家博物馆报送的95份展陈大纲和227份讲解词进行审查,发现问题98个并全部完成整改。"双随机一公开"监管工作抽查国家三级以上博物馆37家。

"黄河从草原上流过——内蒙古黄河流域古代文明展"被国家文物局列入2021年"弘扬优秀传统文化、培育社会主义核心价值观"推介100个主题展览,"长城内外皆故乡——内蒙古文物菁华展"在中国国家博物馆举办。

完成9家博物馆馆藏文物定级工作。支持15个基层博物馆报送的馆藏珍贵文物保护项目,验收结项7个。

【文博宣传】

推出《文物中的内蒙古》音视频宣传栏目40期、"国宝话长城"系列节目20期、《与历史对话》文物专栏节目22期,《内蒙古日报》专版宣传内蒙古"十三五"以来文物事业发展成就。

内蒙古电视台5个新闻频道播出打击文物犯罪主题宣传短片。呼和浩特市6000辆出租车置顶(LED)上滚动播放文物保护和打击文物犯罪宣传标语。

【文旅融合】

开展考古工地开放日活动,推动考古遗址融入研学旅游线路。

推动红色旅游发展。推出"亮丽北疆"主题精品红色旅游线路10条,"革命烽火·红色草原"等3条线路入选国家"建党百年红色旅游百条精品线路"。

【文博教育与培训】

自治区文物局在鄂尔多斯市鄂托克旗主办"文物保护暨石窟寺管理人员业务"培训班,全区文物保护管理人员及业务骨干60余人进行集中培训;在呼和浩特市举办全区文物安全培训班,各盟市文物部门及文博单位负责文物安全工作人员参加培训。

辽宁省

■【概述】

2021年，在辽宁省委、省政府的正确领导下，辽宁省文物系统全面贯彻落实习近平总书记建党百年讲话精神，推进文物事业"十四五"规划编制工作，及时发现并查处文物违法行为，持续加强不可移动文物基础工作及全省石窟寺保护工作，大力推进汉唐山城遗址保护利用、长城国家文化公园（辽宁段）建设工作，为下一步文物工作打下了坚实基础。

■【执法督察与文物安全】

组织各市文化市场综合执法队伍积极开展文物行政执法巡查。在全省开展文物行政执法督查巡查工作，共计督查巡查大连、抚顺等9市。指导办理国家文物局督办、转办、情况核实案件18件，查处文物行政违法案件8件。

部署加强疫情期间、汛期及重要节假日等节点的文物安全工作。开展文物安全统计工作。推进国保单位安全防护工程设施建设。

■【不可移动文物的保护与管理】

夯实文物保护单位"四有"工作。开展"十四五"时期重要大遗址推荐工作。完成《长城国家文化公园（辽宁段）建设保护规划》编制工作。组织专家审核盘锦、铁岭长城国家文化公园分市规划。组织开展全省汉唐山城遗址保护利用专项调查工作。

做好世界文化遗产监测保护工作，组织、指导世界文化遗产地完成2020年监测年报和第三轮定期报告填报、审核、上报工作。

推动历史文化名城及文物保护利用示范区工作。配合省住建厅推动大连市、朝阳市申报国家历史文化名城工作，协调指导大连东关街历史文化保护利用工作。指导大连做好旅顺口军民融合国家文物保护利用示范区建设。

印发省文物局三防和文物综合管理专家库通知，推进国保单位三防工程项目立项、技术方案编制、审批和资金申报工作，组织专家对三防工程开展技术验收工作。抓好文物管理项目，做好"十四五"时期文化保护传承利用工程项目储备工作。组织审核《中东铁路辽宁段保护规划》等一批国保单位保护规划。推进沈阳故宫保护范围内通天街景观提升工程等多项国保、省保单位保护范围和建设控制地带内涉建工程的行政审批工作。

代省政府起草《贯彻落实全国石窟寺保护与考古工作座谈会精神的报告》，经省政府常务会议审议通过上报国务院。完成全省石窟寺专项调查。形成《辽宁省石窟寺文物名录》等多项调查成果。制定2022年全省石窟寺保护计划，开展石窟寺保护利用实施意见起草工作。完成全省64处摩崖石刻野外调查工作。

完成全省省级及以上文物保护工程项目计划书评审工作，向国家文物局申报2022年国保单位文物保护工程项目计划和革命文物保护工程项目。完成国保、省保文物保护工程方案的论证批复、项目检查、验收。组织完成全省2016年以来144项省级以上文物保护工程档案备案工作。

【革命文物保护利用】

提请省政府公布第十一批省级文物保护单位（革命文物类）公布，总计33处，开展革命文物遗迹调查，公布辽宁省第一批不可移动革命文物名录650处。

推进省保单位革命文物三防工程建设工作，实施赵尚志故居安防工程等8项三防工程的项目立项、方案评审等工作。实施革命文物保护工程，启动13个省级革命文物保护工程项目。

【考古工作】

加强考古发掘项目监管，进行工地检查、验收。加强考古研究工作。召开红山文化发掘与研究"十四五"规划工作推进会，指导编制了全省红山文化发掘与研究"十四五"规划。积极做好基本建设考古工作。

【博物馆与可移动文物】

认真开展博物馆设立备案工作，完成营口市雷锋文化博物馆、沈阳博物馆设立备案批复工作，完成沈阳紫檀博物馆等的设立备案现场审核和现场指导工作。组织完成全省备案博物馆、纪念馆年度报告信息网络平台填报工作。

扎实开展展览展示工作，举办各类展览120余个，开展送展览进社区、进军营、进学校、进乡村活动。积极开展博物馆社教活动，组织开展中小学教育研学活动。

组织全省博物馆、纪念馆参加"庆祝中国共产党成立100周年全国革命文物百佳讲述人"遴选和展示推介活动、"第十八届（2020年度）全国博物馆十大陈列展览精品"等推介工作。

开展全省"2022年度可移动文物保护项目"方案的评审、复核、绩效管理与资金申报工作。完成可移动文物保护项目中期检查工作。完成辽宁省博物馆馆藏金属器、陶瓷器保护修复等的方案审批、技术验收工作。完成辽宁省图书馆"可移动文物修复资质"审批工作。

【文博宣传】

组织参加2021年度中华文物全媒体传播精品（新媒体）推介工作。
组织实施沈阳故宫古建筑油饰彩画保护修复工程等向公众开放活动。

【社会文物管理】

完成辽宁建投拍卖有限公司等拍卖标的审核工作。完成全省文物商店和文物拍卖企业购销、拍卖记录统计工作。完成罚没物品的文物认定、移交工作。

吉林省

【概述】

2021年是"十四五"开局之年，也是文物事业发展面临重大历史机遇的一年。全省文物系统以习近平总书记关于文物工作重要论述和重要指示批示精神为引领，认真贯彻落实中共中央办公厅、国务院办公厅《关于加强文物保护利用改革的若干意见》，按照国家文物局和吉林省委、省政府的总体工作部署，抢抓机遇，奋楫笃行，统筹推进吉林特色文物保护利用体系建设，创新文物安全监管机制，加强文物资源管理，深挖革命文物资源，创造优质文化产品，全省文物工作呈现出良好发展态势。

【文物安全工作】

落实各级政府文物安全责任，联合省消防救援总队共同召开吉林省暨长春市文物系统安全标准化管理现场会。

创新文物安全监管机制。长春市文物安全网格化管理试点先行，吉林市创新开展了"文物长"制探索，形成市、县、乡、村四级"文物长"组织体系。伪满皇宫博物院创立的"无界安保指挥系统"获2020年"全国十佳文博技术产品及服务奖"。

加强大遗址和西部盗掘隐患突出的田野遗址安防建设，联合省公安厅开展打击文物犯罪专项行动。落实文物安全三年行动和全国文物安全隐患排查专项行动。连续四年开展省政府对市州政府的安全绩效考核，全省进行通报排名。全省文物安全形势总体平稳。

【不可移动文物的保护与管理】

加强大遗址保护利用工作，实施高句丽、渤海中京国家考古遗址公园展示、监测和运行评估项目，春捺钵遗址展示利用配套设施工程，城四家子城址本体保护等重点项目。培育罗通山城、磨盘村山城国家考古遗址公园和汉烽燧线及古城堡国家文化公园建设项目。配合国家考古遗址公园建设，开展省级考古遗址公园评定工作。

完成帽儿山墓地、珲春八连城等6处全国重点文物保护单位保护范围和建设控制地带划定工作。完成50处第八批省级文物保护单位遴选和第八批全国重点文物保护单位保护范围和建设控制地带的划定工作。

落实自然资源部、国家文物局联合印发的《关于在国土空间规划编制和实施中加强历史文化遗产保护管理的指导意见》，实施"吉林省重要遗址保护区划测绘项目"，争取省级专项资金895万元，完成全省95处全国重点文物保护单位、124处省保单位的保护区划地形测绘工作。

推进长白山神庙遗址本体保护工程，《长白山神庙遗址保护规划（2020—2035）》经省政府批准实施，长白山神庙遗址保护与展示一期环境整治工程启动实施。推动中东铁路建筑群保护整体纳入国家文物局"十四五"重大项目，启动长春第一汽车制造厂早期建筑等"一五"时期工业遗产、伪满皇宫等日伪统治机构旧址保护利用工程。实施城四家子城址、万发拨子遗址等23个遗址本体保护修缮项目。

【革命文物保护利用】

强化基础研究，率先启动东北抗联和近现代遗址考古调查、发掘，将航空遥感考古、区域性考古调查、田野考古发掘、植物考古、建筑考古与历史文献、口述史相结合，开创革命文物和近现代遗址研究新模式。完成吉林、通化地区考古调查，建立东北抗联遗址数据库。首次对东北抗联创建地——磐石红石砬子抗联遗址群进行考古调查和发掘，新发现遗址点2600余处，出土抗联文物246件，从考古学角度科学阐释了东北抗联历史文化。连续两年对东北抗联革命遗址——长白山老黑河遗址群进行大规模考古调查和主动性考古发掘，被中宣部命名为全国爱国主义教育基地。

实施革命文物保护利用工程，启动七道沟死难同胞纪念地、马村抗日根据地等一批保护修缮项目。实施革命文物展陈精品工程，推出全省革命文物十大精品展陈，提升四平战役纪念馆、七道江会议纪念馆等场馆的藏品保存环境。

创新开展"初心如磐"五大主题系列活动。"初心如磐·河山留证"革命旧址百课开讲活动设计推出100讲革命旧址现场课，累计辐射近百万人。

【考古工作】

以"考古中国"重大项目为引领，开展"吉林东部长白山地区古人类遗址考察与研究""高句丽考古与中华民族多元一体进程综合研究""渤海文化研究"。

夫余、高句丽、渤海考古研究取得新突破，高句丽王城王陵及贵族墓葬发掘项目入选"百年百大考古发现"。磨盘村山城考古发掘成功入选"2020年度全国十大考古新发现"。

实施"吉林省西部地区古代城址航拍影像及三维数据采集项目"，进一步完善区域城市考古研究信息平台。开展"云端考古"，实现省内重要古代遗址基础数据的数字化、信息化和规范化。

推动财政部门将基本建设考古经费列入财政部门预算。

【博物馆工作】

研究起草《吉林省博物馆高质量发展落实意见》。全力支持"吉林冰雪丝路博物馆"建设。持续推进"吉林印记·乡村博物馆"项目建设，新建乡村博物馆15家，全省建成乡村博物馆106家，在重塑民众认知文化遗产、帮助边境和民族地区正确认识民族、族群（家族）迁移史等方面发挥了积极作用。

会同省委宣传部、省委党史研究室共同主办"初心如磐·使命在肩——吉林省庆祝中国共产党成立100周年主题展览"。

伪满皇宫博物院联合吉林大学考古学院、武汉大学测绘遥感信息工程国家重点实验室等各界力量，成立中国首家智慧博物馆联合实验室，成功建设博物馆无界安防系统，被国家文物局评为最具创新力博物馆。吉林省博物院创建"吉林省数字博物馆在线服务平台"，荣获"第七届全国十大文博技术产品及服务项目"，入围"2020年度吉林省宣传思想文化工作创新案例"。

推动全省数字博物馆在线服务平台应用。继续推进博物馆文创产品研发和市场推介工作，形成规范的管理运营模式。

【文博宣传】

实施全媒体传播计划，通过考古品牌影视栏目、考古进校园，考古公众号、公众考古宣传周、考古夏令营、考古专题游等多种形式的公众考古活动，讲好"吉林故事"。

【文旅融合】

深挖革命文物资源，全力打造文旅融合典范。"初心如磐·使命在肩"吉林省红色旅游推广活动首次推出吉林省百佳红色旧址（旅游地）、30条红色旅游精品线路，启动红色旅游万人行，全省革命旧址接待游客800万人次。

黑龙江省

【概述】

2021年，黑龙江省文物局积极贯彻国家文物工作方针政策，遵循文物保护基本原则，按照国家文物局和省政府的工作部署、要求，持续开展文物安全检查工作，着力完善文物保护体制机制，全面提升文物考古工作格局，推动全省文物事业全面协调可持续发展。

【文物安全工作】

为深化贯彻落实《关于加强文物保护利用改革的若干意见》，强化地方政府主体责任，黑龙江省文化和旅游厅积极向省委组织部考评办请示将文物安全纳入地方政府考核评价体系并已得到批复同意。省委办公厅印发的《2021年度市（地）经济社会发展主要责任指标考核评价办法》将"文物保护等方面推进不力、发生问题的"纳入负向约束指标，进一步推进文物保护持续向好。

推进落实全省文物火灾隐患整治和消防能力提升三年行动，开展全省文物安全隐患排查整治交叉对检工作，踏查了57处全国重点文物保护单位、118处省级文物保护单位、150余处的市县级的文物保护单位、100余处未定级不可移动文物，发现问题及时反馈地方照单整改。

强化文物违法案件查处。加强与各级公安机关联系，将哈尔滨市阿城区查处半拉城遗址盗掘案、宝清县雁窝岛城址被破坏案件等一批文物案件线索移送公安机关。与省公安厅联合组织开展全省文物保护单位、重点博物馆执法巡查。联合巡查了2000余处国保、省保、市县保单位和不可移动革命文物、国家三级博物馆。严肃查处了牡丹江市伪满中央银行牡丹江支行旧址擅自修缮案等一批文物违法案件，形成强大警示震慑效应。

【不可移动文物的保护与管理】

文物保护单位"四有"等基础工作逐渐完善。继续推进国保和省保"两线"矢量图划定工作。在多次组织专家对国保矢量图审核和征得省自然资源部门意见后，形成国保"两线"划定成果。开展省保"两线"划定工作，完成第二期省保"两线"矢量图划定的前期准备工作，共涉及全省7个地区185处省级文物保护单位、386个文物单体。

强化文物合理利用。遴选出具备向公众开放条件的115处全国重点文物保护单位、171处省级文物保护单位和707处市（县）级文物保护单位，制发《关于建议具备开放条件的不可移动文物向社会全面开放的通知》，按照"应开尽开"的原则向公众开放不可移动文物。

大力开展大遗址及中东铁路建筑保护工作。向国家文物局申报渤海上京龙泉府遗址、长城国家公园中文物保护项目。与中国文物保护技术协会近现代建筑保护专业委员会、哈尔滨工业大学建筑学院联合举办"首届中东铁路建筑遗产保护与利用研讨会"，有效提升了中东铁路全面保护和展示利用水平。

重点加强项目进度监管。完成2022年度不可移动文物保护项目审核工作，其中上报国家文物局的7个项目全部获得立项批复同意。向财政部、国家文物局申请2021年度第二批14个文物保护项目专项补助资金和2022年度第一批20个文物保护专项补助资金。为用好国家补助的文物保护项目经费，加强对全省文物保护项目全流程指导、服务、管理、监督，制发《黑龙江省文物保护项目管理与服务指南》。进一步规范文物保护专项资金的申报，明确资金申报程序和申报材料，制发《关于进一步规范国家文物保护专项资金申报及使用管理的通知》。组织文物专家对10余个不可移动文物保护项目进行工程质量检查和验收，对发现的问题制发整改通知，限期高质量整改。开展2019—2021年度不可移动文物保护执行情况专项督办工作。联合财政厅开展专项约谈、督办、通报，力争规范文物保护项目实施质量和工程进度。

■【革命文物保护利用】

召开全省革命文物工作会议，学习习近平总书记对革命文物工作重要指示精神，传达贯彻全国革命文物工作会议精神。会议对加强新时期全省文物保护工作能力水平提出明确要求，对贯彻落实革命文物工作作出具体部署。

策划开展全省大型红色文博品牌活动——"党在我心中"黑龙江博物馆红色系列展览活动。推出优秀红色展览60余个，举办宣传活动40余场，配合党史学习教育开展主题活动2000余场次，参加人数近700万人次。在省文旅厅官网推出"党在我心中——龙江文博云展"专栏，全面上线"讲解员讲党史故事"视频。其中"红色记忆——庆祝建党百年黑龙江革命文物、文献展"等3个重点展览入选中央宣传部、国家文物局"庆祝中国共产党成立100周年"精品展览。8人入围"庆祝中国共产党成立100周年全国革命文物百佳讲述人"展播，1人当选。

■【考古工作】

审核上报配合基本建设考古发掘项目5项，对哈尔滨市阿城区等3处考古发掘项目进行实地指导、检查。渤海上京城、金上京遗址考古项目被国家文物局评为"百年百大考古发现"。

经与黑龙江省社会科学院历史研究所、黑龙江大学历史文化旅游学院协调，组织相关机构组成黑龙江省考古历史研究联盟。

■【博物馆工作】

东北烈士馆等5家博物馆、纪念馆新晋"国家红色基因库建设试点单位""中宣部新命名全国爱国主义教育示范基地""第20届全国青年文明号""全国文化和旅游系统先进集体"等荣誉称号。

首次策划举办列入中华民族精神谱系的"东北抗联精神、北大荒精神、大庆精神、铁人精神"专题展览，产生良好社会反响。

指导全省博物馆加强数字化建设。印发《关于加强全省博物馆数字化功能有关工作的通知》，开设"党在我心中——黑龙江博物馆红色云展"和"云端看展"专栏，展出近30期云展；开展"黑龙江博物馆之旅"线上展示活动，数字化呈现黑龙江省160余家国有博物馆的展览和主题活动。指导黑龙江省博物馆等一批博物馆率先运用VR、AR技术实现展示方式升级。

【文博宣传】

制作《云游黑龙江省东北抗联遗址》和《大山里的兵工厂——七星砬子密营寻踪》宣传片，通过东北烈士纪念馆、《黑龙江省日报》等线上线下媒体向公众宣传。东北烈士纪念馆《我宣誓·永不忘却的誓言》专题片云展入选"2021年度中华文物全媒体传播精品（新媒体）推介项目"。结合党史学习教育和庆祝建党100周年，在全省文博系统组织开展以"展示百年风华 传承红色基因"为主题的革命文物保护利用宣传月活动。指导五大连池市朝阳山抗联密营作为红色教育基地，开展体验抗联战斗生活的现场教育培训。在对公众进行宣传教育的同时，增强了黑龙江文物的文化影响力。

【机构建设】

省文化和旅游厅增设革命文物处，增编3人，负责指导全省革命文物保护管理利用工作。进一步完善了省级文物管理机构，有效推进了全省革命文物工作的可持续良性发展。

【其他】

配合省人大常委会开展全省文物考古专项视察工作。经省人大常委会审议通过的《黑龙江省人大常委会视察组关于全省文物考古工作情况的视察报告》提出进一步完善文物保护机构、人员、经费等16项目标。

不断完善行政审批工作。按照"放管服"原则和"四零标准"，继续服务省内"百大工程"，做好基本建设开工前期考古勘探等文物行政审批事项。完成行政审批事项56项，其中省级权限的行政服务事项44项；审核转报国家文物局的行政审批事项12项。哈尔滨太平国际机场二期项目等百大项目，在行政审批上主动服务，特事特办，保质保量如期完成审批工作。

上海市

【概述】

2021年，上海市文博系统在市委、市政府的指导下，精心组织策划，着力营造庆祝建党百年浓厚氛围；主动服务大局，切实推动文物工作融入国家战略；突出重点难点，不断提升文物保护利用治理能力；聚焦民生需求，显著增强博物馆公共服务能级；深化改革试点，构建繁荣有序的文物艺术品市场。

【法制建设】

加强制度供给，推动首部省级红色资源地方性法规《上海市红色资源传承弘扬和保护利用条例》出台，并于7月1日正式施行。

【文物安全工作】

聚焦责任落实，强化安全能力建设。进一步落实文物安全责任，已将文物安全底线考核指标纳入对全市各区党政领导班子绩效考核；推动文博单位文物安全直接责任人公告公示工作。

围绕庆祝中国共产党成立100周年营造良好消防安全环境，联合消防救援部门开展文物火灾隐患专项治理行动。

完成基于高分辨率卫星遥感不可移动文物执法监测平台以及上海市不可移动文物保护监测预警平台的建设。

【不可移动文物的保护与管理】

聚焦重点工程，提升修缮保护质量。积极推进圣约翰大学历史建筑群、中福会少年宫、佘山天文台、嘉定孔庙等全国重点文物保护单位修缮工作，狠抓工程质量。完成南翔古猗园、南翔砖塔、外滩信号台等市级文物保护单位文物修缮工程，全程指导书隐楼抢险加固工程，确保重点文物安全。指导上海市文物保护工程行业协会发布《上海市文物保护工程行业发展报告》。

聚焦重点区域，发挥示范引领作用。持续推动上海杨浦生活秀带国家文物保护利用示范区创建工作，召开上海杨浦生活秀带国家文物保护利用示范区建设启动大会。推动永安栈房旧址修缮，建成世界技能博物馆、涵芬楼艺术中心等文物保护利用重点项目。开展文物资源认定工作，增补区级文物保护单位、区文物保护点共6处。

【革命文物保护利用】

摸清资源家底，分两批公布革命文物名录，共计250处不可移动革命文物和3415件／套可移动革命文物，为强化革命文物保护利用打牢基础。做好保护修缮，推动中共一大会址、中共一大代表宿舍旧址、中共二大会址、龙华革命烈士纪念地、李白烈士故居等重要革命旧址在"七一"前修缮完毕并重新对外开放；编制完成本市11处革命类全国重点文物保护单位的保护指引，明确革命文物保护要求。

强化资源整合，传承初心使命。围绕"党的盛典，人民的节日"主题，用好用足红色资源，切实发挥革命文物独特作用，营造建党百年浓厚氛围。发布《上海红色文化地图（2021版）》，选取红色文化资源379处，推出6条上海红色文化之旅线路，为全市党员开展党史学习教育提供指引。

推动革命类场馆展示提升，完成中共二大会址纪念馆、中共四大纪念馆、顾正红纪念馆等场馆展陈调整；中共一大纪念馆"伟大的开端——中国共产党创建历史陈列"等6个陈列展览入选庆祝中国共产党成立100周年精品展览推介名单。发挥革命文物教育功能，推出"来革命场馆学党史"红色"节目单"，涵盖全市35个革命场馆及旧址中的51个红色展览和30个社教活动中心；开展"党的故事我来讲——争做红领巾讲解员"实践体验活动；指导中共一大纪念馆与校外联办举办"百物进百校，百讲证百年"馆校合作文物巡展和现场教学活动。抓好革命文物宣传推介，推出"与革命文物面对面"访谈活动，评选"上海市革命旧址优秀修复人"，创新讲好革命文物的历史与保护相关鲜活故事。

【考古工作】

聚焦重点领域，强化考古与历史研究。加快推动长江口二号古船整体迁移保护，制定、完善古船整体迁移工作方案和临时场地建设方案，针对整体打捞出水、迁移进船坞等关键环节和技术难点，组织相关技术论证，进一步完善弧形梁打捞方案，完成现场1∶1试验。按照长江口二号古船博物馆目标定位、功能布局和特殊需求，制定博物馆选址规划，确定杨浦区上海船厂旧址作为博物馆选址。

【博物馆工作】

提升办馆质量，优化博物馆布局。推动上海天文馆开馆，指导体育博物馆、宝库匠心博物馆等行业博物馆和非国有博物馆完成备案，加快推进上海博物馆东馆、世界技能大赛博物馆等重点设施建设，进一步构建布局合理的博物馆体系。

加强重量级展览供给。推动博物馆继续加强国内大循环，寻求多元化合作办展，实现馆藏资源共享共赢。上海博物馆"鼎盛千秋——上海博物馆受赠青铜鼎特展""万年长春——上海历代书画艺术特展"，奉贤区博物馆"'古蜀之光'三星堆·金沙遗址出土文物大展"，震旦博物馆"往来千载间——张大千、徐悲鸿、齐白石作品展"等精品大展带动展览影响力、传播力、创新力持续提升。

深化博物馆合作交流机制。推动长三角文博优质资源共建共享，举办"万年长春——上海历代书画艺术特展""东织西造　锦绣生活——中西丝织文物展"等展览，让市民领略到长三角地区共有的江南文化基因。

创新评估方式。编制发布《2021上海市博物馆社会影响力指数》，首次运用大数据、云计算等手段，通过6个维度、31个指标，形成政府、专家和社会三个维度评价博物馆完整体系，用科学评估引领行业发展。

■【社会文物管理】

在国家文物局的指导下，围绕进博会文物类展品常态化销售机制、"上海国际文物交易中心"建设、民间收藏文物鉴定咨询等重点，持续推进社会文物管理综合改革试点，78项改革试点具体举措已完成其中31项，开放、活跃、诚信、有序的市场环境基本形成。

助力进博会"越办越好"。推动进博会文物类展品免税进境销售政策落地落实，上海市文物局会同进博局、上海海关、外汇管理局等部门，建立工作机制，加强政策衔接，理顺交易流程，完善服务保障，简化临时进境延期复出境审批程序，切实打通进博会艺术品、收藏品和古物5件免税政策落地"最后一公里"。第四届进博会首设的文物艺术品板块，吸引11个国家和地区的20家艺术品机构参展，参展申报展品达178件，最终有9家展商的41件展品达成购买意向，总货值达7.6亿元，远超上届220万元的成交额。

建立长三角文物市场一体化发展机制。与江苏省、浙江省、安徽省文物局共同签署《长三角文物市场一体化规范发展战略合作框架协议》，建立全国首个区域性文物市场一体化规范发展合作体系，共同推动长三角建设成为具有国际影响力的市场集群。

加快推进"上海国际文物交易中心"建设。依托浦东新区的制度基础、开放优势、战略地位和资源禀赋，市区共建"上海国际文物交易中心"，从硬件服务、政策支持、平台搭建等方面，促进文物艺术品市场主体资源、人才资源、藏家资源等快速集聚。发挥上海国际艺术品保税服务中心的硬件优势，强化交易中心保税仓储、运输、展示等配套功能。2021年已吸引16家知名企业落户入驻，通过该中心进出境的文物艺术品货值超160亿元。

打造最优营商环境。在文物拍卖行政审批方面，完成审批流程优化再造，整合推出"我要举办文物拍卖会"一件事；实施文物拍卖领军企业扶持计划，重点围绕线上拍卖新业态，引导各类经营主体进入良性发展轨道。2021年，上海文物艺术品拍卖市场回暖态势明显，前10个月，共举办文物拍卖会846场，同比增长近100%，总成交额33亿元，其中春拍成交额突破23亿元。在文物进出境审核方面，共办理文物进出境审核4657件，协助海关查验文物282件。

拓展民间收藏文物公益鉴定范围。结合"我为群众办实事"，在已有的5家民间收藏文物鉴定咨询服务工作基础上，将公益鉴定推广至青浦、嘉定、松江、奉贤和南汇5个郊区新城，在5家新城博物馆增设鉴定咨询服务点，每月为新城和周边市民提供一次免费公益鉴定咨询服务。截至11月，5家新城博物馆共举办14场鉴定活动，服务群众400余人次，鉴定藏品超1000件；原有5家单位共举办公益鉴定咨询151次，服务人数2339人次，鉴定藏品10201件。

■【机构建设】

完善机构设置，全市16个区文旅局完成加挂区文物局牌子。

■【交流与合作】

助力中外文化交流合作，积极打造一批具有中国特色、时代特征、上海特点的文物交流品牌展览。推动上海博物馆联合吉美亚洲艺术博物馆、大英博物馆、卢浮宫博物馆等多家世界一流博物馆，成功举办"东西汇融——中欧陶瓷与文化交流特展"。

推动世博会博物馆参展迪拜世博会，让世界各国感受上海发展的重要成果，增强上海的全球叙事能力。

江苏省

【概述】

2021年，江苏省文物系统立足"争当表率、争当示范、走在前列"的新使命，着力推动大运河文物保护利用，博物馆高品质发展，革命博物馆、纪念馆体系建设，文物和旅游高质量融合发展"四个走在前列"，努力打造"美丽中轴""重要窗口""示范基地""江苏样板"四个目标，力争实现在文物事业改革创新上争当表率、在文物事业融合利用上做示范、在文物事业高质量发展上走在前列。

【文物安全工作】

贯彻落实《江苏省文物安全责任制实施办法》，全面实施文物博物馆单位文物安全直接责任人公告公示，举办全省文物安全宣讲活动，开展应急消防演练，强化文物安全责任落实。

持续开展文物安全隐患大排查大整治，遴选200处古遗址、古墓葬、石窟寺及石刻等列入盗窃盗掘重点监管单位，遴选398家博物馆、纪念馆、近现代重要史迹及代表性建筑等列入火灾重点监管单位。深入开展火灾隐患整治和消防能力提升三年行动，加大隐患排查和整改力度，排查文博单位3600余家，督促整改火灾安全隐患1809余处。大力加强文物安全基础设施建设，完成三防方案审批300余件，完成三防项目验收30余项。

创新文物安全举措，推广文物"智慧消防"工程，推进文物安全综合管理实验区建设，率先启动文物安全检测与评估，对75家省级以上重点文物保护单位建立文物安全"体检"档案。

配合省公安厅打击文物犯罪专项行动，共破获盗掘古墓葬、倒卖文物等案件290起，打掉犯罪团伙38个，抓获犯罪嫌疑人541名，追缴文物1.5万件，取得明显成效，实现有力震慑。

【不可移动文物的保护与管理】

实施运河遗产和长江文物保护利用工程。印发《江苏省大运河文化遗产保护传承规划》，完成江苏省大运河世界文化遗产监测管理平台建设。编制完成《江苏长江文物资源调查工作方案》，开展运河和长江文物资源专项调查。

扎实做好苏州市文物建筑国家文物保护利用示范区创建工作，积极探索文物保护利用"江苏模式"。

【革命文物保护利用】

贯彻习近平总书记关于革命文物工作重要指示和"七一"重要讲话精神，落实全国革命文物工作会议部署，推动省委、省政府召开全省革命文物工作会议，对全省革命文物保护利用工作作出全面部署。

挖掘江苏红色资源"富矿",实施革命文物保护与展示提升工程,加强革命文物保护利用片区建设,公布首批江苏省革命文物名录,总结表彰一批"十三五"期间红色遗产保护与展示优秀工程。

围绕庆祝建党百年,配合国家文物局和省政府举办革命纪念馆高质量发展论坛,以线上线下相结合方式精心组织推出一批主题突出、内涵丰富、形式新颖的革命文物精品陈列展,举办"百年百物"线上革命文物故事会。5条线路入选"建党百年百条精品红色旅游线路",7名同志被评为"全国革命文物百佳讲述人"。

【考古工作】

围绕"考古中国"和地域文明研究,组织实施常州寺墩遗址、新沂花厅遗址等12个主动性发掘研究。徐州土山汉墓考古发掘成果入选"2020年度全国考古十大新发现"。推进考古遗址公园建设和大遗址保护,鸿山墓群、徐州汉墓群、扬州城遗址等7个遗址列入国家文物局《大遗址保护利用"十四五"专项规划》名录。深化大型基本建设考古前置改革,规范基本建设工程考古全过程管理。截至11月底,全省实施大型基本建设工程考古调查勘探项目达871项,调查勘探面积2.9亿平方米,实施考古发掘项目163项,发掘面积10万余平方米,组织实施区域评估项目86项,面积670多平方千米,发现788处古遗址并进行有效保护。

【博物馆工作】

认真贯彻落实中宣部等九部委共同出台的《关于推进博物馆改革发展的指导意见》,结合江苏实际,研究制定《江苏省推进博物馆改革发展实施意见》,切实推动博物馆高水平可持续发展。

扬州中国大运河博物馆、苏州博物馆西馆建成开放,成为热门旅游目的地,南京、无锡、苏州、南通市等"博物馆之城"建设有序推进,全省博物馆年接待观众多年来稳居全国第一。

充分发挥博物馆展示服务的公共职能与宣传教育的阵地作用,会同共青团江苏省委、江苏省少工委开展"党的故事我来讲——争做红领巾讲解员"实践体验活动,并确定了100家实践体验活动场馆。

开展博物馆教育优秀案例评选推介活动,5个案例入选首届全国十佳文博社教案例。拓展深化"云观展""云导览""云课堂"等线上线下融合展示活动,2个项目入选全国文化遗产云传播十佳项目之云讲堂项目。

【机构建设】

加强机构队伍建设,在省文化和旅游厅增设革命文物处。

浙江省

【概述】

深入学习贯彻省委文化工作会议精神，充分发挥文物资源优势，努力在推进长三角一体化、实施乡村振兴战略、打造新时代文化高地、实施宋韵文化传世工程等中心工作中贡献文物力量。基本实现长三角三省一市"一卡通"预约参观我省各级公共博物馆，并将于近期签订《长三角文物市场一体化规范发展战略合作框架协议》《上海大学浙江省文物局战略合作协议》。

【文物安全工作】

按照国家文物局督办要求，指导杭州市临安区做好钱镠墓被盗案后续处置工作，配合省委宣传部、省委政法委、省纪委监委、杭州市司法部门做好舆情处置、案件复查、问责追责、案件侦办审理等工作，确保事件处置有序平稳。

督导绍兴市查处全国重点文物保护单位大禹陵周边违法建设案。提请省委、省政府召开全省文物安全专题工作会议，并在全省范围内组织开展全省文物安全大排查大整治大提升攻坚行动。6—9月，全省出动检查10118人次，检查文博单位7133处，发现安全隐患3308项，整改3188项。对重大案件开展督察，被督案件已完成整改。争取省级相关部门支持，与省政府督查室一起开展文物安全专项督查，将文物安全工作纳入了全省地方党政领导班子和领导干部年度考核、党委（党组）意识形态专项检查、浙江省高质量发展综合评价和"平安浙江"考核等指标体系。

建立全省文化和旅游系统领导干部定点联系文物安全、文物安全定期分析研判、文物安全与文旅系统其他创建评优项目相挂钩等一系列制度。多方协同强化文物安全直接责任人公告公示制度落实，省级以上文保单位落实率达100%，市县级文保单位落实率达97%。

联合省公安厅召开深入推进打击文物犯罪专项行动视频会，全面部署打击文物犯罪专项行动，查获涉及文保单位犯罪案件4起，其中2起已侦破，抓捕涉案分子14人。

会同省消防救援总队制定出台《浙江省文物消防安全风险长效管控机制》，切实加强文物消防安全监管。实施文物平安工程51项，完成竣工验收项目22项。

积极探索文物安全群防群治新做法，组建文物安全督查队，在嵊州、武义、龙泉、瓯海、安吉、江山、景宁等地开展试点探索吸引社会力量参与文物安全监管的新模式。

加强长三角三省一市文物领域的合作，组织开展了首届长三角地区文物行政处罚案卷评查活动。

【不可移动文物的保护与管理】

上山文化遗址群申遗工作有序推进，《上山文化研究保护和宣传工作方案2021—2025

年》正式出台。上山、良渚等9个遗址入选"十四五"全国大遗址名录。积极参与推进江南水乡古镇联合申遗相关工作。

组织开展全省石窟寺文物专项调查，调查核定1911年以前开凿的石窟寺和摩崖造像87处，编制完成《浙江省石窟寺考古中长期计划实施方案（2021—2035年）》。

深入推进全省文物保护区域评估工作，完成138处省级以上平台的文物保护区域评估工作，完成工作总量的78.9%。积极助推山区26县振兴发展，启动山区26县文物发展利用规划编制前期工作，切实加强上山遗址群、通济堰等文物资源的保护利用。温州市泰顺廊桥灾后修复工程作为全国唯一项目入选《全球文化遗址恢复和重建案例》。

积极参与"千年古城"复兴计划实施，加强"千年古城"内文物古迹修复和活化利用工作指导，有效助推建德梅城、海宁盐官、富阳新登等千年古城复兴发展，积极配合省发展改革委开展第二批"千年古城"复兴试点遴选工作。编制形成《实施宋韵文化传世工程子方案》，启动谋划宋韵文化博物馆建设项目，积极推进宋韵文化相关文物保护、考古工作与展示利用。

【革命文物保护利用】

认真贯彻落实全国革命文物工作会议精神，启动实施革命文物保护利用三年行动计划和五大工程。公布第一批革命文物名录，编制出台《浙西南革命文物保护利用规划》。

献礼建党百年主题活动有声有色。推出"浙里不止小康——八个'窗口'看精彩浙江"等红色主题展览217场，相关活动90余场，累计观众超60万人次，其中4个展览入围中宣部、国家文物局庆祝中国共产党成立100周年精品展览，2个展览入选国家文物局2021年度"弘扬中华优秀传统文化、培育社会主义核心价值观"主题展览重点推荐名单。4人入选"庆祝中国共产党成立100周年全国革命文物百佳讲述人"。

【考古工作】

通过省政府新闻办举行"浙江考古与中华文明"新闻发布会，发布80多年来浙江考古重大成就及其在实证中华文明发展史中的重大意义。上山遗址、河姆渡遗址、良渚遗址、南宋临安城遗址及官窑遗址入选"百年百大考古发现"，良渚遗址入选"考古遗址保护展示优秀项目"。

起草形成《关于全面加强浙江省考古事业发展的意见》《浙江省考古事业发展行动方案（2021—2025年）》。主持"考古中国——长江下游区域文明模式"研究项目，联合开展长三角区域考古协作。

组织实施主动性考古项目9项，配合基本建设项目考古调查、勘探、发掘项目270项，其中余姚井头山遗址考古发掘项目入选"2020年度全国十大考古新发现"和中国社科院考古学论坛"六大考古发现"。衢州市衢江区西周时期大型土墩墓群考古工作取得重大成果，被专家认定极有可能是姑蔑国王陵区。余姚施岙遗址考古证实是世界上最早、面积最大、证据最充分的古水稻田，引起行业内外广泛关注。

省地协同共建"浙江省文物考古协作平台"有序推进。沙埠窑考古工作站建成使用，衢州市衢江区浙西考古工作站、台州市仙居县下汤遗址考古工作站等正在建设中，基本形成"一主五中心十个以上工作站"的考古工作框架，考古研究工作条件得到极大改善。作为"一主"的浙江省考古与文物保护基地获省发展改革委立项批复，并作为国家重点区域考古标本库房建设项目被列入国家文物局大遗址考古工作重点任务。

【博物馆与可移动文物】

浙江省博物馆之江新馆建设项目加快推进，杭州德寿宫遗址保护展示暨南宋博物院（一期）完成项目审批，浙江越剧博物馆、平湖博物馆、嵊泗博物馆新馆建设项目正在推进中。组织开展浙江省最具创新力博物馆评选，配合做好国家版本馆杭州馆筹建工作。乡村博物馆建设工作被列入全国试点，全省乡村博物馆建设工作全面启动，编制形成《乡村博物馆建设认定标准》，提升改造乡村博物馆40家，新认定乡村博物馆35家。良渚博物院等入选全国爱国主义教育基地。

全省各级博物馆举办展览1529场次，观众数量达3447.8万人次。中国丝绸博物馆"众望所归——丝绸之路的前世今生"展荣获全国十大陈列展览精品奖。浙江省博物馆被相关机构列入全球20强博物馆名单，推出的"人与神——神秘的古蜀文明"等系列展览引发强烈社会反响。"稻·源·启明——浙江上山文化考古特展"暨"万年浙江与中华文明"学术座谈会在中国国家博物馆举办。

中国丝绸博物馆成功承办"2021年丝绸之路周"主场活动，吸引全球100余家文博单位和文化机构参与，集中展示了以丝绸之路为核心的学术文化、交流项目与研究成果，并上线全球首家丝绸之路云上博物馆——丝绸之路数字博物馆。

在"2021全国十佳文物藏品修复项目"评选活动中，浙江省博物馆"临安市馆藏水丘氏墓出土瓷器保护修复"获评全国十佳文物藏品修复项目，中国丝绸博物馆"河北遵化清东陵纺织品保护修复"、浙江自然博物院"中国缙云甲龙化石修复"获评全国优秀文物藏品修复项目。

【科技与信息】

制定文物博物馆数字化改革工作方案，基本完成全省文物资源数据归集和省级文物系统相关数字化平台集成，建成全省文物博物馆资源数据驾驶舱，并横向实现了与省自然资源厅、省应急管理厅相关平台的数据共享。

浙里文物安全监管应用被列入全省数字化改革重大应用"一本账S1"目录，完成"七张问题清单"之重大文物安全问题画像及相关数字化应用建设。完成文物条线政务服务2.0事项改造、秒办事项改造、证照分离事项证照归集、局机关AK替代工程、新OA系统开发等工作。

指导杭州市临安区、西湖区、温州市瓯海区、兰溪市等地文物部门完成文物安全、博物馆开发服务相关应用场景开发。

【文博宣传与出版】

《良渚文明丛书》荣获第五届中国出版政府奖提名奖，大型纪录片《良渚文明》完成拍摄。中纪委官网发布专题片《上山文化公开课》。

【文旅融合】

以"四条诗路"和"大花园"建设为主线，根据文物古迹、名山秀水的文化和地理特质，以文物古迹类标志性工程为重点推出8大明珠培育项目。

深化"跟着考古去旅游"方案，通过省级考古遗址公园建设，加强长三角三省一市考古遗址旅游线路串联。完成《浙东唐诗之路沿线文物古迹调查报告》初稿，启动其余三条诗路沿线文物古迹调查报告编写工作。开展山区26县文物资源梳理，为促进山区26县文物资源优势转化为文旅产业发展优势提供支撑。杭州市推出10条文物旅游线路。嘉善县博物馆等6家博物馆通过4A级景区创建资源评估。

【机构建设】

推进4个设区市、75个县（市、区）在文化和旅游部门增挂文物局牌子，在全国率先实现了市、县（市、区）文物局全覆盖。在省文物局内设机构增挂革命文物处牌子并调拨使用事业编制5名。浙江省文物考古研究所编制数增至120名。配合省委编办全面梳理并明确21家省级各相关部门的文物管理职责，在省级层面形成了文物保护部门协同工作机制。杭州市园林文物局增设文物安全监管处并增加行政编制5名，杭州市文物考古研究所核增编制25名。余杭区、临平区、西湖区、永康市等县（市、区）均加强了文物机构和编制建设，龙泉市委编办批复同意成立正科级市文物保护中心。

安徽省

【概述】

安徽省委常委会专题学习习近平总书记在中央政治局第二十三次集体学习时的重要讲话精神，以及对全国革命文物工作会议的重要指示批示精神，听取全省考古和革命文物保护利用工作情况。召开全省革命文物工作会议，传达习近平总书记关于革命文物工作指示和全国革命文物工作会议精神；召开省文化遗产保护领导小组会议，明确各部门责任，完善文物保护合力推进机制。编制印发《安徽省"十四五"文物保护利用规划》。省委、省政府领导先后对大运河、革命文物保护利用、历史文化遗产保护传承文件贯彻、国家"十四五"文物规划落实等工作作出批示、提出要求，全省文物工作稳中向好。

【文物安全工作】

全面落实文物、博物馆安全直接责任人公示公告制度。完成全省文物领域"三项治理（行动）"。开展文物建筑消防安全"大比武"。联合省消防救援部门，开展5次文物、博物馆建筑消防安全、火灾隐患排查整治。

与公安部门联合召开全省文物犯罪专项行动电视电话会，密切配合公安机关严防严打，共破获文物案件478起，抓获犯罪嫌疑人447人，打掉团伙33个，缴获文物8532件（其中国家一级文物26件）。

严肃督办并在全省通报民国临泉县政府违法建设案件。

【不可移动文物的保护与管理】

审核批准65个国保、省保保护工程勘察设计方案。凌家滩遗址环境整治、安防，明中都午门须弥座保护、安防等项目顺利完成。蚌埠双墩环境整治、禹会村标识系统和龙山文化遗存等保护展示工程正式开工，凌家滩考古研学小镇项目正式启动。

编制完成《安徽省大运河文化遗产保护传承专项规划》，继续推进实施柳孜运河遗址环境综合整治和大运河泗县段保护展示等工程。

【革命文物保护利用】

出台《安徽省红色资源保护和传承条例》。公布全省首批革命文物名录。完成红色文化保护项目209个。

出台《关于充分发挥革命文物在党史学习教育中重要作用的通知》。推出"初心映江淮——庆祝中国共产党成立100周年主题展览"等249个革命文物题材展览，观众超800万人次。制作寻访纪录片《印记》《聆听——精神的回响》，为庆祝建党百年营造良好氛围。

牵头举办长三角红色旅游创新发展合作交流活动。"淮海战役·伟大胜利"等7条线路入选全国"建党百年红色旅游百条精品线路"。

■【考古工作】

开展凌家滩、武王墩、明中都遗址等9个主动性考古发掘，初步确定凌家滩遗址红烧土遗迹分布范围和局部结构，探明了武王墩墓葬主墓形制等。

配合建设工程开展文物调查164次，完成勘探项目49个、发掘项目35个，发掘面积约21287平方米，发现古墓葬1028座、各类遗迹641处，出土文物、标本4681件／套。

完成全省131处省级开发区文物资源区域评估，落实"先考古、后出让"的土地使用制度。组织开展20多处考古发掘项目工地检查，提升考古工作规范化管理。

■【博物馆工作】

新备案设立非国有博物馆5家。开展博物馆领域"双随机一公开"检查。

推出"永远跟党走"等一批原创展览，"铸客大鼎""北宋'文府墨'"被中宣部、国家文物局进行网络推广，"初心映江淮——庆祝中国共产党成立100周年主题展览"入选国家文物局2021年度"弘扬中华优秀传统文化、培育社会主义核心价值观"主题展览推介项目。

举办全省博物馆讲解员大赛，组织获奖选手参加全国博物馆讲解员大赛。联合省教育厅，创新开展"百万青少年走进博物馆"系列活动。

■【文博宣传】

开展国际博物馆日、文化和自然遗产日安徽省主场活动。开展"发掘辉煌历史 传承灿烂文明——安徽考古走进合肥市中小学"大型公益活动，宣传普及考古知识。

■【教育培训】

组织全省文物保护项目申报、文物安全负责人及文物行政执法资格认证考试，举办文物保护员、博物馆讲解员等各类培训班，培训近1000人次。

■【社会文物管理】

批准设立文物商店2家，开展拍卖、涉案、进出境等文物鉴定工作。

中国
文物年鉴
2022

福建省

【概述】

2021年，在省委、省政府的领导和国家文物局的指导下，福建省文物重点工作取得新进展，世界遗产工作取得新成绩，革命文物工作再上新台阶，文物利用工作取得新成效，文物宣传工作取得新突破。

【法制建设】

持续落实城乡建设中文物保护措施，省人大审议通过了《福建省传统风貌建筑保护条例》。

【文物安全工作】

注重日常安全监管督查，开展"控事故、保安全、迎建党百年"安全生产活动，共组织2954个检查组检查8428个文物单位，排查发现安全隐患2315个，已督促整改2128个。全年没有发生文博单位消防安全事故。

组织开展文物安全直接责任人公示公告制度，推进解决基层文物安全管理责任落实"最后一公里"问题。

积极争取社会各界参与文物安全工作，1人获全国"最美文物守护人"称号。

【不可移动文物的保护与管理】

"泉州：宋元中国的世界海洋商贸中心"成功列入《世界遗产名录》，福建步入中国的世界文化遗产大省行列。

泉州府文庙大成殿、鼓浪屿日本领事馆旧址修缮工程获评"2020年度全国优秀古迹遗址保护项目"。

【革命文物保护利用】

组织召开全省革命文物工作会议。

全省共有3个展览入选中宣部、国家文物局"庆祝中国共产党成立100周年精品展览"，有23家博物馆（纪念馆）列入国家文物局等部门组织的"党的故事我来讲——争做红领巾讲解员"实践体验活动场馆名单，有3人入选"庆祝中国共产党成立100周年全国革命文物百佳讲述人"。

【考古工作】

考古研究取得新进展，"南岛语族起源与扩散研究"列入国家"考古中国"重大项目"。该项目经福建省文物局申报,由福建省考古研究院联合中国社会科学院考古研究所及浙江、海南、广东省级考古研究机构共同开展。

【博物馆工作】

结合福建省博物馆实际,认真落实国家文物局等九部委下发的《关于推进博物馆改革发展的指导意见》,草拟博物馆改革发展的实施意见征求意见稿。

重点打造"闽瓷双璧 交相辉映——福建黑、白瓷器展""星星之火可以燎原——庆祝中国共产党建党一百周年特展"及全省非国有博物馆庆祝中国共产党成立100周年馆藏精品联展等一批特色主题展览。全省有3个展览成功入选国家文物局2021年度"弘扬中华优秀传统文化、培育社会主义核心价值观"主题展览。

从司法部门和海关部门接收4批次涉案文物和查扣文物逾2000件,充实了博物馆的藏品数量。

【文博宣传】

与《福建日报》合作开展文化遗产连续性专题报道并汇集成书,得到读者的广泛好评。在"新福建"App上开设"每日文物鉴赏""每周文创推荐"栏目,扩大文物影响力。

拍摄《福建海丝文化故事》等视频。出版《福建文化遗产精粹》《福建海丝文物青少年读本》等图书。

【机构建设】

福建省考古研究院正式挂牌,成为继福建省文物局提格升级之后文物系统机构改革的又一大亮点。

【其他】

成功举办第44届世界遗产大会,创新举措,以线上为主,结合线下的方式,高效完成会议全部议程,得到领导和社会各界的广泛赞誉,大力宣传了习近平总书记关于文化遗产的重要论述以及文化遗产保护传承的中国经验和福建模式。顺利完成"六个一批"(公布一批、启动一批、展示一批、完成一批、预备一批、表彰一批)和"一城七线"[一城:大会所在地的福州市片区;七线:福州—南平(武夷山)、福州—泉州—厦门、福州—莆田—泉州—漳州、福州—漳州—龙岩、福州—宁德、福州—三明、福州—平潭]项目,实现了全省城乡品质面貌、文化和自然遗产保护利用水平"两个新提升"。积极配合省委宣传部组织开展大会宣传活动,邀请63家境内外媒体进行采访报道,微博、微信、视频等各类新闻报道及信息30万余条,微博话题"2021年世界遗产大会"等累计阅读量14亿余次,抖音话题"抖in福州遇见世遗"等累计播放量超2亿次。

江西省

【概述】

2021年，江西省文物系统紧紧围绕党和国家大政方针，深入学习贯彻党的十九届六中全会和习近平总书记系列重要讲话精神，坚持稳中求进、改革创新的总基调，切实做好《江西省"十四五"文物事业发展规划》编制和人才培养工作，继续保持革命文物保护工作在全国的领先地位，国家等级博物馆数量进入全国第一方阵，考古和文物保护工作取得突破，全省文物事业取得了新进展、新成效。

【文物安全工作】

健全文物安全长效机制，加快和完善文物安全防护设施建设，完成全省文物安全监管平台建设并验收试用，安全监管平台建设走在全国前列。文物安全列入全省高质量发展综合绩效考核指标体系。

加强安全检查督查，全面推进文物博物馆单位文物安全直接责任人公告公示，确保全省尤其是"七一"期间文物安全形势平稳有序。

【不可移动文物的保护与管理】

积极推动南昌汉代海昏侯国遗址公园、景德镇御窑遗址公园、吉州窑遗址公园等遗址公园建设，在大遗址考古公园建设方面为全国积累经验。《江西省南昌汉代海昏侯国遗址保护办法》自2021年2月1日起施行。国家文物局正式批准《御窑厂遗址保护规划（修编）》。

【革命文物保护利用】

构建革命文物整体保护和传承体系，率先出台《江西省革命文物保护条例》，为全国革命文物保护立法提供经验。组织开展全省第二批不可移动革命文物名录核定，争取省财政增加1000万元专项资金用于低级别革命文物保护。

革命文物展示传播亮点纷呈，江西省博物馆"红色摇篮"展览荣获全国博物馆十大陈列展览精品奖，南昌八一起义纪念馆《八一守护人》入选全国十大"中华文物全媒体传播精品推介项目"，4人入选全国革命文物百佳讲述人，7个展览入选全国庆祝中国共产党成立100周年精品展览，数量居全国前列。

红色主题活动开展有声有色，在全省文博系统开展"五个一百"红色主题活动、"跟着红歌学党史"合唱展示活动。

组织全省文博系统为党史学习教育搭建"主课堂"、丰富"课程表"、提升"吸引力"，经验做法得到国家文物局高度肯定，并在中国革命纪念馆高质量发展峰会作交流发言。

【考古工作】

开展宜黄锅底山遗址考古发掘、九江荞麦岭考古发掘、安福起凤山大墓考古发掘、九江市塔岭遗址考古发掘、宜春市高士南路古城墙考古发掘等项目。对海昏侯墓出土遗物进行实验室考古与资料整理。

樟树国字山墓考古取得重大新成果。国字山墓葬是江西地区考古发现规模最大的东周时期墓葬，自2017年起开始发掘工作。墓内出土漆木器、金属器、陶瓷器和玉石器等2400余件／套。国字山墓葬的发掘为构建和完善江西地区两周时期考古学文化序列谱系提供了关键性资料，是越国与越文化考古的新突破。

【博物馆工作】

全省共有国家一级博物馆11家、二级博物馆27家，均名列全国第四位；国家一、二、三级博物馆总数61家，名列全国第六位。推进县县建公共博物馆和基层特色博物馆工作，县博物馆覆盖率达到96%。

积极支持非国有博物馆发展，制定发布《扶持非国有博物馆暂行办法》《非国有博物馆运行评估暂行办法》，落实省财政每年350万元专项补助资金。

创新推出博物馆融合考核指标，全省博物馆融合发展示范单位达40家，3A级以上博物馆景区景点达到38家。牵头成立全国陶瓷文化博物馆联盟，联盟秘书处落户江西景德镇，推动博物馆共建共享工作。

全省馆藏品总数超过80万件，2021年新增国家三级文物近万件、推荐二级文物近千件。

【文博宣传】

争取省级财政支持用于拍摄《史说江西》文物题材片。

【教育培训】

切实加强全省文博人员业务培训，着力提升业务水平和能力。9月13—18日，举办全省文博管理人员业务培训班，来自全省各设区市、县和省直文博单位文物管理和业务人员，省、市公安部门防范打击文物犯罪工作负责同志共180余人参加。

山东省

【概述】

2021年，山东省文物系统深入学习贯彻党的十九届六中全会和习近平总书记系列重要讲话精神，围绕中心、服务大局，深化改革、依法行政，深入推进全省文博事业发展，文物保护利用改革取得新成果，文物安全责任更严更实，革命文物保护利用扎实推进，擦亮"海岱考古"品牌，文博公共文化服务再上新台阶。

【文物安全工作】

文物安全工作纳入党政领导干部和领导班子考核体系，纳入省政府安全生产考核指标，纳入督查巡视工作、意识形态工作、文明单位考核内容。

一季度在全省开展文物安全百日攻坚集中行动，开展文物安全大检查、违法违规大整治、工作作风大改进、能力素质大提升，制定《山东省文物行政执法巡查工作制度》，推行文物安全直接责任人公告公示制度。

全省各级共检查国保单位226处、省保单位1711处、市保单位2549处、县保单位及不可移动文物2.7万处，考古项目782项，博物馆454家，查处违法案件125起，进一步巩固了文物安全形势。

开展齐长城安全隐患大排查集中行动，对260个齐长城点段排查和安全风险评估，确定"红段"42处、"黄段"77处、"绿段"141处，明确各点段责任，对排查问题即知即改、立行立改。

【不可移动文物的保护与管理】

完成石窟寺专项调查，遴选第六批省级文物保护单位、第一批山东省水下文物保护区，划定了1—8批全国重点文物保护单位保护区划。

加强齐长城保护管理。经省委、省政府同意，省文物保护委员会印发了《齐长城保护工作实施方案》。"文物保护巡查"列入全省公益性岗位。12月省财政下达文物保护资金5570万元用于齐长城、大运河文物安全防护工作。完成黄河流域文物资源调查，对接大运河、长城、黄河国家文化公园等重大工程，编制保护规划，推动实施济宁河道总督府遗址、齐长城定头崖西山段、黄河铁门关遗址等国家重点项目。

对接乡村文化振兴，积极推进"乡村文物保护利用进村居"。启动山东省文物保护利用示范区、省级考古遗址公园创建名单申报遴选。

【革命文物保护利用】

国家文物局在山东举办全国革命文物与新时代高校思想政治工作融合发展论坛。省委宣传部、省文物局召开全省革命文物保护利用工作会议，结合建党100周年和党史学习教育，深入推进文物保护利用工作。

落实《山东省红色文化保护传承条例》，成功举办山东省纪念建党100周年主题展览，遴选100处革命旧址和27处革命博物馆、纪念馆，广泛开展"8个100庆祝建党100周年"系列活动，完成百年革命文物修缮工程。

【考古工作】

开展中国现代考古学诞生100周年系列活动，举办"山东百年考古成就展"，组织"山东省百年百大考古发现"遴选推介活动。

"考古中国""中华文明探源工程"山东项目全面展开，岗上遗址考古被列入2020年"考古中国"新石器时代重要考古新发现。跋山遗址、焦家遗址、稷下学宫遗址、琅琊台遗址、两城镇遗址发掘取得重要发现。

加强工程建设考古，印发《关于加强工程建设考古调查勘探工作的意见》等文件。

【博物馆工作】

全省2021年备案博物馆数量639家（国有253家、非国有386家），比2020年新增36家（国有10家、非国有26家）。国家一、二、三级博物馆127家，其中一级博物馆18家、二级博物馆45家、三级博物馆64家。全省博物馆总量、一级博物馆数量、二级博物馆数量、三级博物馆数量、非国有博物馆数量均居全国首位。

全国博物馆高质量发展会在山东省召开。印发《关于推进全省博物馆改革发展的实施意见》。智慧博物馆建设取得新成效，精品展览创历史最好成绩。"衣冠大成——明代服饰文化展"获全国博物馆十大陈列展览精品奖。

【教育培训】

2021年全国文物职业技能竞赛在曲阜成功举办。

【机构建设】

曲阜市、临淄区成立独立的文物局，各市加强了文博事业单位建设。

【其他】

山东省委、省政府于4月召开全省文物工作会议。会上印发了《关于进一步加强文物保护利用工作的若干措施》，是继《关于加强文物保护利用改革的实施方案》之后，山东省深化文物保护利用改革的又一政策性文件。

河南省

【概述】

2021年，河南省文物系统坚持以习近平新时代中国特色社会主义思想为指导，深入贯彻党的十九大和十九届二中、三中、四中、五中、六中全会精神，以习近平总书记关于文物工作重要论述和重要指示批示精神为引领，全面落实中央及国家文物局、河南省委省政府决策部署，围绕全省经济社会发展大局，紧扣文物保护利用改革主线，隆重纪念仰韶文化发现100周年和中国现代考古学诞生100周年，着力推进黄河文化遗产保护利用、夏文化研究、中原地区文明化进程研究，推进黄河、长城、大运河、长征文化公园建设，努力构筑华夏文明主地标，彰显了新时代河南文物工作的新气象。

【法制建设】

配合省人大完成对《安阳殷墟保护条例》修订工作，为殷墟保护利用工作提供了立法支持。

支持地方立法工作，推进《信阳市红色资源保护条例（草案）》《鹤壁传统村落保护条例（草案）》《新乡市不可移动文物保护条例（草案）》《河南省革命老区振兴发展促进条例（草案）》编制工作。

【执法督察与文物安全】

切实履行文物安全监管职责。继续与各省辖市、省直管县（市）文物行政部门和省直文博单位签订《2021年度文物安全目标责任书》，对2020年度安全责任目标的地市及省直文博单位进行通报表彰。推进文物博物馆单位文物安全直接责任人公告公示工作，指导各地着力解决文物安全责任落实"最后一公里"问题。

制定文物安全督察方案，成立督导组，在2021年元旦、春节期间对全省文物安全进行抽查暗访，开展周口淮阳庙会期间文物安全检查。5月和6月，成立由局领导带队、各处室负责的工作组，采取"四不两直"的工作方法，分两次开展以省级以上文物保护单位特别是革命文物安全为重点的全省文物安全调研指导活动。

继续开展以安阳殷墟为重点的全省文物安全整治工作，投资1亿多元全面实施殷墟保护安防工程完工。

积极抗击水灾和疫情。组织召开全省文物安全视频会议，对防汛救灾工作进行安排部署；连续印发《关于加强汛期文物安全工作的紧急通知》《预警提示函》《关于切实做好文物防汛救灾工作的紧急通知》等文件，督促各地切实做好文物安全防范应对，编制专项规划，推进河南文物灾后保护重建工作。

部署开展文物安全整治专项行动。按照国家文物局统一部署，组织开展全省文物安全隐患排查整治工作，建立全省文物安全隐患排查整治日报告工作机制，切实做到将各类安全事故的诱因消灭在萌芽状态；6月21日，组织召开全省文物系统安全生产暨文物安全工作电视电话会议，部署开展"安全生产月"等专项行动；组织全省文物系统消防宣传月活动，开展文物安全宣传"五进"活动，引导社会力量参与和监督文物安全工作。

强化文物安全工作部门协作机制。联合省公安厅重点督办了"禹州扒村窑址遭盗挖案件"等文物安全案件；8月31日，按照公安部和国家文物局统一部署，联合省公安厅继续开展为期一年的全省打击防范文物犯罪专项行动。联合省消防救援总队印发《关于联合加强革命文物建筑消防安全工作的通知》，督促指导各级文物、消防部门建立联勤联动应急处置机制，共同分析研判本地革命文物建筑消防安全形势，摸清突出问题和薄弱环节，研究制定针对性的风险防范和应对措施。持续推进文物平安工程，批复推进省级以上文物保护单位"三防"工程60余项。

重点督办文物行政违法案件。成功督办全国重点文物保护单位淅川香严寺保护区划擅自违建案等案件，重点指导洛阳市按时完成了司马光独乐园遗址地块上的拆迁垃圾及地面堆土清运及平整地面工作，文物保护紫线划定及智慧档案建设正在稳步推进。多次赴现场指导巩义市按照时间节点提前完成宋陵周边违法建设的养猪场、企业厂房等拆除工作。指导洛阳市政府制定了偃师商城保护范围和建设控制地带违法建设整改台账，确定责任人，明确工作时限，已经确定的14项整改措施正在积极推进。积极配合省检察院开展文物领域公益诉讼工作，制定《河南省人民检察院 河南省文物局联合推进文物保护协作工作机制》。

做好文物市场日常监管工作。积极配合各级纪检监察、司法机关等开展涉案文物鉴定工作，2021年共组织文物司法鉴定919起。不可移动类文物鉴定93起130处，古墓葬71个，古遗址和古建筑各7处。可移动类涉案物品鉴定826起，一级文物3件，二级文物18件，三级文物247件，其他均为一般文物。指导国家文物出境鉴定河南站进行涉案文物鉴定评估148起。

【不可移动文物的保护与管理】

认真做好世界文化遗产保护利用工作。协助完成《河南省安阳殷墟保护条例》修订工作。完成龙门石窟敬善寺区域综合治理、宾阳洞雨棚修缮、奉先寺危岩体加固和渗漏水治理等本体保护项目设计方案的审批工作，部分项目正在准备施工招标工作。组织省内世界文化遗产地圆满完成世界遗产亚太地区第三轮定期报告工作。开展万里茶道遗产点保护管理工作自查，启动省万里茶道文化遗产系列研究工作，推进申遗点文物保护维修工作，做好申遗点保护状况回顾性评估的各项准备工作。推进洛阳二里头遗址申遗工作，指导洛阳市开展二里头申遗的各项前期准备工作，编制《二里头遗址申报中国世界文化遗产预备名单文本》。筹备仰韶文化遗址申遗工作，对仰韶文化遗址联合申遗的可行性、申遗策略和组织形式等积极研究。

做好大运河文化遗产保护传承。加强规划引领，经省大运河文化保护传承利用暨大运河国家文化公园建设领导小组审议同意，公布实施《河南省大运河文化遗产保护传承规划》。加强大运河遗产发掘研究，配合大运河国家文化公园建设，开展对开封州桥及古汴河遗址、辉县市百泉书院遗址、濮阳会通河台前段遗址、焦作武陟古石坝及河道遗址等重要遗迹的考古发掘，取得了丰富的学术成果。加强大运河文化展示场馆建设，位于洛阳市的隋唐大运河文化博物馆建筑主体已经封顶，展陈内容大纲、形式设计等已经编制完成，展陈施工、博物馆智慧化信息系统采购等正在组织招标。

加强大遗址保护利用工作。郑州商城内城环城垣遗址公园基本建成;大河村仰韶文化博物馆已开工建设,年底前结构封顶,博物馆陈列展览已完成大纲编制,正在进行形式设计;郑韩故城1号车马坑保护项目已完成前期勘察研究;二里头遗址完成洛河故道模拟复原展示工程、道路及标识展示工程验收。隋唐洛阳城南城墙遗址保护展示工程进展顺利。信阳城阳城址持续推进内城环境整治(一期)和安全技术防范工程。平粮台环境整治一期工程已完工。仰韶村考古遗址公园完成基础设施建设并于仰韶文化发现和中国现代考古学诞生100周年纪念大会期间正式开园;庙底沟考古遗址公园二期景观提升工程已完成;庙底沟仰韶文化博物馆已完成陈列布展并对外试开馆;西坡遗址F105和F106房址保护展示工程施工设计获省文物局专家评审通过。殷墟遗址博物馆主体施工正在进行。安阳高陵本体保护工程基本完工。

黄河文化文物保护传承弘扬成效显著。根据黄河生态保护和高质量发展国家战略,推进实施《黄河文物保护利用专项规划》;继续夯实不可移动文物基础工作,委托省文物建筑保护研究院开展河南省黄河区域不可移动文物资源数据库建设工作。庙底沟考古遗址公园二期环境提升工程正在加快实施,仰韶村考古遗址公园已基本完成建设任务。三门峡市人大常委会审议通过了《关于加强仰韶文化遗址保护的决定(草案)》。

石窟寺保护利用工作有序展开。落实省政府办公厅印发的《河南省加强石窟寺保护利用工作方案》,编制《河南省石窟寺(含摩崖造像)专项调查工作报告》,完成了全省石窟寺专项调查工作。组织河南省文物建筑保护研究院对铺沟石窟等6处病害较为严重的石窟寺编制保护方案,批复河南石窟寺与中原佛教的传播、河南石窟寺造像之美与绘画艺术等研究项目及灵泉寺石窟、青岩石窟保护研究方案。支持成立敦煌、云冈、龙门、大足四大石窟发展联盟。继续进行《河南省石窟寺及摩崖石刻病害调查》项目,加强汛期和强降雨期间文物保护,继续做好石窟日常巡查、保养维护工作,确保石窟文物安全。

强化殷墟、宋陵文物保护利用。殷墟遗址博物馆土建工程正在紧张推进;陈展大纲正在编制;纱厂活化利用项目正在对区域内不和谐建筑进行拆迁;文旅新城用地问题尚未解决;宫庙区及入口区环境整治工程已完成一、二期,王陵区环境整治工程施工设计正在修改完善;宫殿区保护展示方案编制已完成招标。威胁宋陵文物本体及周边环境安全的74家养殖场已全部拆除,43家企业全部完成清点丈量,已拆除26家。大力推动宋陵考古遗址公园建设。启动《宋陵大遗址策划——概念性规划》编制;启动了宋陵石刻修复前期勘察研究项目。宋陵安防工程(一期)已完成招标,正在推进实施。

积极开展第八批河南省文物保护单位申报工作,全省共推荐申报项目666项。经过专家网络投票初审、专家会审,已经遴选339处。12月17日,河南省人民政府核定公布了第八批河南省文物保护单位,共351处,包括近现代重要史迹及代表性建筑115处、石窟寺及石刻9处、古建筑128处、古遗址78处、古墓葬21处,另有5处与此前已核定公布的省保单位合并。第八批省保单位公布后,河南省省级文物保护单位达到1521处,位居全国前列。实施省级以上文物保护单位保护区划数字化建设工作,基本完成了省级文物保护单位保护区划空间信息勘测,并进行了数据处理、图件制作和相关文档整理工作。结合河南文物工作实际,认真组织编制《河南省文物博物馆事业发展"十四五"规划》。

做好全省文物保护工程组织管理、监督检查工作。组织对卫辉香泉寺石窟等30项文物保护工程进行检查,对鹤壁玄天洞双塔原址重建、叶县澧河石桥、卢氏城隍庙工程等进行验收。组织编制药王庙大殿、镇平菩提寺、汤阴岳飞庙等文物保护维修方案，新乡文庙、唐河泗州寺塔保护规划。组织开展文物保护工程资质年检，开展文物保护工程资质单位人员培训。组织上报主动性考古发掘项目48项，其中33项获得批准；对328个配合基本建设考古发掘项目的初步审核与上报，截至11月中旬，280个项目已经获得批准。印发《关于研究制定指导地市基建考古工作管理办法的通知》。

■【革命文物保护利用】

革命文物保护利用成效突出。与省委宣传部联合印发《关于加强新时代革命文物保护管理利用工作的通知》，深入贯彻落实习近平总书记关于革命文物工作重要指示精神及全国革命文物工作会议精神。举办全省革命文物保护管理利用工作培训班。

开展革命文物资源调查，组织开展全省革命博物馆、纪念馆现状调查，组织开展红二十五军长征革命文物保护利用现状调查，与退役军人事务厅联合组织革命文物资源及烈士纪念设施调查。

开展全省革命旧址隐情排查工作。认定公布了河南省第二批革命文物名录。开展系列传承弘扬革命精神主题活动，与省委宣传部联合开展"红色文物说"革命文物宣讲活动；举办了"红色文物说——鄂豫皖三省大别山区革命文物优秀讲解交流推介"活动，开展省际区域联动工作；联合省网信办，开展河南省"革命文物讲述人"视频征集和评选工作，在国家文物局微信公众号、"人民网+"客户端、河南人民广播电台"河南文物之窗""河南学习强国"等平台进行展播。

组织开展第二届"追寻先烈足迹"短视频征集展示活动。组织开展主题精品展览活动，在全省开展"庆祝中国共产党成立100周年陈列展览"组织工作，河南省4个展览被中宣部、国家文物局评为"庆祝中国共产党成立100周年精品展览"，策划举办了"见证·红色中原——河南省革命文物保护工作成果展"在河南博物院等30多家革命博物馆、纪念馆和革命文物开放单位进行联展。

指导河南博物院举办"学党史　助力中原更加出彩——河南红色文化有奖知识竞答活动"和"中原文化传承系列·千秋英烈篇"图片展。与共青团省委、省精神文明建设指导委员会、省教育厅、省文化和旅游厅、少先队河南省工作委员会联合开展河南省"红领巾寻访"实践教育活动。

■【考古工作】

夏文化研究项目积极推进。组织编制《加快推进二里头遗址发掘保护利用和夏文化研究2021年工作要点》，明确了6个方面共30项任务。组织在全省范围内开展夏文化相关遗址专项文物调查工作。国家文物局批复河南省8个夏文化主动性考古发掘项目，省文物局批复沙河流域、颍河流域、北汝河中游地区、伊洛河流域、南阳地区、淮阳县域等6个区域考古调查项目，批复宜阳四岭遗址、伊川南寨遗址等6个夏文化重要遗址考古勘探项目，目前以上项目均按计划正常推进。淮阳时庄遗址考古新发现入选2020年度全国十大考古新发现。河南省文物考古研究院与中国社会科学院考古研究所于4月份联合举办8场"二里头遗址考古与夏文化研究"系列学术讲座。

组织编制《河南省"十四五"时期石窟寺考古工作计划》，开展龙门石窟古阳洞、宾阳洞、看经寺区域石窟考古报告编写，组织龙门石窟研究院联合郑州大学编写完成龙门石窟园区古墓葬考古调查与勘探计划，重点做好龙门石窟唐代香山寺遗址考古发掘。

巩义双槐树遗址、淮阳时庄遗址和伊川徐阳墓地等3个项目入选"2020年度全国十大考古新发现"。

【博物馆工作】

推动全省博物馆建设和对外开放。积极支持中国文字博物馆二期等重点项目建设，推进郑州"百家博物馆"和洛阳"东方博物馆之都"建设。郑州博物馆新馆、南阳博物馆新馆、洛阳仓窖博物馆等已对外开放，郑州商都遗址博物院和郑州市文物考古研究院考古博物馆已试开馆。

数字化及智慧博物馆建设工作有序推进。完成郑州、开封、洛阳等地市一级馆的智慧博物馆项目实施方案的深化设计和修改完善；组织召开智慧博物馆建设工作实地考察及现场观摩座谈会，并针对起草的《河南省智慧博物馆建设与运维导则（草案）》进行研讨交流。加强和百度、支付宝等单位的合作力度，搭建河南数字博物馆群落，逐步建立全省博物馆、纪念馆智慧地图，为公众参观和利用博物馆提供更加便利的服务。

开展优秀陈列展览推介活动。推选出全省优秀陈展项目10个，其中河南博物院基本陈展"泱泱华夏 择中建都"荣获第十八届（2020年度）全国博物馆十大陈列展览精品推介活动优胜奖，同时该院荣获2021年度"全国最具创新力博物馆"称号。组织开展2021年度以纪念"中国共产党成立100周年"为主题的展览项目征集工作，平顶山博物馆"不朽的信仰——庆祝中国共产党成立100周年平顶山革命文物展"等12个陈展荣获全省优秀主题展览，其中3个陈展荣获国家主题展览征集推介项目。

做好博物馆运营管理工作。组织做好全省博物馆（纪念馆）2020年度报告信息报送，完成357家博物馆相关信息的复核和网上申报工作。开展全省博物馆、纪念馆免费开放绩效考评工作，自评、初评、实地抽查和集中评审均已完成。指导全省相关国有文物收藏单位完善馆藏一级文物备案信息，集中审核信息595条，并按时完成信息上报工作。开展年度"双随机一公开"检查。与省民政厅联合规范非国有博物馆的备案、登记、年检、监督检查；指导郑州市开展非国有博物馆的文物认定工作。

提升博物馆公共文化服务水平。组织遴选优秀选手参加"庆祝中国共产党成立100周年"全国博物馆讲解大赛，获得一等奖1名，二等奖2名，三等奖1名。配合省教育厅推荐郑州二七纪念馆等5家博物馆为河南省中小学社会实践教育基地；并联合开展2021年研学实践教育精品课程征集活动，5家博物馆通过初评，其中，中国文字博物馆"奇趣汉字游"和二里头夏都遗址博物馆的"研读夏都文化 走进第一王朝"入围前十，并进行了宣传展示。

【文博宣传】

加大文物保护宣传力度。深化与各类媒体的宣传合作。与河南广播电视台新闻频道持续推进河南文博电视专栏建设，以"黄河文明系列"为主题，拍摄制作20集。在国家文物局中华文物全媒体传播精品推介活动中，荣获全国十大推介项目。与河南广播电视台新闻广播联合开设《河南文物之窗》宣传专栏，推出"河南大遗址"和"革命文物"等宣传专题，累计播出54期；策划举办"考古百年再出发——市县文物局长专题访谈"等特色活动。依托红色文物资源，深化与媒体合作，推出红色文物故事等宣传专题，密集登录学习强国平台，为党史学习教育和爱国主义教育提供生动教材；深化与百度的合作，结合互联网技术和传播优势，共同开发"河南省红色文物地图"。依托文物资源，配合河南广播电视台做好"七夕奇妙游"等特色节目拍摄，河南博物院、隋唐洛阳城遗址、龙门石窟等文博单位迅速出圈，获得大量关注，相关信息跻身微博热搜榜。其中微博话题"龙门金刚6天6夜拍摄而成"阅读量达1.6亿。

举办国际博物馆日河南主会场活动的同时，组织全省300余家博物馆通过举办特色展览、社教活动、公益课堂、节目展演等多种形式开展了一系列精彩纷呈的宣传及公共文化服务活动；鼓励诸多有条件的博物馆在微博、快手、抖音等不同平台带领观众"云游博物馆"。

积极筹备仰韶文化发现100周年和中国现代考古学诞生100周年活动，组织制定了纪念活动总体方案，建立了北京、省、市纪念活动筹备工作联系机制，纪念活动相关工程推进有序。

【科技与信息】

加强文物科技保护。由河南省文物考古研究院牵头，联合西北大学、解放军信息工程大学、中科院等离子所、郑州大学等10家学科优势科研单位联合申报的"馆藏脆弱青铜器保护关键技术研究"项目成功获科技部的国家重点研发专项（文化遗产保护利用专题任务），获中央财政资金资助870万元。

【社会文物管理】

严格行政审批，积极开展服务，规范文物市场，全年共审核郑州拍卖总行等拍卖企业举办的25场文物艺术品拍卖会拍品。

【教育培训】

国家文物局委托中国社会科学院考古研究所联合河南省文物局，于4月28日—6月15日在二里头遗址举办"夏文化考古研究"研修班，来自于河北、山西、陕西、河南四省的研究人员参加了研修。

【机构建设】

积极推进文物机构队伍建设，龙门石窟研究院升格为副厅级，商丘市成立正处级文物考古研究院。省文物局会同省委编办深入调研推进文物考古队伍建设。

【其他】

扎实推进文物领域"放管服"改革，68项政务服务事项网办率达到100%，办理时限平均压缩至法定时限的70%，收到了群众和企业的好评。积极推进电子证照政务共享，实现了河南省文物局责任清单中6项证照的全部电子化工作，电子印章加盖率100%。推动"放权赋能"改革以来，协调处室制作职权承接手册，逐项录制培训视频，统筹安排11项省辖市级经济社会管理权限的下放和承接工作。

湖北省

【概述】

2021年，湖北省文物局不断夯实文物保护基础，抓实抓细文物安全和执法工作，持续推进荆楚大遗址传承发展工程，大力加强世界文化遗产申报与保护管理，认真抓好革命文物保护利用，积极做好考古工作，努力完善博物馆文化服务体系，为下一年度文物工作的开展打下了坚实基础。

【文物安全工作】

推进全省文物火灾隐患整治和消防能力提升三年行动实施和文物安全隐患排查整治工作，严格按照《湖北省文物安全管理办法》要求，先后组织4次由厅领导带队的检查组，深入各地检查文物安全工作落实情况。省市县三级文物部门累计出动317个检查组3538人次，检查文保单位和博物馆5395处（含重复检查）。

落实文物安全责任人公示制度，完成市级及以上文物保护单位和三级以上博物馆的文物安全责任人公示。狠抓《进一步加强文物安全防护工程管理工作的通知》落实，加快推进文物安全防护工程建设，协助公安部门做好打击文物犯罪工作。

认真履行文物行政执法职责，督办自查自纠中发现的18个国保单位"两线"范围内57处违法建设问题，及时处理襄阳城墙等国保单位违法建设信访举报事项，开展全省文物行政执法指导性案例遴选活动，完成2021年文物行政执法工作情况和文物行政违法案件信息统计工作。

【不可移动文物的保护与管理】

公布《湖北省文物事业发展"十四五"规划》，组织开展第八批湖北省文物保护单位遴选申报工作，推荐84处（含合并项4处）第八批湖北省文物保护单位报送省政府核定公布。

协助完成省政协"长江文物和文化遗产保护与利用"月度专题协商会。报请省政府核定公布2处历史文化街区，积极支持荆州区人民政府驻地迁移，推进荆州古城功能疏散。完成全省石窟寺与石刻调查、湖北三峡库区历史文化遗产资源调查，启动长江文物资源调查工作。

评定公布屈家岭遗址、明楚王墓等6处第一批湖北省文化遗址公园。召开全省荆楚大遗址传承发展工程推进会，总结交流经验，安排部署任务，提出"十四五"时期国家考古遗址公园和湖北省文化遗址公园建设目标。编制完成《荆楚大遗址传承发展工程规划纲要》，推进苏家垄、铜绿山等遗址博物馆建设和走马岭、郢城遗址等11处全国重点文物保护单位文物保护规划核准公布。

成立湖北省万里茶道申报世界文化遗产领导小组，筹备万里茶道世遗价值和申遗策略研讨会、第二届万里茶道环中国自驾游集结赛等，配合山西省文物局召开了关圣文化史迹申遗推进会。完成世界文化遗产第三轮定期评估，第44届世遗大会审议了武当山古建筑保护状况报告，赞赏我国为保护武当山文化遗产作出的努力。举办第四届唐崖论坛，促进唐崖土司城址得到更好的保护与利用。

【革命文物保护利用】

贯彻落实习近平总书记关于革命文物工作重要指示及全国革命文物工作会议精神，召开全省革命文物工作视频会议。推进革命文物片区保护，会同河南、安徽省文物局编制完成《大别山区革命文物保护利用总体规划》。公布第一批湖北省革命文物名录，完成全省革命文物保护状况全面排查，开展珍贵革命文物征集活动，举办"荆楚大地红旗飘——湖北革命文物图片巡展"，惠及观众900万余人次。

【考古工作】

开展五龙宫等10项主动性考古发掘和研究阐释工作，武汉郭元咀商周遗址入选"2020年中国考古新发现"，荆门屈家岭遗址等6个项目入选"百年百大考古发现"。云梦郑家湖墓地秦代墓葬出土多件有价值的文物，其中一件木觚上存文字700字以上，是目前所见"第一长文觚"。完成荆荆铁路等重大项目田野考古发掘和伍家岗等开发区、工业园区文物保护区域评估。

【博物馆工作】

湖北省博物馆三期主体扎实推进，基建工程和布展工作基本完成，年内正式对外开放。襄阳、荆门等地市级博物馆以及远安、保康等10余家县级博物馆正在加紧建设施工。

陈列展览精品迭出，1项展览荣获第21届全国博物馆陈列十大精品奖，1项展览入选"弘扬中华优秀传统文化、培育社会主义核心价值观"2021年度主题展览推介项目名单，2项展览列入中宣部和国家文物局庆祝中国共产党成立100周年精品展览推荐名单。

【教育培训】

继与武汉大学共同成立长江文明考古研究院之后，联合湖北大学共建湖北文化遗产学院，依托高校资源优势，培养文博优秀人才。

湖南省

【概述】

2021年，湖南省文物系统以习近平总书记关于文物工作重要论述和重要指示批示精神为引领，全面推进文物保护利用改革发展，落实文物保护责任，革命文物创新利用取得新成效，文物资源资产管理取得新进展，文物考古工作成果丰硕，文物保护利用质量显著提升。

【文物安全工作】

多部门联合开展三大专项行动守护文物安全。"潇湘红色资源保护公益诉讼专项行动"共立案325件、发出诉前检察建议252份，"打击文物犯罪专项行动"共打掉文物犯罪团伙10个、破获文物犯罪案件24起、追缴文物379件（其中国家一级文物3件、二级文物5件、三级文物13件）、查封冻结涉案金额1100万元，"今冬明春火灾防控专项检查"共下发整改通知书30余份，全省文物安全隐患排查整治系列专项活动共开展文物安全检查7437人次、检查文物博物馆单位12210家（处）、发现和整改安全隐患944条、发现和查处文物行政违法行为13起，多方发力筑牢文物安全防护网。

抓实汛期文物抢险救灾确保文物平安。及早分析研判汛期文物安全形势、及时启动应急预案、周密部署沿山靠水和地质灾害多发区等重点区域及重点文博单位防灾救灾工作，将文物受灾损失降到最低，确保全省无重大文物安全事故发生。

抓实文物领域意识形态安全风险防控确保稳定。制定实施全省博物馆贯彻落实意识形态工作责任制规定和革命旧址陈列馆设立备案工作规定，建立机关干部全员24小时值守报告制，加强"一网一刊"管理，加强博物馆（纪念馆）陈列展览展示内容、解说词、导游词的审核审查检查，以确保其内容和评价恰如其分、科学正确，为庆祝建党100周年营造良好氛围。

【不可移动文物的保护与管理】

围绕长江经济带建设、石窟寺保护、民族团结进步和长株潭一体化建设等重点工作，扎实推进文物资源专项调查和管理，全省石窟寺与石刻文物专项调查确认古代摩崖石刻文物点500余处、2131通，长株潭岳古陶瓷资源调查前期工作基本完成，长江流域文物资源（湖南段）调查紧密推进。

国土空间中文物保护专项规划编制工作有序推进，公布全省第八批全国重点文物保护单位保护范围和建设控制地带，省政府将"历史文化和文物保护国土空间专项规划"纳入省级国土空间专项规划编制目录清单，市县文物保护专项规划编制试点工作在益阳启动并有序推进。

文物保护项目精细化管理成效初显。扎实推进文物保护项目全过程管理与服务，争取中央下达文物保护专项资金23665万元、免费开放补助资金20181万元，分别居全国第8位和第3位，一批涉及乡村振兴、革命文物保护、长征国家文化公园建设和长株潭一体化、中国（湖南）自贸试验区建设、湘赣边区域合作等重点工作的文物保护项目有序实施，发挥了良好的综合效益。

【革命文物保护利用】

湖南省委、省政府高位推动、高规格部署革命文物工作高质量发展。省委、省政府主要领导多次深入革命文物保护单位和博物馆（纪念馆）调研红色资源和革命文物保护利用工作，明确建设"没有围墙的革命历史博物馆"，传承好红色基因，赓续红色血脉。省委常委会议第14次会议学习贯彻习近平总书记重要指示和全国革命文物工作会议精神、部署全省革命文物工作高质量发展。省政府批准以革命文物为重点，启动第十一批省级文物保护单位申报工作。省人大出台《湖南红色资源保护和利用条例》，以专项立法强化红色资源和革命文物保护利用法制保障。

革命文物保护利用工程实施有成效。围绕湘赣边区域合作示范区建设、长征国家文化公园（湖南段）建设和革命文物保护利用片区重点县等，储备申报国保革命文物项目计划43个、审核审批同意省保革命文物项目计划90个、审核审批革命文物项目方案56个、督导完成革命文物项目26个。

革命文物资源申报管理有进展。6个文物博物馆单位被公布为全国爱国主义教育示范基地。公布两批次全省革命文物名录，共公布省级（含）以上革命文物保护单位288处（点）、三级（含）以上可移动革命文物8643件、县级（含）以上长征革命文物130处。

革命文物宣传教育服务工作有声色。围绕庆祝中国共产党成立100周年、党史学习教育和《新时代爱国主义教育实施纲要》《新时代公民道德建设实施纲要》《新时代加强和改进思想政治工作的意见》等重要文件实施，组织全省革命博物馆（纪念馆）和革命文物保护管理机构依托场馆阵地和馆藏资源广泛开展主题突出、导向鲜明、内涵丰富、各具特色的宣传教育服务活动，推出100余个庆祝中国共产党成立100周年主题展览，打造"韶山下的思政课——2021党史博士研学季""光辉榜样——刘少奇同志的初心和使命""胡耀邦的廉洁家风"等一批党史教育主题精品党课，策划推出了实践体验活动"党的故事我来讲——争做红领巾讲解员"、情境研学剧《走出炭子冲》、红色宣讲活动"童心向党"、党史舞台剧《唯一的嫁妆》等一批群众性教育主题活动，以及"芳草之地　红满潇湘——湖南省博物馆馆藏革命文物专题展"等5个展览获"庆祝中国共产党成立100周年精品展览推介"，5个集体和个人入选"全国革命文物百佳讲述人"名单，讲好红色故事、传承好红色基因，成为湖南这片红色热土上的一道靓丽风景。

革命文物创新利用取得新成效。基于5G、VR等新技术推出"湖南百年馆藏珍贵革命文物数字展"，让公众通过手机客户端将珍贵革命文物带回家。联合制作《如果文物有记忆——湖湘大地上的革命文物故事》音频节目，让听众在在电波声中聆听湖湘红色故事、感悟红色精神力量。举办全省"花明楼杯"百年湖南红色文创大赛，列入国家、省级文化创意产品开发试点的革命文物博物馆（纪念馆）和革命文物保护管理单位的文创产品研发数量质量和销售额度明显提升。

【考古工作】

文物考古发掘有新成果，澧县鸡叫城遗址考古首次发现距今约4700年的保存完整的史前大型木构建筑，考古成果及其重要价值和意义深受学界高度重视。

文物考古研究有新突破，《长沙走马楼三国吴简·竹简》荣获第五届中国出版政府奖图书奖，系出土文献类图书首次获得该奖项，《凤舞潇湘·桂阳千家坪出土陶器》获评"2020年度全国文化遗产优秀图书奖"。

文物考古服务基本建设展示新形象，长沙机场改扩建工程、长赣铁路、邵永铁路等10余个省重点工程所涉文物保护和考古工作高效推进，实现保护中发展、发展中保护"双赢"局面。

文物考古宣传推广有影响，全省十大考古发现暨百年出土文物精品推介活动吸引公众投票达1200万，长沙马王堆汉墓、道县玉蟾岩遗址、澧县城头山遗址、里耶古城遗址等4项考古成果入选全国"百年百大考古发现"。

文物考古力量逐步恢复，目前，长沙、湘西、益阳、岳阳、衡阳等地已成立市级文物考古研究所，各级设立考古工作站8个。中央编办《关于加强文物保护和考古工作机构编制保障的通知》贯彻落实工作正在有序推进。

【博物馆与可移动文物】

文博公共文化供给有力。新设立备案博物馆（纪念馆）11家，全省博物馆（纪念馆）增至170家，累计推出各类陈列展览400余个，其中，春节等重要节假日和国际博物馆日期间，全省博物馆推出特色公共服务活动300余项，文博公共文化产品和服务供给持续发力、不断丰富，在满足多层次文化需求、激活文化消费方面发挥独特作用。

陈列展览精品创作力度加大。"闲来弄风雅——宋朝人慢生活镜像""神农福地——株洲自然地理与历史文化陈列"获"全国博物馆十大陈列展览精品推介"优胜奖，"从伦勃朗到莫奈——欧洲绘画500年"获国际及港澳合作入围奖，获奖数量居全国前列。其中，张家界市博物馆藏青铜文物保护修复项目获评为"2021年度全国优秀文物藏品修复项目"。

【文博宣传】

文博融合创新创造活力增强。"奋斗少年"系列（青少年文创）、"沙长彩·胡腾·唐韵丝与瓷系列"、"馆藏元素　DIY钥匙扣系列"文创产品获"全国百佳文化创意产品"奖，"长沙文物故事解读传播"项目入围"2021年度中华文物全媒体传播精品（新媒体）"推介名单。"长沙简牍博物馆云游虚拟博物馆数字展览"和"千年简牍说反腐"分别荣获全国文化遗产云传播优秀云展示和云讲解奖。"发现舜帝庙——湖南考古研学融合示范项目""湖南省博物馆探索车项目"等4项文物旅游融合项目荣获"2021年全国文化遗产旅游百强案例"。

《中国少数民族文物图谱·湖南卷》编纂出版工作进入条目编定阶段。

【文旅融合】

革命文物保护利用赋能红色旅游发展，"半条被子"推动沙洲精准扶贫案例和"实施

‘里仁学校+’战略　激活会师旧址绽放时代芳华——秋收起义文家市会师旧址保护与利用”案例入围“全国革命文物保护利用优秀案例”推介终评，“强红色遗产之心　铸爱国主义之魂主题旅游项目”“红色沙洲主题旅游项目”等3个项目入选“2021年全国文化遗产旅游百强案例”。

■【社会文物管理】

依法规范文物市场经营活动以确保文物市场稳定。对全省文物市场领域购销、拍卖经营组织开展“双随机一公开”检查，健全并严格实行文物经营活动审批审核备案和信息报送制度，切实加强文物拍卖企业拍卖标的审核监管，依法对长沙古泉园地拍卖有限公司违规开展经营活动进行处理并公示，撤拍该企业“2021春季拍卖会”标的16件，进一步规范可移动文物和社会文物管理秩序。扎实推进中国（湖南）自由贸易试验区建设所涉文物商店审批和文物进出境审核工作。

广东省

【概述】

2021年，广东省文物局以习近平新时代中国特色社会主义思想为指导，按照实现"四个走在全国前列"、当好"两个重要窗口"的总要求，认真学习领会、全面贯彻习近平总书记关于文物工作重要论述精神，武装头脑、指导实践、推动工作。按照广东省委、省政府和国家文物局的部署要求，牢牢把握新时代对文物保护利用工作新要求，坚持守正创新，多措并举，加强文化遗产保护利用，坚持新发展理念，创新发展模式，坚持保护中发展、发展中保护，充分发挥文物资源传承文明、凝聚人心、促进发展的独特作用，因地制宜、因材施策开展考古和大遗址保护、文物保护单位保护、博物馆和社会文物管理、红色旅游等保护利用工作，不断扩大岭南文化的影响力、辐射力，推动岭南文化创造性转化、创新性发展。

【文物安全工作】

配合公安部门严厉打击文物违法犯罪行为。2021年，配合公安部门调查取证回函6次，核查公司9个，核查人员7人次。2020年9月起，配合省公安厅，在全省开展为期1年的打击文物犯罪专项行动。一年来，省文物鉴定站接案118宗，开展涉案鉴定134批次，鉴定物品总数5098件，确认文物2672件，含珍贵文物26件，工作量与往年相比增长好几倍。

【不可移动文物的保护与管理】

持续推进广东省石窟寺保护利用工作。完成《广东省石窟寺调查报告》，出台《广东省人民政府办公厅关于印发广东省加强石窟寺保护利用工作若干措施的通知》。

率先组织《国土空间规划——文物保护专项规划》编制工作，实现把文物保护管理纳入国土空间规划编制，落实保障文物空间保护管理的主要需求。

开展"十四五"文化保护传承利用工程项目储备库编制工作，莲花山古采石场遗址保护利用设施和广东省文物考古研究所惠州基地考古标本库房两个项目列入"十四五"文化保护传承利用工程项目储备库。

加强历史文化名城、名镇、名村保护利用建设。推动公布第二批广东省历史文化街区37处，第三批广东省历史文化街区2处。

发布第二批广东省粤港澳大湾区文化遗产游径，包含西学东渐文化遗产游径、近代商埠开放文化遗产游径和非物质（粤剧）文化遗产游径三大主题共16条实体游径。

【革命文物保护利用】

加快推进《广东省革命遗址保护条例》立法工作，为革命文物保护利用提供有力法律保障。印发《关于深入贯彻习近平总书记关于革命文物工作的重要指示精神 进一步加强全省革命文物保护利用工作的实施方案》。

公布《广东革命文物名录》，绘制广东网上红色地图和广东革命文物地图。

组织实施一批革命文物修缮、抢救项目。为每处省级以上革命文物保护单位安排3万元的"岁修"经费。开展消防安全"风险自知、安全自查、隐患自改"工作。

促成中国人寿财险向135处省级以上革命文物保护单位，捐赠3年公众责任险和财产综合保险，这是全国首例金融保险行业参与文物保护的创新举措。

围绕建党百年策划推出了一批革命文物陈列展览精品，推进中共三大会址纪念馆等场馆改陈布展。

推进革命文物资源进高校，让党史文博专家走进校园开展宣讲。推出"百名红色讲解员讲百年党史"的百场宣讲活动，受众已超过700万人次。

拍摄纪录片《追寻红色足迹》，利用建党100周年、辛亥革命110周年、长征胜利85周年等重要时间节点，策划系列革命文物新闻宣传。

公布10条广东省"建党百年精品红色旅游线路"，推出广东红色文旅护照，启动"万里红途"研学营项目，加快华南教育历史研学基地建设。

【考古工作】

提请出台《中共广东省委 广东省人民政府关于进一步加强文物保护与考古工作的指导意见》，明确广东省文物保护与考古工作下一阶段工作重点和主要任务，擦亮广东考古品牌。

发布南粤古驿道重大发现，评选出韶关市乐昌市国立中山大学天文台遗址等15处南粤古驿道重大发现。

推动考古工作取得新进展。"广东广州南越国宫署遗址及南越王墓""广东'南海Ⅰ号'沉船"两个项目入选"中国百年百大考古项目"。联合中央电视台《探索与发现》栏目组推出《探秘广东考古》四集电视纪录片。完成"南海Ⅰ号"外围海泥堆积清理以及船体内外支护系统的建设等工作。全年开展考古发掘项目10项。

【博物馆工作】

不断提升博物馆服务效能，博物馆数量稳步增长，设施建设不断加强。截至2021年11月，广东省共有备案博物馆363家，其中国有博物馆246家、非国有博物馆117家。贯彻落实《关于推进博物馆改革发展的指导意见》，起草广东省实施方案。支持广州、深圳、佛山、梅州、东莞、潮州等地"博物馆之城"建设。支持流动博物馆送展览进基层、进学校，落实对口援藏工作。

大力推动非国有博物馆健康发展。推动出台《广东省非国有博物馆管理办法》，计划2021年底前出台。加强非国有博物馆人才队伍建设，10月，国家文物局在深圳市举办2021年度全国非国有博物馆馆长培训班，省文物局同期套开省非国有博物馆馆长培训班。

持续打造博物馆精品展览。获全国博物馆十大陈列展览优胜奖、国际及港澳台合作奖入围奖。3个展览入选国家"庆祝中国共产党成立100周年精品展览"，4个展览入选国家文物局2021年度"弘扬优秀传统文化、培育社会主义核心价值观"主题展览推介项目。公布2021年"广东省弘扬社会主义核心价值观主题展览"共26个。

着力深挖文物价值创新推广模式。创新发布《广东省2020年度博物馆事业发展报告》。举办国际博物馆日广东省主会场活动，100多万观众通过线上方式参与。"云游博物馆"项目获评2021年度中华文物全媒体传播精品（新媒体）入围项目。创新展览推广模式，省博物馆推出"沉浸式导赏"和"红色电影露天放映会"。

全力助推粤港澳大湾区"人文湾区"建设。"三城记——明清时期的粤港澳湾区与丝绸外销"展览已在广东省博物馆顺利展出，并将赴港澳展出。协调博物馆参与2021年"港澳大学生文化实践活动"。

推进"我为群众办实事"和省民生实事项目。实施50个具有岭南特色的文保单位保护利用和博物馆陈列展览项目，完成30处具有岭南特色的文保单位保护利用项目和组织开展不少于20个博物馆陈列展览项目。

【社会文物管理】

认真抓好全省社会文物管理工作。做好文物拍卖资质、设立文物商店、文物拍卖标的行政许可，重视社会文物信息采集统计工作，及时更新整理文化旅游厅官网《广东省文物拍卖企业名录》《广东省文物购销企业（文物商店）基本信息》。不断加强社会文物领域市场监管工作，组织开展文物市场领域"双随机一公开"检查，积极探索网上监管。

继续推进民间收藏文物公益鉴定活动。指导省文物鉴定站、广州市文物总店组织开展常态化民间收藏文物咨询鉴定活动。开展民间收藏文物巡回咨询鉴定活动，截至11月23日文化和旅游厅全年共组织11场次巡回公益鉴定活动，共免费咨询鉴定物品7417件／套，服务群众1924人次。

【其他】

推进汕头潮州历史文化保护利用。广东省委宣传部、文化和旅游厅印发《广东省推进汕头潮州历史文化保护和利用行动方案》，实施潮汕历史文化保护利用"八大工程"。

深化文物领域"放管服"改革。根据省政府关于"放管服"改革要求，将15项省级行政职权事项调整由广州、深圳市实施，认真做好委托事项的培训帮带、日常指导等。深化"证照分离"改革，优化政务审批服务。

广西壮族自治区

【概述】

2021年是"十四五"规划开局之年，在国家文物局等中央和国家有关部门的大力支持下，在自治区党委、人民政府的高度重视和统筹谋划下，全区各级文物部门认真贯彻落实习近平总书记关于文物工作的重要论述和重要指示批示精神，坚持"保护为主、抢救第一、合理利用、加强管理"的文物工作方针，加强机构队伍建设，不断完善法规政策，扎实推进文物保护基础性工作，推动文物事业发展取得了显著成效。

【法制建设】

修订《广西文物保护工程管理办法》，出台《广西考古遗址公园管理办法（试行）》《关于加强国有博物馆引进或者举办临时展览管理工作的通知》，为《百色市旧石器时代遗址保护条例》等一批地方性法规出具了合法性审查意见。

【文物安全工作】

将文物安全工作纳入区市绩效考评指标体系，为全区文物行政执法工作提供强有力抓手。

出台《广西壮族自治区公安厅　文化和旅游厅打击文物犯罪协作机制》，督查督办来宾蒙永田夫人施氏墓被盗案件等一批国家文物局转办、群众举报的文物案件。2021年全区文物刑事立案共计27起，破案29起（其中破积案3起），抓获犯罪嫌疑人18人，追缴文物19件，其中国家二级文物2件、三级文物6件、一般文物11件。

印发《广西壮族自治区文化和旅游系统所属单位主管场馆消防标准化管理工作制度（试行）》，联合广西消防救援总队开展文物消防隐患排查整治，重点检查文博单位70处，其中发现安全隐患231项，整改216项。2021年全区未发生文物消防安全责任事故。

【不可移动文物的保护与管理】

扎实开展传统建筑壁画调查保护工作。成立广西传统建筑壁画调查保护工作专班，开展全区传统建筑壁画调查和传统村落改造提升项目建设情况检查；组织完成横县伏波庙等一批自治区级以上文物保护单位本体修缮、壁画保护方案，为争取国家、自治区文物保护专项资金奠定基础。

指导桂林市做好靖江王陵保护工作，搬迁王陵保护范围内散葬民坟451座，超额完成2021年度民坟搬迁任务。

【革命文物保护和利用】

配合自治区党委宣传部修改完成《长征国家文化公园广西段建设保护规划（2020—

中国
文物年鉴
2022

2023年）（建议稿）》。

完成湘江战役旧址、广西省立艺术馆旧址等一批具有重大影响和示范意义的革命旧址保护工程，长征国家文化公园广西段"一廊一园"（一期）项目如期竣工。

开展革命旧址险情排查工作，组织专家和专业人员赴桂林等地开展革命旧址险情排查工作，基本掌握了重要革命旧址保存现状和主要险情。

9项长征国家文化公园、5项重点文物保护和1项标本库房建设项目列入"十四五"文化保护传承利用工程项目储备库，甑皮岩遗址等3处列入"十四五"时期国家大遗址。

组织开展石窟寺（含摩崖造像）调查、数据采集工作，完成博白县宴石山摩崖造像等29处石窟寺（含摩崖造像）专项调查报告及自治区的工作报告。

持续推进世界遗产左江花山岩画文化景观保护管理工作，加强海上丝绸之路·北海史迹等文物保护和申遗基础工作，出台《三江侗族自治县申遗侗寨保护办法》。

实施靖江王府及王陵、桂林石刻、广西省立艺术馆旧址等一批国保单位、国家大遗址、传统村落等文物维修保护工程、三防设施、文物保护利用设施建设。

【考古工作】

指导靖江王陵等国家考古遗址公园建设，推进合浦县望牛岭一号墓、浦北县越州故城、崇左边境文物等项目考古调查、发掘和课题研究工作。

甑皮岩遗址、合浦汉墓群列入中国"百年百大考古发现"项目。

【博物馆与可移动文物】

组织广西民族博物馆做好壮族文化展的改造提升、讲解词编写、讲解员培训和博物馆环境氛围营造等工作。4月27日上午，习近平总书记参观广西民族博物馆时强调广西是全国民族团结进步示范区，要继续发挥好示范带动作用。

全力推进广西壮族自治区博物馆改扩建。落实建设资金22485万元，组织指导改扩建项目室内装修方案、展陈体系设置、陈列展览大纲、拟展出文物修复方案等工作。

【文博宣传】

举办"红旗漫卷壮乡——中国共产党在广西革命历程文物图片展"巡展和"永远跟党走——庆祝中国共产党成立100周年全区博物馆讲解大赛"，桂林博物馆讲解员龙文勤获全国博物馆讲解大赛三等奖。

广西壮族自治区博物馆的"百年初心　逐梦八桂——中国共产党在广西百年历程展览"等3个展览入选庆祝中国共产党成立100周年精品展览活动。广西壮族自治区博物馆萧潇、中共兴安县委员会黄洪斌入选全国革命文物百佳讲述人推介人员名单。

【机构建设】

经自治区党委编委同意，自治区文化和旅游厅加挂自治区文物局牌子，同时成立革命文物处。召开全区革命文物工作会议，部署全区革命文物保护利用工作。全区14个地市和111个县（区）先后成立文物局。

海南省

【概述】

2021年，海南省文物局认真贯彻自贸港建设中关于文物工作决策部署，推动文件落实，按照中办、国办关于文物工作统一部署，结合国家文物局具体要求，积极做好文物保护利用工作，严格落实省委、省政府以及省领导关于文物工作指示批示要求，积极推动相关工作开展，持续加强文物安全及执法工作力度和文博人才培训，以《海南文物保护利用与旅游融合发展三年行动计划》为纲，推动文物旅游融合发展。

【文物安全工作】

推进1处全国重点文物保护单位、27处省级文物保护单位保护范围和建设控制地带（第二批次）划定公布相关工作，于10月11日已经省政府第86次常务会议审议通过，为文物保护工作提供必要的法律依据。持续推进文物火灾隐患整治和消防能力提升，联合省消防救援总队下发《关于做好革命文物建筑、传统村落消防安全工作的通知》，督促做好文物消防安全隐患排查，全省共组织文物安全检查986人次，发现安全隐患78个，已整改60个。

积极回应群众呼声，对群众反映的湾仔头遗址、多坟山古墓群、洋浦盐田等文保单位周边涉文物安全建设行为，协同省执法部门、相关市县单位部门进行实地核查并指导做好文物保护相关工作。

【不可移动文物的保护与管理】

加强历史文化建筑中不可移动文物保护。印发《关于加强不可移动文物保护工作的通知》，赴海口、三亚、文昌等市县进行实地调研指导，压实市县政府责任，着力解决突出问题，形成落实工作报告。积极协调省住建厅、省卫健委、海口市相关部门及省医院，组织传统历史建筑类、文物保护类专家实地察看，共同推进海南省人民医院龙华门诊部建筑价值论证相关工作。

推进石窟寺工作。根据中办、国办文件要求，完成海南省石窟寺专项调查工作，按国家文物局要求将相关数据录入全国石窟寺保护状况调查信息管理系统，提交调查报告。完成万宁华封寺石窟寺最大游客承载量核定公布工作。

积极做好五指山地区与黎族文化整体打包申报世界自然与文化遗产工作。筹集经费，完成申报世界自然与文化遗产可研报告技术服务合同的签订；配合完成国家林业局、国家文物局赴海南调研五指山地区与黎族文化整体打包申报世界自然与文化遗产工作。

【革命文物保护利用】

持续加强革命文物保护利用工作。贯彻落实中办、国办《关于实施革命文物保护利用工程（2018—2022年）的意见》，配合推动省委办公厅、省政府办公厅印发《海南省实施革命文物保护利用工程（2019—2022年）实施意见》，核定公布海南省第一批革命文物名录，包括可移动革命文物195件／套，不可移动革命文物210处。

各市县积极推进革命文物保护展示利用工程，秀英炮台成功创建3A级景区，母瑞山革命根据地纪念园的扩建工作，成功创建4A级景区，完成中共琼崖一大旧址竹林片区改造提升项目，使中共琼崖一大旧址这个琼崖革命的历史坐标，焕发新的生机和活力。

海口、三亚、文昌、琼海、定安等市县，依托文物资源，策划红色旅游线路，大力发展红色旅游，使全省革命文物焕发新的生命力。

举办"二十三年红旗不倒——琼崖纵队文物史料展"，并入选中宣部、国家文物局庆祝中国共产党成立100周年精品展览推介名单。

【考古工作】

落实习近平总书记在中央政治局第二十三次集体学习时的讲话精神，积极推动考古工作。组织完成湾仔头遗址H07地块抢救性发掘结果专家论证会和开展湾仔头遗址H07地块现场核查并形成核查报告，督促万宁旅文局做好遗址保护利用工作。委托省考古研究所做好三亚市落笔清流园水质净化厂工程、海口市南渡江河口右岸生态修复项目等建设用地考古调查工作。组织协调"2019年度西沙海域水下考古工作"相关事宜，推动完成水下考古工作；完成三亚市崖州区拱北村"多坟山"古墓葬群抢救性考古发掘工作。

【博物馆与可移动文物】

推动博物馆高质量发展。落实中央宣传部、国家文物局等九部委《关于推进博物馆改革发展的指导意见》的要求，推动全省博物馆高质量发展。推动海南省民族博物馆二期建设工作，定安、东方新馆建设基本完成，海口、三亚、乐东等筹建新馆。鼓励非国有博物馆设立备案。推动疍家博物馆、中华杰出女性博物馆等专题性博物馆建设。省内各级博物馆依托馆藏文物资源，策划推出基本陈列和临时展览92个，策划实施教育活动296次，观众参观人数近180.92万人次。与故宫博物院、敦煌研究院、江海博物馆等积极合作，推出"故宫·故乡·故事——故宫博物院藏黄花梨沉香文物展""觉色敦煌——敦煌石窟艺术展"等精品展览。"涨海推舟　千帆竞渡——南海水下文化遗产大展"赴青岛等地巡回展出。

积极推动非国有博物馆建设。研究制定《海南省促进非国有博物馆发展意见》并报省政府审议。积极向国家文物局寻求政策支持，将《关于支持将非国有博物馆藏品备案管理权限下放海南省的请示》上报国家文物局，恳请支持将非国有博物馆藏品备案管理权限下放海南省，申请在海南自由贸易港内率先试点放松非国有博物馆馆藏藏品退出限制，建立健全更加灵活、科学、简化的藏品备案和退出机制。截至2021年9月30日，全省新增非国有博物馆3家，意向设立备案非国有博物馆2家。

积极推动海南疍家博物馆项目。省文化和旅游厅对建设疍家博物馆工作高度重视，赴实地调研，拨付陵水100万元用于疍家博物馆项目规划及方案设计费。海南疍家博物馆列为陵水县2021年政府投资储备项目，已完成招投标工作将于近期动工，展陈设计工作同步启动。

组织开展2021年度海南省博物馆领域"双随机一公开"检查。

【文旅融合】

加强统筹配合，海南省文物局与省发改委、省自然资源和规划厅、省财政厅等六部门联合印发《海南省文物保护利用与旅游融合发展三年行动计划》。加强央地合作，积极推动落实《国家文物局海南省人民政府关于共同推进国家南海文博产业园建设发展战略合作协议》，初步确定国家南海文博产业园落户海口观澜湖片区，完成项目规划设计征求意见稿。海南省文物局、青岛市文化和旅游局、海南国际文化艺术品交易中心三方签署战略合作框架协议，推动省市共建文旅文博产业发展。

积极推进文旅融合，推动落笔洞遗址、崖州古城、东坡书院、疍家博物馆等文旅融合示范项目有序实施。编制《落笔洞遗址文物利用和文化旅游方案策划及规划》。完成《崖州古城规划设计》，崖城学宫历史文化展示中心建设设计方案已于9月报国家文物局进行方案评审。开展《东坡书院与中和古镇文物利用和文化旅游提升规划》编制，东坡书院成功创建4A级景区；指导陵水完成疍家博物馆规划编制，疍家博物馆项目将于近期开工建设。秀英炮台、母瑞山琼崖革命根据地旧址纪念园等文博单位创建A级景区。积极策划举办国际博物馆日、文化和自然遗产日活动。

【教育培训】

7月19—23日，依托北京大学举办海南省文博工作培训班（一期），邀请原国家文物局局长刘玉珠、国家文物局文物保护与考古司领导以及北京大学等单位的专家学者，对市县、省直文博单位共53名文物工作者开展"文物活起来"的理论与实践、文物保护项目申报与工程、文物工作项目预算编制资金申报等相关知识培训，提升文物保护人员业务能力和水平，为全省文博工作打开新思路、新方向、新视野。

【社会文物管理】

根据《海南自由贸易港建设放宽市场准入若干特别措施》中关于"支持建设海南国际文物艺术品交易中心"和"放宽文物行业领域准入。"任务安排，积极配合省委宣传部开展海南国际文物艺术品交易中心组建工作。已形成《海南自由贸易港文物交易便利化措施（草稿）》及《市场化运营文物保护、修复、鉴定研究机构管理办法（草稿）》。实施文物商店设立承诺告知管理。赴陕西、上海调研招商，积极对接市场化运营相关机构，已新增引进设立1家文物商店、1家文物保护修复单位、1家文物保护设计资质单位。

【机构建设】

稳步推进文物保护利用改革。根据中共中央办公厅、国务院办公厅印发《关于加强文物保护利用改革的若干意见》，不断加强文物保护利用改革工作。加强机构建设，省旅游和文化广电体育厅加挂海南省文物局牌子获批同意，6月16日，举办挂牌仪式。

【其他】

　　服务博鳌亚洲论坛年会，推动故宫博物院在琼举办黄花梨沉香展览。积极与故宫博物院沟通协调，于博鳌亚洲论坛年会期间在中国（海南）南海博物馆举办"故宫·故乡·故事——故宫博物院藏黄花梨沉香文物展"和"南方有佳木——海南黄花梨沉香体验展"，配套策划"沉香雅集"香道文化展示和"花梨木雕"文化展示社教活动，以及随展文创产品同步推出，论坛期间累计接待观众人数3403人次，公务接待34批次、246人次。

重庆市

【概述】

2021年，重庆市文物系统认真学习贯彻习近平总书记关于文物工作重要论述，围绕庆祝中国共产党成立100周年，以推进文物保护利用改革为抓手，切实抓好革命文物、石窟寺、三峡文物等重点文物保护利用，圆满完成年度目标任务，实现"十四五"良好开局。

【文物安全工作】

文物保护管理纳入各级国土空间规划编制和实施。市政府建立文物安全工作联席会议制度，出台《重庆市文物督察约谈办法》，开展文物保护专项督查。市级文物、检察部门建立起信息通报、线索移送、双出现场等文物保护协作机制。

【不可移动文物的保护与管理】

持续推进钓鱼城遗址、白鹤梁题刻申遗。开展"中国白鹤梁题刻——埃及尼罗尺石刻联合申遗可行性论证研究"。

加强石窟寺保护利用。市政府办公厅出台《加强石窟寺保护利用工作方案》。经市政府同意，市文化旅游委联合市编办等11个市级部门印发《大足石刻研究院建设世界知名研究院实施方案》。全面摸清全市石窟寺资源底数，编制全市石窟寺保护利用专项规划，完成南岸区弹子石摩崖造像、大足石刻石篆山佛惠寺等重点工程，修订《大足石刻保护利用总体规划》。启动全市中小石窟保护三年行动计划，实施潼南千佛寺、合川区龙多山、大足石刻峰山寺等8处中小石窟保护利用示范项目。

【革命文物保护利用】

重庆市委、市政府召开全市革命文物工作会议，印发《关于进一步加强红色资源保护利用工作的通知》《关于进一步加强革命文物高质量保护利用的通知》，对革命文物工作作出系统部署。

全面摸清全市革命文物资源底数，发布革命文物名录，编制《重庆市革命文物保护利用总体规划》，市级以上革命文物保护单位保存良好率达95.7%，王朴烈士旧居等一批低级别革命文物保护状况显著改善。

一体推进红岩村、曾家岩、虎头岩"红色三岩"保护提升，发布《重庆红岩遗址保护区管理办法》，完成31栋红岩革命文物建筑保护展示并对外开放，红岩文化公园首期项目建成，红岩革命文物承载的"红岩精神"成为第一批纳入中国共产党人精神谱系的伟大精神。

革命文物保护利用项目纳入全市党史学习教育"我为群众办实事"任务清单，60个项目全面启动、推进有力。牵头成立成渝地区革命纪念馆发展联盟。长征国家文化公园（重庆段）建设取得阶段性成果。红岩革命历史博物馆自编、自导、自演的红岩革命故事展演特色思政课赢得广泛赞誉。

【考古工作】

重庆市文物考古研究院完成潼南万佛崖石窟寺考古发掘，同步举办石窟寺考古田野培训班，为基层培养石窟寺保护人才。对犀牛洞遗址、赤牛城遗址、皇华城遗址等进行考古发掘，取得多项重要成果。

深入推进巴蜀文明进程研究重点考古项目。"重庆巫山大溪遗址"作为新石器时代重要遗址，入选"百年百大考古发现"。

【博物馆工作】

认真贯彻国家文物局等九部委联合出台的《关于推进博物馆改革发展的指导意见》精神，制定完成重庆博物馆事业改革发展政策文件。

全市博物馆共110家，全年策划推出"初心·使命·奋斗——中国共产党重庆100周年光辉历程展"等主题精品展览50余个，200余万人次走进博物馆。

博物馆馆长讲解从"创新项目"变为"常态节目"，基本形成"月月有馆长讲解、周周有馆长接待"的博物馆公共文化服务新模式。

【科技与信息】

大足石刻研究院与重庆大学、浙江大学联合打造科技创新平台。

【文博宣传与出版】

承办文化和自然遗产日全国主场城市活动，推出"文物映耀百年征程"主题论坛、文物科技论坛、三峡文物保护成果展、重庆故宫文物南迁纪念馆开馆等系列活动，建成开放全国首个文物保护装备产业基地，掀起保护文化遗产、传承中华文明的热潮。

考古发掘专题报告《忠县中坝》举办首发式暨专家座谈会。该报告是迄今出版的"长江三峡工程文物保护项目报告"丛书中体量最大的一部综合性考古发掘报告，是研究三峡地区古代文化的重要资料。

【机构建设】

加强文博机构队伍建设，市委编办印发《关于加强区县（自治县）文物管理机构编制的通知》，明确所有区县文化旅游主管部门加挂文物局牌子。截至2021年底，共有3个区县文物局完成挂牌。市属文物事业单位机构共增编63个，进一步强化了文物考古、保护、修复等职能。

【其他】

加强三峡库区文物保护利用。全面摸清三峡历史文化资源家底，会同国家文物局考古研究中心共同编制《三峡库区文物保护利用专项规划》，全面启动1.2万件三峡出土文物修复，建成开放三峡文物保护科技基地。完成奉节白帝城、丰都小官山古建筑群等重点保护项目。三峡国家考古遗址公园群、渝中区老鼓楼衙署遗址公园建设进展顺利，开工建设万州天生城考古遗址公园、奉节白帝城考古遗址公园。

四川省

■【概述】

2021年，四川省文物系统以习近平总书记关于文物工作重要论述和重要指示批示精神为引领，稳步推进文物保护利用改革发展，文物保护和安全持续加强，革命文物保护利用更上新台阶，石窟寺保护利用稳步推进，考古发掘研究再获新突破，博物馆建设发展成效显著。

■【文物安全工作】

将文物安全纳入省委对市州党委年度考核体系，全面完成文物保护单位和博物馆、纪念馆等文物收藏单位安全责任人公告公示，进一步压实压紧文物保护责任；持续开展文物火灾隐患整治和消防能力提升三年行动，集中排查整治安全隐患2000余项。打击文物犯罪，夹江庞坡洞摩崖造像被盗案成功告破。

■【不可移动文物的保护与管理】

全面完成全省现存石窟寺（含摩崖造像）2134处（国保33处、省保111处）的保护、管理、安全、利用等情况调查。一是起草四川省关于加强石窟寺保护利用工作实施方案，将按程序上报省政府审定出台。二是推动四川石窟寺保护研究院及乐山大佛、巴中市南龛、安岳等石窟研究院等组建成立。召开川渝石窟保护利用专家座谈会，达成共建川渝石窟寺国家遗址公园共识。三是推动安岳石窟整体保护利用，安岳石窟等6个石窟寺保护利用项目纳入国家"十四五"文化保护传承利用工程项目库。

基本完成第八批国保单位、第九批省保单位保护范围和建设控制地带划定，将按程序上报省政府。完成黄河流域文物资源调查，启动长江流域文物资源调查。

印发《四川省文物保护工程检查管理实施细则（试行）》。

■【革命文物保护利用】

核定公布四川省第一批革命文物名录（不可移动233处、可移动184件／套），新核定公布86处革命文物为省级文物保护单位，全省革命文物省级以上保护单位达236处；颁布《四川省红色资源保护传承条例》，省文物局增设革命文物处。

推动成立长征国家文化公园四渡赤水红色联盟，与贵州、云南签署《加快推进川滇黔长征国家文化公园建设战略合作协议》，发布长征国家文化公园四渡赤水红色研学精品线路。

完成《四川省川陕片区红色文化公园保护利用规划》草案和川陕苏区纪念馆展陈提升。

开展全省革命文物陈列展览展示问题排查整改专项行动，实施红军长征在四川、江姐故居、赵一曼纪念馆、松潘红军长征纪念馆、巴西会议会址、红军飞夺泸定桥纪念馆等一批红色展陈及纪念馆提升工程，完成全省299处革命历史类纪念设施、遗址和爱国主义教育基地调研评估。

推出"红星耀蓉城·百年铸辉煌""奋斗与辉煌——中国共产党百年礼赞"等精品红色特展，5项展览入选中宣部、国家文物局"庆祝中国共产党成立100周年精品展览推介"名单。

【考古工作】

创新模式，成功组织国内40家科研机构、高等院校参与三星堆遗址考古发掘、保护与多学科协同攻关，建立了考古发掘与科技考古、文物保护全过程紧密结合的崭新工作方式。四川省文物考古研究院被中组部、中宣部、人力资源社会保障部、科技部联合表彰为"全国专业人才先进集体"，其主导研发的"多功能考古发掘平台"获"第七届全国十佳文博技术产品及服务奖"；该院编制获增90名，力量进一步充实。

以考古研究为支撑，持续推动三星堆国家文物保护利用示范区创建，报国家文物局批准印发《四川广汉三星堆国家文物保护利用示范区建设实施方案》，颁布实施《四川省三星堆遗址保护条例》。报请省委、省政府印发《三星堆文化遗址保护利用总体方案》。全年两次推出三星堆考古新发现大型直播特别节目，共引爆全网阅读量破100亿。

以三星堆考古模式为引领，推动全省考古成果持续扩大。罗家坝遗址、城坝遗址、宝墩遗址考古发掘取得新成果；江口沉银遗址出土（水）各类遗物1万余件，在全省多地新发现旧石器时代遗址100多处；甘孜稻城皮洛遗址新发现了目前世界上海拔最高、数量丰富、地层与时代清晰的阿舍利技术遗存，出土采集石器近万件。六江流域、宋（蒙）元山城防御体系遗址等考古调查有序进行。10月，广汉三星堆遗址、成都金沙遗址、彭山江口明末战场遗址入选中国考古"百年百大考古发现"。

【博物馆与可移动文物】

全省新增备案博物馆12家，累计备案博物馆305家（其中国家一级博物馆12家、二级博物馆19家、三级博物馆25家）。编制完成三星堆博物馆新馆设计方案；推动川陕革命根据地博物馆新馆、江口沉银博物馆、宣汉罗家坝遗址博物馆等重点博物馆完成土建工程并启动陈列布展，宜宾市博物院顺利建成开放；成功实施首批50家乡史村史和社区博物馆（陈列室）建设示范项目；推进博物馆区域协作，指导宜宾、自贡、泸州、内江四市组成川南博物馆联盟。

持续推进博物馆品牌创建，评选出2020年度"十大陈列展览精品""十佳博物馆海报""十佳文博短视频""十佳文博科普读物""优秀策展人"。

组织指导四川博物院、成都博物馆等推出"四川史前展""长江流域青铜文明展""列备五都——秦汉时期的中国都市""中国传统医药文物特展"等200余个精品临展特展。三星堆博物馆和金沙遗址博物馆受邀赴上海成功举办"人与神——神秘的古蜀文明"、赴浙江成功举办"'古蜀之光'文物大展"。

四川省文物考古研究院主导实施"江口明末战场遗址部分出水金银器保护修复项目"获"全国十佳文物藏品修复项目"，成都市文物考古研究院实施"赵廷隐墓出土陶质文物保护项目"获"全国优秀文物藏品修复项目"。

贵州省

【概述】

贵州省委、省政府高度重视文物资源系统性保护、考古、博物馆和革命文物等工作。2021年，按照国家文物局和贵州省委、省政府工作部署，全省文博系统扎实工作，文物与考古研究取得新突破，革命文物保护利用迈入新阶段，博物馆事业发展翻开新篇章，各方面工作均取得新成效。

【文物安全工作】

加强铜仁方田坝、安顺云山屯、遵义杨粲墓、毕节织金古建筑群等文物案件督办，文物资源系统性保护明显加强，全年没有发生重大文物安全事故。

会同省公安厅开展打击文物违法犯罪专项行动，会同省消防救援总队开展革命文物消防安全专项行动。

【不可移动文物的保护与管理】

扎实推进各级文物保护单位"两线"划定等工作，按季度开展项目调度、资金管理和安全检查。

会同省纪委开展长征国家文化公园建设专项巡视，会同自然资源、住建、财政、发改等部门推进相关领域文物保护工作。

启动长江文化贵州片区文物资源调查、丝绸之路南亚廊道贵州段调查工作，完成贵州省石窟寺资源调查报告。

【革命文物保护利用】

召开全省革命文物工作会议，积极推进长征国家文化公园"1+3+8"标志性项目有关工作，制定《贵州省革命文物保护利用工程实施方案（2021—2022）》。会同省检察院开展革命文物保护专项行动。

紧扣党史学习教育，公布第一批革命文物名录（不可移动文物604处，可移动珍贵文物112件／套），完成以革命文物为主题的第六批省保单位增补工作。推出"百年征程 贵州故事——文物文献展"等一批建党百年主题展，新发布12条红色旅游精品线路，开展"百名讲解员宣讲百年党史""重走长征路研培体验"等系列活动。扎实推进23个红色美丽村庄建设试点，遴选推介一批长征历史步道、红军村、优秀红色讲解员和红色精品课程，革命文物利用工作迈进新阶段。

【考古工作】

召开全省考古工作专题会，省委、省政府办公厅批复《关于进一步加强贵州考古工作的实施方案》，进一步完善全省考古工作顶层设计和统筹协调。

为了完成夜郎考古规划项目，深入推进夜郎文化研究，在报请国家文物局批准后，贵州省文物考古研究所对大坡遗址进行了考古发掘。遗址地层堆积厚度10—50厘米，多分布在山顶基岩石缝中，可分为两层，均为夜郎文化时期。清理灰坑16个、房子5座以及大量柱洞，出土遗物有玉石器、陶器、铜器、骨角牙器。大坡遗址应为一处集包含冶铜、纺织、小首饰加工的手工业作坊，兼具居住生活功能。

贵安新区牛坡洞遗址入选2020年全国考古十大新发现，贵州遵义海龙屯城址及播州杨氏土司墓群入选全国"百年百大考古发现"，文物与考古研究取得新突破。

【博物馆工作】

贯彻落实国家文物局等九部委联合出台的《关于推进博物馆改革发展的指导意见》，省委、省政府主要领导和分管领导密集调研和调度博物馆工作，研究制定《贵州省博物馆改革发展实施方案（送审稿）》。

印发《关于支持非国有博物馆发展的通知》，首次对非国有博物馆进行考核评估，评选出2021年度贵州省十佳非国有博物馆。

组织完成《贵州省博物馆基本展陈大纲（送审稿）》《贵州省三线建设博物馆工作报告》等。

【文博宣传】

组织全省文博系统开展国际博物馆日主题活动。举办文化和自然遗产日主题活动，强化文物保护宣传工作。

【文旅融合】

印发《贵州省文物和博物馆单位旅游开放利用实施方案》，启动《贵州省博物馆旅游手册》和手绘地图编制等，全力打造"多彩贵州·博物盛筵"文化品牌。

云南省

【概述】

深入贯彻党的十九大和十九届二中、三中、四中、五中、六中全会精神，以习近平总书记关于文物工作重要论述和重要指示批示精神为引领，认真贯彻落实党中央和云南省委、省政府关于文物博物馆工作的决策部署，紧扣国家文物局重点工作任务，努力推进全省文物事业高质量发展，文物制度建设不断健全，文物安全监管得到强化，文物保护工程有力实施，世界文化遗产保护进一步加强，革命文物保护利用工程加快实施，博物馆服务功能不断强化。

【文物安全工作】

召开2021年全省文物安全工作会议，与州市文物行政部门、省属文博单位签订文物安全工作目标责任书，推行文物博物馆单位安全直接责任人公示公告制度，将文物安全纳入省对州市年度综合考评体系。

深刻汲取翁丁老寨"2·14"火灾事故教训，开展重点文物保护单位消防安全实地督导和隐患排查整治工作。

【不可移动文物的保护与管理】

推进景迈山古茶林文化景观申报世界文化遗产，完成迎接国际古迹遗址理事会专家现场考察等各项准备工作。加强丽江古城和红河哈尼梯田世界文化遗产管理监测，完成第三轮定期报告、年度监测报告等工作。开展丝绸之路南亚廊道云南段等线性文化遗产资源调查。

加强石窟寺保护利用，起草《云南省加强石窟寺保护利用工作方案》，经省政府同意，由省政府办公厅印发执行。

加强文物保护工程监督管理，组织评审文物保护单位保护工程方案55项，验收省级及以上文物保护单位保护工程11项，完成基本建设工程文物影响评估工作37项。

【革命文物保护利用】

核定公布云南省第一批不可移动革命文物和可移动革命文物目录。推进云南省长征国家文化公园建设工作，修改报审《云南省长征国家文化公园建设保护规划》。

组织"庆祝中国共产党成立100周年"云南博物馆讲解员大赛，参与筹办"不忘初心、牢记使命——云南省庆祝中国共产党成立100周年成就展"，全省73个博物馆、纪念馆推出100个"庆祝中国共产党成立100周年"主题展览。推出建党百年60条红色旅游线路，2条线路入选文旅部"建党百年百条精品红色旅游线路"。

【考古工作】

持续开展石寨山遗址、太和城遗址、海门口遗址3项大遗址考古工作，开展晋宁河泊所遗址等主动性考古发掘工作，积极推进"考古中国"重大项目"西南夷考古"申报工作，沧源岩画考古调查勘探取得阶段性成果。

完成丽江古城至宁蒗、云龙至永平至昌宁、易门至晋宁、G219线泸水至腾冲段改扩建工程、剑川至洱源（练铁）、陆良至寻甸等高速公路建设相关的文物影响评估工作。完成滇中引水二期、金沙江航道溪洛渡至水富、昆明城区城中村改造等基本建设项目的文物影响评估工作及巧家徐家老堡遗址等与基本建设项目相关的考古发掘工作。完成丽江大具坝区和瑞丽广贺罕城址两处遗址的文物考古调勘工作。

"云南晋宁石寨山古墓群"入选"百年百大考古发现"。石寨山古墓群位于云南省昆明市晋宁区上蒜镇石寨村，是战国至汉代滇王及其家族臣仆的墓地，是石寨山文化最早发掘的代表性遗存。

深入开展公共考古工作。依托云南省文物考古研究所以普及考古及历史文化知识为主的"南南考古学院"教育实践项目，举办"考古时光机"等一系列大众参与的活动。

【博物馆工作】

加快建设8种类型博物馆集群和7个片区博物馆群落，推动公益性博物馆、纪念馆纳入全省"美丽县城"考评体系。推进中国植物博物馆、云南革命军事馆和云南自然博物馆建设工作。2021年全省新增备案博物馆、纪念馆8个。

云南省博物馆举办"似水牛年2021年辛丑新春牛文化特展"等专题展览，与广州西汉南越王博物馆联合举办"滇王与南越王"展，与重庆中国三峡博物馆联合举办"丝路香事中国香文化源流展""摩梭Moso：家庭·婚姻·对话"展，与杭州中国丝绸博物馆联合举办"云上之和云南哈尼族服饰展"，与玉溪市博物馆联合举办"金沙水拍云崖暖红军长征过云南"展。"摩梭Moso：家庭·婚姻·对话"获"第十八届（2020年度）全国博物馆十大精品陈列展览推介"优胜奖。

利用"一部手机游云南"建设"云游文博"云南博物馆数字开放平台，展示全省133家博物馆、纪念馆的陈列展览、馆藏文物等信息。

编制《云南省关于推进博物馆改革发展的实施意见》《云南省博物馆纪念馆免费开放补助资金管理办法》等文件。

【文博宣传】

云南省文物考古研究所精心策划公共考古每月一讲专题，在网站和微信公众号发布"纪念中国考古百年"系列文章，配合云南省电视台录制《古滇青铜器中生物多样性之美》专题片。

云南省博物馆在加强自媒体平台宣传的同时，积极与"学习强国""云南发布"等官方宣传平台合作，推出优质而有趣的线上传播内容，让文物和博物馆走进更多公众的视野。

【教育培训】

举办2021年全省文物保护工程培训班、全省革命文物保护利用培训班。

西藏自治区

【概述】

2021年，在自治区党委、政府的坚强领导下，在国家文物局的大力支持下，自治区文物系统以习近平总书记关于文物工作重要论述和重要指示批示精神为引领，牢牢坚守文物安全红线底线生命线，持续强化文物考古和研究，有序推进革命文物保护利用，深化拓展文物展示与合理利用，重点文物项目加快推进，公共服务能力不断提升，各方面工作取得了显著进步。

【文物安全工作】

按照"落实政府主体责任、部门监管责任、文物博物馆单位直接责任"工作要求，自治区人民政府建立了文物安全工作联席会议制度，把文物安全工作纳入自治区经济社会发展目标绩效考核评价体系；各地市均建立了文物安全联席会议制度，除山南外其余地市将文物安全工作纳入政府考核评价体系。

坚持年初与直属单位签订文物安全责任书，年末组织落实考评工作；联合自治区消防救援总队对全区文物和博物馆单位进行安全督察检查，检查151处，查出隐患61个，已整改59个，下发13份督促整改通知书，及时跟踪问效，确保问题得到实实在在的整改。

【不可移动文物的保护与管理】

基本完成"十三五"期间46个西藏文物平安保护工程项目，稳步推进"十四五"规划内项目，已初步确定《"十四五"支持西藏经济社会发展规划建设项目建议方案》，其中包括红色遗迹保护工程15个、总投资2亿元，西藏文物平安工程12个、总投资2亿元。

完成全区石窟寺（含摩崖造像、岩画）专项调查工作，向国家文物局上报《西藏自治区石窟寺（含摩崖造像）专项调查工作报告》，普查登记石窟寺277处。

【革命文物保护利用】

召开全区革命文物工作会议，研究分析自治区革命文物工作面临的形势，安排部署革命文物保护利用工作重点任务。

全区14个县区被中央宣传部、财政部、文化和旅游部、国家文物局公布为革命文物保护利用片区；完成全区135处革命文物保护单位1592件／套革命文物（可移动文物）认定工作。

核定公布138处革命文物（不可移动）名录，积极推动红色文化遗存和革命遗址、西藏地方与中原政权交往关系遗存遗址的挂牌立碑工作。

实施中央人民政府驻藏代表办公处旧址等9处革命文物的保护利用工程。

清政府驻藏大臣衙门旧址陈列馆等历史和革命文物类文物博物馆单位3处被中央宣传部命名为全国爱国主义教育示范基地，布达拉宫雪城系列展陈馆等7处革命文物类文物博物馆单位被自治区党委宣传部命名为西藏自治区爱国主义教育基地。

【考古工作】

全面落实2020年西藏考古工作座谈会精神和《西藏考古工作规划（2021—2035年）》，组织区内曲水县温江多遗址、定日县苏热遗址、札达县桑达隆果墓地等考古发掘工作，札达县桑达隆果墓地获"2020年度全国十大考古新发现"。

全面推进"唐蕃古道""茶马古道""神山圣湖"申遗工作。召开"唐蕃古道""茶马古道"七省区联合申遗工作座谈会，签订框架协议，自治区安排160万元申遗前期专项经费，目前正在开展考古调查发掘、价值研究、资料收集等基础工作。

【博物馆与可移动文物】

《西藏自治区关于推进博物馆改革发展的实施意见》经自治区文化体制改革专项小组第二次会议审议通过。

西藏博物馆改扩建工程进入全面的设备调试阶段，开馆运营工作有序开展。西藏百万农奴解放纪念馆主馆于3月28日正式对外开放。

圆满完成西藏和平解放70周年成就展工作任务。西藏工委旧址纪念馆"伟大历程——西藏工委旧址纪念馆基本陈列"和昌都市革命历史博物馆"藏东辉煌——中国共产党昌都工作委员会及中华人民共和国昌都地区人民解放委员会特展"入选"庆祝中国共产党成立100周年精品展览"。山南市博物馆基本陈列入选国家文物局2021年度"弘扬中华优秀传统文化、培育社会主义核心价值观"主题展览。

持续推进布达拉宫文物（古籍文献）保护利用项目，落实中央财政资金0.68亿元，完成布达拉宫文物（古籍文献）保护利用项目（一期），并通过项目结项验收，累计完成3281函47945册1148397叶古籍文献建档录入工作。

【文博宣传】

组织9件文物复制品参加外交部西藏全球推介活动。10月20日，外交部举办以"新征程的中国——幸福新西藏发展新画卷"为主题的西藏全球推介活动，各国驻华使节和国际组织驻华代表等参加，共同感受西藏发展的新成就、新面貌。

【机构建设】

认真落实中央编办《关于加强文物保护和考古工作机构编制保障的通知》精神，积极推动自治区党委编办下发《关于加强西藏自治区文物保护和考古工作机构编制保障的实施方案》，进一步加强全区文物工作机构和队伍建设。

【其他】

完成2022年国家和自治区文物保护专项补助资金申报工作；加快推进历年国家和自治区文物保护专项资金项目进度，共组织验收项目30个，评审项目41个，对36个项目进行了现场技术指导。

召开全国文物援藏工作电视电话会议，国家文物局与自治区文物局签署十项对口支援合作框架协议，有序推进文物援藏项目的落实。

陕西省

【概述】

2021年，陕西省文物系统按照习近平总书记关于文物工作的重要论述和指示批示精神，围绕《关于加强文物保护利用改革的若干意见》等中央决策部署，对标《"十四五"文物保护和科技创新规划》和《陕西省"十四五"文物事业发展规划》，文物治理能力和依法管理水平显著增强，文物安全工作不断强化，文物工作基础不断夯实，革命文物保护利用提档加速，考古研究成果丰硕，博物馆工作提质增效，文物科技水平有效提升，文物交流合作服务国家大局。

【法制建设】

省人大修订颁布《秦始皇帝陵保护条例》，铜川市人大颁布《铜川市陕甘边根据地照金革命旧址保护条例》。《陕西省长城保护条例》《陕西省黄帝陵保护条例》《陕西省汉长安城遗址保护条例》列入省人大立法计划。

【文物安全工作】

按照国家文物局要求，配合省住建厅开展113个传统村落消防安全状况和安全防护工程评估。

认真督查督办《黄河流域生态保护和高质量发展回访调研警示片》中秦庄襄王墓、明藩王墓等文物法人违法建设问题整改。全国首创打击防范文物犯罪10项工作机制，连续第9年开展"鹰"系列打击防范文物违法犯罪专项行动。

【不可移动文物的保护与管理】

《陕西省长城保护总体规划（2020—2035）》《小雁塔保护规划》等6项保护规划经省政府公布实施。编制完成《秦始皇陵保护规划》《黄帝陵保护规划》。编制完成《陕西省黄河流域文物保护展示利用规划》，省内10个市82个县区1134处省级以上文物保护单位纳入规划。实施大明宫遗址含元殿、乾陵司马道、西汉平陵等40余项保护修缮展示项目，完成明秦王府城墙遗址、榆林卫城东城墙等抢险加固工程。镇北台、龙洲堡、红石峡、盐场堡等长城国家文化公园（陕西段）重要点段保护修缮和基础设施建设有序推进。

汉长安城和石峁遗址保护利用纳入国家"十四五"规划。汉长安城未央宫遗址公园环境整治进展顺利，国家文物局、陕西省人民政府合作共建汉长安城国家大遗址保护特区工作第三次会议筹备工作有序推进。省政府成立石峁申遗工作领导小组，加快推进石峁遗址申报世界文化遗产。

加强石窟寺保护利用。成立"陕西省石窟寺保护研究中心"，率先完成997处石窟专

中国 文物年鉴 2022

项调查。推进文物保护规划纳入国土空间规划，完成124处180个省级以上文物保护单位保护区划地形图、界址点矢量数据等信息测绘工作。

【革命文物保护利用】

召开全省革命文物工作会议。编制完成《陕西省长征文物保护总体规划》。

延安革命文物国家文物保护利用示范区建设取得阶段性成果，完成延安马列学院、俄文学校等旧址保护修缮。延安革命纪念馆、南泥湾大生产纪念馆、"三战三捷"纪念馆完成陈列布展并对外开放。活化利用西北局、宝塔山等460孔窑洞旧址，建成全国规模最大体验式现场教学基地。

配合建党百年举办32次临展外展巡展，完成陕西"互联网+革命文物教育平台"升级，推动200余家革命旧址免费开放。配合党史学习教育，发起成立"陕西高校革命文化传承联盟"，推出百期"红旗漫卷"云上展。在全国"庆祝中国共产党成立100周年讲解比赛"中获得两个一等奖和两个三等奖。

【考古工作】

加强考古工作管理，以考古工作"五化"理念（研究科学化、工作标准化、管理规范化、方法系统化、成果普及化），聚焦"东亚人类起源""华夏起源"等课题，深入开展夏文化、周秦汉唐都邑与帝王陵等大遗址考古研究，太平遗址考古取得阶段性进展。石峁遗址、半坡遗址等11项考古成果入选国家"百年百大考古发现"。

落实"先考古、后建设"工作要求，起草《陕西省关于加强考古工作的实施意见》《关于加强基本建设工程考古工作管理办法》并报请省政府审定。配合机场三期、西十高铁、全运会等基本建设，开展395项考古工作。

【博物馆与可移动文物】

2021年，全省新增博物馆7家，备案博物馆达336家，全年举办各类陈列展览500余个。秦始皇帝陵铜车马博物馆建成开放，陕西考古博物馆年底前将对外开放，西安碑林博物馆改扩建工程完成考古发掘和展陈设计。

陕西历史博物馆"彩陶·中华——中国五千年前的融合与统一"获"第十八届（2020年度）全国博物馆十大陈列展览精品推介活动"精品奖。组织举办第一届（2018—2020年度）陕西省博物馆优秀展览评选活动，陕西历史博物馆"彩陶·中华——中国五千年前的融合与统一"、汉景帝阳陵博物院"巍乎盛景——汉阳陵考古陈列馆基本陈列"、西安博物院"乐居长安——唐都长安人的生活展"等20个项目获奖。

与中国宋庆龄基金会等联合举办的"盛世壁藏——唐代壁画文化特展"在台湾阳明交通大学、澳门科技大学开幕，香港城市大学巡展，反响热烈。与省教育厅合作开展"记忆与荣光"等博物馆"六进入"系列教育活动400余场。

陕西省文物保护研究院承担的"扬州隋炀帝萧皇后墓出土冠饰保护修复"项目获评"2021全国十佳文物藏品修复项目"。

【科技与信息】

筹备召开全省文物科技工作会议暨陕西文物保护科技创新联盟论坛。加快实施科技部"文物出土现场应急保护技术体系研究"项目，联合省社科联发布省文物社科类课题24项，组织实施省科技厅立项课题7项，发布国家文物局国家重点科研基地公开课题13项，省文物局本级研究课题结项12项。

【文博宣传】

在渭南市华州区渭华起义旧址举办文化和自然遗产日陕西主会场活动，全省各地围绕"文物映耀百年征程"主题组织各类宣传活动。

配合第十四届全国运动会开展"人文陕西，全民全运"等线上展览，受众达数亿人次。

【文旅融合】

大明宫国家遗址公园推荐的"大明宫书院考古研学活动"、秦始皇帝陵博物院推荐的"我是文物修复师——学修兵马俑"、陕西历史博物馆推荐的"陕西历史博物馆游客旅游体验度提升案例"、汉景帝阳陵博物院推荐的"金秋踏古·银杏季文化遗产旅游案例"、西安碑林博物馆推荐的"'文明旅游·精彩十四运'主题活动"、西安博物院推荐的"长安古乐丝路非遗文旅音乐会"和陕西华清宫文化旅游有限公司推荐的"中国首部大型实景山水舞剧《长恨歌》"入选"全国文化遗产旅游百强案例"。

【机构建设】

陕西省考古研究院加挂陕西考古博物馆牌子，增加事业编制105名。

【交流与合作】

积极参与亚洲文化遗产保护行动，承办"在希腊遇见兵马俑"数字展览，支持西北大学建设"丝绸之路考古合作研究中心"。"中美合作秦兵马俑史密森尼数字教育"获评"全球世界遗产教育创新案例"，入选世界互联网大会《2021携手构建网络空间命运共同体实践案例集》。

甘肃省

【概述】

2021年，甘肃省文物系统在国家文物局的精心指导下，坚持以习近平新时代中国特色社会主义思想为指导，认真贯彻落实党的十九大和十九届二中、三中、四中、五中、六中全会精神，深入学习贯彻习近平总书记关于文物工作重要论述和指示批示精神，国家重大发展战略落实成效显著、文物保护利用水平持续提升、博物馆发展提质增效，各项工作取得显著成效，

【文物安全工作】

建立健全政府主体责任、文物行政部门监管责任和管理使用单位直接责任的文物安全责任体系。出台《甘肃省文物局文物违法案件督察办法》，开展文物安全隐患整治、打击文物犯罪、国有文物保护检察公益诉讼"三大专项行动"。举办全省打击文物犯罪成果展，全省文物安全形势总体平稳。

【不可移动文物的保护与管理】

编制完成《长城国家文化公园（甘肃段）建设规划》，实施玉门汉长城三个墩遗址等15个保护项目。编制完成《甘肃省黄河文化遗产保护利用规划》，推进马家窑遗址等10个典型文化遗址文化公园建设。配合编制《长征国家文化公园（甘肃段）保护建设规划》。

加强石窟寺保护利用，报请省政府办公厅印发实施《关于加强石窟寺保护利用工作的实施意见》，完成全省石窟寺专项调查和游客承载量核定公布。莫高窟消防工程、麦积山石窟安防升级改造工程（一期）、北石窟寺安防等工程已竣工验收。

进一步修订完善《河西走廊国家遗产线路保护利用行动计划》文本，启动实施一批石窟寺、古建筑、大遗址保护等展示利用项目。

【革命文物保护利用】

召开全省革命文物工作会议，制定《关于进一步加强全省革命文物保护利用工作的实施意见》。完成陕甘片区、陕甘宁片区（庆阳市）保护利用总体规划和分县区规划，有序推进环县等7个县52个革命文物保护利用项目，加快建设哈达铺会议旧址等保护利用项目。完成馆藏革命文物鉴定定级工作，公布全省珍贵可移动革命文物4466件／套。

组织革命旧址、纪念馆开展形式多样的纪念建党百年活动，推出"红色甘肃——走向一九四九"等红色展览和网上展览，推出文物里的红色故事100个，吸引近1000万干部群众参观或浏览学习。甘肃省博物馆"旗帜飘扬——长征在陇原"展览和中国酒泉卫星发射中心历史展览入选国家文物局"庆祝中国共产党成立100周年"精品展览。

■ 【考古工作】

持续开展庆阳南佐、张家川圪垯川、礼县四角坪、天祝吐谷浑唐墓等重大考古研究，取得重大发现。

南佐遗址位于庆阳市西峰区南佐行政村王嘴自然村。2021年对遗址核心区外围和大型夯土建筑区进行了勘探和发掘，表明南佐遗址是一处仰韶文化晚期大型高等级环壕聚落。

张家川圪垯川遗址位于甘肃省张家川回族自治县。2021年清理包括仰韶、齐家、汉、宋、明各时期遗迹950余处，发掘表明圪垯川遗址仰韶文化遗存自仰韶早期延续至仰韶晚期，是一处仰韶文化早期史家类型大型环壕聚落。

■ 【博物馆工作】

甘肃简牍博物馆、甘肃省博物馆扩建有序推进。深化博物馆、纪念馆免费开放绩效考评，改造提升陈列展览10余个，举办临时展览200余个，开展"四进"活动近2000场次。

甘肃省博物馆"大道攸归——五凉文化展"、酒泉市博物馆"丝路要塞 西陲雄风——酒泉长城专题展"、南梁革命纪念馆"红日照亮了陕甘高原"、金塔县博物馆"金塔问天——趣味航天文化展"等4项展览入选国家文物局2021年度"弘扬中华优秀传统文化、培育社会主义核心价值观"主题展览。

■ 【科技与信息】

积极推进省部共建敦煌研究院前期工作，依托甘肃省敦煌文物保护研究中心积极申报文化遗产领域国家重点实验室，开展省部级及以上人文社科研究课题50多项。

完成国家古代壁画与土遗址保护工程技术研究中心（瓜州工作站）I期主体工程建设。开展国家重点研发计划项目"墓葬壁画原位保护关键技术研究""多场耦合下土遗址劣化过程及保护技术研究"等省部级及以上课题29项，其中新立项6项、结项2项。

敦煌研究院完成6处石窟数字化方案设计、壁画数字化摄影采集、壁画数字化图像拼接处理等工作，形成了一整套针对大型洞窟的数字化项目实施管理流程规范。敦煌研究院"多元异构的敦煌石窟数字化保护关键技术研发与应用推广项目"获2020年度甘肃省科技进步一等奖。

加快建设敦煌学文献资源共享平台，完成流失海外敦煌文物调查报告和数字化复原项目方案并报国家文物局，"丝绸之路中国段世界文化遗产数字展示与交流平台"上线试运行。

■ 【文博宣传与出版】

文化和自然遗产日活动当天，甘肃省文物系统150余家文博单位围绕"文物映耀百年征程"主题，以庆祝中国共产党成立100周年为主线，开展流动博物馆"五进"、文博知识讲座论坛、博物馆研学、各类互动体验、文艺演出、非遗展演、文化科技创新、"四史"学习教育等活动550余项，彰显了文物见证百年风华、赓续文明薪火、惠泽美好生活、启航崭新征程、献礼建党百年的丰富内涵。

出版《敦煌文化遗产研究》等著作14部。《敦煌研究》荣获中国出版政府奖期刊奖。

青海省

【概述】

2021年，青海省文物系统以习近平总书记关于文物工作的重要论述和指示批示精神为引领，围绕《关于加强文物保护利用改革的若干意见》等中央决策部署，在国家文物局的大力支持下，在省委、省政府的高度重视和统筹谋划下，扎实推进革命文物保护工作，强化文物安全管理，加强文物保护项目储备，积极推动考古工作，打造陈列展览青海特色品牌，文物保护利用工作取得实效。

【文物安全工作】

与青海省检察院联合印发《关于建立文物保护行政执法与公益诉讼检察协作配合机制的意见》，进一步加强文物行政执法协同机制。配合省消防救援总队完成革命文物建筑消防安全调研工作，并联合召开全省革命文物建筑和文物保护单位消防安全集中约谈会。

与省委网信办、省公安厅网络安全保卫总队建立青海省文物网络安全和舆情处置联席会议制度，共同应对涉及文物领域的网络舆情。

【不可移动文物的保护与管理】

围绕黄河流域重要文物遗址保护、长城文化公园建设等重点工作，储备一批重点保护项目。落实不可移动文物保护经费31055万元，其中国家文物保护资金22355万元、省级文物保护资金8700万元，实施项目52个。

加强石窟寺保护利用，省政府办公厅印发《青海省加强石窟寺保护利用工作实施方案》，完成8处石窟寺数字化信息采集与三维建模。编制《青海省黄河流域文物资源调查报告》，建立黄河流域重点文物资源数据库。

【革命文物保护利用】

积极推进第一个核武器研制基地旧址保护利用工作。原子城纪念馆基本陈列展厅改陈布展项目（一期）于6月30日恢复开放。中宣部和国家文物局批准一分厂文物本体展陈布展方案已被批复。成立第一个核武器研制基地旧址保护利用工作办公室（筹），核定全额事业编制10名。《海北藏族自治州中国第一个核武器研制基地旧址保护管理条例》修订完成，正在向省人大及有关专家征询意见。

完成36处革命文物资源田野调查、长征文物及文化资源调查，公布第一批革命文物名录。

【考古工作】

完成年度主动性考古发掘项目5项，发掘面积近5000平方米，清理史前时期墓葬41座、历史时期墓葬2座、宋元时期祭祀遗存1处。全年完成中大型基本建设考古调查15项，调查面积近2500万平方米；完成考古勘探3项，面积约46.5万平方米。

都兰热水2018血渭一号墓成功入选2020年度全国十大考古新发现，都兰热水墓群、民和喇家遗址入选国家文物局"百年百大考古发现"。

在国土空间规划编制实施中加强文物保护管理，推进"先考古、后出让"制度落实。对接"引黄济宁"、西格铁路、国道227公路、西宁综合保税区等重大建设项目，推行"考古前置"，抢救保护历史文化遗产。

扎实推进热水墓群考古基地建设。国家文物局审批同意《共建热水墓群考古和文物保护研究基地总体概念设计规划》《热水墓群已发掘墓葬回填工程方案》《青海省热水墓群2018血渭一号墓重要出土文物清理保护修复项目》。基地基础设施建设纳入国家发改委涉藏地区"十四五"规划项目库。

【博物馆与可移动文物】

成立全省博物馆联盟。青海省博物馆完成安全消防升级改造顺利开馆。

青海省博物馆以"青海历史文物展"为主，"青海非物质文化遗产精品展""青海考古成果展""百年青海革命文物目录展"为辅的"1+3"主题展开展。展陈以打造黄河文明、河湟文化为核心内容，全方位、多角度将青海历史文化以可知可感的形式传递给观众，同时利用三维建模、AR增强现实技术、动画场景还原等形式打造沉浸式5G全息体验区和历史传送门体验区，满足线上观众需求。

"山宗·水源·路之冲——一带一路中的青海"在深圳博物馆古代艺术馆展出。主办方在展览现场为观众作《河湟文化的源流及成因》《小山村的彩陶王国》等专题讲座。

青海藏医药文化博物馆"丝绸之路与青藏高原文明史展览"入选国家文物局2021年度"弘扬中华优秀传统文化、培育社会主义核心价值观"主题展览重点推介项目。

"青海省博物馆藏纸质文物保护修复项目"和"青海省文物考古所藏彩陶文物保护修复项目"分别入选"2021全国十佳文物藏品修复项目"和"2021全国优秀文物藏品修复项目"。研发纸质文物新型纸浆修复技术，在国际大型会议上作交流发言，并申报了国家发明专利。

【文博宣传与出版】

中央电视台科教频道（央视十套）《考古进行时》栏目连续三晚播放都兰考古发掘情况。录制完成喇家遗址、宗日遗址、都兰热水墓群等重要考古发现专题宣传片和库藏彩陶文物保护修复专题宣传片。

出版《中国出土彩陶全集·青海卷》《热水考古四十年》等专业图书。

宁夏回族自治区

【概述】

2021年，宁夏回族自治区文物系统坚持以习近平新时代中国特色社会主义思想为指导，深入学习贯彻习近平总书记关于文物工作重要论述和指示批示精神，夯实工作基础，完善工作机制，有效保障文物安全；抓好项目建设，有力推进重点工作；加强分类指导，不断提升博物馆管理服务水平；推进合理利用，文物"活"起来初见成效。

【法制建设】

宁夏回族自治区十二届人大常委会第三十次会议表决通过《宁夏回族自治区长城保护条例》（以下简称《条例》），通过法治手段推进古长城遗址保护。该条例于2022年1月1日起施行。

【文物安全工作】

研究制定《宁夏回族自治区文物督察约谈办法（草案）》，建立文物安全责任公示和消防安全承诺机制，落实文物安全工作属地和主体责任。

与自治区应急管理厅、公安厅、消防救援总队等部门建立联合机制，开展全区文物火灾隐患整治和消防能力提升三年行动、打击文物犯罪专项行动。

加强重大安全隐患督察督办，确定13家文博单位为文物盗窃盗掘、消防隐患重点监管单位，开展靶向整治。组织开展汛期、节假日等重要时间节点田野文物安全巡查工作和全区文物"两线"法人违法行为自查。

【不可移动文物的保护与管理】

摸清家底，强化工作措施。完成黄河文化遗产资源调查、石窟寺专项调查和岩画普查工作，启动编制《宁夏黄河流域文物保护利用规划》《宁夏岩画研究保护实施方案》。提请自治区人民政府办公厅印发实施《加强全区石窟寺保护利用工作方案》。

全面推进长城国家文化公园（宁夏段）建设。完成《长城国家文化公园（宁夏段）建设工作方案》和《长城国家文化公园（宁夏段）建设保护规划》送审稿，报文化和旅游部审批。推动实施明长城中卫胜金关段保护修缮等重点项目建设，启动实施宁夏长城数字再现及在线监测预警项目。

持续推动西夏陵申报世界文化遗产。积极对接国家文物局商谈西夏陵申遗事宜，进一步完善西夏陵申遗工作方案，按时上报申遗相关文件资料，开展西夏陵两线范围法人违法行为整治。

■【革命文物保护利用】

持续推进实施革命文物保护利用工程。开展革命文物资源调查，公布第一批《全区革命文物名录》，实施盐池县唐平庄会议旧址等革命文物保护修缮项目，完成革命旧址险情和陈列展览情况排查。

围绕建党100周年，组织开展博物馆讲解大赛、革命文物陈列展览精品、"全国革命文物百佳讲述人"和"党的故事我来讲——争做红领巾讲解员"实践体验等系列活动。开设"讲好革命文物故事 重温党的百年历史"专栏，线上展播红色故事20期。宁夏博物馆"红旗漫卷——宁夏革命文物陈列"入选中宣部、国家文物局"庆祝中国共产党成立100周年精品展览"。

■【考古工作】

持续推进彭阳姚河塬遗址、灵武水洞遗址等考古发掘，开展罗山地区和六盘山西麓考古调查，启动实施贺兰山苏峪口瓷窑址考古发掘项目。盐池县张家场古城遗址建成北京大学考古基地。

姚河塬遗址入选"中国社会科学院考古学论坛·2020年中国考古新发现"，水洞沟遗址和西夏陵入选国家文物局"百年百大考古发现"。

■【博物馆工作】

争取中央博物馆（纪念馆）免费开放资金，实施8个博物馆展陈提升项目。开展全区博物馆领域"双随机一公开"检查、整改工作。"线下闭馆，线上开馆"，文化服务不打烊。先后推出网上展览10余个，网上展示活动近100期，总浏览量50余万人次。

宁夏博物馆"朔色长天——宁夏通史陈列"、宁夏地质博物馆"庆祝中国共产党建党100周年特展暨万象更新科普展"入选国家文物局2021年度"弘扬中华优秀传统文化 培育社会主义核心价值观"主题展览推介项目。

提升博物馆教育功能，联合自治区教育厅下发《关于利用博物馆资源开展中小学教育教学的意见》，固原博物馆被中宣部公布为全国爱国主义教育示范基地。

指导宁夏博物馆、固原博物馆实施珍贵文物数字化保护项目，完成近2000件珍贵文物数字化采集、归类和建档工作。

■【科技与信息】

推动文物保护"两线"纳入自治区国土空间规划，完成全部172处中102处的数据采集、处理和录入工作。

■【文博宣传】

组织国际博物馆日暨宁夏长城保护宣传日、自然和文化遗产日系列宣传活动。《博物馆说》系列短视频获2021年度中华文物全媒体传播精品（新媒体）推介项目。"丝路炫舞 千年光华——石刻胡旋舞墓门"入选"全国文化遗产云传播（云讲解）十佳项目"。

中国
文物年鉴
2022

【文旅融合】

依托博物馆、展览馆、纪念馆、考古工地等文博单位，推出"博物馆之夜""考古开放日""红色线路游""文物研学游"等文旅融合项目，助力打造12条红色旅游精品线路。

"红旗漫卷六盘山"线路入选国家"建党百年红色旅游百条精品线路"，固原博物馆"重走长征路　重温革命史"红色主题研学游、西夏陵国家考古遗址公园研学体验项目和贺兰山岩画景区"文旅+科普"产业融合的探索3个项目入选"2021全国文化遗产旅游百强案例"。

【社会文物管理】

组织开展全区文物市场领域"双随机一公开"检查，依法暂停1家拍卖企业资质，核准注销1家文物商店。

新疆维吾尔自治区

【概述】

2021年，新疆维吾尔自治区文物系统坚持以习近平新时代中国特色社会主义思想为指导，深入贯彻落实习近平总书记关于文物工作系列重要论述和指示批示精神，贯彻落实党的十九届五中、六中全会和第三次中央新疆工作座谈会精神，贯彻落实自治区第十次党代会精神，围绕推进"文化润疆"工程，不断强化顶层设计、深化考古研究、加大保护力度、活化展示利用，各项工作取得初步成效。

【文物安全工作】

推进落实文博单位文物安全直接责任人公告公示制度。

全区组织开展文物安全检查、隐患排查7209人次，整改安全隐患701个。联合相关部门打击文物犯罪，处理文物安全案件5起、行政处罚1起，鉴定涉案文物14批1032件。

【不可移动文物的保护与管理】

实施16个文物保护工程项目，克孜尔千佛洞、吐峪沟石窟、长城烽燧群等一批文物得到有效保护。

开展石窟寺专项调查，摸清了新疆58处石窟寺（1291个洞窟、57尊摩崖石刻造像）底数。

【革命文物保护利用】

召开革命文物和红色旅游工作视频会议，强调全区各级党委和政府要全面落实革命文物工作的政治责任和领导责任，持续提升革命文物保护利用水平。

公布两批新疆革命文物名录。第一批革命文物名录包括不可移动革命文物28处、可移动革命文物83件／套。第二批革命文物名录包括不可移动革命文物31处、可移动革命文物253件／套。

组织各地博物馆开展以"庆祝中国共产党成立100周年"为主题的革命文物精品展览。新疆博物馆"永远跟党走——庆祝中国共产党成立100周年新疆革命文物展"入选中宣部、国家文物局"庆祝中国共产党成立100周年精品展览"推介名单。

【考古工作】

开展"考古中国"新疆地区项目17项，围绕新疆境内人类文化起源及其特点、新疆史前考古学区系类型和聚落形态、国家管理与文化认同、丝绸之路天山廊道·绿洲文明、新疆多元宗教遗存等方面，实施唐朝墩古城、通天洞、吉仁台沟口等主动性考古发掘项目。在开展的主动性考古发掘项目中，除阿克塔拉遗址、西旁景教寺院遗址为新实施项目外，其余均为连续实施项目。

新疆若羌小河墓地、新疆吐鲁番阿斯塔那古墓群、新疆民丰尼雅遗址入选国家文物局"百年百大考古"发现。

【博物馆工作】

组织各博物馆开展文物精品展览"博物馆里过大年"等主题活动及庆祝中国共产党成立100周年等各类展览近200个,接待观众600余万人次。

推动"新疆四史"流动博物馆"百县千乡"全覆盖,共举办展览3613场,发放各类宣传品10余万份,惠及各族群众100余万人次。

和田地区博物馆"五星出东方利中国——和田历史文化陈列"获"第十八届(2020年度)全国博物馆十大陈列展览推介"精品奖。

【文博宣传与出版】

结合文化和自然遗产日、国际博物馆日等时间节点,组织开展公众考古日、流动博物馆展览、文化讲座、文创发布、互动体验、教育研学、在线展览等活动200余项。

微信公众号"新疆是个好地方"开辟《文物新疆》栏目,刊发文物科普文章,全网总阅读量超400万。

出版《新疆文物故事》《带你走进博物馆——塔城地区博物馆》,《文物天地》杂志推出《新疆考古"十三五"专辑》。

【其他】

参与《文化润疆工程规划(2021—2030)》起草工作,配合编制《国家文物局对口援疆"十四五"规划》,编制《新疆维吾尔自治区文物博物馆事业改革发展"十四五"规划》,发挥规划引领作用。

制定全区文物保护工程项目和可移动文物保护项目、流动博物馆、文博专家库、野外看护员、文物案件督察督办等管理制度办法12个,内控制度进一步完善。

新疆生产建设兵团文物局

【概述】

2021年，兵团文物系统认真贯彻党的十九大、十九届二中、三中、四中、五中、六中全会精神和习近平总书记关于文物工作系列重要论述和指示批示精神，在兵团党委的指导下，在国家文物局的关心支持下，围绕中心、服务大局，全面加强文物保护利用和博物馆建设，始终坚守文物安全底线，文物保护基础工作不断加强，一批重点文物得到修缮保护，博物馆、纪念馆建设取得了明显成效，充分发挥了文物工作在文化润疆中的作用。

【文物安全工作】

按照"管行业必须管安全，管业务必须管安全"的原则，积极履行行业监管职责，建立了由各师市、团场（镇）分管负责人牵头的文物安全工作机制，积极与组织部对接，将文物安全纳入政府和领导年度考核评价体系。

按照2020年印发《兵团文化体育广电旅游（文物）系统安全生产专项整治三年行动计划实施方案》《兵团文化体育广电和旅游（文物）安全生产专项整治三年行动问题隐患和制度措施清单》，制定健全了党政同责、一岗双责、齐抓共管、失职追责的安全生产责任制，强化监督责任和主体责任。

深化源头治理，加强对博物馆和文物保护单位的日常巡查和节假日重点检查，完善消防安全制度和应急预案，确保其消防设施到位、制度到位、人员到位、责任到位。全年开展文物安全检查230次，检查文物单位170处，发现隐患问题182项，整改完成179项，限期整改3项。

【不可移动文物的保护与管理】

争取国家文物保护专项资金2477万元，组织实施一师阿拉尔市三五九旅屯垦纪念馆可移动文物数字化保护、兵团早期遗址修缮、可移动文物的修缮等8项文物保护项目，已全部竣工。

【革命文物保护利用】

加强革命文物保护利用，印发《关于公布新疆生产建设兵团第一批革命文物名录的通知》，向社会公布兵团第一批革命文物名录，包括各级文物保护单位99处，馆藏文物10078件/套。

组织召开全兵团革命文物工作会，以五部门名义联合印发《关于加强兵团革命文物保护用好红色资源赓续红色血脉的实施意见》。

【考古工作】

积极对接国家文物局考古研究中心，完成唐王城遗址考古调查及测绘工作，全面启动实施考古发掘项目。

【博物馆与可移动文物】

加强对兵团精神、老兵精神、胡杨精神的阐释，发挥博物馆的文化润疆作用，传播先进文化、弘扬中华文化。进一步打造兵团军垦博物馆、一师三五九旅纪念馆、六师五家渠市军垦博物馆、七师"戈壁母亲"纪念馆、九师孙龙珍纪念馆、十师185团抗洪守土纪念馆、十四师中国人民解放军进军和田革命历史纪念馆等重点文化标识。对兵团军垦博物馆进行改陈，于8月对外开放。

组织一师阿拉尔市三五九旅屯垦纪念馆参与全国博物馆评估定级工作，获评国家三级馆。开展了三五九旅屯垦纪念馆的馆藏文物的评估定级工作。

完善各级博物馆、纪念馆内部管理制度，提升博物馆、纪念馆管理水平，优化博物馆结构布局，丰富各级博物馆、纪念馆重点文物藏品，构筑具有兵团特色的博物馆、纪念馆基本框架。与故宫博物院联合举办"金玉满堂——清代宫廷仪典与生活展"。全年兵团各级博物馆年接待观众近180万人次。

【文博宣传】

举办国际博物馆日兵团主会场活动。百集微纪录片《兵团博物馆馆藏文物背后的故事》开机。

【机构建设】

兵团文化体育广电和旅游发展中心成立，加挂兵团文物保护中心牌子，文物保护机构得到加强。

【其他】

根据自治区人民政府授权清单，积极与自治区文物局对接，在2020年承接授权的基础上进一步对文物管理职权进行了梳理。梳理出管理职权37项，其中行政许可18项、行政奖励1项、行政处罚3项、行政确认6项、行政其他9项。2021年办理行政许可18项，其他类1项。

大连市

【概述】

2021年，大连市文物系统深入贯彻落实习近平总书记关于文物工作系列重要论述和指示批示精神，落实国家深化改革任务，完善制度设计，构建起多渠道文物保护经费保障机制，强化文物基础工作和安全管理，主动服务大局，开创文物保护利用新局面。

【文物安全工作】

为加强和改进文物消防安全工作，有效预防和遏制文物火灾事故发生，结合春节、五一、七一、十一假日期间安全检查，研究制定文物消防安全检查方案。联合公安、消防等部门对全市62处文物建筑进行安全督导，堵塞管理漏洞，提升安全管理水平，确保全市文物安全稳定。

【不可移动文物的保护与管理】

启动119处省级及以上文物保护单位记录档案的制作工作。公布第七批市级文物保护单位，并划定保护范围和建设控制地带。开展大连市第二批地下文物埋藏区划定工作。指导甘井子区政府做好辽长城文化公园项目谋划和推进。指导长海县政府通过《小珠山遗址保护规划》评审工作，为推进小珠山遗址公园建设奠定基础。

推进旅顺口军民融合国家文物保护利用示范区创建。对接《东北全面振兴"十四五"实施方案》等国家战略，探索建立可复制可推广的全国军民融合文物保护利用新模式，积极推动中央军委后保部先后两次派出高层级专家组赴旅顺口实地调研，初步确定将旅顺口列入军队系统开展的文物保护"示范先行实践试点"。经军地反复协商研究，双方就军产保护性建筑的保护利用形成了初步合作意向并逐步开始实施。大力支持旅顺口区政府重点对示范区内的关东州厅旧址、旅顺师范学堂旧址等10处重点文物保护工程进行修缮。

【革命文物保护利用】

夯实革命文物保护管理基础工作。组织文物、历史和建筑专家，对全市第一批16处革命文物的本体保护、周边环境、基础设施、展示利用情况进行实地调研，加强对革命文物的指导。

提高政治站位，精心组织"庆祝中国共产党成立100周年"主题展览，发挥革命文物在党史学习、革命传统、爱国主义教育等方面的重要作用。全市共有8个展览被辽宁省文物局确定为全省建党百年系列展览。此项工作也被列为2021年"庆祝中国共产党成立100周年"主题活动内容之一，为重点民生工程。观众通过展览品味和感怀党的光荣历史，了解到更多党史和文物的相关知识，知史爱党、知史爱国。

【考古工作】

施行土地储备考古前置政策，认真贯彻落实国家提出的"先考古、后出让"政策精神。2021年1月，大连市政府出台《大连市国有建设用地考古调查勘探发掘前置工作管理办法（试行）》，自2月15日起施行。按照该办法规定，2021年共配合城市建设完成考古调查勘探240万平方米，在获批发掘执照后发掘古墓葬260余座、出土各类器物2000余件。该办法的施行进一步促进了全市文物保护和城市建设的协调发展。

【文旅融合】

让文物活起来，进一步促进当地经济社会发展。完成大连城市供水文物内涵挖掘、策划研发项目，就资源的开发形成可行性建议报告。为302处文物制作二维码展示牌，推进文旅融合发展。

【其他】

积极申报2022年度国家文物保护专项资金。联合市财政局完成关东厅博物馆旧址安防升级改造工程、辽长城—甘井子段保护性设施建设工程、旅顺师范学堂旧址文物抢救性保护修缮工程等11个项目总计7868.23万元的国家专项资金申报工作。

出台《大连市文物保护专项资金管理办法》。参照《国家文物保护专项资金管理办法》，对《大连市不可移动文物保护专项补助经费管理办法》进行调整和完善，扩大了资金支持范围，将革命文物、可移动文物保护、展示、利用以及考古等纳入支持范畴，为全方位进一步加强大连市文物保护经费投入提供了制度保障和政策支持。

青岛市

■【概述】

2021年，青岛市文物系统深入学习贯彻习近平总书记关于文物工作的系列重要讲话和指示批示精神，按照文物保护利用改革的工作总基调，着力推进文物保护单位保护利用、考古勘探发掘及研究、博物馆提质增效、革命文物宣传展示和文物安全监督管理等方面工作的有效开展，更好地发挥文物传承历史文脉，展示城市内涵，弘扬精神谱系，增强文化自信的作用，着力构建具有青岛特色的文物保护利用体系。

■【文物安全工作】

以守好文物安全为底线，不断加大文物安全的巡查监管和文物案件的侦办查处力度。围绕全省文物安全百日攻坚集中行动统一部署，开展文物安全集中整治行动，检查各级文保单位及不可移动文物836处，发现存在安全隐患的66处；自查博物馆62家，发现存在安全隐患的4家。发现的安全隐患全部落实整改。

全市文物执法部门开展巡查937次，查处文物领域违法违规行为5件。

■【不可移动文物的保护与管理】

作为国家文物局确定的唯一的近现代建筑类型的预防性保护试点城市，完成《青岛八大关近代建筑预防性保护方案》编制工作。参与《青岛市历史文化名城保护规划（2020—2035）》工作，将文化遗产要素全面纳入城市规划体系中。

■【革命文物保护利用】

市委编办批复成立红色文化与革命文物处，专职负责革命文物保护利用工作。

以庆祝建党100周年和党史学习教育活动为契机，推进革命文物的保护和展示工作。举办"红色记忆——中国共产党百年发展历程展暨青岛革命文物保护利用成果展"，开展"红色文化主题月"活动，推出38项红色文化展览活动。青岛市博物馆等3家博物馆入选山东省100家红色研学基地。

改造升级7个革命主题陈列展览，建设提升5处爱国主义教育基地、青少年教育基地。打造推出11个红色旅游景点景区、9条经典红色文化之旅，4个红色文化特色村被列入山东省红色文化特色村培育创建名单。

■【考古工作】

积极推进基本建设考古制度改革，完成《关于推进国有建设用地考古调查勘探发掘工作前置的实施意见》起草工作。

大力开展"探源青岛"考古发掘工作。完成琅琊台遗址2021年度考古发掘工作任务以及半阡子龙山时期遗址的考古发掘工作。琅琊台遗址考古获"2020年度山东省考古新发现奖"。

实施明清海防遗迹和西海岸水下文物资源的调查工作，确认现存明清海防遗迹70处，收集整理青岛近海沉船线索200余条，为后期水下调查、探摸和发掘工作奠定了坚实基础。

【博物馆工作】

以"博物馆城"建设为动力，不断赋能文旅融合和人民幸福生活。推动博物馆重大项目建设，投资6亿元的青岛博物馆扩建项目开工，全力协调推进国家文物局考古研究中心北海基地二期项目——国家海洋考古博物馆（青岛）项目建设。牵头成立胶东五市市级国有博物馆联盟，搭建胶东五市博馆资源共享平台。研究制定《青岛市非国有博物馆补助资金管理办法》。

宁波市

【概述】

2021年，宁波市文物系统以近平总书记关于文物工作的系列重要讲话和指示批示精神为引领，遵循"保护为主、抢救第一、合理利用、加强管理"的工作方针，围绕《关于进一步加强文物保护利用改革的若干意见》精神、国家文物局年度工作要求和宁波市工作实际，印发出台《宁波市关于加强文物保护利用改革的实施方案》，发布《宁波市文物事业发展"十四五"规划》，切实加强文物保护利用改革工作，推动文化遗产传承，努力开创文物保护事业新局面。

【文物安全工作】

市县两级政府相继组织召开文物安全工作会议，文物安全责任书、文物安全责任人公示公告、《宁波市文物安全突发事件应急预案》《大运河异况巡查管理办法》等一系工作制度落地实施，进一步构筑与完善了文物安全责任体系和工作机制。

通过"文物安全全面提升三年行动计划""文物建筑消防安全三年专项整治""防风险保平安迎大庆"等专项行动的深入实施，构建起"一图一库一清单"（文物安全分色图、消防档案库、隐患整改清单），全市文物安全防范工作得到有效提升。

【不可移动文物的保护与管理】

组织召开"海上丝绸之路"保护和申报世界文化遗产城市联盟联席会议，完成大运河遗产保护条例立法调研。

全市新增文物保护单位（点）23处，制定文保单位"两划"19处。通过国家历史文化名城文物保护工作复核。获评全省不可移动文物活化利用优秀案例5个。

【革命文物保护利用】

完成总工会旧址、镇海口海防遗址修缮维护，开放"浙东临委驻地"等革命史迹馆。开展融媒体宣传活动，举办"三江潮涌"革命文物专题展览，推进红色文旅融合发展。

【考古工作】

主动服务宁波经济社会发展大局，组织开展配合工程建设抢救性考古工作。2021年全市共开展抢救性考古调查项目48项、勘探项目36项、发掘项目13项。

充分发挥考古"探索未知、揭示本源"的独特作用。合作开展余姚井头山遗址二期发掘、上海"长江口Ⅱ号"沉船水下考古调查、宁波海岸线考古等主动性考古项目，应邀参加福建漳州圣杯屿元代沉船水下考古项目。

由宁波市文化遗产管理研究院联合浙江省文物考古研究所、余姚河姆渡遗址博物馆共同发掘的井头山遗址获评"2020年度全国十大考古新发现"。余姚河姆渡遗址入选国家文物局"百年百大考古发现"。

【博物馆工作】

协力推进天一阁南馆建设，宁波市民荣誉馆、中国海洋渔文化馆开馆，周尧昆虫博物馆新馆落成开放。举办"红色印记——庆祝中国共产党成立100周年特别展"等展览22个，获评全省博物馆陈列展览精品奖4个、优秀奖1个。

推动博物馆智慧导览体系建设，新增42项"数字博物馆"展览项目，完成"奉化博物馆数字展馆"创建。

【科技与信息】

在浙江省"数字浙江"建设背景下，宁波市文物局持续推进不可移动文物数字化保护管理工作。整合完成全市不可移动文物基础信息数据库、大运河监测预警系统、文物保护项目数据库、文物安全管理数据库等系统，构建起"宁波市文化遗产信息化管理云平台"。

不可移动文物基础信息数据库历经四次升级改版，实现了包含GIS地理信息等文物基础数据查询和展示，各级文物保护单位（点）及第三次文物普查点已全部录入完成，文物保护点以上不可移动文物GPS定位已全部完成。大运河（宁波段）监测预警平台率先实现与中国世界文化遗产监测总平台数据的实时互联互通，凭借其动态化、信息化、可视化等特性，为遗产的预防性保护、精准化管理与科学化决策提供了良好的数据支持，连续两年在世界文化遗产大会上交流展示。文物保护项目数据库完成优化提升，增加经费申报、项目评估、预算审核、经费执行等监管功能，实现了对全市文物保护项目前期申报、中期实施、后期评估的全过程监管。完成文物安全管理平台优化提升工作，对文物本体和消防安全实行电子化移动巡查，实现巡查、建档、督查、整改、反馈等文物安全监管闭环。

【机构建设】

市本级和10个区县（市）分别挂牌成立文物局。

厦门市

【概述】

2021年，厦门市文物系统认真贯彻党的十九大、十九届二中、三中、四中、五中、六中全会精神和习近平总书记关于文物工作系列重要论述和指示批示精神，按照党中央、国务院和福建省委省政府、厦门市委市政府部署，坚决落实"保护为主、抢救第一、合理利用、加强管理"文物工作方针，紧扣重点、狠抓落实，全市文化遗产保护工作再上新台阶。

【文物安全工作】

召开全市文物保护工程文明施工暨安全工作现场会，部署文物消防"四个能力"建设达标创建和文物安全专项整治工作，进一步压实文物保护责任。

落实文物安全"双随机"检查制度，组织安全检查和专项整治，指导各区协调政法、公安部门将文物安全纳入"雪亮工程"，联合执法等部门开展"红色利剑"——厦门市红色资源保护专项整治行动。

配合公安部门破获文物犯罪案件3起，查扣拍卖涉嫌国有珍贵文物1件。加强社会力量投入，组建全市文物保护志愿者联盟，开发"厦门文物管家"小程序，组织志愿者培训。

【不可移动文物的保护与管理】

认真落实"四有"要求，充实完善文物档案，组织新公布不可移动文物保护标志设立。积极参加旧城改造、项目建设和50年以上历史建筑普查甄别，运用"多规合一"平台及时提出保护利用意见建议。开展《厦门市不可移动文物保护规划》编制，组织《"8·23"炮战战地遗址保护规划》修编，完成闽南红砖建筑、胡里山炮台、南普陀寺等一批保护规划编制。

扎实推进全市历史文化遗产保护修缮工作，完成160余个项目方案审核，下达年度文物修缮项目100个，其中列入市政府"为民办实事"和党史学习教育"我为群众办实事"项目80处。加大鼓浪屿世界文化遗产保护修缮，鼓浪屿廖家别墅、延平戏院、黄氏小宗等一批工程顺利完工，八卦楼、黄赐敏别墅等修缮工程正在施工中。通过集中修缮专项工作，众多未定级尤其是私人产权不可移动文物得到有效保护。每月召开各区局和鼓浪屿管委会相关负责同志参加的协调会，及时掌握情况，协调解决存在的困难问题，加强施工质量和安全检查指导。

【革命文物保护利用】

研究制定《厦门市红色资源保护利用办法》。挖掘梳理全市革命文物和党史学习教育鲜活教材，报审获批省级以上不可移动类革命文物23处、可移动类文物6件／套。

完成中共福建省委机关旧址修缮、展陈并打造成鼓浪屿红色教育基地，开展"8·23"炮战遗址群保护利用、何厝红色文化教育基地和破狱斗争旧址周边环境整治。厦门破狱斗争旧址等一批修缮、安防工程也正在推进。

厦门市博物馆在与厦门广电集团合作拍摄3期反映革命文物题材《厦门宝藏》的同时，利用馆藏革命文物资源举办的原创展览"厦门红色记忆展"被市党史学习教育领导小组指定为各级党史学习教育参观场所。陈嘉庚纪念馆"延安精神　永放光芒""陈嘉庚与中国共产党"、华侨博物院"理想照耀中国""历史的丰碑　制胜的法宝——纪念毛泽东同志提出"三大法宝"重要思想之统战篇"、厦门奥林匹克博物馆承办辽宁省文物局"不忘初心　砥砺前行——福建省非国有博物馆纪念建党100周年专题展"等一批精品展览吸引了众多观众。

【博物馆工作】

推进厦门经济特区纪念馆展陈提升，完成陈列文本和设计方案，展陈提升工程正在施工中。厦门市博物馆"厦门经济特区建设历史陈列"入选国家文物局2021年度"弘扬中华优秀传统文化、培育社会主义核心价值观"主题展览推介项目。

【其他】

认真抓好第44届世界遗产大会厦门市"六个一批"专项工作，新公布区级以上文物保护单位46处、涉台文物古迹1处、一般不可移动文物219处，启动文物保护工程项目47个，完成文物修缮工程21个。厦门市文化遗产保护宣传片在第44届世界遗产大会官网进行宣介。

深圳市

【概述】

2021年，深圳市文物系统以习近平总书记关于文物工作的系列重要讲话和指示批示精神为引领，围绕《关于进一步加强文物保护利用改革的若干意见》精神，全面落实深化"放管服"改革，有效保护和活化文物资源，全力推动重大文博项目建设，文物事业得到进一步发展。

【文物安全工作】

不断加强文物安全管理。确认769处不可移动文物安全直接责任人，完成其中510处不可移动文物安全直接责任人公示工作。完成7次安全专项抽查，检查隐患124处，均已整改完成。

【不可移动文物的保护与管理】

推动重要遗址提档升级。公布麦氏大宗祠、"时间就是金钱，效率就是生命"标语牌、前海石、营救文化名人旧址（白石龙村天主堂）、中共宝安县第一次党代会会址（素白陈公祠）等为第七批深圳市文物保护单位。"时间就是金钱，效率就是生命"标语牌、前海石、莲花山邓小平铜像、深圳革命烈士纪念碑、孺子牛雕塑、咸头岭遗址、屋背岭商周时期墓葬群遗址及麦氏大宗祠等8处文物单位申请第十批省级文物保护单位。开展咸头岭遗址、屋背岭遗址环境整治工作，推动东晋遗址博物馆项目申请立项，做好重点遗址保护。

完成深圳市改革开放重要史迹现状调查及评估，确定前海石公园（前海石）等10处地点作为第一批改革开放重要史迹，纳入全市党史学习教育基地。开展文化名人大营救文化线路保护项目，以阳台山根据地范围为基础，以文化名人大营救为主题，对相关文化遗产的历史沿革和遗址进行现状调查，开展主题线路规划并制定保护利用方案。

持续推进深圳市文物保护控制线落实至"多规合一"平台工作，结合全市"多规合一"信息平台建设，划定3处省保单位、34处市保单位、87处区保单位的"两线"范围，拟定11个地下文物埋藏区，埋藏区总面积146平方米。

【考古工作】

加强文物考古工作，开展《深圳市考古发展五年规划纲要》编制工作，统筹规划全市考古工作。启动深汕特别合作区考古调查工作，组织专业队伍对合作区进行全面踏查，同时开展窑址专项调查。

【博物馆工作】

依据深圳市政府有关加快推进重大文体设施建设的部署，全力推进深圳自然博物馆、深圳海洋博物馆等"新时代十大文化设施"建设，各馆已基本完成项目土地整备、建筑方案设计。落实《中共中央 国务院关于支持深圳建设中国特色社会主义先行示范区的意见》关于鼓励国家级博物馆在深设立分馆的要求，就合作事宜与孔子博物馆、敦煌研究院、辽宁省博物馆等国家级博物馆达成初步意向。

在新建博物馆项目筹建中开展博物馆运营管理的创新规划，力争在新馆启用时全面实施创新的管理和运营机制，为行业创新探路。深圳华强北博物馆进行运营模式创新试验，将国有博物馆委托给社会机构运营管理，探索多元主体合作办馆新模式。

推进中小博物馆展陈和服务提升计划。通过联合举办主题展览等形式，国有博物馆对非国有博物馆在展陈、管理、讲解服务等方面开展帮扶工作。修订并落实《深圳市非国有博物馆扶持办法》，为非国有博物馆发放补助经费1762.1万元、定级补贴1800万元。

"山宗·水源·路之冲——一带一路中的青海""拉斐尔与古典准则——意大利圣路加国家美术学院珍品大展""'叙'写传奇——叙利亚古代文物精品展"等一系列精品展览丰富多彩。

【文旅融合】

积极参与粤港澳大湾区文化遗产游径系统建设。经广东省文化和旅游厅认定，观澜古墟商埠游径被列入第二批广东省粤港澳大湾区文化遗产游径，东江纵队纪念馆（前进报社旧址、曾生故居）、中国文化名人大营救纪念馆、东宝行政督导处旧址作为东纵抗战历史游径资源点列入第二批广东省历史文化游径。

【社会文物管理】

完成广东省文物局民间文物鉴定咨询试点"盛世收藏"免费文物鉴定咨询活动6场，为318位市民鉴定物品1218件。

【其他】

平稳有序承接一批广东省文化和旅游厅委托深圳市承接的职权事项，并以最大幅度缩短审批时限，其中前海自由贸易区"设立文物商店"等事项实行告知承诺制。随着委托业务的下放，全面落实事中事后监管职责，强化属地监管职责，确保行业规范有序发展。

故宫博物院

■【概述】

2021年，故宫博物院坚持以习近平新时代中国特色社会主义思想为指导，在部党组的坚强领导下，深入学习贯彻党的十九大及十九届历次全会精神，坚决贯彻落实习近平总书记对故宫博物院工作重要批示精神，不断增强"四个意识"、坚定"四个自信"、做到"两个维护"。确立2021年为"管理提升年"，全面加强党的领导，持续推进落实整改，编写完成《故宫博物院"十四五"发展规划》，以"四个故宫"建设为主体，将全院工作归纳提炼为有故宫特色、引领博物馆发展方向的九大体系。

■【安全开放】

不断强化保护为主思想，牢牢守住安全底线，加强顶层设计，统筹安全和发展，逐步完善"设施最完善、技术最先进、管理最严格"的博物馆安防管理体系建设。应急指挥平台建设项目试运行。升级全院监控设备，视频监控系统智能化提升工程项目稳步推进。提升消防应急处置能力，增设两处消防执勤站。

提升观众服务质量，逐步形成安全便捷、管理规范的开放服务体系。开发"开放导览"微信小程序，不断提升开放服务水平。做好预约、限流参观各项工作，探索分区分展厅采用不同参观管理措施。加强展厅内讲解管理，推行二维码扫码讲解，确保文物古建和观众安全。2021年共接待观众580余万人次。

■【展览展示】

举办故宫特色展览，不断提升展览品质，建立符合故宫定位和故宫特色的展陈体系。

全年举办"敦行故远——故宫敦煌特展"、故宫博物院藏历代人物画展等11个院内精品展览，共服务观众约137万人次。陶瓷馆在武英殿改陈并开幕。赴院外举办"一代昭度——故宫博物院藏清代帝后服饰"等10个专题展览。

举办"画游千里江山——故宫沉浸艺术展"等数字展，服务观众约7.3万人次。"新时代·新故宫"故宫博物院文化遗产保护与传承主题云展览上线。

■【宣教服务】

深入开展党史学习教育活动和中国共产党成立100周年系列庆祝活动。开展线下教育活动和公共课程2225场。开发"故宫的时节""藏品有话说"等音视频课程。

以"恢弘的故宫·中轴的奥秘"、"故宫知识课堂"、重要展览讲解等主题，多平台开展直播活动45场。与北京广播电视台共同出品的纪录片《紫禁城》上线。与中国东方演艺集团有限公司共同出品的舞蹈诗剧《只此青绿》启动全国巡演。

【文物保护】

研究和探索文物科技保护体系，进一步规范可移动文物预防性保护管理，加强不可移动文物预防性保护。

完善可移动文物预防性保护机制，全年共修复完成各类文物244件／套，在修文物共177件／套，检测各类文物及样品500余件。"宫廷传统囊匣制作技艺"获批第五批国家级非物质文化遗产代表性项目。

加强对不可移动文物的研究性保护工作，新成立故宫世界遗产监测部，对故宫遗产各类风险进行巡查与监测。开展城墙城台抢修性保护工程，城墙监测项目基本完成，午门城台监测项目顺利开展。

【数字故宫】

加强数字故宫体系建设，推动建设智慧博物馆，实现文化遗产永久保存和永续传承。文物基础影像采集工作稳步开展，拍摄文物7.9万余件。加快推进5G通信网络基础设施建设，信号覆盖率达到70%。推进数字资源库二期建设，"数字文物库"共计达到6.9万件文物影像，"故宫名画记"新上线300件文物超高清影像，"全景故宫"新增点位333个。开发倦勤斋VR多人体验互动项目。继续推进大高玄殿数字馆建设。

【学术科研】

中国
文物年鉴
2022

高度重视文物基础工作，发挥科研平台作用，不断加强故宫学术科研体系建设。

全年完成2万余件文物编目和8万余件的文物定级工作。全院职工发表论文、专业文章、专著等科研成果数量180余篇（册）。组织35个院外项目申报，国家重点研发计划"大型明清古建筑（群）安全风险预警关键技术研究"，国家社科基金"养心殿西暖阁佛堂唐卡画心的保护修复方法研究""故宫博物院藏藏文古籍整理研究"，冷门绝学"清宫旧藏掐丝珐琅器（景泰蓝）的整理与研究""清宫流散损毁书画调查与研究"等6个重点项目立项。启动开放课题项目申报和立项工作，首批立项10个重点项目、34个一般项目。

持续推进科技部"一带一路"联合实验室建设。新成立文物保护标准化研究所，开展标准体系调研与研究、国际标准化学术资源建设等工作。举办第五届"太和论坛"、第一届中国古书画鉴定与鉴藏学术研讨会等学术会议。与中国社会科学院大学、上海高研院等机构签署框架协议。

【内部管理】

完成《故宫博物院"十四五"发展规划》编制，持续推进院规章制度的制定修订，制定院人才体系建设实施方案。完成内设机构调整，成立北京故宫文化遗产保护有限公司，北京紫禁城古建筑公司完成转让手续。实施故宫博物院"英才计划"，共40位导师67位学术助理组成"英才小组"陆续展开培养工作。加强博士后科研工作站建设。规范文化产业发展，全年审查通过文创产品1242件、合作项目20个。

制定三大类36项整改措施，加强和完善请柬管理制度，推进访客系统建设，提高管理工作规范化制度化水平。截至2021年底，按期完成整改项目21项，其余15项长期项目取得阶段性成果。

中国国家博物馆

【概述】

2021年，中国国家博物馆自觉对标党中央要求，按照文化和旅游部党组部署安排，高举中国特色社会主义伟大旗帜，坚持以习近平新时代中国特色社会主义思想为指导，深入贯彻落实党的十九大和十九届历次全会精神，以庆祝中国共产党成立100周年为主线，以高度的责任感和使命感统筹推进疫情防控、运维安全和事业发展，按照稳中求进工作总基调，在征藏研究、展览展示、社教传播、经营开发等方面协同发力，加强制度建设，开拓进取创新，各项工作迈上了新的台阶。

【安全开放】

严格执行观众实名预约、扫码登记、定时消毒等措施，全年安全接待观众230万人次。坚决打赢"两会"、七一、国庆等重要时间节点安保维稳硬仗。完成安防系统改造升级。

发挥行业引领作用，积极参与行业标准制定和国际化工作，消防安全管理标准和《博物馆公共安全应急管理规范》行业标准进入审核阶段。

【陈列展览】

新开临时展览35个、专题展览7个、巡展7个。

围绕庆祝中国共产党成立100周年举办"让党中央放心 让人民满意——新时代中央和国家机关党的建设成就巡礼展""众心向党 自立自强——党领导下的科学家""无声诗里颂千秋——美术经典中的党史主题展""伟业——庆祝中国共产党成立100周年书法大展""百年巨变——雕塑作品展""精神史诗 时代光芒——美术作品展"等反映中国共产党百年壮阔历程、反映党领导人民取得辉煌成就的主题展览。

依托馆藏资源，自主策划推出"中国古代服饰文化""科技的力量"等专题展览，完成"中国古代钱币""中国古代书画"等专题展览改陈，着力构建统一完整、生动立体的中华文化物化话语表达体系。

注重用当代艺术精品滋养审美品位、增强精神力量，推出"艺术为人民——刘文西艺术大展"等一系列经典美术展，大力弘扬艺术"为人民服务、为社会主义服务"的理念。

积极与地方文博机构合作，举办"殊胜大足——大足石刻特展""长城内外皆故乡——内蒙古文物菁华展""龙门遗粹——山西河津窑考古成果展"等精品文物展和考古发现展，着力阐释中华文明多元一体的突出特点。

提高展览推介工作水平，有针对性进行个性化展览推介，开拓地市级博物馆合作领域，策划"《红楼梦》文化展"等展览在各地展出，推动公共文化服务均等化。

【宣教服务】

建成全媒体传播矩阵，"国家博物馆"App和"国博导览"小程序上线。制作"国博邀你云看展"等宣传视频和直播作品20部。荣获2020年度全国学雷锋志愿服务"四个100"荣誉称号。

面向不同观众需求，设计线上线下教育活动，基本完成体系化教育课程框架搭建，涵盖服饰、汉字、科技、饮食、艺术、音乐等主题的教育课程40余种；制作动漫课程"甲骨文探秘之旅"4集；策划实施"华熠千秋"文化研习营和中华优秀传统文化海外传播志愿服务项目。

深化馆校合作，累计接待4万名北京市中学生来馆学习，联合北京四中完成"中国国家博物馆研学丛书"的编纂出版工作。用文物讲好中国故事、传播中国声音，出版中英文版《中华文明——中国国家博物馆馆藏精粹》，完成英文版《中华文明展示丛书——中国国家博物馆展览系列》调研立项工作。

【学术研究】

积极申报国家级省部级课题，全年共申报馆外课题86项，成功立项14项，结项5项。按照"透彻感知、泛在互联、智慧融合、自主学习、迭代提升"理念，完成2项团体标准立项和2项国家标准、6项行业标准申报工作。获批馆藏资源活化技术重点实验室。

举办国家重点研发计划"智慧博物馆关键技术研发和示范项目""馆藏铁质文物劣化机理研究"中期工作会议、"文物保护与科技创新"院士论坛、新时代博物馆发展研讨会等学术活动累计67场，其中讲座20场。

全年累计出版展览图录13种，出版学术著作27种，发表学术论文339篇、取得标准6种、软件著作权3种。获得国家级优秀博士后科研工作站、第五届中国出版政府奖图书提名奖等省部级以上奖励12项。持续提升《中国国家博物馆馆刊》和《博物馆管理》办刊水平。

【信息化建设】

累计完成馆藏文物三维数据采集5500件，二维影像70余万件，展览数据59个。初步完成馆藏文物大数据平台，累计完成162.5万条文物影像数据编目。加快智慧应用平台建设，初步建成观众大数据平台，采集观众数据约1.54亿条，逐步构建智慧大脑。完成综合工作平台、科研工作系统和藏品管理系统等系统的上线运行，统筹规划数据利用，形成数据驱动型创新体系和发展模式。

【交流与合作】

牵头成立上海合作组织博物馆联盟。持续开展丝绸之路博物馆联盟工作，主持召开第二届联盟大会及第四次执行理事会会议。与澳大利亚国家博物馆等5家外国文化机构签署合作文件。

文化和旅游部恭王府博物馆

【概述】

2021年在文化和旅游部党组正确领导下，恭王府博物馆坚持以习近平新时代中国特色社会主义思想为指导，全面贯彻党的十九大和十九届历次全会精神，不断增强"四个意识"，坚定"四个自信"，做到"两个维护"。扎实开展党史学习教育，严格落实巡视反馈问题整改，以"十四五"发展规划为统领，稳步推进"平安恭博、学术恭博、数字恭博、公众恭博"建设。

【安全开放】

日常安全管理不间断。不断完善各项安全预警应急机制，开展员工安全培训，疫情突发情况演练，根据实际重新修改和修订规章制度，加强安全档案管理规范化水平，形成5大类77小项档案体系。

古建藏品有保护。逐步完善文物、古建、园林健康档案，对后罩楼整体结构进行勘察评估，排除安全隐患。完成嘉乐堂正殿屋面保养工作。新增府邸及花园古建筑防雷设施的检测及维护。高标准恒温恒湿库房藏品1号库建设基本完成，进入测试阶段。

网络信息重防护。升级机房老旧安全设备，优化无线网络基础设施，日常维护中持续筑牢信息化安全屏障，同时做好重大节日、节点网络安全防控及值守，完成两次网络安全攻防实战演习，恭王府网络安全防护和应急处置能力经得起实战检验。

【陈列展览与宣教服务】

全年新举办各项展览10项，包括"京津冀非遗动漫沉浸式体验展""宜兴紫砂艺术作品展""福安坦洋工夫茶制作技艺精品展"等。

充分发挥公众文化机构职能，围绕建党百年和红色主题精心筹备文化活动。"海棠雅集"围绕"庆祝建党百年"主题征集诗文近2000首，"庆祝建党100周年文物古迹保护主题展"和"山西忻州红色主题剪纸展（高君宇专题）"分别以文物保护修复成果和国家级非物质文化遗产代表性项目静乐剪纸为表现载体，向观众讲述历史，传承红色精神。

"非遗服饰秀"活动在海南儋州举办5场，直播观看人数达1182.83万人次。"恭王府春分祈福习俗"和"官式建筑营造技艺（恭王府）"入选北京市第五批市级非物质文化遗产代表性项目。

探索社教与科研内容相结合，加强社教研学深度。完成历史人文、自然科学、艺术美育三大板块总计212课时的研学课程打造，推进24号院研学教育示范基地建设，与天津南开大学合作本科生、研究生暑期服务学习项目，与北京第二实验小学合作开展为期16周的综合实践课程。

自媒体平台关注人数及阅读量连创新高，合作宣传及采访拍摄明显增多。与腾讯视频、阅文合作的创新性重点工作《恭王府》视频互动剧和基于非遗背后故事的网络文学创作正在持续推进中。

【学术研究】

依托中国紫禁城学会成立王府历史文化专业委员会，筹备清代王府历史文化研讨会。首次开展面向社会公开招标的2021年度馆级科研项目申报评审工作，最终确定了科研项目15项。

藏品1号库房重装过程中发现清代建筑遗址，经过近40天清理发掘和标本采集，已完成发掘现场全过程的文字详细记录、绘图、拍照及三维模型制作，发掘出土瓷片、陶片、砖瓦等器物100余件，并根据遗址保护方案进行了可逆性、保护性回填。完成锡晋斋、葆光室西配殿灶坑清理发掘，以及五处灶坑和两处地采暖遗迹勘测记录工作。

【信息化建设】

启动花园建筑、彩画、藏品情况摸底及数据采集，目前已完成一宫门、锡晋斋东耳房、流杯亭3处古建彩画的数字化采集以及14000余件藏品数字化基础数据汇总整理。启动恭王府全景数字化采集。鉴园现存建筑与花园影像资料采集如期完成。

【文化创意产品】

通过品牌授权、合作研发等方式拓展文创产品种类，全年共推出217种新品。联合北京国际设计周举办"2021恭王府博物馆文创设计大赛"，涵盖媒体210家，辐射设计师人群超35万人，其中IP赛道收到作品3887件，定向创作赛道确定合作品牌11家18款产品。

【内部管理】

编制出台馆"十四五"发展规划，OA系统上线运行并逐步优化。

多措施助力人才队伍建设。启动馆人才发展战略规划编制工作，召开馆党委人才专题会议，积极探索专业人才发展培养机制，开展"师带徒"试点工作和短聘项目制外聘专家工作。

完成馆属企业北京恭王府书画社公司制改制，坚持做好风险防范，防止国有资产流失，保障员工合法权益。改制工作被部政法司推荐为国有企业改制成功典型案例报国资委。

中国文物学会

【概述】

2021年，中国文物学会认真学习贯彻习近平总书记关于文物工作重要论述和指示批示精神，围绕文物事业发展大局，和各个分支机构组织开展各项学术活动，推动学会各项工作取得新成绩。

【制度建设】

制定《中国文物学会固定资产管理制度（试行）》和《中国文物学会印章管理制度（试行）》。在工作中坚持用制度管人管钱管事，推动学会工作制度化、规范化。

【学术研讨活动】

2021年，学会和各个分支机构共举办学术活动23项，取得一定成果。

4月26日，中国文物学会传统建筑园林委员会、20世纪建筑遗产委员会、工匠技艺专业委员会联合主办的"新时代文物保护研究与实践学术研讨会"在成都举行，探讨适合不同类型遗产的保护、传承方法，贴近文物保护的重点开展研究，提供更多的理论和学术支撑。

5月21日，中国文物学会参与主办的"深圳改革开放建筑遗产与文化城市建设研讨会"在深圳举行，研讨保护与传承深圳改革开放建筑遗产，为城市文化自信注入强劲活力，为深圳建设文化强市、创新之城提供有力支撑。

5月22日，由国家社科资金资助的第十一届工业遗产学术研讨会在呼和浩特召开，围绕"决胜小康——改革开放中国工业建设的伟大成就和边疆地区工业遗产"主题，展示改革开放以来中国工业建设的伟大成就和边疆地区工业遗产的历史记忆，交流和研讨国内外工业遗产领域的最新研究与实践成果。

5月26日，中国文物学会法律专业委员会召开年会，围绕建设和完善文博著作权保护创新体系，探讨可信数字版权"版权链—天平链协同治理重点示范项目"的具体适用问题。

6月2日，中国文物学会主办的"城市遗产保护与城市发展研讨会"在苏州举行，与当地专家学者共话城市遗产保护新路径，共谋城市创新发展新未来，打响"江南文化"品牌。

7月6日，中国文物学会参与主办的"革命文物保护利用实践与理念创新论坛"在四川省仪陇县朱德故里举办，聚焦保护革命文物，传承红色基因，交流好案例好做法，用心用情用力开创新时代革命文物工作新格局。

10月11日，中国文物学会历史文化名楼保护专业委员会第十五届年会和名楼论坛在山东烟台市举办，交流分享历史文化名楼保护传承、活化利用等方面的新经验，促进文化与旅游的深度融合。

10月18日，中国文物学会会馆专业委员会年会暨第十二届学术研讨会在山东聊城市举办，以"会馆文化中的多元与包容"为主题，交流会馆保护传承、研究利用的新视角、新思路、新成果以及会馆运营中的新方略、新举措、新经验。

12月15日，中国文物学会与中国文物报社主办的"2021全国文物藏品保护与修复论坛"在山东青岛举行，贯彻落实《"十四五"文物保护和科技创新规划》，展示"2021全国十佳文物藏品修复项目推介活动"成果，推动文物保护科技创新和传统修复工艺传承发展，提高馆藏文物保护修复水平。

【社会文化活动】

4月25日，中国文物报社、国家文物局机关服务中心主办，中国文物学会文化创意发展委员会协办的首届全国文化创意产品推介展开幕。展览展出100家单位文创产品，内涵丰富、特色鲜明、富有创意、好看实用。

6月10日，中国文物学会、北京市文物局、房山区人民政府主办的2021年文化和自然遗产日北京市主场活动在周口店北京人遗址博物馆举办。活动紧紧围绕"文物映耀百年征程"主题，着力反映文物见证百年风华、赓续文明薪火、惠泽美好生活、启航崭新征程的深刻内涵。

7月13日，中国文物学会纺织文物专业委员会参与共建的"西安工程大学丝绸之路服饰文化考古研究中心"揭牌仪式在西安工程大学举行。这是专委会与西安工程大学携手合作，发挥学校地域优势和学科优势，创建文物保护修复为主的实验研究中心。

8月20日，中国文物学会和中国文物报社主办的2020年度全国文化遗产十佳图书推介活动揭晓。推出的十佳图书和优秀图书，展示出文化遗产领域学术研究成果，反映当前文化遗产事业蓬勃发展的良好趋势。

8月23日，中国文物学会参与主办的"栋梁——梁思成诞辰一百二十周年文献展"在清华大学艺术博物馆开幕。展览展出我国著名建筑学家、建筑教育家，中国建筑学科的开拓者和奠基者梁思成的照片、录像、图纸、模型、书信、手稿以及空间装置等珍贵文献资料362件。

9月20日，中国文物学会与中共北京市西城区委、区政府在北京白塔寺举办"白塔夜话"活动。文博专家与市民探讨北京历史文化名城保护路径，弘扬古都文化、京味文化，分享历史文化保护成果，助力首都功能核心区控规落地实施。

9月23日，中国文物学会主办"中国优秀古村镇"宣传推介活动，面向社会宣传推介首届10个中国优秀古村镇。

10月10日　中国文物学会、清华大学文化创意发展研究院、浙江广电集团等单位联合主办世界遗产的大众传播专项研讨会。专家学者热赞深耕文化遗产资源的电视节目，鼓励越来越多的人们关注参与文化遗产传播事业。

10月15日，中国文物学会、中国文物报社主办的"2021全国文化遗产旅游百强案例"发布仪式在桂林市举行，以积极推进文化遗产与旅游深度融合发展，将更多文物资源纳入旅游线路，提升文化遗产旅游品质。

【大众传播】

中国文物学会与浙江卫视联手发起的《万里走单骑——遗产里的中国》，第一季12集于2021年1月31日起在浙江卫视播出，第二季于10月16日在安阳殷墟遗址举行开机仪式、12月19日起在浙江卫视播出。该节目以"保护中国世界遗产、探寻文化之根"为主题，由中国文物学会会长单霁翔带领观众走进一处处文化遗产地，领略文化遗产的风采。

中国古迹遗址保护协会（ICOMOS/China）

【概述】

2021年，中国古迹遗址保护协会（简称协会）在国家文物局的指导与支持下，依托中国文化遗产研究院平台，在加强机构及能力建设、提升会员服务与合作水平、开展行业管理咨询、推动世界文化遗产培育、加强与国际古迹遗址理事会（ICOMOS）和其他国家交流合作等方面，取得了一系列工作成绩。

2021年共批准431位个人成为新会员，其中包括38名新国际会员。截至2021年年底，协会有个人会员1940名、团体会员单位288家。

【会员服务】

举办"4·18"国际古迹遗址日系列活动。2021年国际古迹遗址日的主题为"多彩的遗产，多彩的未来"。围绕这一主题，协会联合故宫博物院、中国听力语言康复研究中心，邀请15名听力障碍青少年在故宫博物院举办了以"我在故宫画彩画——听障青少年走进文化遗产地"为题的特别活动。同期，经协会宣传号召，15个省市的34家单位和团体在当地举行了形式多样的线上线下活动。

为世界遗产清东陵、清西陵提供展示利用建议。协会支持会员单位世界文化遗产清东陵、西陵开展《公众开放和展示利用的策略研究》课题。按照世界遗产基于价值的保护管理要求，结合最新学术研究成果和现场调研、访谈，课题组对清东、西陵的世界遗产价值、载体及其阐释展示现状进行了全面深入的梳理分析；关注地方发展、社区参与等核心议题，探讨新媒体时代的宣传效果和公众需求；开展国内外比较研究，并着重遗产数字化阐释成功案例，结合清东、西陵自身特点和研究发现的现存问题，给出了总体策略性建议和分项展示利用建议。

为南京城墙等古代城市城墙开展主题研究。协会支持会员单位南京城墙保护管理中心，开展"以古代城市城墙为代表的中国古代军事遗产类型研究"课题。在ICOMOS军事防御科学委员会通过的《军事城防类遗产导则》的大背景下，协会对我国现存的古代军事遗产类型进行定义、梳理和分类，为我国未来的军事遗产保护管理和遗产申报提供了研究依据，并基于国际遗产学界的关注重点和南京城墙现状编制完成了《南京城墙国际推广策略方案》。

启动文化空间"知造局"。9月17日，协会位于北京东城隆福寺历史街区的在地文化空间"知造局"（ICI）正式启动。知造局是协会推动文化遗产事业进社区，让遗产保护惠及百姓生活、促进社会可持续发展的新探索，也是凝聚青年力量、传播知识、交流思想的创新空间。

【宣传推介活动】

2020年度优秀古迹遗址保护项目推介活动。4月23日，由协会、福建省文物局、泉州市人民政府主办，泉州市文化广电和旅游局承办的2020年度优秀古迹遗址保护项目推介活动在泉州举行。山西临汾市尧都区东羊后土庙修缮、福建厦门市鼓浪屿日本领事馆旧址修缮、福建泉州市文庙大成殿修缮、广东河源市仙坑村四角楼修缮项目的实施单位代表分享了项目亮点与经验。

2018—2020年度优秀古迹遗址保护项目回顾活动。6月29日，由协会、山东省文化和旅游厅、青岛市人民政府主办，青岛市文化和旅游局、青岛市市南区人民政府承办的"文物保护理念与实践探索——2018—2020年度优秀古迹遗址保护项目回顾活动"在青岛举行。故宫宝蕴楼修缮、泉州府文庙大成殿修缮、山西临汾东羊后土庙古建筑及彩绘泥塑保护修复、上海武康路100弄1-4号修缮、泰顺廊桥灾后修复等2018—2020年度推荐项目以及曲阜三孔彩画研究与保护等项目代表介绍了相关经验做法。

乡村遗产酒店示范项目推广。协会与清华同衡和Airbnb爱彼迎酒店平台共同开展"乡村遗产酒店"专项传播计划，对第一、二届乡村遗产示范酒店举行主题为"住进乡村古迹里"和"远村有近邻"的宣传推广活动，通过文旅达人直播、房客免费体验等形式，将酒店所在村落历史建筑的保护现状、特色传统文化的保留和展示、有代表性的文创产品等向社会分享，以最直接有效的方式带动酒店和整体村落的经营，助力乡村振兴。

【资质资格管理】

在国家文物局统筹安排下，协会秘书处协助开展全国文保资质单位信息登录国家文物局综合行政管理平台的审核工作，滚动审核1000余次，于年终前优先完成甲一级资质单位的审核任务。10月19—23日，秘书处组织专家对符合升级条件的两家资质单位进行现场复核，并向国家文物局提交复核报告及专家意见。

协会秘书处开展文物保护工程资质单位的日常管理，协助国家文物局为资质单位发放变更后的证书，完成87家文物保护工程甲、一级资质单位信息变更、证书制作，及相关数据库数据更新与管理；完善个人资格证章管理；完成266名资质专业人员的信息变更及数据库更新；持续开展有关文物保护工程资质单位的相关法律专业技术和法律咨询。

【世界文化遗产相关工作】

参加第44届世界遗产大会。第44届世界遗产委员会会议在福州召开，协会理事长宋新潮，副理事长柴晓明、吕舟、王力军、姜波，秘书长闫亚林等出席大会开幕式和主题边会。会议期间，协会承办了"城市历史景观保护与可持续发展""'世界遗产引领作用的回响'——从福州到喀山"主题边会，协办了"海上丝绸之路的保护与研究"主题边会。

支持北京中轴线申遗。7月17日，在第44届世界遗产大会期间，由协会承办，国家文物局和北京市人民政府共同主办的"城市历史景观保护与可持续发展"边会在福州采取线上会议形式举办。来自多个国家和地区的120余名专家、学者和历史城市管理机构代表参加了会议。边会后，受北京市文物局委托，协会进行了会议发言成果整理等工作。

开展世界文化遗产专题研究与培育。受国家文物局委托，协会开展"丝绸之路系列遗产跨国申遗：涵盖东亚的范围界定项目"（中国部分）、"二里头遗址申报世界遗产策略研究项目"、"鹿石遗址主题研究项目"等相关工作，积极承担世界文化遗产申报项目培育工作，对普洱景迈山古茶林文化景观、南京城墙等项目给予关注和支持。承办"万里茶道世界文化遗产价值和申遗策略研讨会暨申遗工作推进会"，旨在推进万里茶道联合申遗工作，进一步提升万里茶道世界文化遗产价值研究，明确联合申遗的路径和策略。

【交流与合作】

3月24日，由协会与英国世界遗产联盟（World Heritage UK）联合主办中英文化遗产交流对话高级论坛。研讨进一步加强了中英文化遗产领域的专业交流，并为协会广大会员提供一次学术盛宴。

8月28日至9月1日，协会与清华大学、北京清城睿现数字科技研究院和北京建筑大学联合举办第28届国际文化遗产记录科学委员会全球双年会（CIPA2021）。这是CIPA自1968年创立以来首次在中国大陆举办全球双年会。

10月19日、22日、27日和11月3日，2021年度ICOMOS顾问委员会、国家委员会、科学委员会会议采用线上形式分四次召开。秘书处对此次大会的会议情况进行梳理，针对气候变化和青年工作组报告在内的两项主要议题进行了汇总和报告，并对新通过的《ICOMOS军事城防类遗产导则》进行了翻译和发布。

12月6—10日，UNESCO、ICOMOS、IPCC（联合国政府间气候变化专门委员会）联合主办"文化、遗产与气候变化全球联合会议"。本次会议是全球范围内以气候变化和文化遗产为主题召开的最高规格的学术研讨。

【其他】

协会承担国家文物局文物保护与考古司、革命文物司的文物保护规划等项目评审组织工作。全年共完成2000余份"项目计划书"，以及200余项"保护规划及涉建项目"的评审组织及现场考察工作。

受国家文物局委托，协会开展"文物保护工程方案备案管理项目"。经过平台调试、内容修改和试运行，协会于9月份正式开始对各省上传的备案方案进行核查，并对文物保护工程方案备案工作内容、流程及节点进行梳理，编写了工作方案，初步了解掌握了上报方案资料常见问题和各省备案工作进行的基本情况，为备案管理工作正式开始打好基础。

中国博物馆协会

【概述】

2021年，中国博物馆协会（简称博协）按照经理事会批准的工作计划，以及《中国博物馆协会章程》要求，紧密团结广大会员，主动服务于党中央关于文物工作的决策部署和国家文物局党组的重点工作，积极顺应我国博物馆事业新的发展形势，在思想政治建设、改善会员服务、推动学术研究、促进行业发展等方面取得了可喜的进步。

【重点工作】

宣传落实《关于推进博物馆改革发展的指导意见》。国家文物局于2021年5月24日发布了《关于推进博物馆改革发展的指导意见》，博协第一时间积极响应，于6月1日联合北京博物馆学会在京召开"学习贯彻落实《关于推进博物馆改革发展的指导意见》座谈会"。

举办国际博协藏品保护委员会第十九届大会。2021年5月17—21日，由国家文物局、北京市人民政府共同主办的国际博物馆协会藏品保护委员会第19届大会顺利召开。作为本次大会的承办单位，中国博协按照国家文物局的要求完成了该项工作。博协在大会召开之前编译出版了《博物馆藏品保护英汉词汇手册》。

组织开展全国博物馆十大陈列展览精品推介活动及调研。由中国博物馆协会、中国文物报社组织开展的"第十八届（2020年度）全国博物馆十大陈列展览精品推介活动"得到了全国各省级文物行政部门和文博单位的积极响应和支持，30个省、自治区、直辖市共申报项目107个。活动共评出特别奖2项、精品奖10项、优胜奖13项、国际及港澳台合作奖1项及合作入围奖2项。启动"全国博物馆十大陈列展览精品推介办法改进提升研究"专项课题，通过查阅资料、问卷、访谈、座谈等方法开展深入调研。

完成"全国最具创新力博物馆"的评审工作。河南博物院、侵华日军南京大屠杀遇难同胞纪念馆和首都博物馆荣获本年度"全国最具创新力博物馆"称号。按照常务理事会的要求，秘书处对《全国最具创新力博物馆推介办法》进行修订。

承担国家文物局委托的课题和项目。"博物馆安全状况和安全防护工程实施研究"顺利结项。"博物馆研学发展与政策研究课题""革命博物馆纪念馆定级评估情况分析研究课题"取得阶段性成果。

【资质管理】

为进一步提升陈列展览设计与施工资质申报、年审工作的效率，秘书处与运营单位积极对接，在新的博协网站上进行资质申报网站端口的升级以及申报、年审系统的升级，目前申报系统已完成升级，并投入使用。2021年，博协共收到70余家会员单位的资质申请。目前通过网上申报、初审及核验工作的有47家单位，秘书处将相关材料提交专家评审会，之后向社会公布。

【专委会工作】

按照博协第七届一次常务理事会会议精神，服装与设计博物馆专委会、高校博物馆专委会按期完成了换届工作，陶瓷专委会于10月24日正式成立，流动博物馆专委会和区域博物馆专委会也在多次召开内部会议后提交了整改方案。

全年有18家专委会开展了近50项不同类型的活动。志愿者工作委员会承办了2021年全国博物馆志愿者管理人员培训班、安全专业委员会主办了2021年全国博物馆安全技术及管理培训班、展览交流专委会参与支持国际展览策划线上高级研修班等。中国博物馆协会纪念馆专业委员会组织全国各地纪念馆、博物馆联动开展纪念全民族抗战爆发84周年等活动，推动了党史学习教育扎根社会、深入民心。

2021年是博协资助专委会项目的第4年，全年共批准9个专委会的10个项目，其中7个项目已结项。

【出版工作】

完成《中国博物馆》和《中国博物馆通讯》封面改版工作。《中国博物馆》2021年4期刊物分别以"藏品保护与研究""博物馆的未来：恢复与重塑""传承红色基因的博物馆和纪念馆""考古学与博物馆发展"为主题，此外还完成了两期增刊的编辑出版工作，分别是"全国博物馆定级评估专刊""ICOM-CC大会增刊"。按时出版《中国博物馆通讯》12期。

【培训工作】

3月，博协和新疆文旅厅（文物局）在博协西安培训中心联合主办新疆博物馆、纪念馆讲解员培训班，来自新疆的63名讲解员参加培训。

9月，博协在苏州举办中国博物馆协会专业委员会培训班，中国博协32个专业委员会的负责同志近70人参加培训。

【其他】

作为国际博协中国国家委员会，博协参加了国际博协的一些常规会议，如第36次全体大会、特别全体大会、咨询委员会第89次会议、咨询委员会第90次会议、亚太地区联盟2021年年会等会议。复旦大学魏峻教授在咨询委员会第90次会议上成功当选为国际博协选举委员会成员。

博协以庆祝中国共产党建党100周年为主题，以弘扬中华优秀传统文化、革命文化和社会主义先进文化为主线，在国家文物局的指导下，组织了"庆祝中国共产党成立100周年讲解大赛"活动。全国共有800多家文博单位的近2000名选手参与了各地组织的初赛，来自全国30个省、自治区和直辖市的174名选手通过线上评比及线上展示，评选出60位选手参加了在嘉兴举办的现场决赛，最终决出一、二、三等奖。讲解大赛决赛全程在线直播，总观看人数达3000多万，决赛60强选手的比赛精彩视频赛后在博协官网、微信公众号、"博物馆在移动"、国学频道等平台集中展示，获得了比较好的社会效益。

纪事篇

1月

1月1日	《浙江省大运河世界文化遗产保护条例》正式施行。
1月4日	国家文物局印发《文物统计管理办法（试行）》《关于防范和惩治文物统计造假弄虚作假责任规定（试行）》。
1月6—7日	2021年全国文化和旅游厅局长会议在北京召开。
1月8日	国家文物局副局长胡冰在北京会见韩国驻华使馆公使衔参赞兼文化院院长金辰坤一行。
1月13日	北京市文物局发布金中都城墙遗址考古工作取得的重要成果。此发掘工作经国家文物局批准，由北京市文物局组织、北京市文物研究所主持发掘，首次发现金中都外城护城河、城墙、马面、顺城街道路等外城城墙体系，并确认了这些遗迹的形制结构和营建方式。
1月14日	国家文物局启动2021年度"弘扬中华优秀传统文化、培育社会主义核心价值观"主题展览项目征集推介工作。7月15日，公布推介主题展览100项，其中重点推介展览20项。
1月18日	国家文物局组织举办的2020年度文物好新闻推介结果揭晓。 中宣部在中国国家博物馆举行"奋斗百年路 启航新征程"大型主题采访活动启动仪式。中共中央政治局委员、中宣部部长黄坤明出席并讲话。
1月20日	国家文物局发布《国家文物局开展证明事项告知承诺制实施方案》。
1月25日	国家文物局、中央广播电视总台、中央网信办共同开展全国革命文物百佳讲述人遴选和展示推介工作。4月15日，开展候选人作品展播活动。
1月27日	国家文物局发布2021年工作要点。 《北京历史文化名城保护条例》在北京市第十五届人民代表大会第四次会议上表决通过。

2月

2月1日	国家文物局考古研究中心与中国科学院青藏高原研究所、中国科学

院古脊椎动物与古人类研究所、北京大学考古文博学院签署战略合作协议。

《江西省南昌汉代海昏侯国遗址保护办法》正式施行。

2月5日　马克思六封书信手稿原件入藏中央党史和文献研究院仪式在北京举行。

2月6日　中国国家博物馆主办的"中国古代服饰文化展"开幕。此次展览是中国国家博物馆首个服饰通史类展览。

2月8日　"学习强国"学习平台上线"博物馆说"专题。该活动由中央宣传部文艺局、文化和旅游部艺术司、国家文物局博物馆与社会文物司主办，"学习强国"学习平台、中央广播电视总台社教节目中心、人民出版社承办，前三批130家国家一级博物馆与首批13家全国重点美术馆为参与单位。

2月9日　国家文物局副局长胡冰在北京会见蒙古国驻华大使巴德尔勒一行。

国家文化公园专家咨询委员会在北京成立。

2月11日　流失海外近一个世纪的天龙山石窟第8窟北壁主尊佛首，作为2020年回归祖国的第100件流失文物，亮相中央广播电视总台春节联欢晚会。

2月12日　"咸同斯福——天龙山石窟国宝回归暨数字复原特展"在北京鲁迅博物馆开展。

2月14日　国家文物局关注并督办云南省临沧市沧源佤族自治县勐角乡翁丁村老寨火灾事故。

2月19日　云冈研究院在山西大同挂牌成立。

2月23日　国家文物局印发《国家文物局全过程预算绩效管理工作规程》。

2月26日　中国考古学会与中国文物报社就共同开展"中国考古百年"系列活动签订合作协议。

2月27日　"月球样品001号·见证中华飞天梦"开幕式暨捐赠入藏仪式在中国国家博物馆举行。

3月1日	《北京历史文化名城保护条例》正式实施。 《洛阳市历史文化名城保护条例》正式实施。 《重庆市红岩革命旧址保护区管理办法》正式实施。
3月3日	国务院批复同意将云南省通海县列为国家历史文化名城。 国家文物局召开党史学习教育动员部署会，深入学习贯彻中共中央总书记习近平在党史学习教育动员大会上的重要讲话精神，贯彻落实中共中央关于在全党开展党史学习教育通知要求，对局系统开展党史学习教育进行动员部署。
3月4日	国家文物局、退役军人事务部联合印发《关于充分用好革命文物资源及烈士纪念设施服务党史学习教育的通知》。
3月8日	自然资源部、国家文物局联合印发《关于在国土空间规划编制和实施中加强历史文化遗产保护管理的指导意见》。
3月11日	财政部、国家文物局联合印发《国有文物资源资产管理暂行办法》。
3月12日	国家文物局考古研究中心与山东大学签署战略合作协议。国家文物局局长刘玉珠、山东大学校长樊丽明出席签约仪式并讲话。
3月15日	国家文物局党组召开扩大会议，传达2021年全国两会精神，学习中共中央总书记习近平在全国两会期间重要讲话精神，落实两会关于文物工作决策部署。
3月16—17日	国家文物局副局长宋新潮一行赴山西大同、朔州等地调研文物保护工作。
3月17日	国家文物局党组书记、局长刘玉珠在《人民日报》上发表文章《不断增强文化自信和民族凝聚力　推动文物考古事业高质量发展》。
3月19日	江苏常州公安局侦破一起特大盗掘文物案，追回春秋至民国不同时期的文物3519件。
3月20日	"考古中国"重大项目进展工作会在四川成都召开，通报了四川广汉三星堆遗址重要考古发现与研究成果。

中国
文物年鉴
2022

| 3月20—21日 | 国家文物局副局长宋新潮一行赴重庆调研三峡考古研究和文物保护利用情况。 |

3月20日—5月20日 国家文物局举办第二期全国石窟寺管理人员线上培训班。

| 3月22日 | 国家文物局召开干部大会，中央组织部副部长李小新出席会议并宣布中央决定：李群同志任国家文物局局长、党组书记，刘玉珠同志不再担任文化和旅游部党组成员、国家文物局局长、党组书记职务。 |
| | 国家文物局、中央广播电视总台、中央网信办联合推出建党百年大型融媒体报道节目《红色印记——百件革命文物的声音档案》。 |

| 3月22—25日 | 中共中央总书记、国家主席习近平在福建考察朱熹园、三坊七巷历史文化街区。 |

| 3月24日 | 国家文物局通报2020年度文物行政执法和安全监管工作情况。 |

| 3月25日 | 北京市委书记蔡奇一行调研琉璃河遗址保护工作。国家文物局党组书记、局长李群一同调研。 |

| 3月26日 | "中国社会科学院考古学论坛·2020年中国考古新发现"在北京举行。浙江余姚市井头山新石器时代遗址、河南巩义市双槐树新石器时代遗址、湖北武汉市郭元咀商周遗址、宁夏彭阳县姚河塬西周遗址、新疆尉犁县克亚克库都克唐代烽燧、青海都兰县热水墓群2018血渭一号墓获选2020年中国考古六大新发现。埃及卡尔纳克孟图神庙遗址获选2020年国外考古新发现。 |
| | 延安市政府公布《陕西延安革命文物国家文物保护利用示范区建设实施方案》。 |

| 3月30日 | 全国革命文物工作会议在北京召开。会上传达了中共中央总书记、国家主席习近平对革命文物工作的重要指示。 |

| 3月31日 | 国家文物局党组召开扩大会议，专题传达学习中共中央总书记习近平关于革命文物工作的重要指示和全国革命文物工作会议精神，研究部署下一步学习贯彻落实工作。文化和旅游部副部长、国家文物局党组书记、局长李群作精神传达并讲话。 |
| | 《江苏苏州文物建筑国家文物保护利用示范区创建实施方案》正式公布。 |

4月1日	《山西省长城保护办法》正式实施。
4月3—4日	国家文物局局长李群一行赴四川调研三星堆遗址、金沙遗址、成都博物馆等考古发掘现场和文博单位。
4月8—9日	国家文物局副局长关强一行赴山西调研社会力量参与文物保护利用工作，实地考察县级文物保护单位太原市赵家山天王庙、晋中市晋华纺织厂旧址，与山西省副省长张复明会见座谈，重点就山西省"文明守望工程"实施情况进行深入交流。
4月9日	文化和旅游部、国家文物局联合发布《关于坚决遏制滥建山寨文物之风的通知》。 财政部印发《中央对地方博物馆纪念馆免费开放补助资金管理办法》。 全国文物安全工作部际联席会议办公室赴北京市密云古北口五里坨和河北省承德市金山岭调研长城保护管理情况。
4月12日	国家文物局党史学习教育专题读书班开班，国家文物局党组书记、局长李群作开班动员讲话，国家文物局党组副书记、副局长顾玉才主持开班式。13—16日，党史学习教育专题读书班分两期举办。
4月12—13日	中国文物报社、中国考古学会主办的2020年度全国十大考古新发现终评会在北京召开。贵州贵安新区招果洞遗址、浙江宁波余姚井头山遗址、河南巩义双槐树遗址、河南淮阳时庄遗址、河南伊川徐阳墓地、西藏札达桑达隆果墓地、江苏徐州土山一号墓、陕西西安少陵原十六国大墓、青海都兰热水墓群2018血渭一号墓、吉林图们磨盘村山城遗址获选2020年度全国十大考古新发现。
4月13—16日	国家文物局主办的2021年度全国文物行政执法骨干培训班在江苏溧阳开班。
4月14日	国家文物局发布《文物保护标准编写工作手册（试用版）》。
4月16日	国家文物局印发《关于学习贯彻习近平总书记关于革命文物工作重要指示精神的通知》。 国家文物局副局长顾玉才一行赴重庆调研革命文物工作。 国家文物局革命文物司与中央网信办网络社会工作局、退役军人事务部褒扬纪念司、国家档案局办公室、共青团中央宣传部共同指导

的第二届"追寻先烈足迹"短视频征集展示活动正式启动。

国家文物局印发《关于开展2021年度中华文物全媒体传播精品（新媒体）推介工作的通知》。

4月18日　　由国家文物局指导，中国考古学会、中国文物报社主办的纪念"中国考古百年"系列活动启动仪式暨仰韶村遗址与中国考古百年座谈会在河南三门峡举办。开幕式上，中国考古学会、中国文物报社、河南省文物局共同签署合作协议。

由国家文物局指导，中国古迹遗址保护协会、故宫博物院、中国听力语言康复研究中心联合举办2021年度国际古迹遗址日主题活动"我在故宫画彩画——听障青少年走进文化遗产地"。

4月19日　　国务院总理李克强考察四川广汉三星堆考古发掘现场。

4月20—23日　国家文物局委托上海视觉艺术学院举办新时代文物人才建设工程联络员培训班。

4月21日　　文化和旅游部"百名红色讲解员讲百年党史"宣讲团到故宫博物院作宣讲报告。

4月22日　　中共国家文物局党组公布关于十九届中央第五轮巡视整改进展情况的通报。

"探源中华文明——《何以中国》项目发布会暨专家研讨会"在北京举行。文化和旅游部副部长、国家文物局局长李群，中共上海市委常委、宣传部部长周慧琳等出席并讲话。

中央和国家机关工会联合会印发表彰决定，国家文物局政策法规司文物返还办公室荣获中央和国家机关五一劳动奖状，中国文化遗产研究院国际工程部主任王元林荣获中央和国家机关五一劳动奖章。

国家文物局印发《关于深入推进全国文物火灾隐患整治和消防能力提升三年行动的通知》。

4月23日　　2020年度优秀古迹遗址保护项目推介活动在福建泉州举行，推介山西临汾尧都区东羊后土庙修缮、福建厦门鼓浪屿日本领事馆旧址修缮、福建泉州府文庙大成殿修缮、广东河源仙坑村四角楼修缮4个优秀项目。

北京市文物研究所、北京考古学会主办的2020年度北京考古工作汇报会暨全面合作框架协议签约仪式在北京通州考古工作站举行。

中国记协、中国行业报协会通报关于表彰全国性行业类媒体2021年"新春走基层"活动全媒体报道精品的决定，对60家全国性行业类媒体推荐的157件全媒体报道精品进行通报表彰，中国文物报社的

《咸同斯福——天龙山石窟佛首亮相特展》获得通报表彰。

4月25日　　　中共中央总书记、国家主席习近平在广西考察期间前往红军长征湘江战役纪念园，向湘江战役红军烈士敬献花篮，并参观红军长征湘江战役纪念馆。
中央宣传部、国家文物局联合印发《关于公布庆祝中国共产党成立100周年精品展览推介名单的通知》。
公安部、国家文物局联合印发《关于加强文物博物馆单位治安防范工作的意见》。
国家发展改革委、中央宣传部、住房城乡建设部、文化和旅游部、广电总局、国家林草局、国家文物局联合制定《文化保护传承利用工程实施方案》。
由国家文物局指导，国家文物局考古研究中心、中国社会科学院考古研究所、北京大学考古文博学院、中国文物报社共同主办的纪念中国考古学诞生100周年系列公开课"中国考古大讲堂"在北京大学正式启动。
中国文物报社、国家文物局机关服务中心主办的首届全国文化创意产品推介展在北京文博大厦开幕。5月8日，全国文化创意产品推介活动终评会在北京召开，"永乐大典"主题文创、深圳改革开放系列文创产品、汉阳陵星汉灿烂系列、故宫口红、"鲁迅漫画像"系列文创产品等100件／套获评全国百佳文化创意产品。

4月27日　　　国家文物局副局长顾玉才一行赴北京调研国立蒙藏学校旧址保护情况。

4月27—29日　国家文物局副局长宋新潮一行赴河南调研夏文化考古有关工作，参加由国家文物局指导，中国社会科学院考古研究所、河南省文物局主办的"夏文化考古研究"研修班并授课。

4月29日　　　国家文物局团委组织开展"百年追寻——党在我心中"主题团日活动。
最高人民检察院第八检察厅印发《关于结合党史学习教育切实做好革命文物等红色资源保护检察公益诉讼工作的通知》。

4月30日　　　国家文物局印发《关于深入推进全国文物火灾隐患整治和消防能力提升三年行动的通知》。
故宫博物院陶瓷馆开幕式在北京举行。
郑州博物馆新馆开馆暨黄河珍宝展开幕式在河南郑州举行。

5月1日	《陕西省秦始皇陵保护条例》经修订后正式施行。
5月9—28日	国家文物局委托陕西文物保护专修学院举办2021年度考古绘图培训班。
5月11日	中央宣传部、国家发展改革委、教育部、科技部、民政部、财政部、人力资源社会保障部、文化和旅游部、国家文物局联合发布《关于推进博物馆改革发展的指导意见》。 中国国家文物局与阿富汗信息与文化部、巴基斯坦国家遗产和文化署分别签署《关于协同开展"亚洲文化遗产保护行动"的联合声明》。这是亚洲国家首次签署"亚洲文化遗产保护行动"双边合作文件。文化和旅游部副部长、国家文物局局长李群，阿富汗信息与文化部部长佐希尔，巴基斯坦国家遗产和文化署联合秘书长拉希姆在仪式上致辞并分别代表三国签署《联合声明》。 云冈研究院主办的"中国与世界"系列特展在云冈石窟博物馆开幕。
5月12日	国务院安全生产考核组第一组组长、工业和信息化部副部长王志军出席国家文物局2020年度安全生产工作考核汇报会并作动员部署。文化和旅游部副部长、国家文物局党组书记、局长李群主持考核汇报会并作表态讲话。
5月13日	公安部发布A级通缉令，公开通缉第六批10名重大文物犯罪在逃人员。 山西牛首蟠螭纹铜壶入藏浙江大学接收仪式暨山西省文物局重点科研基地（浙江大学）揭牌仪式在浙江杭州举行。
5月14日	文化和旅游部、国家文物局在新疆乌鲁木齐召开对口援疆工作会议。会后，国家文物局局长李群一行赴新疆阿克苏和喀什地区开展文物保护利用专题调研。 上海杨浦生活秀带国家文物保护利用示范区建设启动大会在上海召开。
5月15日	山东省2021年国际博物馆日主场宣传活动暨山东大学博物馆（青岛）开馆仪式在山东青岛举行。 河北省文物局联合河北省检察院、解放军石家庄军事检察院、河北省退役军人事务厅印发《联合开展燕赵革命文物等红色资源保护公益诉讼专项行动实施方案》。
5月16日	国家文物局、中国移动通信集团有限公司联合印发《关于深化"博物馆在移动"合作的通知》。

5月17日 国家文物局、北京市人民政府主办的"第二届博物馆青年论坛"在首都博物馆举行。

5月17—19日 国际博物馆协会藏品保护委员会（ICOM-CC）第19届大会在北京举办，主题是"打破边界：论文物保护学科的综合性"。本次会议是国际博物馆协会藏品保护委员会大会首次在线举办，也是国际博协历史上历时最长、同时在线人员最多、规模最大的一次线上会议。

5月18日 国家文物局和北京市人民政府主办的2021年国际博物馆日主会场活动在首都博物馆开幕，主题是"博物馆的未来：恢复与重塑"。开幕式上，公布了2021年度"全国最具创新力博物馆"和"第十八届（2020年度）全国博物馆十大陈列展览精品"获奖名单。国家文物局与北京市人民政府签署共建北京"博物馆之城"战略合作协议。同时启动"万年永宝：中国馆藏文物保护成果展""博物馆5G新生活""中国国宝大会""金话筒走进博物馆 带你一起读中国"等专题活动。首都博物馆于当日举办博物馆日主旨论坛和博物馆之夜活动。为扩大国际博物馆日的公众影响力，活动采用线上线下相融合的传播方式，多个活动进行网络直播或话题推送。

5月19日 中央宣传部、国家文物局联合推介庆祝中国共产党成立100周年精品展览。
国务院新闻办公室举行庆祝建党百年革命文物保护利用相关工作情况发布会。国家文物局副局长顾玉才介绍相关工作情况，并与国家文物局革命文物司、共青团中央少年部有关负责同志共同回答记者提问。

5月19—20日 国家文物局副局长宋新潮一行赴河北雄安新区、保定市调研文物保护与考古工作。

5月20日 国家文物局、财政部联合制定《国有博物馆藏品征集规程》。
国家文物局、国家发展改革委在重庆大足联合召开重点石窟寺保护利用和考古标本库房建设现场推进会。
延安市文物保护暨延安革命文物国家文物保护利用示范区创建动员大会在陕西延安举办。

5月21日 国家文物局党组理论学习中心组在北京香山革命纪念馆开展党史学习教育。

5月22日 中国文化和旅游部副部长、国家文物局局长李群与伊朗文化遗产、旅游和手工业部副部长穆罕默德·哈桑·塔勒比安以视频方式共同签署《关于协同开展"亚洲文化遗产保护行动"的联合声明》。伊朗驻华大使穆罕默德·克沙瓦尔兹扎德、中国驻伊朗大使常华出席签署仪式并致辞。

5月25日　　国家文物局党的工作暨纪检工作会议召开。
　　　　　　辽宁大连旅顺口军民融合国家文物保护利用示范区创建工作领导小组会议召开。

5月26日　　国家广播电视总局、国家文物局、上海市委宣传部等单位联合组织指导拍摄的大型主题电视节目《时间的答卷》在上海中共一大纪念馆举办开播仪式。

5月27—29日　　国家文物局副局长顾玉才一行赴山西太原、长治等地调研文物保护工作。

5月28日　　国务院新闻办公室、国家文物局、四川省人民政府共同主办的"走进三星堆读懂中华文明"推介会和主题活动在四川三星堆考古发掘现场举行。

5月30—31日　　国家文物局副局长关强一行赴甘肃敦煌调研。

5月31日　　国家文物局在敦煌研究院召开全国人大重点建议办理座谈会，就甘肃代表团提出的《关于加大重大旅游基础设施支持力度　助力打造大敦煌文化旅游经济圈的建议》听取意见建议，组织协办单位开展实地调研。

5月31日—6月9日　　国家文物局主办的彩陶文物鉴定培训班在甘肃省博物馆开班。

6月

6月1日　　《河北省长城保护条例》正式施行。

6月2日　　国家文物局公布《庆祝中国共产党成立100周年全国革命文物百佳讲述人名单》。
　　　　　　国家文物局公布《馆藏文物保存环境监测　监测终端　紫外线》等17项文物保护行业标准。
　　　　　　国务院批复同意将安徽省黟县列为国家历史文化名城。

6月3日　　党史学习教育中央第十五指导组进驻国家文物局开展指导工作。

中国共产党第一次全国代表大会纪念馆在上海正式开馆。

国家新闻出版署主办的"2021中国报业创新发展大会"在四川成都举办。由国家文物局委托中国文物报社搭建的"全国博物馆网上展览平台"入选"2020年中国报业深度融合发展创新案例"。

国家文物局、应急管理部消防救援局印发《关于联合加强革命文物建筑消防安全工作的通知》，部署加强革命文物建筑消防安全工作。

6月5日	南湖革命纪念馆经过展陈的全面改版提升后，恢复对外开放，并举办"红船起航"主题展。
6月6—10日	国家文物局委托故宫博物院举办2021年世界文化遗产保护管理培训班。
6月8日	国家文物局在北京召开"考古中国"重大项目重要进展工作会，通报了北京市怀柔区箭扣长城、陕西省靖边县清平堡、内蒙古自治区呼和浩特市沙梁子古城遗址等3项长城考古的重要发现。
6月10日	国务院印发《关于公布第五批国家级非物质文化遗产代表性项目名录的通知》，公布第五批国家级非物质文化遗产代表性项目名录共185项和扩展项目名录共140项。 2021年文化和自然遗产日北京市主场活动在周口店北京人遗址博物馆举办。活动由中国文物学会、中国考古学会、北京市文物局、房山区人民政府主办。 公安部举办新闻发布会，通报深入开展打击文物犯罪专项行动的工作举措及成效情况。
6月11日	第二届全国文物保护标准化技术委员会文物保护专用设施分技术委员会成立大会在重庆召开。 意大利驻华大使方澜意代表意大利政府授予国家文物局原副局长刘曙光意大利共和国之星军官勋章。
6月12日	2021年文化和自然遗产日主场城市活动在重庆举行，主题为"文物映耀百年征程"。文化和旅游部副部长、国家文物局局长李群发表视频讲话。开幕式上启动2021年文化和自然遗产日活动暨革命文物保护利用宣传活动月，公布2021年度中华文物全媒体传播精品（新媒体）和"最美文物安全守护人"推介名单，讲述革命文物故事，宣布重庆红岩革命文物保护修缮完工正式开放，推介《中国考古大会》。活动期间，"文物映耀百年征程"主题论坛、文物科技创新论坛、三峡文物科技保护基地揭牌暨三峡文物保护成果展开展、重庆故宫文物南迁纪念馆开馆、"丹青记忆　守望家园——第八届中

中国
文物年鉴
2022

国文化遗产美术展"、文化遗产公开课暨红岩革命故事展演、"中国文化遗产"青少年美术展等系列活动相继举办。

6月13—14日	国家文物局督察司赴重庆酉阳县龚滩古镇、巴南区丰盛古镇检查文物消防安全工作情况。
6月15日	国家文物局召开警示教育大会，通报违纪违法典型案例。 国家文物局印发关于加强文物安全工作的紧急通知。
6月16日	海南省旅游和文化广电体育厅加挂海南省文物局牌子挂牌仪式在海南海口举行。 扬州中国大运河博物馆正式开馆，是国内首座集文物保护、科研展陈、社会教育为一体的现代化综合性运河主题博物馆。
6月17日	国家文物局召开党史学习教育专题座谈会。 国家文物局印发《关于加强桥梁文物防灾减灾工作的意见》。 湖南省博物馆启动以"展示百年风华 传承红色基因"为主题的湖南省革命文物保护利用宣传活动月。
6月18日	为庆祝中国共产党成立100周年，中国共产党历史展览馆在北京正式开馆。党和国家领导人习近平、李克强、栗战书、汪洋、王沪宁、赵乐际、韩正、王岐山等在中国共产党历史展览馆参观"'不忘初心、牢记使命'中国共产党历史展览"并带领党员领导同志一起重温入党誓词。 国家文物局印发《文物安全隐患排查整治工作实施方案》。
6月19日	中央宣传部新命名111个全国爱国主义教育示范基地。
6月23日	国家广播电视总局、国家文物局联合出品的《红色文物100》百集网络视听节目在中国人民革命军事博物馆举行开播仪式。
6月24日	国家文物局举行"两优一先"表彰大会。 河北省文物局、中国考古学会旧石器专业委员会主办的"东方人类的故乡——泥河湾发现百年"系列活动开幕式在河北阳原举行。
6月25日	中共中央总书记习近平带领中央政治局同志来到北大红楼，参观"光辉伟业 红色序章——北大红楼与中国共产党早期北京革命活动主题展"。
6月26日	中国人民解放军海军博物馆在山东青岛举行开馆仪式。

6月27日	国家文物局指导完成北大红楼保护修缮和整体开放工作。6月29日,北京大学红楼整体对外开放,接受观众预约参观。国家文物局、北京市依托北大红楼旧址,共同策划打造的"光辉伟业 红色序章——北大红楼与中国共产党早期北京革命活动主题展"同时对外开放。
6月28日	国家文物局举办"永远跟党走"群众歌咏、经典好书诵读活动。
6月29日	中国古迹遗址保护协会、山东省文化和旅游厅、青岛市人民政府主办的"文物保护理念与实践探索——2018—2020年度优秀古迹遗址保护项目回顾活动"在山东青岛举办。 水口山工人运动纪念馆在湖南衡阳开馆。
6月30日	中国文物报社、中国人民革命军事博物馆、国家文物局机关服务中心共同主办的"红色百年——全国革命文物图片选萃展"在文博大厦开幕。

7月

7月1日	国家文物局组织员工在北京文博大厦收看庆祝中国共产党成立100周年大会,并集体参观"红色百年——全国革命文物图片选萃展"。 《上海市红色资源传承弘扬和保护利用条例》正式施行。 《河北省人民代表大会常务委员会关于加强革命文物保护利用的决定》正式施行。这是全国首个规范革命文物保护利用的省级地方性法规。
7月2日	国家文物局召开党组扩大会议,学习中共中央总书记习近平在庆祝中国共产党成立100周年大会上的重要讲话精神。
7月5—8日	国家文物局副局长顾玉才一行赴四川南充、巴中等地调研文物保护利用工作。
7月6—7日	由国家文物局指导,中国文物学会、中国文物报社、四川省文物局联合主办的革命文物保护利用实践与理念创新论坛在四川仪陇朱德故里举办。
7月6—8日	国家文物局副局长胡冰一行赴辽宁沈阳、大连调研文物保护经费使用情况。

7月9日	国家文物局党组书记、局长李群以习近平总书记在庆祝中国共产党成立100周年大会上的重要讲话精神为指引，奋力开创新时代文物事业高质量发展新局面"为主题讲授党课并为国家文物局学习贯彻习近平总书记"七一"重要讲话精神专题读书班作开班动员。7月12—16日，国家文物局举办学习贯彻习近平总书记"七一"重要讲话精神专题读书班。
7月12日	甘肃省委宣传部与兰州大学共建的黄河国家文化公园研究院正式揭牌成立。 北京市海淀区文化和旅游局获批加挂北京市海淀区文物局牌子，海淀区成为北京市获批加挂文物局牌子的第一个区。
7月13日	国家文物局印发《全国重点文物保护单位申报遴选规定》。
7月14—28日	国家文物局委托中国文化遗产研究院在陕西历史博物馆举办2021年壁画文物保护修复技术培训班。
7月15日	中国共产党历史展览馆正式面向社会公众开放。 国家文物局印发《关于文物安全检查情况的通报》。 中国文物报社、文物保护装备产业化及应用协同工作平台和三峡文物科技保护基地联合主办的第七届全国十佳文博技术产品及服务推介活动初评会在北京举办。
7月16—31日	联合国教科文组织第44届世界遗产大会在福建福州召开。中共中央总书记、国家主席习近平致贺信，中共中央政治局委员、国务院副总理孙春兰致辞。17日，国家文物局和北京市人民政府共同主办的"城市历史景观保护与可持续发展"边会在福建福州采取线上会议形式举办。18日，大会通过《福州宣言》，呼吁加大对非洲等发展中国家的支持。同日，国家文物局主办"海上丝绸之路遗产的保护与研究"主题边场会议，国家文物局副局长宋新潮、世界遗产中心亚太部主任景峰、国际古迹遗址理事会主席特蕾莎·帕特里西奥出席会议并致辞。22—23日，大会先后审议并通过中国"丝绸之路：长安—天山廊道的路网"等6项世界文化遗产保护状况报告。其中长城被世界遗产委员会评为保护管理示范案例，这是继2018年大运河之后，中国世界遗产保护管理工作再一次获此殊荣。25日，中国申报的"泉州：宋元中国的世界海洋商贸中心"项目成功列入《世界遗产名录》。28日，"'世界遗产引领作用'的回响——从福州到喀山"主题边会以线上线下结合方式召开。31日，大会在福建福州闭幕。大会新增34个世界遗产，3个已列入项目实现重大拓展。

7月18—24日	国家文物局副局长胡冰参加第八次全国对口支援新疆工作会议并调研阿克苏地区、伊犁哈萨克自治州文物工作。
7月19日	国家文物局、江苏省人民政府共同主办的"中国革命纪念馆高质量发展峰会·2021"在江苏南京举行。文化和旅游部副部长、国家文物局局长李群，江苏省委常委、宣传部部长张爱军，江苏省人民政府副省长马欣等出席会议并共同参加全国革命文物展示联盟成立启动仪式。国家文物局组织编写的《中国革命纪念馆概览》正式出版，并在峰会上予以发布。
7月21日	国家文物局局长李群主持召开党组会，专题研究支持河南省受灾文物抢险工作。会后，国家文物局印发《关于加强汛期文物安全工作的紧急通知》。
7月22日	中共中央总书记、国家主席习近平在西藏拉萨考察民族宗教、古城保护、藏文化传承保护等工作。
7月23日	全国博物馆改革发展工作会在山东济南召开。 北大红楼综合提升改造工程建设座谈会在北京召开。
7月24日	天龙山石窟佛首回归仪式在山西太原举行。文化和旅游部副部长、国家文物局局长李群，山西省委书记、省人大常委会主任林武为"复兴路上　国宝归来"特展揭幕。 由国家文物局、山西省人民政府指导，山西省文物局、太原市人民政府主办的"新时代石窟寺保护研究与实践"学术研讨会在山西太原召开。
7月24—28日	国家文物局副局长胡冰一行赴西藏拉萨市、阿里地区调研文物援藏工作。
7月25—31日	国家文物局主办的文物人才援藏援疆项目"博物馆展览策划专题培训班"在四川成都举办。
7月26日	国家文物局、泉州市人民政府共同召开"泉州：宋元中国的世界海洋商贸中心"列入《世界遗产名录》新闻发布会。 浙江省公安厅与浙江省文物局联合召开全省深入推进打击文物犯罪专项行动部署会。
7月27日	国家文物局、教育部联合印发《关于充分运用革命文物资源加强新时代高校思想政治工作的意见》。

中国
文物年鉴
2022

《中国革命纪念馆概览》入选中央宣传部2021年主题出版重点出版物。

重庆市委宣传部、市文化旅游委（市文物局）召开重庆市革命文物保护利用工作新闻发布会，发布全市革命文物保护利用成果。

7月29日　国家新闻出版署主办的第五届中国出版政府奖表彰会在北京召开，文物出版社出版的《长沙走马楼三国吴简竹简》（全9卷27册）荣获第五届中国出版政府奖图书奖，《子弹库帛书》荣获第五届中国出版政府奖图书提名奖。

7月30日　国家文物局党组理论学习中心组举行集体学习，观看《生命重于泰山——学习习近平总书记关于安全生产重要论述》电视专题片。

8月

8月6日　浙江省发展和改革委员会、省自然资源厅等六部门编制《浙江省大运河核心监控区建设项目准入负面清单（试行）》。

8月8日　国家文化公园建设工作领导小组印发《长城国家文化公园建设保护规划》《大运河国家文化公园建设保护规划》《长征国家文化公园建设保护规划》。

敦煌研究院与平山郁夫丝绸之路美术馆共同主办的"琉光溢彩——平山郁夫丝绸之路美术馆藏古玻璃珍品展"在敦煌研究院开展。

8月10日　由四川省文物局核报、广汉市人民政府编制的《四川广汉三星堆国家文物保护利用示范区建设实施方案》获得国家文物局同意。

8月15日　侵华日军第七三一部队罪证陈列馆公布了侵华日军731部队头目向美军提供的笔供。

8月16日　中国共产党党员、国家文物局博物馆专家组成员、中国国家博物馆终身研究馆员苏东海同志因病医治无效，在北京逝世，享年94岁。

8月17日　文化和旅游部、中央宣传部、国家发展改革委、财政部、人力资源社会保障部、市场监管总局、国家文物局、国家知识产权局印发《关于进一步推动文化文物单位文化创意产品开发的若干措施》的通知。

8月18日　北京市推进全国文化中心建设领导小组召开专题会，审议通过了北京市文物局组织编制的《长城国家文化公园（北京段）建设保护规划》及实施方案。

8月18—19日 第十三届全国人民代表大会常务委员会第三十次会议分别听取和审议国务院关于文物工作和《文物保护法》实施情况的报告。文化和旅游部副部长、国家文物局局长李群受国务院委托作报告，并参加分组审议的第一组审议。国家文物局副局长关强参加第二组审议，有关司室主要负责同志参加其他分组审议。

8月19日 国家文物局党组召开2021年巡视工作动员部署会。

8月20日 中国文物学会和中国文物报社主办的2020年度全国文化遗产十佳图书推介活动终评会在京召开。评选出2020年度全国文化遗产十佳图书10种，优秀图书10种。

8月23日 著名古建筑和石窟寺保护研究专家、国务院政府特殊津贴获得者、中国文化遗产研究院教授级高级工程师余鸣谦先生逝世，享年100岁。

8月25日 中共中央办公厅、国务院办公厅印发《关于在城乡建设中加强历史文化保护传承的意见》，并发出通知，要求各地区各部门结合实际认真贯彻落实。

8月25—27日 国家文物局局长李群分别赴北京鲁迅博物馆、国家文物局机关服务中心、中国文物信息咨询中心调研。

8月27日 福建省三明市中级人民法院对全国文物安全卫士廖国华被害案进行一审宣判。以抢劫罪判处被告人陈爱国死刑，剥夺政治权利终身，并处没收个人全部财产。

8月31日 公安部和国家文物局召开全国打击防范文物犯罪专项行动推进电视电话会议。

9月

9月1日 中国文物保护基金会第六届理事会换届大会在北京举行。

9月2日 国家文物局会同公安部组织召开文物安全防范标准编制工作研讨会。

9月4日	中央广播电视总台和国家文物局联合制作的大型文博知识竞答节目《中国国宝大会》第一季开播。

9月5日 荆楚大遗址传承发展工程推进会在湖北武汉召开。会议总结交流湖北各地推进大遗址保护利用的做法和经验，安排部署下一阶段荆楚大遗址传承发展工程工作，并提出湖北力争"十四五"时期新增挂牌2处国家考古遗址公园、立项3处国家考古遗址公园，优化荆楚大遗址项目库，遴选公布不少于12处湖北省文化遗址公园的目标。会议公布并正式授牌第一批湖北省文化遗址公园，包括荆门屈家岭遗址、武汉明楚王墓、潜江龙湾遗址、随州炎帝神农故里、黄冈东坡赤壁、宜昌关陵共6家遗址公园。

9月7日 国家文物局发布《中国石窟寺考古中长期计划（2021—2035年）》。

9月8日 陕西省石窟寺保护研究中心成立暨揭牌仪式在陕西西安举行。

9月9日 国家文物局局长李群一行专题调研北京中轴线申报世界遗产工作。三星堆博物馆举行三星堆遗址考古发掘阶段性成果新闻通气会，中央广播电视总台三星堆考古现场直播同时进行，向公众公布了三星堆遗址祭祀区三号坑、四号坑阶段性的重大考古成果。

9月9—13日 国家文物局副局长胡冰一行赴贵州、安徽两省调研指导国家文物保护专项资金使用及绩效管理工作。

9月13—14日 中共中央总书记、国家主席习近平在陕西榆林考察调研，先后考察了杨家沟革命旧址、中共绥德地委旧址、绥德县非物质文化遗产陈列馆，了解加强革命旧址保护与利用、赓续红色血脉等情况。

9月14—15日 国家文物局局长李群一行赴黑龙江调研文物工作。

9月15日 文化和旅游部、河北省人民政府共同举办的2021"一带一路"·长城国际民间文化艺术节在河北廊坊开幕。中共中央总书记、国家主席习近平向艺术节致贺信。

9月16日 2021"中国希腊文化和旅游年"在希腊雅典开幕。国务院总理李克强以视频形式出席开幕式并致辞。文化和旅游部副部长、国家文物局局长李群在开幕式上发表视频致辞。中国国家文物局与希腊文化和体育部联合主办的"平行时空：在希腊遇见兵马俑"线上展览同时启动。

9月16—17日	上海市文化和旅游局（上海市文物局）和上海广播电视台共同推出2021上海旅游节特别节目《"建筑可阅读"十二时辰全媒体大直播》。
9月17日	由文化和旅游部、甘肃省人民政府主办，故宫博物院、敦煌研究院承办的"敦行故远：故宫敦煌特展"在故宫博物院开幕。 中国世界文化遗产走进大众生活第一次主题分享会暨"知造局"揭幕式举行。 中国国家博物馆与重庆市文化和旅游发展委员会、重庆市大足区人民政府共同主办的"殊胜大足——大足石刻特展"在中国国家博物馆开幕。
9月18日	中共湖南省委宣传部、中国国家博物馆、中国书法家协会主办的"摩崖上的中兴颂——永州摩崖石刻拓片展"在中国国家博物馆开幕。 重庆中国三峡博物馆、四川博物院、辽宁省博物馆、北京画院联合主办的"一白高天下——齐白石抗战时期绘画作品展"在重庆中国三峡博物馆开幕。
9月22日	国家文物局印发《关于征集革命文物资源服务党史学习教育有关案例的通知》。
9月23日	应联合国教科文组织邀请，国家文物局局长李群以视频方式出席第二届国际博物馆高级别论坛开幕式并致辞。 中国抗日战争史学会和台湾中华民族抗日战争纪念协会共同主办的"铭史承志·九一八事变90周年海峡两岸书画展"在沈阳"九·一八"历史博物馆开幕。
9月24日	国家文物局局长李群一行在江苏苏州调研文物工作。 中共中央宣传部举行中外记者见面会，邀请文博系统五位一线党员代表畅谈文明传承的使命与担当。 北京市文物局、房山区人民政府主办的2021首届北京公众考古季在周口店国家考古遗址公园启动。
9月26日	全国政协第二十八次重点关切问题情况通报会在北京举行，主题为"建设中国特色、中国风格、中国气派的考古学"。 国家文物局在北京召开全国文物援藏工作电视电话会议。文化和旅游部副部长、国家文物局局长李群与西藏自治区人民政府副主席多吉次珠交接文物划拨清册，将从美国成功追索回国的12件文物艺术品整体划拨西藏博物馆。 西柏坡纪念馆等19家博物馆（纪念馆）荣获"第20届全国青年文

中国
文物年鉴
2022

明号"。

中国文物报社、文物保护装备产业化及应用协同工作平台、三峡文物科技保护基地联合主办的第七届全国十佳文博技术产品及服务推介活动终评会在广东深圳举办。

内蒙古自治区文物局与自治区检察院联合印发《内蒙古自治区长城保护专项行动实施方案》。

9月27日	国家文物局在北京召开"考古中国"重大项目重要进展工作会，介绍旧石器时代重要考古发现和研究进展，通报山东沂水跋山遗址、河南鲁山仙人洞遗址、四川稻城皮洛遗址等3项重要考古发现成果。
9月28日	中国社会科学院考古研究所、国家文物局考古研究中心主办的"建设中国特色、中国风格、中国气派的考古学——重温习近平总书记'9·28'重要讲话发表一周年专家座谈会暨专题报告会"在北京召开。 长江流域博物馆联盟成立大会在四川博物院召开。 《鲁迅手稿全集》新书首发式在国家图书馆举行。该书出版工作由国家图书馆出版社联合文物出版社共同承担。
9月29日	苏州博物馆西馆建成开放。
9月30日	国家文物局在北京召开全国文物系统国庆假期工作部署视频会议。 人力资源社会保障部、国家文物局联合发布《文物修复师国家职业技能标准》。

10月

10月1日	中国共产党早期北京革命活动纪念馆揭牌仪式在北大红楼举行。 新修订的《河南省安阳殷墟保护条例》正式施行。
10月8日	中共中央、国务院印发《黄河流域生态保护和高质量发展规划纲要》。
10月11日	国家文物局局长李群主持召开办公会，专题研究支持山西省因灾受损文物抢险和保护修缮工作。 "纪念牛河梁遗址发现40周年学术研讨会暨首届红山文化牛河梁论坛"在朝阳牛河梁遗址博物馆举行。活动由中共辽宁省委宣传部、国家文物局考古研究中心、中国社会科学院考古研究所、辽宁省文

化和旅游厅（辽宁省文物局）、中共朝阳市委员会、朝阳市人民政府主办。

10月12日　　第五届"太和论坛"在故宫博物院开幕。论坛聚焦"考古视野下的文明交流与互鉴"主题，由文化和旅游部、国家文物局担任支持单位，故宫博物院、中国考古学会、北京故宫文物保护基金会共同主办。

国家文物局公布《大遗址保护利用"十四五"专项规划》。

国家文物局主办的2021年度全国文物安全监管骨干培训班在青海西宁开班。

国家文物局召开全面深化改革领导小组第一次会议。

10月12—13日　　太湖世界文化论坛第六届年会在安徽蚌埠古民居博览园举行，年会主题为"文明互鉴：共筑人类命运共同体"。本届年会由太湖世界文化论坛作为主办单位，由阿塞拜疆共和国作为主宾对话国，邀请来自30多个国家和地区的近500位中外嘉宾线上线下参与。

10月14日　　由教育部、国家文物局指导，山东大学、山东省文化和旅游厅（山东省文物局）、山东省教育厅共同主办的"全国革命文物与新时代高校思想政治教育工作融合发展论坛"在山东济南召开。

国家文物局与山东大学签署战略合作协议。

10月15日　　国家文物局在北京召开"考古中国"重大项目重要进展工作会，总结了仰韶文化百年考古成果，通报了河南、陕西、山西等省仰韶文化考古与研究的最新进展。

10月16日　　国家文物局局长李群一行赴山西调研部署因灾受损文物抢救保护工作。

10月17日　　仰韶文化发现暨中国现代考古学诞生100周年纪念大会在河南三门峡举行。中共中央总书记、国家主席、中央军委主席习近平发来贺信，代表党中央向全国考古工作者致以热烈的祝贺和诚挚的问候。

仰韶村国家考古遗址公园开园仪式在河南渑池举行。

10月18日　　第三届中国考古学大会在河南三门峡开幕。北京周口店遗址、河北阳原泥河湾遗址群等100项发现入选"百年百大考古发现"。

国家文物局局长李群赴河南省周口市淮阳区专题调研对口帮扶工作。"仰韶文化发现100周年"邮票纪念册发行仪式同时举行。

10月19日　　鲁迅先生逝世85周年纪念日之际，北京鲁迅博物馆的"鲁迅生平陈列"展览重新开放。

第二届"追寻先烈足迹"短视频征集展示活动成果报告会在中国人民革命军事博物馆举行。该活动由国家文物局革命文物司与中央网信办网络社会工作局、退役军人事务部褒扬纪念司、国家档案局办公室、共青团中央宣传部联合指导开展。

10月20日   国家文物局在北京奥林匹克森林公园举办"永远跟党走 迈步新征程"秋季健步走活动,国家文物局印发《关于文物保护工程资质管理制度改革的通知》。

10月20—25日   国家文物局主办,中国文物信息咨询中心、广东省文物局承办的2021年度全国非国有博物馆馆长培训班在广东深圳举办。

10月22—23日   国家文物局在山东曲阜举办2021年全国文物职业技能竞赛。

10月23日   文化和旅游部、国家文物局联合印发《关于深入学习贯彻习近平总书记致仰韶文化发现和中国现代考古学诞生100周年贺信的通知》。

10月26日   国家文物局局长李群一行赴江苏南通调研文物工作。

10月27—28日   国家文物局与北京市人民政府共同主办的"亚洲文化遗产保护对话会"在北京召开,以线上形式召开,主题为"增进文明对话、共塑亚洲未来"。对话会旨在落实2019年国家主席习近平在亚洲文明对话大会上提出的"中国愿同各国开展亚洲文化遗产保护行动,为更好传承文明提供必要支撑"重大主张,是推进亚洲文化遗产保护行动首次召开的多边国际会议。文化和旅游部部长胡和平发表致辞,文化和旅游部副部长、国家文物局局长李群作主旨发言,北京市副市长杨斌致辞。开幕式上,中国、亚美尼亚、柬埔寨、朝鲜、伊朗、吉尔吉斯斯坦、巴基斯坦、叙利亚、阿联酋、也门亚洲10国共同发起成立"亚洲文化遗产保护联盟"。中国设立亚洲文化遗产保护基金,并启动"亚洲文化遗产保护青年大使"计划。活动期间,陆续举办"文化遗产促进亚洲可持续性发展""文化遗产助力亚洲文明交流互鉴""文化遗产应对亚洲未来挑战"等26场主题演讲。闭幕式上,国家文物局局长李群代表27国与会者发布《关于共同开展亚洲文化遗产保护行动的倡议》,"亚洲文化遗产数字展""北京中轴线数字展""北京海淀三山五园数字展"同时启动上线。

10月28日   国务院办公厅印发《"十四五"文物保护和科技创新规划》。

国家文物局印发《革命文物保护利用片区工作规划编制要求》。

国际文化财产保护与修复研究中心（ICCROM）第32届成员国大会在意大利罗马召开，中国成功连任新一届ICCROM财务审计委员会委员国，国家文物局朱晔作为中国代表连任新一届理事。

10月29日　国家文物局、中国宋庆龄基金会、陕西省文物局共同主办的"唐代壁画文化特展走进港澳校园活动"澳门展在澳门科技大学开幕。此次展览是国家文物局与港澳学校在文物展览方面的首次合作。

财政部提前下达2022年博物馆纪念馆免费开放补助资金，合计285097万元。

11月

11月1日　国家文物局公布《"十四五"石窟寺保护利用专项规划》。

11月3日　国务院新闻办公室召开新闻发布会，介绍"十四五"文物保护和科技创新规划有关情况。

国家文物局局长李群一行到国家图书馆古籍馆调研古籍类文物保护工作情况。

11月5日　国家文物局公布《文物行政执法公示办法（试行）》《文物行政执法全过程记录办法（试行）》《重大文物行政执法决定法制审核办法（试行）》。

第四届中国国际进口博览会在上海开幕，本届首次专设文物艺术品板块。文物艺术品板块共有来自英国、西班牙、中国香港等11个国家和地区的包括佳士得、苏富比、富艺斯等国际知名文物艺术品企业参展，展示面积超1200平方米，申报展品178件，其中文物类展品39件，货值超11亿元人民币。

"德耀中华——第八届全国道德模范颁奖仪式"在北京举行。敦煌研究院名誉院长樊锦诗被授予敬业奉献类"全国道德模范"荣誉称号。

11月8日　新华社记者专访文化和旅游部副部长、国家文物局局长李群，解读国务院办公厅日前印发的《"十四五"文物保护和科技创新规划》。

11月12日　国务院批复同意将安徽省桐城市列为国家历史文化名城。

11月14日　国家文物局主办，上海市文物局、上海大学承办的2021年"打击非法贩运文化财产国际日"中国主场论坛在线举行。

11月16日	住房和城乡建设部、国家文物局印发关于加强国家历史文化名城保护专项评估工作的通知。
11月17日	国家文物局局长李群一行到北京大学调研。
11月18日	国家文物局举行党的十九届六中全会精神宣讲报告会。国家文物局党组书记、局长李群作宣讲报告。
11月20日	中央广播电视总台、国家文物局、中国社会科学院共同制作的考古空间探秘类文化节目《中国考古大会》开播。
11月23日	国家文物局局长李群赴北京市怀柔区调研国家文化遗产科技创新中心项目建设和长城保护利用工作。 应急管理部、国家文物局印发《文物建筑火灾风险防范指南（试行）》《文物建筑火灾风险检查指引（试行）》《博物馆火灾风险防范指南（试行）》《博物馆火灾风险检查指引（试行）》。
11月26日	中国江苏省里运河—高邮灌区、江西省潦河灌区、西藏自治区萨迦古代蓄水灌溉系统成功入选2021年度（第八批）世界灌溉工程遗产名录。
11月27日	中国社会科学院、国家文物局、湖北省人民政府主办的2021中国文化和旅游高峰论坛"长江文明与世界大河文明对话"分论坛在湖北武汉举行。
11月30日	国家文物局召开青年理论学习小组学习贯彻十九届六中全会精神座谈会。

12月

12月1日	国家文物局在北京召开"考古中国"重大项目重要进展工作会，通报了浙江余姚施岙遗址古稻田、广东英德岩山寨遗址、甘肃庆阳南佐遗址、甘肃张家川圪垯川遗址、河北张家口邓槽沟梁遗址的重要考古成果。
12月2—7日	国家文物局举办学习贯彻党的十九届六中全会精神专题读书班。
12月6日	国家文物局与清华大学签署战略合作协议。

12月8日	国家文物局印发《关于文物领域贯彻新发展理念落实绿色低碳发展举措的通知》。
	2021年全国古籍保护工作座谈会在湖北武汉召开。文化和旅游部副部长张旭出席会议并讲话，为相关单位代表颁发第六批国家珍贵古籍名录证书和第六批全国古籍重点保护单位标牌。
	陕西省文物科技保护工作会议在陕西西安召开，会议总结回顾"十三五"期间陕西文物科技工作情况，安排部署"十四五"期间陕西文物科技工作计划。
12月12日	在国家文物局大力支持和指导下，上海发布全国首部省级文物保护工程行业"蓝皮书"《上海市文物保护工程行业发展报告2021》。
12月13日	国家文物局主办文物捐赠入藏仪式，美国加利福尼亚州苏珊娜·芙拉图斯（Suzanne Fratus）女士捐赠明代陶俑入藏上海博物馆。"仪象万千——明代彩色釉陶俑特展"同时开幕。
	公安部在北京召开新闻发布会，通报新一轮打击文物犯罪专项行动取得阶段性显著成效。从2020年8月31日至2021年11月30日，全国公安机关共侦破各类文物犯罪案件2704起，打掉文物犯罪团伙585个，抓获犯罪嫌疑人5368名，其中公安部A级通缉令逃犯22名，追缴各类文物6.1万件。
12月14日	国家文物局在北京召开"考古中国"重大项目重要进展工作会，通报陕西西安江村大墓、河南洛阳正平坊遗址、甘肃武威吐谷浑墓葬群的重要考古成果。
	第十届海峡两岸文化遗产保护论坛在北京、台北、漳平、平潭四地连线共同举办。
12月16日	第五届文明古国论坛部长级会议以视频形式召开。本次会议介绍了2021年论坛专家会的会议成果，并围绕文化遗产保护、打击非法贩运文化遗产等内容开展交流研讨。
	国家文物局、国家发展改革委、人力资源社会保障部、商务部、文化和旅游部、市场监管总局联合印发《关于加强民间收藏文物管理促进文物市场有序发展的意见》。
12月17日	国家文物局、国家林业和草原局在北京签署《关于加强世界遗产保护传承利用合作协议》。
	第七届中国高校博物馆馆长论坛暨2021全国高校博物馆优秀讲解案例推介展示活动在北京举行。活动由北京市教育委员会、北京市文物局、北京博物馆学会主办，北京高校博物馆专业委员会、北京高校博物馆联盟、京津冀高校博物馆联盟承办，中国传媒大学传媒博

物馆协办。

| 12月18日 | 三星堆文物保护与修复馆正式开馆。 |

12月19日　　　中国首档世界遗产探访纪实文化类节目《万里走单骑——遗产里的中国》第二季开播。

12月20—21日　国家文物局局长李群出席湖北省博物馆新馆开馆活动，为湖北省文物考古研究院揭牌，并赴盘龙城国家考古遗址公园调研，看望一线考古队员。

12月21日　　　国家文化公园建设工作领导小组印发《长江国家文化公园工作安排》，正式启动长江国家文化公园建设。
文物出版社在北京举办"从考古看中华文明起源：《考古学家眼中的中华文明起源》出版座谈会"。

12月21—22日　在文化和旅游部、科学技术部的支持下，故宫博物院、希腊研究与技术基金会电子结构和激光研究所（IESL-FORTH）联合主办的"中国—希腊文物保护技术'一带一路'联合实验室共建启动仪式暨2021中国—希腊文物保护技术学术研讨会"在故宫博物院举行。

12月22日　　　故宫博物院、韩美林艺术基金会共同主办的"纳天为书——韩美林天书艺术故宫展"在故宫博物院开幕。

12月24日　　　国家文物局公布《革命文物保护利用"十四五"专项规划》。
国家文物局召开"十四五"石窟寺保护与考古工作会，深入学习贯彻习近平总书记关于石窟寺保护与考古工作的重要指示批示精神，总结2020年以来石窟寺保护与考古各项工作成果，部署"十四五"时期石窟寺保护与考古工作。公布最新全国石窟寺专项调查结果：全国共有石窟寺2155处、摩崖造像3831处，共计5986处。其中全国重点文物保护单位288处、省级文物保护单位417处、市县级文物保护单位1285处、尚未核定公布为文物保护单位的不可移动文物3361处，另有新发现635处。

12月28日　　　国家文物局召开2021年度工作总结会，总结全年工作，部署2022年工作要点。

12月31日　　　国家文物局、河北省人民政府主办的"冰雪·双城·盛会——从1202到2022"主题展览在河北张家口崇礼区太子城遗址陈列馆开幕。此次展览是北京冬奥会文化活动重点项目，也是崇礼赛区首个大型文化展示活动。

中华文物交流协会、台湾佛光山文教基金会主办的"长路相贯——茶马古道上的人文历史"展览在台湾佛光山佛陀纪念馆开幕。

附录

2021年全国各类文物机构数量构成情况

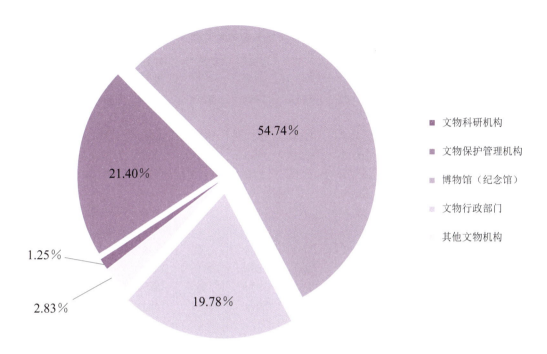

文物科研机构
文物保护管理机构
博物馆（纪念馆）
文物行政部门
其他文物机构

2021年全国各类文物机构从业人员数量构成情况

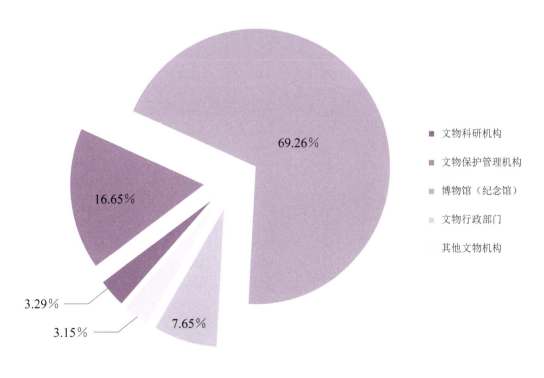

文物科研机构
文物保护管理机构
博物馆（纪念馆）
文物行政部门
其他文物机构

文物业基本情况

	机构数（个）	从业人员（人）					安全保卫人员	登记注册志愿者（人）
			专业技术人才	正高级职称	副高级职称	中级职称		
总　计	**10545**	**181492**	**55221**	**3006**	**8712**	**22886**	**38064**	**242124**
按单位类型分								
文物科研机构	132	5970	2955	357	675	1092	386	667
文物保护管理机构	2257	30212	8998	165	1151	3800	5434	12115
博物馆（纪念馆）	5772	125704	41257	2350	6518	17228	32154	229223
文物行政部门	2086	13883	—	—	—	—	—	—
其他文物机构	298	5723	2011	134	368	766	90	119
按隶属关系分								
中　央	12	3758	2063	284	582	848	930	495
省区市	311	21765	9421	853	2116	3863	3500	28083
地　市	1782	53061	18267	874	3003	7948	10949	82627
县市区	8440	102908	25470	995	3011	10227	22685	130919
按部门分								
文物部门	8302	148484	46888	2200	7334	19843	30781	184718
其他部门	2243	33008	8333	806	1378	3043	7283	57406

	本年修复藏品数（件／套）			基本陈列（个）	临时展览（个）
		一级品	二级品	三级品	
总　计	**124372**	**287**	**10316**	**23268**	**17597**	**15608**
按单位类型分						
文物科研机构	51581	50	7813	13568	17	37
文物保护管理机构	23653	12	25	488	781	439
博物馆（纪念馆）	47644	220	2360	8686	16799	15132
文物行政部门	806	5	72	366	—	—
其他文物机构	688	—	46	160	—	—
按隶属关系分						
中　央	22042	43	7722	13092	47	123
省区市	22593	74	962	3031	496	889
地　市	39910	108	1040	3562	3584	4705
县市区	39827	62	592	3583	13470	9891
按部门分						
文物部门	117963	263	10256	22999	11217	12274
其他部门	6409	24	60	269	6380	3334

综合年报（一）

文物藏品（件／套）				在藏品数中（件／套）		
					本年新增藏品	
	一级品	二级品	三级品		本年从有关部门接收文物数	本年藏品征集数
55804468	**99557**	**650116**	**3802778**	**869237**	**85848**	**520053**
1639465	1658	4472	28872	35581	1341	—
1483468	6863	22151	134092	48683	1910	29353
46648282	85960	598330	3438616	682885	81461	411340
1485915	3865	18780	191182	13350	1136	11656
4547338	1211	6383	10016	88738	—	67704
3422992	14963	288245	878094	34401	19	12208
16736725	38761	196385	1402164	210863	6198	171996
10562711	17562	79943	642796	252172	61294	95280
25082040	28271	85543	879724	371801	18337	240569
41929432	94497	636760	3754008	701447	84028	403138
13875036	5060	13356	48770	167790	1820	116915

参观人次（万人次）			门票销售总额（千元）	本年收入合计（千元）	
	未成年人参观人次	境外观众参观人次			财政拨款预算收入
84590.57	**19911.55**	**376.49**	**5169934**	**70465551**	**55689425**
325.11	31.77	0.27	95055	4885599	2962930
9415.00	1757.62	27.92	2103742	9648731	7831263
74850.45	18122.24	348.35	2971137	39965014	33204102
—	—	—	—	11890393	11144037
—	—	—	—	4075814	547093
1094.71	116.96	8.66	358824	2614736	1729632
6661.90	1327.28	28.40	658718	13102809	9836263
26634.68	5538.15	46.50	1584586	22703207	20178112
50199.28	12929.16	292.93	2567806	32044799	23945418
68160.66	16120.90	273.15	4276547	61524980	50936239
16430.09	3790.83	103.30	893387	8940571	4753186

文物业基本情况

	本年收入合计（千元）						本年支出	
	上级补助收入	事业收入	经营收入	附属单位上缴收入	其他收入		基本支出	项目支出
总　计	**1931725**	**4312165**	**2003554**	**14200**	**6514482**	**76312166**	**27563387**	**37533077**
按单位类型分								
文物科研机构	10144	1517441	170150	—	224934	4639189	980500	3435168
文物保护管理机构	288910	794010	173906	6454	554188	10056720	4007760	5616823
博物馆（纪念馆）	1620808	1804205	1485907	7746	1842246	46122858	19694598	19271365
文物行政部门	—	—	—	—	746356	12057613	2521636	8843203
其他文物机构	11863	196509	173591	—	3146758	3435786	358893	366518
按隶属关系分								
中　央	—	536785	95650	—	252669	2637898	1234542	1292066
省区市	1645	1952352	265545	947	1046057	12155422	3387947	7712116
地　市	214159	757432	340482	960	1212062	24555584	10074517	12756820
县市区	1715921	1065596	1301877	12293	4003694	36963262	12866381	15772075
按部门分								
文物部门	784383	4097643	791629	10719	4904367	64469512	23065057	34572057
其他部门	1147342	214522	1211925	3481	1610115	11842654	4498330	2961020

	本年支出合计（千元）			
	在支出合计中			
	对个人和家庭补助支出		其他资本性支出	
		抚恤金和生活补助		各种设备、交通工具、图书购置费
总　计	**1106636**	**199922**	**8116413**	**992479**
按单位类型分				
文物科研机构	86856	8201	321178	82570
文物保护管理机构	217704	64968	1006230	39315
博物馆（纪念馆）	628113	84073	5464348	800096
文物行政部门	163354	39605	1208321	62309
其他文物机构	10609	3075	116336	8189
按隶属关系分				
中　央	33261	3630	442688	69737
省区市	228004	38068	1634458	326681
地　市	520634	85008	2510927	280158
县市区	324737	73216	3528340	315903
按部门分				
文物部门	993571	139074	6518571	917491
其他部门	113065	60848	1597842	74988

综合年报（二）

合计（千元）

经营支出	在支出合计中					
	工资福利支出	商品和服务支出				
			差旅费	劳务费	福利费	各种税金支出
2354725	**20278012**	**24213158**	**399680**	**3238190**	**258312**	**199239**
183292	643793	3178223	101572	839116	7033	67085
145002	2926555	3132083	30738	275227	51200	21803
1895324	14794836	14144230	212324	1829546	174766	86775
—	1689873	3392583	44800	170714	16710	10955
131107	222955	366039	10246	123587	8603	12621
242	792497	1126020	16470	138499	6630	17365
251730	2654108	5303764	156538	754109	40676	70436
332649	7793582	8954371	85647	1120400	63665	56997
1770104	9037825	8829003	141025	1225182	147341	54441
869756	17596483	22019427	358945	3035159	210741	166791
1484969	2681529	2193731	40735	203031	47571	32448

资产总计（千元）		实际使用房屋建筑面积（万平方米）			实际拥有产权面积（万平方米）
	固定资产原值		展览用房	文物库房	
604267397	**247635618**	**4742.35**	**1708.97**	**269.83**	**3726.23**
6454587	1175893	44.91	9.80	—	20.82
20901642	8178585	1109.26	108.96	15.84	946.76
516465715	226709836	3443.92	1572.21	251.01	2652.58
38766090	9221835	108.38	—	—	78.63
21679363	2349469	36.26	18.16	3.04	27.34
6783301	2787716	55.00	12.05	6.59	60.68
42331286	16649674	357.78	126.72	46.64	214.75
204870926	108380979	1078.10	467.50	73.30	1269.57
350281884	119817249	3251.47	1102.70	143.30	2181.23
394391617	188991859	3705.37	1215.75	205.25	3034.86
209875780	58643759	1037.33	493.42	64.73	691.32

中国文物年鉴 2022

全国各地区文物业

	机构数（个）	从业人员（人）					安全保卫人员	登记注册志愿者（人）
			专业技术人才					
			正高级职称	副高级职称	中级职称			
总　　计	10545	181492	55221	3006	8712	22886	38064	242124
中　央	12	3758	2063	284	582	848	930	495
北　京	217	7599	1866	126	303	590	1642	13214
天　津	114	1923	842	42	141	350	268	3250
河　北	523	8692	2286	129	460	907	2099	4242
山　西	418	9148	2238	81	259	918	1675	5467
内蒙古	261	3759	1538	87	309	637	795	2183
辽　宁	142	3919	1329	65	207	711	656	3696
吉　林	167	2541	1075	92	253	399	365	2950
黑龙江	373	3119	1228	82	279	529	704	5287
上　海	176	5124	2207	74	294	875	690	11490
江　苏	511	8990	2974	236	505	1230	2357	17426
浙　江	609	11822	3302	206	560	1284	2171	27878
安　徽	312	4009	1462	68	211	591	931	4941
福　建	204	3239	1207	76	189	423	810	7226
江　西	273	4917	1449	80	203	698	1201	8548
山　东	795	13815	4791	220	739	2049	2611	25837
河　南	685	12438	3090	171	441	1258	2590	16020
湖　北	347	6073	2295	118	290	1077	1336	9831
湖　南	328	5788	1325	46	181	581	1118	7516
广　东	504	8671	2632	109	287	1167	1760	18558
广　西	336	3907	1314	64	183	585	772	3769
海　南	74	947	290	7	28	89	254	534
重　庆	199	3694	1043	75	202	439	1090	12472
四　川	568	9752	2499	88	258	982	2118	7937
贵　州	213	2711	672	15	97	247	538	978
云　南	423	3255	1706	67	378	813	695	2994
西　藏	330	1608	198	10	23	58	217	8
陕　西	644	15113	3293	172	421	1338	3095	7631
甘　肃	390	6853	1824	59	269	732	1418	6937
青　海	107	797	214	14	33	92	172	147
宁　夏	117	1294	435	20	75	170	350	1892
新　疆	173	2217	534	23	52	219	636	770

综合情况（一）

藏品（件／套）			在藏品数中（件／套）			本年修复藏品数（件／套）		
一级品	二级品	三级品	本年新增藏品数			一级品	二级品	三级品
			本年从有关部门接收文物数	本年藏品征集数				
55804468	**99557**	**650116**	**3802778**	**869237**	**85848**	**520053**	**124372**	**287**	**10316**	**23268**
3422992	14963	288245	878094	34401	19	12208	22042	43	7722	13092
5582440	4318	13092	379521	79932	1179	60655	619	1	11	11
1106233	1055	5450	135000	3179	99	2003	545	3	16	261
599096	1488	13719	46765	23633	195	3472	865	14	374	273
1872753	4635	9804	65846	164573	29024	133196	4256	19	317	1856
1319143	2210	6112	11483	5948	525	1521	1287	1	56	175
1468786	4839	29394	291436	13108	540	10119	1654	9	190	103
871955	597	6309	31673	36846	58	1777	241	—	—	27
1004267	2676	5615	45473	7179	1005	5580	3073	—	131	602
3464779	3359	43744	188794	39638	148	33464	424	1	24	99
2478972	3875	21471	298053	40796	5766	19317	4026	7	43	180
1782954	2351	11258	84960	41341	2464	17497	1805	14	15	161
981711	6858	31807	76733	3744	198	2538	1195	—	72	616
753102	1099	3212	103246	14686	4947	7060	439	43	94	97
793978	1780	7493	66498	20063	379	2739	2267	3	65	302
4900786	6017	15022	110686	38681	19336	14609	12627	30	265	1239
2193023	2581	19183	239958	14351	703	2888	4169	11	93	561
2679736	3606	10064	129747	10934	951	6134	16817	20	174	513
872678	2435	7980	73317	8528	200	5894	6954	21	123	978
2881374	2276	16441	70269	43162	1294	27840	1730	3	44	116
496105	342	5780	43360	8401	104	7047	372	—	42	60
195728	190	799	3354	1687	963	658	309	1	45	186
806016	1259	2737	29921	38811	3925	28005	2242	—	9	300
4893470	4201	7882	104495	77537	328	65436	22085	9	96	334
264434	610	1970	6917	27405	587	25794	641	1	2	19
1697796	1065	2225	19914	10621	5760	3888	3359	4	11	131
274339	5055	28241	59076	2095	547	1231	24	—	—	1
4599006	7351	15534	84709	31149	1701	4229	4295	18	149	296
801225	4528	12499	105297	10194	1701	3328	1920	2	107	463
97208	705	1500	3229	227	96	131	567	2	5	6
402394	367	3844	8755	14608	1093	9028	375	1	3	64
245989	866	1690	6199	1779	13	767	1148	6	18	146

中国文物年鉴 2022

全国各地区文物业

	基本陈列（个）	临时展览（个）	参观人次（万人次）			门票销售总额（千元）		本年收入
				未成年人参观人次	境外观众参观人次			财政拨款预算收入
总　计	17597	15608	84590.57	19911.55	376.49	5169934	70465551	55689425
中　央	47	123	1094.71	116.96	8.66	358824	2614736	1729632
北　京	235	213	1671.49	238.29	6.62	245972	5291257	2343223
天　津	214	217	1130.30	212.48	14.37	22025	818705	726230
河　北	451	487	2208.68	548.47	1.51	225949	1486323	1287274
山　西	404	207	2179.39	476.28	6.36	224730	3869867	3386508
内蒙古	460	188	983.71	249.73	8.18	1358	818237	772970
辽　宁	237	235	1361.37	234.15	3.20	77556	4290365	4240078
吉　林	229	377	589.07	132.23	3.20	25302	517655	443352
黑龙江	439	406	1097.43	198.47	0.30	335	772992	731106
上　海	352	392	2025.04	442.92	22.58	204476	3967596	2825491
江　苏	1075	1109	6435.12	1562.81	8.70	111300	3715634	3220847
浙　江	1486	1493	5446.01	1293.30	11.26	776227	5590536	4431634
安　徽	649	673	2062.28	540.16	3.73	10356	1039005	865382
福　建	409	801	2136.34	784.21	21.18	11488	861971	707799
江　西	664	738	4768.86	1567.45	21.89	37393	1528232	1241623
山　东	2891	1275	5539.70	1586.70	13.99	480309	3073179	2034537
河　南	796	780	5996.41	1440.56	23.26	286028	3170910	2449670
湖　北	775	545	3661.99	985.93	64.69	553534	1894473	1272996
湖　南	392	406	6299.19	1696.68	15.43	27688	3157806	1705447
广　东	1011	1415	4036.65	1012.88	7.49	74144	5624881	4973867
广　西	389	335	2632.65	582.06	24.38	2787	1469462	1346475
海　南	120	114	357.17	106.72	1.68	6728	241013	216338
重　庆	290	426	2529.07	529.82	5.45	81813	1223951	976257
四　川	753	629	6537.55	1110.29	21.24	437088	2900748	2682364
贵　州	212	181	2220.78	392.89	29.54	13062	759622	717483
云　南	655	438	1498.84	349.27	11.80	6889	724004	556204
西　藏	35	16	81.42	4.90	—	8239	903777	741834
陕　西	928	442	3929.19	632.75	8.03	469067	4565224	4075097
甘　肃	594	655	2779.08	614.37	6.66	331726	2028905	1674686
青　海	71	32	104.42	25.82	0.11	—	468285	397021
宁　夏	163	98	572.81	117.56	0.42	56917	282726	219238
新　疆	171	162	623.85	124.44	0.58	624	793474	696762

综合情况（二）

| 合计（千元） | | | | | 本年支出合计（千元） | | | |
上级补助收入	事业收入	经营收入	附属单位上缴收入	其他收入		基本支出	项目支出	经营支出
1931725	**4312165**	**2003554**	**14200**	**6514482**	**76312166**	**27563387**	**37533077**	**2354725**
—	536785	95650	—	252669	2637898	1234542	1292066	242
69569	831430	20239	—	2026796	4649485	1594904	1417480	79325
3275	21931	38602	947	27720	1429084	363734	508014	83638
4040	113131	30815	—	51063	1723656	810010	894467	14836
22735	66895	88035	—	305694	3917697	759836	2928521	68245
17694	10399	10263	—	6911	1220631	312968	781843	103072
19662	25370	1389	—	3866	4380048	3580236	791054	1117
6953	26224	8398	—	32728	525312	191738	308092	8671
22559	7282	971	—	11074	794351	246689	540955	2414
49914	576652	63936	4	451599	3736082	1248730	2173679	41940
36565	150987	109070	—	198165	3975760	1602138	1971645	99492
49831	392417	104074	689	611891	5969801	2029352	3244199	61726
59115	77187	7818	2291	27212	1045560	374372	609521	15528
43543	9154	22309	364	78802	948935	314789	572050	29889
72866	14072	142273	386	57012	1540141	418945	876432	31580
18044	214416	471772	3188	331222	3876596	1688830	1472447	299166
54954	427060	145770	—	93456	3280385	1137959	1866346	80346
101712	152493	89873	5807	271592	1998623	652165	969217	71184
531685	59428	178448	—	682798	2931119	968050	1278007	657827
388068	65429	48520	—	148997	6641312	2379927	2886351	183909
7175	4684	95699	185	15244	2099867	463868	903146	95448
9166	7757	2593	—	5159	252376	65790	179384	1555
21391	106963	32267	106	86967	1286951	368367	790934	19512
42313	54722	53253	10	68086	3185063	858911	2206773	42746
19527	5295	6030	—	11287	2073765	478947	418316	20480
41402	77601	13117	—	35680	772187	317740	390306	7645
8182	15240	1131	60	137330	797567	300566	387170	879
113415	77904	85326	—	213482	5137367	1566450	2905809	203481
70034	165215	2903	153	115914	1844641	804838	897300	9146
8972	6337	—	—	55955	503979	119438	365431	10
3951	1853	32702	10	24972	299769	133307	137959	18488
13413	9852	308	—	73139	836158	175251	568163	1188

中国
文物年鉴
2022

全国各地区文物业

			本年支出					
			在支出					
	工资福利支出		商品和服务支出				对个人和家庭补助支出	
			差旅费	劳务费	福利费	各种税金支出		抚恤金和生活补助
总　计	20278012	24213158	399680	3238190	258312	199239	1106636	199922
中　央	792497	1126020	16470	138499	6630	17365	33261	3630
北　京	899261	1640562	3911	31979	34535	27692	47448	5674
天　津	720107	252236	3028	8600	2899	1767	13256	5729
河　北	562208	698686	9023	108491	8261	4718	39102	3564
山　西	616962	1264940	15257	159388	14575	4376	32497	7133
内蒙古	249236	275823	10820	38505	2123	4985	7278	1305
辽　宁	2661213	1346069	6704	90868	1049	188	65411	10272
吉　林	163228	203882	4093	33198	2368	582	7348	1935
黑龙江	182036	191812	2694	27442	1200	34	15188	1265
上　海	767432	1419571	5094	17934	8495	5937	10592	3091
江　苏	1107608	1644730	23774	232101	9831	3778	93098	6246
浙　江	1567850	2057117	17512	218578	41910	10268	83141	8527
安　徽	282335	419686	8506	45665	2757	2146	21685	5802
福　建	234240	364443	4718	52755	882	269	11880	1435
江　西	435830	390281	16197	38180	7077	489	16624	3709
山　东	1175710	1364901	15637	115172	7452	24774	121691	45323
河　南	787097	1086686	17557	402802	7102	40981	46908	6374
湖　北	500883	643164	16065	122550	7030	5870	28232	2601
湖　南	461675	755323	29471	139607	31299	986	41423	13990
广　东	1367783	1511298	16449	63477	7813	8689	149992	9070
广　西	345140	351987	13523	19631	2477	4855	11200	3398
海　南	55209	127390	3268	34142	52	313	749	110
重　庆	292736	475275	22153	95428	1898	3971	54460	6376
四　川	744349	1236287	34077	124249	7388	8932	42980	13510
贵　州	661124	741402	19527	483766	1058	414	9973	2669
云　南	274601	225095	7913	53672	2603	8022	6292	2187
西　藏	248874	40439	6382	3123	14	—	4089	215
陕　西	1312533	1453386	22574	210017	32297	1109	28906	12434
甘　肃	495872	545551	18240	85116	3998	3991	44558	9038
青　海	75465	89384	2104	5846	34	306	4230	430
宁　夏	94841	110277	2342	11411	296	1241	2607	488
新　疆	142077	159455	4597	25998	909	191	10537	2392

综合情况（三）

合计（千元）	其他资本性支出 各种设备购置费	资产总计（千元）	固定资产原值	实际使用房屋建筑面积（万平方米）	展览用房	文物库房	实际拥有产权面积（万平方米）
8116413	**992479**	**604267397**	**247635618**	**4742.35**	**1708.97**	**269.83**	**3726.23**
442688	69737	6783301	2787716	55.00	12.05	6.59	60.68
233588	23880	22636213	5540820	111.90	46.60	6.33	137.32
72888	10937	4373225	2239506	46.63	19.38	4.72	78.15
398783	23942	4408854	2739674	115.30	60.12	7.36	80.27
433536	29032	11038319	2863458	167.56	45.49	7.68	124.50
161392	90563	5398298	4509815	113.67	61.63	6.84	54.50
42232	4836	6144849	2995243	84.57	32.77	6.65	131.96
56956	15622	1300535	859286	51.66	27.36	4.35	21.79
41857	11981	3199343	1997862	72.36	49.77	4.60	34.43
725449	28918	19680014	7977719	96.98	46.18	6.64	40.79
551981	137190	261359888	101752480	307.87	130.64	15.40	200.04
543579	51581	32661867	10863070	264.20	130.99	16.32	697.24
55185	21687	3223451	2126569	110.99	51.39	8.20	59.24
100566	32629	2251821	1390491	90.08	38.10	6.09	60.76
86263	23324	2222285	866332	119.21	60.19	9.34	276.97
97562	27271	13612274	8472023	343.63	168.63	30.83	419.70
615108	41462	9598398	3344291	183.53	87.81	17.19	93.93
263099	33992	11555784	9699491	312.98	100.98	14.60	113.87
243551	30856	23411825	17886728	109.20	46.60	8.79	92.18
1237333	66482	21255281	14599837	223.06	81.77	12.38	179.18
208185	7299	3922861	2000692	81.45	37.41	5.04	55.14
23191	10406	1965656	1522452	22.59	10.04	2.15	16.02
113095	35588	3388713	1251112	82.80	41.39	6.65	46.64
358471	31294	9277628	4899606	186.33	83.59	13.71	177.29
49645	33694	4584495	2848093	51.12	23.08	3.94	35.95
45687	7821	50458885	1957221	91.26	37.25	6.59	71.73
186923	81	895028	112149	838.05	4.79	3.61	16.74
426207	39455	45655081	21382669	197.97	74.22	13.73	178.91
97651	18651	10620869	3684682	113.45	47.15	8.44	115.95
69073	16620	2066816	589315	14.84	6.41	0.92	12.13
19294	6317	1625607	1191308	34.17	19.99	2.01	21.33
115395	9331	3689933	683908	47.94	25.20	2.14	20.90

中国
文物年鉴
2022

图书在版编目（CIP）数据

中国文物年鉴. 2022 / 国家文物局编. -- 北京：
文物出版社，2023.10
ISBN 978-7-5010-8150-9

Ⅰ．①中… Ⅱ．①国… Ⅲ．①文物工作－中国－
2022－年鉴 Ⅳ．①K87-54

中国国家版本馆CIP数据核字（2023）第144103号

中国文物年鉴·2022

编　　者：国家文物局

责任编辑：王　媛　安艳娇
特约编辑：崔　华　胡奥千　王海东
责任印制：张道奇
责任校对：耿瑷洁

出版发行：文物出版社
社　　址：北京市东城区东直门内北小街2号楼
邮　　编：100007
网　　址：http：//www.wenwu.com
经　　销：新华书店
制版印刷：文物出版社印刷厂有限公司
开　　本：787mm×1092mm　1/16
印　　张：21.75
版　　次：2023年10月第1版
印　　次：2023年10月第1次印刷
书　　号：ISBN 978-7-5010-8150-9
定　　价：300.00元